Der mystische Strom

Von Paulus bis Pascal

Eine Textauswahl von Otto Karrer
Bearbeitet von Klaus Dahme

OTTO MÜLLER VERLAG SALZBURG

ISBN 3-7013-0709-1

Einbandgestaltung: Verlagsservice, Salzburg
Umschlagbild: „Das Erkennen Gottes" nach Hildegard von Bingen:
Wisse die Wege (Rupertsberger Kodex)
Satzarbeiten: Verlag politisches Archiv, Landshut
Druck- und Bindearbeiten: Druckhaus Nonntal, Salzburg

INHALT

VORWORT

Nach sechzig Jahren wird hiermit eine bewährte, umfassende Anthologie zur Geschichte der christlichen Mystik in neuer Bearbeitung vorgelegt. Ihr Herausgeber, der Historiker und Theologe Otto Karrer (1888–1976), der in einem spannungsreichen Leben um eine offene Kirche und eine Ökumene der Christen bemüht war, hat sich in vielen Veröffentlichungen als ein engagierter Kenner der Mystik erwiesen. Er vertrat eine ganzheitliche Deutung der Mystiker, die ihn etwa – auch in der Polemik mit prominenten Fachkollegen – zu einem der Verteidiger Meister Eckharts werden ließ. Seine Sammlung, die als „Textgeschichte der Mystik“ in drei Bänden 1926 in München erschien, hatte eine doppelte Absicht; sie wollte zugleich eine Textauswahl und eine Geschichte der Mystik sein.

Die Neubearbeitung dagegen versteht sich als ein reines Lesebuch, das durch biographische und bibliographische Hinweise zu einer weiteren Beschäftigung mit den einzelnen Autoren anregen möchte. Karrers Einleitungen und Kommentare, in denen er wertvolle sachliche Informationen vermittelte, erwiesen sich in ihrer persönlich gefärbten Diktion als so zeitgebunden, daß sie in ein neutraleres Konzept nicht hineinpaßten.

Die Neubearbeitung hat von der ursprünglichen Ausgabe den Titel des ersten Bandes übernommen. Er spielt an auf das schöne Bild vom „Fließenden Licht“ bei Mechthild von Magdeburg und erinnert an die große Tradition der christlichen Mystik, die heute vielfach in Vergessenheit geraten ist. Mystik beruht auf Erfahrung, die nicht unmittelbar ist, sondern sich unter bestimmten historischen Bedingtheiten mitteilt. Sie setzt Unterweisung voraus und erfordert Deutung, die beide an eine geschichtliche Überlieferung gebunden sind. Eine Interpretation von Mystik, die von dieser Tradition absehen möchte, kann ihren konkreten Erscheinungen nicht gerecht werden.

Diese Tradition ist zunächst sprachlicher Natur. Sie dokumentiert sich etwa in einer begrenzten Metaphorik, die bis auf biblische Quellen zurückgeht. Beispiele sind die Bilder von der Jakobsleiter, von Moses und dem Dornbusch, von Maria und Martha, von Lea und Rachel und vor allem die allegorisch gedeutete Liebesmetaphorik des Hohen Liedes oder die visionären Bilder der Geheimen Offenbarung. In dieser Überlieferung ist jeder Mystiker gebend und empfangend zugleich. Die großen Themen wurden von einem zum anderen weitergegeben: Betrachtung und Beschauung, Zusammengehörigkeit von Vita activa und Vita contemplativa, Gabe der Tränen, Erleuchtung und Absterben, Anfechtung und Versuchung, Selbsterforschung. Auch die kühnsten Gedanken spekulativer Mystik, die Meister Eckhart immer wieder entwickelte, – der ewige Schöpfungsvorgang, die ewige Gottesgeburt und die ewige Erlösung –, begegnen wiederholt. Dabei lassen sich verschiedene Stränge der Überlieferung unterscheiden, in denen biblisches und neuplatonisches Gedankengut in wechselnde Beziehung zu einander treten: die Lehre von den Stufen des Gebetes seit Evagrios Pontikos, die negative Theologie seit Pseudo-Dionysius Areopagita, die Brautmystik und die Passionsmystik seit Bernhard von Clairvaux oder schon vorgebildet etwa bei Anselm von Canterbury. Die Zeugnisse der Christusmystik, gegründet in Paulus und belegt seit Irenäus, sind in ihrer Geschichte gekennzeichnet durch ein ständiges Oszillieren zwischen Logos und Mensch in Jesus Christus. Durch alle Texte hindurch geht eine Tendenz, sich auf Autoritäten zu berufen: auf das Glaubenszeugnis des Heidenapostels, auf das Johannesevangelium, – das Lieblingsevangelium aller Mystiker –, auf Augustinus, Gregor oder Bernhard. Hier spricht sich nicht nur ein Bedürfnis nach Absicherung aus, sondern ein Bekenntnis inneren Zusammenhangs. Intensive Erfahrung steht nicht im Widerspruch zu bewußter rhetorischer Gestaltung, etwa bei Augustinus oder Bernhard von Clairvaux, oder zeitbedingter literarischer Stilisierung, etwa in der Minneterminologie bei Heinrich Seuse.

Die meisten Texte dieser Sammlung sind von Ordensangehörigen oder von Geistlichen geschrieben worden, die in der Regel auch früh in eine religiöse Gemeinschaft kamen. Sie haben das Milieu des Klosters als Hintergrund und sind zunächst für Mönche und Nonnen bestimmt. Für die Autoren wie für ihr Publikum war der mystische Weg mit Übung verbunden, die als

Teil des Alltags eine Selbstverständlichkeit war: der Schriftlesung, dem Stundengebet, der Eucharistiefeier, dem Gespräch mit dem Beichtvater und Seelenführer. In der Praxis gibt es keine Abgrenzung der Mystik von der Askese: der zunächst geistig verstandenen, aus Demut erwachsenen und mit Besonnenheit geübten Selbstverleugnung, Entsagung, Abtötung. Die einzelnen Mystiker erweisen in ihrem Lebensgang, wie asketische Übung und mystische Erfahrung einander bedingen. Im Theoretischen ist der Übergang von Philosophie und Theologie zur Mystik fließend. Ebenso sind die großen mystischen Texte ohne die Erbauungsliteratur in ihrem Umfeld nicht denkbar; deutliche Beispiele sind das deutsche Mittelalter oder das Spanien des 16. Jahrhunderts.

Die Auswahl verzichtet auf eine Definition von Mystik; sie will zu den Mystikern selbst hinführen. Sie ist gegenüber der Vorlage um mehr als die Hälfte gekürzt und damit konzentriert auf mystische Texte im engeren Sinne und zugleich auf die großen Lehrer und Meister. Selbstbekenntnis und Unterweisung stehen gleichwertig nebeneinander: Texte, die Erfahrung beschreiben und deuten, und Texte, die Erfahrung in ein System einordnen. Überall wird in ihnen das Dogma spürbar: als schützende Norm, als Führung, als Sicherung gegen ein Abgleiten in den Subjektivismus, zugleich auch als Gegenpol in einem inneren Spannungsfeld. So ist etwa das Geheimnis der heiligen Dreifaltigkeit durch die Jahrhunderte hindurch ein zentraler Gegenstand mystischer Betrachtung. Die Autoren dieser Sammlung haben sich als Glieder des mystischen Leibes Christi, der Kirche, erlebt. Immer wieder haben sie die Zugehörigkeit zur Kirche als großes inneres Glück bezeugt, trotz mancher Konflikte mit Hierarchie und Lehrautorität. Ihr Christsein verwirklichte sich in der historisch bestimmten Spannung zwischen normativem Gesetz und individuellem Weg. Die Sammlung verzichtet auf eine Entscheidung in der müßigen Diskussion, welche Autoren nun als genuine Mystiker gelten sollen. Gerade die Persönlichkeiten, die darin in der Literatur widersprüchlich beurteilt werden, wie Augustinus, Bernhard oder Ignatius, beeindrucken durch die Intensität der religiösen Erfahrung und die Kraft der Glaubensentscheidung. Die Texte sind geschichtlich bedingte Zeugnisse der Frömmigkeit konkreter, ungewöhnlich ausgeprägter Individualitäten, die in ihrer farbigen Vielfalt manches blasse Klischee widerlegen; darunter sind willensstarke und tatkräftige, kämpferische und eifernde, kluge und nüchterne Naturen. Die Anthologie stellt so eine Fülle lebendiger Schicksale vor, und sie zeigt etwas vom Reichtum und der Tiefe einer Geistigkeit, die durch den Verlust an Tradition heute verkümmert ist. Die zunehmende Einengung der historischen Dimension hat zu einer fortschreitenden Reduktion geistlichen Wissens und zu einer wachsenden Verarmung der spirituellen Kultur geführt. Ohne eine Kenntnis der theologischen Überlieferung, besonders der biblischen Grundlagen, ist ein angemessenes Verständnis christlicher Mystik nicht möglich. Mystik setzt dieses Fundament voraus und übersteigt es zugleich. Die Sammlung vereint rund vierzig Autoren und versucht, auch in dieser Begrenzung einen Überblick über die Entwicklung zu geben. Nach den Anfängen im Urchristentum und im frühen Mönchtum, nach der Zeit der Kirchenväter und dem frühen Mittelalter sollen die großen mystischen Bewegungen in den einzelnen Ländern sichtbar werden: die italienische, die deutsche und die englische Mystik im hohen und späten Mittelalter, die spanische und die französische Mystik im 16. und 17. Jahrhundert. Über fünfzig von Karrer ausgewählte Autoren wurden weggelassen, darunter alle des problematischen Abschnitts „Europäische Mystik des letzten Jahrhunderts“, der unter anderem Theologen wie Sailer, Möhler, Newman oder Schriftsteller wie die Droste, Manzoni, Verlaine und den Expressionisten Sorge vereinte. Demgegenüber bietet die Neubearbeitung ein abgeschlossenes Bild für die Zeit vom 1. bis zum 17. Jahrhundert. Danach ist durch den neuzeitlichen Rationalismus, besonders durch seine Popularisierung in der Aufklärung des 18. Jahrhunderts, und durch den modernen Individualismus, für den religiöse Erfahrung schließlich zum privaten Gefühl reduziert wurde, eine Traditionskette vorerst abgerissen. Die bewußte Begrenzung der Anthologie auf den geistigen Raum der alten Kirche wurde von Karrer übernommen. So sind Anfang und Ende dieser kleinen Geschichte der abendländischen Spiritualität nicht zufällig: das ungebrochene Glaubenszeugnis des Paulus und das kostbare einzige Dokument der Glaubensgewißheit des Blaise Pascal.

Karrer wollte nicht einzelne Aphorismen aneinanderreihen, sondern versuchte, ein inneres Gesamtbild zu geben, indem er aus Zitaten ein Mosaik zusammenfügte. Nicht nur größere Perioden, auch bedeutsame Einzelsätze und selbst halbe Sätze wurden als Bausteine verwendet. Der Herausgeber verzichtete, bis auf die Überschriften, auf alle Zusätze oder Veränderungen. Mit diesem Auswahlverfahren legte er 1926 in seiner umfangreichen Eckhart-Anthologie ein überzeugendes „System der religiösen Lehre und Lebensweisheit" des Meisters vor. Seine große Kennerschaft, – er hat so von acht der hier vertretenen Autoren Anthologien veröffentlicht –, zeigte sich im Blick für das Wesentliche und das Ganze. Bei der Übersetzung, die nur selten auf Vorliegendes zurückgriff, kam Karrer seine ausgeprägte Sprachbegabung zugute; er verstand es, den Texten die notwendige, aber unaufdringliche historische Stilisierung zu geben.

Die Texte dieses Lesebuchs, die den Charakter der Originale formal so nicht reproduzieren können, sind durch Karrers Zitierweise sehr intensiv. Sie wollen bewußt langsam und konzentriert aufgenommen werden. Der sensible Leser wird den Zeugnissen innerster Sehnsucht und höchster Erfüllung mit Scheu begegnen und den Anspruch an Glaubensentscheidung verspüren, den sie auch heute noch stellen. Die Anthologie kann zugleich manches Mißverständnis eines größeren Publikums korrigieren. So wie in den zwanziger und dreißiger Jahren Meister Eckhart zum Vertreter eines „deutschen Glaubens" umgedeutet wurde, so sind auch unsere Jahre reich an Fehlinterpretationen von Mystik. Der Mißbrauch des Wortes allein wird nur noch übertroffen von der unterscheidungslosen Verwendung des Begriffes Meditation. Ähnlich wie die Erleuchtungswege anderer Religionen nicht ohne schwere Einbußen an innerer Substanz von ihrem Mutterboden abgelöst und auf meditative Techniken reduziert werden können, sollte auch vom religiösen Anspruch christlicher Mystik nichts abgezogen werden, indem man sie zur zeitgenössischen Kontemplationsanweisung umstilisiert. Zahlreiche schiefe Deutungen ergeben sich aus der modischen Neigung, Mystik allein vom Psychologischen her zu betrachten. Eine nur symbolische Interpretation religiöser Phänomene, so subtil sie auch sein mag, verfehlt häufig deren historische Realität und existentiellen Charakter. Ein simples tiefenpsychologisches Schema, wie das vom Ego und vom Selbst, kann in seiner unmodifizierten Anwendung auf einen mystischen Weg zu sublimen Illusionen führen. Das naive Zusammenwerfen von Selbsterfahrung und Gottesbegegnung in vielen einschlägigen Veröffentlichungen, die Mystik gerne aufs Esoterische einengen, offenbart Unwissenheit und Unbekümmertheit zugleich. Auch der Ansatz einer zeitgenössischen Kulturkritik, die ein mystisches Bewußtsein als Befreiung aus einem endzeitlichen Zivilisationspessimismus ansehen möchte, ist verfehlt. Die Texte dieser Anthologie sind nicht nach dem Nutzen für die Gegenwart zu beurteilen. Sie setzen vielmehr selbst Maßstäbe und bezeugen für den Glaubenden ein Fortwirken des Heiligen. Für ihre Autoren sind mystische Erfahrungen in den Glauben eingebettet, der zum Grund des Lebens geworden ist. Die Erfahrung, die sich für viele heute zu einem kaum reflektierten Hauptwert entwickelt hat, behält hier eine dienende Funktion; sie führt zur geistigen Erkenntnis und Liebe Gottes. Sie ist ein Geschenk der Gnade, in Demut empfangen, – immer nur ein Schauen wie in einem Spiegel, nie die Vollendung.

Dieses historische Lesebuch kann auch ein Begleitbuch für das Alltagsleben sein. Vielleicht werden einige Texte zu einem Leser von heute wieder zu sprechen beginnen. So könnte sich aus unserer Überlieferung die Vielfalt der Wege, die jetzt verschüttet scheint, neu erschließen. Das wird mancher wie eine Heimkehr empfinden, nach weiten inneren und äußeren Wegen in fremde Regionen der Spiritualität. Aber auch diese scheinbaren Umwege können zum Teil eines Emmaus-Ganges werden.

Diese Neubearbeitung ist dem Andenken meiner Mutter gewidmet.

München, Pfingsten 1986 Klaus Dahme

I. URCHRISTENTUM

Paulus

(etwa 10–64)

Alle, die vom Geiste Gottes getrieben sind, die sind Gottes Kinder. Habt ihr ja nicht empfangen der Knechtschaft Geist, daß ihr euch wiederum fürchten müßtet, sondern den Geist der Kindschaft habt ihr empfangen, in dem wir rufen: „Abba, Vater!"

Derselbige Geist gibt Zeugnis unserem Geiste, daß wir Gottes Kinder sind. Sind wir denn Kinder, so sind wir auch Erben: Erben Gottes und Miterben Christi – wenn wir nur mit ihm leiden, auf daß wir auch mit ihm verherrlicht werden[1].

Wenn Gott für uns ist – wer mag wider uns sein? Er, der auch seines eigenen Sohnes nicht schonte, sondern für uns alle ihn hingab, wie sollte er nicht alles uns schenken mit ihm? Oder wer will Klage erheben gegen Gottes Erwählte? Gott ist es, der Recht schafft – wer will verdammen? Und Christus Jesus, der gestorben – der vielmehr erstanden und zur Rechten Gottes erhoben ist – der stehet auch für uns ein. Wer wird uns scheiden von Christi Liebe? Trübsal oder Bedrängnis oder Verfolgung? Oder Hunger oder Blöße? Oder Fährlichkeit oder Schwert? Es steht ja geschrieben: „Um deinetwillen werden wir getötet den ganzen Tag; werden geachtet wie Schafe der Schlachtbank!" Aber in all dem obsiegen wir: um deswillen, der uns geliebt hat.

Denn ich bin gewiß, daß weder Tod noch Leben, weder Engel noch Gewalten, weder Gegenwärtiges noch Zukünftiges, weder Mächte noch Höhe, noch Tiefe, noch irgend sonst Geschaffenes uns scheiden mag von der Liebe Gottes, die ist in Christus Jesus, unserem Herrn[2].

Es steht geschrieben: „Kein Auge hat es gesehen und kein Ohr hat es gehört und in kein Menschenherz ist es gedrungen, was

Gott denen bereitet hat, die ihn lieben." Uns aber hat es Gott offenbart durch seinen Geist.

Denn der Geist ergründet alles, auch die Tiefen Gottes. Oder welcher Mensch weiß, was des Menschen ist, als des Menschen Geist, der in ihm ist? So erkennt auch das, was Gottes ist, nur Gottes Geist. Und wir haben empfangen – nicht den Geist der Welt, sondern den Geist aus Gott, daß wir wissen können, was uns von Gott geschenkt ist. Dies ist es auch, was wir künden, nicht in gelehrten Worten menschlicher Weisheit, sondern in des Geistes Lehre, Geistiges messend mit Geistigem. Der natürliche Mensch freilich faßt nicht, was des Geistes Gottes ist. Es ist ihm Torheit, und er kann es nicht inne werden. Denn geistig nur wird es beurteilt. Der Geistesmensch aber beurteilt alles, und er selbst kann von niemand beurteilt werden[3].

Es sind verschiedene Gnadengaben, aber ein und derselbe Geist. Und es sind verschiedene Ämter, aber ein und derselbe Herr. Und es sind verschiedene Kräfte, aber ein und derselbe Gott, der alles wirkt in allem.

Die Offenbarung des Geistes ist einem jeden gegeben, daß er beitrage zum Ganzen. Dem einen ist vom Geiste gegeben Rede der Weisheit; dem andern, demselben Geiste gemäß, Rede der Erkenntnis; dem einen Glaube im selben Geist, einem andern Gaben der Heilung im einen Geist; dem Wunderkräfte, jenem Weissagung; dem Unterscheidung der Geister, jenem verschiedene Sprachen, einem dritten, sie auszulegen. Das alles aber wirkt der eine und nämliche Geist, der einem jeden zuteilt, wie er will. Denn wie nur ein Leib ist mit vielen Gliedern – und alle Glieder des Leibes, so viele es sind, sind nur ein Leib –: also auch Christus.

Ihr seid Christi Leib und Glieder vom Ganzen. Die einen hat Gott in der Kirche gesetzt zu Aposteln, andere zu Propheten, und wieder andere zu Lehrern. Da sind Wunderkräfte, da Gaben der Heilung, da Amt des Helfers, da Amt des Leiters, da Zungengabe. Sind vielleicht alle Apostel? Sind alle Propheten? Sind alle Lehrer? Sind alle begabt mit Wunderkräften, mit Gaben der Heilung? Reden alle in Zungen? Sind alle Erklärer?

Mühet euch um die größeren Gaben! Denn einen erhabeneren Weg noch weise ich euch:

Wenn ich in Zungen der Menschen und Engel rede und habe nicht Liebe, so bin ich ein tönend Erz, eine klingende Schelle. Und wenn ich Gabe der Weissagung habe und weiß alle Geheimnisse und jede Erkenntnis – und wenn ich jeglichen Glauben habe, um Berge zu versetzen – und habe nicht Liebe, so bin ich nichts. Und wenn ich all meine Habe den Armen verschenke und gebe meinen Leib zum Verbrennen – und habe nicht Liebe, so hilft es mir nichts.

Die Liebe ist langmütig, die Liebe ist gütig. Nicht neidisch ist sie, nicht mutwillig und bläht sich nicht auf. Sie sucht nicht Ehre, nicht eigenen Vorteil. Nicht heftig ist sie und trägt das Böse nicht nach. Auch freut sie sich nicht am Unrecht, aber Freude hat sie an Wahrheit. Alles verträgt sie, alles glaubt sie, alles hofft sie, alles übersteht sie.

Nimmer höret auf die Liebe. Nimm Weissagungen: sie nehmen ein Ende. Nimm Zungengaben: sie setzen aus. Nimm Geisteserkenntnis: einmal versagt sie. Denn Stückwerk ist unser Erkennen und Stückwerk ist unsere Weissagung. Wenn aber das Vollkommene da ist, so ist es vorbei mit dem Stückwerk. Da ich ein Kind war, redete ich wie ein Kind. Mein Verstehen und Denken war eines Kindes. Da ich aber Mann geworden, da legte ich ab, was des Kindes. Jetzt schauen wir nur im Widerschein, in Rätseln, dann aber von Antlitz zu Antlitz. Jetzt ist Stückwerk, was ich erkenne, dann aber werd' ich erkennen, so wie ich selber erkannt bin. Für jetzt bleiben Glaube, Hoffnung und Liebe, die drei; das größte aber: die Liebe[4].

Mir heißt Leben: Christus, und Sterben: Gewinn. Wenn freilich das Leben im Fleische, wenn dies mein Werk eine Frucht trägt, so weiß ich nicht, was ich wählen soll. Es liegt mir beides hart an: mein Verlangen ist abzuscheiden und bei Christus zu sein, das wäre das allerbeste; aber im Fleische zu bleiben ist nötiger, um euretwillen[5].

Bedrängnis leiden wir allenthalben, aber den Mut verlieren wir nicht. Wir sind bange, doch nicht verzagt. Wir werden verfolgt, doch nicht verlassen. Wir werden zu Boden geworfen, doch nicht zugrunde gerichtet. Immer tragen wir das Todesleiden Jesu herum an unserem Leibe, daß auch das Leben Jesu an unserem Leibe offenbar werde.

Mag auch der äußere Mensch aufgerieben werden, der innere wird neu in uns von Tag zu Tag. Denn unsere Trübsal, die nur augenblicklich ist und leicht, wirkt eine überschwengliche ewige Wucht von Herrlichkeit für uns, wenn wir nicht auf das Sichtbare schauen, sondern auf das Unsichtbare. Denn das Sichtbare geht vorüber, das Unsichtbare aber ist ewig[6].

Ich kenne einen Menschen in Christus, der wurde vor nun vierzehn Jahren – ob im Leibe, ich weiß es nicht, ob außer dem Leibe, ich weiß es nicht: Gott weiß es – bis zum dritten Himmel entrückt. Und von demselben Menschen weiß ich, daß er – ob im Leibe oder außer dem Leibe, ich weiß es nicht: Gott weiß es – in das Paradies entrückt ward und geheimnisvolle Worte hörte, die kein Mensch aussprechen darf . . . Aber daß ich mich nicht überhebe, ward mir ein Stachel ins Fleisch gegeben, ein Engel des Satans, damit er mich schlage und ich nicht hochmütig werde. Dreimal habe ich seinetwillen gebetet zum Herrn, daß er weiche von mir. Er aber sprach zu mir: Es genügt dir meine Gnade. Denn die Kraft vollendet sich in der Schwachheit. So will ich denn am liebsten mich rühmen in meinen Schwachheiten, auf daß mir innewohne die Kraft Christi[7].

So beuge ich denn auch meine Knie vor dem Vater, von dem alle Vaterschaft ist im Himmel und auf Erden, er wolle euch geben nach dem Reichtum seiner Herrlichkeit, daß ihr gestärkt werdet mit seines Geistes Kraft am inneren Menschen, auf daß Christus in euren Herzen wohne durch den Glauben, daß ihr festgewurzelt und gegründet seid in der Liebe, daß ihr zu fassen vermöget mit allen Heiligen und zu erkennen in Erkenntnis überschwenglich die Breite und Länge und Höhe und Tiefe der Liebe Christi und ganz erfüllt werdet von Gottes Fülle.

Dem aber, der über alles, was wir bitten oder denken, weit hinaus zu tun vermag gemäß der Kraft, die in uns wirksam ist: ihm sei die Ehre in der Kirche, durch alle Geschlechter in Christus Jesus, von Ewigkeit zu Ewigkeit! Amen[8].

Johannes

(1. Jahrhundert)

Im Anfang war das Wort, und das Wort war bei Gott und Gott war das Wort. Und es war von Anfang bei Gott, und alles ist durch dasselbe gemacht worden und ohne dasselbe ist nichts, was geworden ist.

In ihm war das Leben, und das Leben war das Licht der Menschen.

Und das Licht scheint in der Finsternis, doch die Finsternis hat es nicht begriffen . . .

Er war das wahre Licht, das da erleuchtet jeglichen Menschen, der in diese Welt kommt. Er war in der Welt, denn die Welt ist durch ihn geworden; aber die Welt hat ihn nicht erkannt. Er kam in sein Eigentum, und die Seinigen nahmen ihn nicht auf. Allen aber, die ihn aufnahmen, gab er Macht, Kinder Gottes zu werden: denen, die an seinen Namen glauben – denen, die nicht aus dem Blute und nicht aus dem Willen des Fleisches, noch aus dem Willen des Mannes, sondern aus Gott geboren sind.

Und das Wort ist Fleisch geworden und hat unter uns gewohnt, und wir haben seine Herrlichkeit gesehen: eine Herrlichkeit, wie sie entspricht dem Eingeborenen vom Vater, voll Gnade und Wahrheit[1].

(Und der Herr sprach): Ich bin der wahre Weinstock, und mein Vater ist der Winzer. Jeden Zweig an mir, der keine Frucht bringt, nimmt er weg, und jeden, der Frucht bringt, reinigt er, damit er desto mehr Frucht bringe . . .

Bleibet in mir, und ich bleibe in euch! Denn wie der Rebzweig aus sich selbst keine Frucht bringen kann, er bleibe denn an dem Weinstock, so auch ihr nicht, wenn ihr nicht bleibet in mir.

Ich bin der Weinstock, ihr seid die Zweige. Wer in mir bleibt – und ich in ihm –: nur der bringt viele Frucht. Denn ohne mich könnt ihr nichts tun . . .

So wie mich der Vater geliebet hat, so habe ich euch geliebt. Bleibet in meiner Liebe! Wenn ihr meine Gebote haltet, werdet ihr bleiben in meiner Liebe[2].

Sehet, welche Liebe uns der Vater bewiesen, daß wir Kinder Gottes heißen und sind. Darum erkennt die Welt uns nicht, weil sie ihn nicht erkannt hat.

Vielgeliebte, jetzt sind wir Kinder Gottes; aber es ist noch nicht offenbar, was wir sein werden. Wir wissen aber, wenn er erscheint, so werden wir ihm gleichen, denn wir werden ihn sehen, wie er ist.

Und jeder, der diese Hoffnung auf ihn hat, der heiligt sich, so wie auch er heilig ist[3].

Vielgeliebte, laßt uns einander lieben! Denn die Liebe ist aus Gott. Und jeder, der liebt, ist aus Gott geboren und erkennet Gott. Wer aber nicht liebt, kennt Gott nicht. Denn Gott ist Liebe.

Darin hat sich die Liebe Gottes an uns gezeigt, daß Gott seinen eingeborenen Sohn in die Welt gesandt hat, damit wir Leben haben durch ihn. Seht, das ist Liebe. Nicht wir haben Gott geliebt, sondern er hat zuerst uns geliebt und seinen Sohn in die Welt gesandt zur Sühne für unsere Sünden.

Vielgeliebte, wenn Gott uns so geliebt hat, so müssen auch wir einander lieben.

Es hat noch niemand Gott gesehen; aber wenn wir einander lieben, so ist er bleibend ins uns, und seine Liebe ist in uns vollkommen. Und daran erkennen wir, daß wir in ihm bleiben und er in uns, daß er von seinem Geiste uns gegeben hat . . . Gott ist die Liebe, und wer in der Liebe bleibt, der bleibt in Gott und Gott in ihm[4].

Irenäus

(etwa 135–202)

Vom Schauen Gottes

Der eine Gott, der durch sein Wort und die Weisheit alles gemacht und geordnet hat, ist auch der Lenker, der diese Welt dem Geschlecht der Menschen zugewiesen hat. In seiner Größe ist er allen denen, die er gemacht hat, unbekannt; denn keiner von den Alten, die hingegangen sind, und keiner von denen, die jetzt leben, haben seine Majestät erforscht. In seiner Liebe aber wird er erkannt von dem, durch den er alles gemacht hat, sein Wort, unser Herr Jesus Christus, der in den letzten Zeiten Mensch geworden unter Menschen, um das Ende mit dem Anfang, den Menschen mit Gott, in eins zu fügen, . . . auf daß der Mensch den Geist Gottes umfasse und eingehe in die Herrlichkeit des Vaters . . . „Selig," spricht der Herr, „die reinen Herzens sind, denn sie werden Gott schauen!"

In seiner Größe denn und wunderbaren Herrlichkeit „wird niemand Gott schauen und leben". Denn unfaßbar ist der Vater. In seiner Liebe aber und Menschenfreundlichkeit läßt sich, der alles kann, von denen sehen, die ihn lieben, wie es die Propheten verkündet haben. Denn „was unmöglich ist bei den Menschen, ist möglich bei Gott". Aus sich selbst nämlich sieht der Mensch Gott nicht. Wenn aber Gott es will, so wird er von den Menschen gesehen, von denen er sich sehen lassen will, wann und wie es ihm gefällt. Denn Gott vermag alles.

Ehemals wurde er im Geist prophetisch geschaut; dann durch den Sohn, wie es angenommenen Kindern zukommt; und schließlich wird er gesehen als Vater im Himmelreich. Denn der Geist bereitet den Menschen im Sohne Gottes, und der Sohn führt ihn zum Vater. Der Vater aber schenkt ihm Unverweslichkeit zum ewigen Leben, das jedem zuteil wird, indem er Gott schauen darf. Denn wie diejenigen, die das Licht schauen, in dem Lichte sind und an seinem Glanze teilhaben, so sind die, die Gott schauen, in Gott und haben teil an seiner Herrlichkeit. Diese Herrlichkeit aber macht sie lebendig; denn das Leben empfangen, die Gott schauen.

So macht sich also der unfaßliche, unbegreifliche und unsichtbare Gott sichtbar, begreifbar, faßlich den Gläubigen; macht lebendig, die ihn durch Glauben fassen und schauen. Denn wie unerforschlich seine Größe, so ist auch unaussprechlich seine Güte, durch die er sich zu schauen gibt und Leben spendet denen, die ihn schauen. Leben ohne das Leben ist nicht möglich; wesenhaftes Leben aber kommt uns von Gott, von der Teilnahme an ihm; an ihm teilhaben aber heißt, ihn schauen und seine Güte genießen.

Die Menschen also werden Gott schauen, damit sie leben: durch Schauen sind sie unsterblich geworden und eingetaucht in Gott[1].

Clemens von Alexandrien

(etwa 150–212)

Was ein Erleuchteter sei

Unser Ziel ist, zu zeigen, daß nur der erleuchtete Mensch heilig und fromm ist und allein den wahrhaften Gott so verehrt, wie es Gottes würdig ist. Gottes würdig – woraus folgt: gottgeliebt und gottliebend.

Ein solcher behandelt mit Ehrfurcht alles, wie es sich ziemt, alles, was Ehre verdient: im sichtbaren Bereich die Vorgesetzten, Eltern und überhaupt die Älteren – im Bereich der überlieferten Lehre die alte Weisheit und die Prophetie der Urzeit – im Bereich der Erkenntnis das Höchste im menschlichen Geschlecht: das zeitlose, anfanglose Prinzip und den Ausgang des Seins: den ewigen Sohn. Denn durch ihn lernen wir kennen den Vater des

Alls: den überweltlichen, hocherhabenen, allgütigen Urgrund – den nicht mehr mündliche Lehre vermittelt, sondern der anbetend verehrt wird vor allem in Ehrfurcht und Schweigen, mit heiliger Scheu. Zwar ward er verkündet vom Herrn, soweit seine Jünger vernehmen konnten – verstanden aber wird er von denen, die zur Erkenntnis erwählt sind vom Herrn: von denen, deren „Sinn durch Übung geschult" ist, wie der Apostel sagt.

Die Gottesverehrung also besteht für den Erleuchteten in einer steten Achtsamkeit der Seele, in Beschäftigung mit dem Göttlichen – durch jene Liebe, „die niemals ausgeht".

Von der Pflege der menschlichen Beziehungen aber geht die eine auf Besserung, die andere bloß auf Dienstleistung. So ist es Beruf des Arztes, den Leib – des Philosophen, die Seele besser zu machen . . . Ein wahrhaft religiöser Mensch ist nur der, der schön und untadelig in menschlichen Dingen Gott dient . . .

Gottesfreund ist gewiß der, der weiß, was sich ziemt in Erkenntnis und Leben: wie der zu leben hat, der einmal vergottet sein wird und schon jetzt gottähnlich.

Ein solcher wird vor allem Gott lieb haben. Denn wer den Vater verehrt, wird ihn auch lieben, und wer Gott verehrt, wird ihn auch lieben.

Darum sehe ich die Erweise, daß einer die Kraft des Erleuchteten habe, in diesen drei Stücken: wissen, was man zu tun hat – vollbringen, was das „Wort" gebietet – auf gotteswürdige Art mitteilen können den Schatz der Wahrheit[1].

Fromm also ist der Erleuchtete. Das erste ist, daß er auf sich selber acht hat, dann für den Nächsten sorgt, auf daß wir möglichst gute Menschen werden. Denn der Sohn gefällt dem Vater, wenn er eifrig bemüht ist, dem Vater sich ähnlich zu erweisen . . .

Ein „gar göttliches und gottähnliches Bild" ist des Gerechten Seele, in der durch Gehorsam gegen Gottes Gebot Gestalt gewinnt und Wohnung nimmt Christus, der Herr der Sterblichen wie der Unsterblichen, der König und Zeuger der Guten, wahrhaft Gesetz und Gebot und ewiges Wort, jedem einzelnen und allen insgesamt der eine Heiland[2].

Und wir bedürfen wahrlich des Heilands, da wir krank sind, bedürfen des Führers, da wir irre gehen, des Lichtspenders, da wir blind sind, der Quelle des Lebens, wir Dürstenden, die nicht mehr dürsten werden, wenn wir von ihm schöpfen – wir bedürfen des Lebens, da wir sonst tot sind; und da wir irrenden Schafen gleichen, tut uns der Hirte not, und der Erzieher, da wir Kinder sind. Kurz, die ganze Menschheit zumal sehnt sich nach Jesus[3].

Und er heißt mit Recht „der Gute". Freigebig ist er, der das Größte, seine eigene Seele, für uns dahingibt, und segensreich ist er und menschenfreundlich: wo er der Herr der Menschen sein konnte, hat er ihr Bruder sein wollen, und gehet so weit in seiner Güte, daß er für uns in den Tod gegangen![4]

Er ist wahrhaft der Eingeborene, Ebenbild der Herrlichkeit des allmächtigen Herrschers, des Vaters. Er ist es, der dem Erleuchteten einprägt vollkommene Beschauung nach seinem Bilde, auf daß er ein „drittes Bild" sei der Gottheit, das sich verähnlicht dem zweiten: dem, der wahrhaft das Leben ist, durch den wir ein wahrhaftes Leben leben, indem wir darstellen gewissermaßen das Ideal des Erleuchteten, der es zu tun hat mit dem Unwandelbaren, Beständigen[5].

So weide uns, Hirte, die mündigen Kinder, wie deine Schäflein! Ja, Herr, laß uns satt werden auf deiner Weide, die die Gerechtigkeit ist! Geleite uns, o Erzieher, wie ein Hirte zu deinem heiligen Berge, zu deiner Kirche, der triumphierenden, die über den Wolken thront, die an den Himmel reicht, wie geschrieben steht: „Und ich werde ihr Hirt sein und werde ihnen nahe sein!"[6]

Wir sind geheißen, zu ehren und zu verehren das Wort, das wir als Retter und Führer wissen, und durch dasselbe den Vater zu verehren, nicht an ausgewählten Tagen, wie andere tun, sondern immerwährend durch das ganze Leben und auf alle Weise. Ganz gewiß spricht so das „auserwählte Geschlecht" mit dem Psalmisten „siebenmal des Tages dir Lob", da es gerechtfertigt ist (nach ewigem) Ratschluß.

Also weder an umgrenzten Orten, noch auserwählten Heiligtümern, noch an gewissen ausgezeichneten Festen und Tagen, sondern durch das ganze Leben ehrt der Erleuchtete seinen Gott, an jedem Orte, ob er nun ganz für sich ist oder andere um sich hat, die denselben Glauben mit ihm teilen – er ehrt ihn, sagt ihm Dank für Erkenntnis und rechten Wandel.

Wenn schon der nahe Umgang mit einem guten Menschen durch Hochachtung und Ehrfurcht den Gefährten fortwährend zum Besseren formt: wie sollte der, der immer Gott nahe ist durch Erkenntnis und Leben und Danksagung – wie sollte ein solcher nicht fortwährend besser werden, als er war, in jeder Hinsicht: in Tat und Wort und Gesinnung zumal?

So verhält es sich denn in der Tat mit dem, der die Überzeugung hat, daß Gott überall gegenwärtig ist – nicht von gewissem begrenztem Raum umschlossen, so daß man wähnen könnte, einmal ohne ihn zu sein und sich gehen zu lassen nach seiner Begierde, sei es bei Tag oder Nacht. Nein, durch das ganze Leben haben wir heilige Zeit, in der Gewißheit, daß Gott uns überall nahe ist. Ihn lobend bauen wir die Felder, ihm singend fahren wir auf dem Meere und pflegen jeden anderen Beruf nach den besonderen Regeln seiner Kunst. Besonders nahe seinem Gott ist der Erleuchtete, Ernst und Fröhlichkeit verbindend in allem seinem Tun: Ernst, weil er dem Göttlichen zugewendet ist – Fröhlichkeit, weil er zu schätzen weiß die menschlichen Güter, die uns Gott gegeben hat.

Auf diese herrliche Erkenntnis scheint auch der Prophet zu weisen, da er spricht: „Freundlichkeit und Zucht und Einsicht lehre mich!“ – wobei er jedesmal den Ausdruck steigert nach der Stufe für die Vollkommenheit.

Das ist fürwahr der königliche Mensch, der heilige Priester Gottes[7].

Jeder wahren Gottesverehrung bar ist, trotz aller Lieder und Worte, trotz Schriften und Lehren, wer unwürdig denkt von Gott und zu niederen und gemeinen Begriffen und Vorstellungen herabsteigt. So mag es sein, daß „mancher Menschen Lob sich in nichts unterscheidet vom Fluchen“: weil sie die Wahrheit nicht kennen. Wonach sie sich sehnen und was sie verlangen, um es kurz zu sagen: wonach ihr Trieb geht – darauf geht auch ihr Beten . . .

Wer aber Erkenntnis hat als Besitz, der erbittet und erfleht, was gut ist: die Güter der Seele – und wirkt dabei selber mit, daß er zu Festigkeit komme im Guten und jene wahrhaften Güter nicht gleichsam als Nebenfach pflege, sondern selbst gut sei ...[8]

Für gemeine Menschen ist ihr Gebet ein Verderb, nicht nur für andere, sondern auch ihnen selbst. Denn auch wenn sie etwas Gutes und Heilsames nennen und auf ihr Bitten erlangen: selbst solches wird ihnen zum Schaden, da sie es nicht zu gebrauchen wissen. Sie beten, daß sie die Güter besitzen, die sie nicht haben – und bitten um Scheingüter, nicht um die wahren.

Der Erleuchtete aber bittet, daß er behalte, was er besitzt, daß er würdig sei dessen, was er weiter erhält, daß ewig währe, was er erhalten wird: die wahrhaften Güter, die da im Geiste sind, die möchte er haben und immer behalten. Nach dem, was ihm fern liegt, sehnt er sich nicht. Er ist zufrieden mit dem, was ihm vorliegt. Denn die angemessenen Güter mangeln ihm nicht. Er hat genug an der göttlichen Gnade und Erkenntnis[9].

So ist sein ganzes Leben gleichsam ein Festtag. Seine Opfer sind seine Gebete und Loblieder, die Lesung der Schrift vor der Mahlzeit, Psalmen und Hymnen, während er speist, und wiederum vor der Ruhe und selbst in der Nacht das Gebet. Durch Beten einigt er sich mit dem „göttlichen Chor“ in stetem Gedenken, in Beschauung, der geistigen, die stets Gott vor sich hat.

Doch wie? Kennt er kein anderes Opfer? Keine Spende von Lehre und Almosen für die Bedürftigen? Wahrhaftig! Aber das wortreiche Beten des Mundes ist ihm ferne: er hat es erfahren vom Herrn, um was man bitten soll.

Darum betet ein solcher an allen Orten – doch nicht gerade vor den Augen der Menge. Auch während er geht und während er spricht, in Lesung und Ruhe, wie in vernünftigem Schaffen: auf alle Weise betet er. Und wenn auch sein Denken nur im innersten „Kämmerlein“ ist und wenn er in „unaussprechlichen Seufzern“ zum Vater ruft: Gott ist ihm nahe, indes er noch redet[10].

Um ein kühnes Wort zu sagen: Das Gebet ist Umgang mit Gott. Wir mögen darum nur flüstern oder nicht einmal die Lippen öffnen in schweigender Rede: innen ist es ein Rufen. Denn jedes innere Beten erhört Gott stets[11].

Und wenn manche gewisse Tagzeiten festgesetzt haben für das Gebet – wie Terz, Sext, Non –: der Erleuchtete betet durchs ganze Leben und sucht in seinem Beten die Nähe Gottes. Und um es kurz zu sagen: fahren läßt er, was keinen Zweck mehr hat, wenn er schon dahin gelangt ist, daß er das Ziel erreicht hat: die Vollkommenheit dessen, der aus der Liebe wirkt[12].

Es ist die christliche Einsicht sozusagen die Vollendung des Menschen als solchen – die Einsicht, bei der das Verständnis des Göttlichen sowohl Verhalten wie Leben und Denken beeinflußt und Übereinstimmung und Einklang besteht im Innern des Menschen sowohl, wie mit dem göttlichen Worte. Durch sie wird der Glaube vollendet, und nur durch sie kann der Gläubige vollkommen werden.

Der Glaube ist ein in der Seele liegendes Gut. Ohne ihn suchen zu müssen, bekennt er Gottes Dasein und preist seine Gegenwart. Aber man muß über den Glauben sich emporführen lassen und in der Gottesliebe wachsen und die christliche Einsicht in das Göttliche nach Kräften gewinnen.

Das unbezweifelte Festhalten an Gott, das Annehmen des Glaubens also, ist die Grundlage der christlichen Einsicht. Christus aber ist beides: Fundament und Gebäude, in ihm ist der Anfang und auch das Ende. Lehrbar ist weder der Anfang noch das Ende, will sagen: weder der Glaube noch die Liebe. Aber die Erkenntnis, die durch Gottes Gnade in überlieferter Lehre beschlossen liegt, fällt wie ein köstliches Erbgut denen anheim, die sich der Lehre würdig erweisen.

Daraus ergibt sich die Herrlichkeit der Liebe: als „Licht zu Licht"; denn „wer hat, dem wird gegeben werden": dem Glauben Erkenntnis, der Erkenntnis Liebe, der Liebe die Erbschaft. Das bewahrheitet sich, wo immer ein Mensch Gott anhängt durch Glaube, Erkenntnis, Liebe und mit ihm aufsteigt zu Gott, unseres Glaubens und unserer Liebe Bewahrer.

Den Glauben also könnte man eine Erkenntnis nennen, die sich auf das Notwendigste begrenzt; die christliche Einsicht aber ist der feste und sichere Erweis der im Glauben aufgenommenen Wahrheiten. Auf Grund der Belehrung des Herrn baut sie sich auf dem Glauben auf und führt ihn zur Unerschütterlichkeit und zum verständnisvollen Begreifen.

Nach meiner Meinung ist die erste Umwandlung im Heilsprozeß die Hinüberführung vom Heidentum zum Glauben, die zweite aber die vom Glauben zur christlichen Einsicht. Wenn diese zur Liebe hinübergeführt ist, so knüpft sie ein Freundschaftsverhältnis zwischen dem Erkennenden und dem Gegenstand der Erkenntnis, und wem dies zuteil geworden, der nimmt wohl schon jetzt die Zukunft vorweg und besitzt die „Engelgleichheit“ . . . wobei er noch dauernd im Guten wächst, bis es ihn hindrängt ins Vaterhaus, durch die heiligen sieben Räume hindurch zur Wohnung des Herrn: dort soll er, wenn man so sagen darf, stehende, ewig bleibende Lichtflamme sein, ganz und gar wandellos.

Erkenntnis also ist rüstig zur Reinigung – wie sie auch immer empfänglich bleibt der Wandlung zu Besserem. Sie ist es darum, die leicht hinanführt zu dem der Seele verwandten, heiligen, göttlichen Stande – hinanführt den Menschen durch mystische Stufen inneren Lichtes – bis sie den Menschen „reinen Herzens“ jenem hohen Ort der Ruhe zurückgibt: der erleuchteten und umfassenden Gottesanschauung „von Angesicht zu Angesicht“.

Das ist die Vollendung der erleuchteten Seele, daß sie nach Überwindung aller Reinigung und allen Dienstes „beim Herrn“ sein darf, wo sie ihm innigst gehört . . . dort, wo nach Erlösung von aller Strafe der Sünde den Vollendeten Lohn und Ehre zuteil wird, wo vorüber die Reinigung, vorüber auch aller Dienst, und wäre er noch so heilig und unter Heiligen[13].

Beginnend mit der staunenden Betrachtung der Schöpfung, hat (der zur Erleuchtung Berufene) darin schon ein gewisses Zeichen, daß er zum Empfang der Erkenntnis fähig sei, und in diesem Vertrauen wird er ein froher und eifriger Jünger des Herrn.

Sobald er von Gott und von Vorsehung hört, glaubt er: er hat eine Hilfe an dem, was er selbst schon bewundert hat. Dadurch gespornt, widmet er sich der Selbsterziehung in jeder Hinsicht und tut, was er kann, um zur Erkenntnis dessen zu kommen, was er ersehnt. Seine Sehnsucht im Fortschritt des Glaubens ist mit Erforschung gemischt. Das ist der Weg, der großen, erhabenen Beschauung gewürdigt zu werden.

So wird der Erleuchtete Gottes Willen verkosten. Nicht seine Ohren öffnet er, sondern sein Herz den Dingen, von denen die Worte künden[14].

Er ist sich wohl bewußt, was er zu tun und zu lassen hat: weil er in Wahrheit erkannt hat, was wichtig ist und was nicht. Darum erträgt er mit Bewußtsein, was sein muß und was die Vernunft als schicklich befiehlt – hellen Blickes unterscheidend, was man hoffen soll: wirkliche Güter von dem, was nur Schein ist, wirkliches Übel von dem, was danach aussieht: Tod, Krankheit und Armut. Denn das ist ja viel mehr Schein als Wahrheit[15].

Er hat sich kein anderes Ziel gesteckt, als Gott zu gefallen – nicht wegen des Lohnes für seine Mühen. Manch einer nimmt Schweres auf sich aus Ruhmbegierde, andere um ein größeres Unheil zu fliehen, wieder andere um jener Wonnen und Freuden willen, die nach dem Tod ihrer warten. Sie alle sind Kinder im Glauben, selig zwar, aber noch nicht mannbar geworden in der Liebe zu Gott, wie der Erleuchtete. Es gibt ja, wie auf dem Sportplatz, so auch in der Kirche, Preise für Männer und für Kinder. Aber die Liebe ist um ihrer selbst willen wert, daß man sie sucht, und nicht aus anderen Zwecken[16].

Wer also Gott in sich trägt, begehrt nichts anderes. Hintansetzend alles, was ihm zum Hindernis ist, und verachtend die irdische Welt, die ihn abzieht, steigt er zum Himmel hinan, erleuchteten Wissens – übersteigt alle geistigen Wesen und alle Fürstentümer und alle Gewalten, vordringend zum himmlischen Thron, einzig das Ziel vor Augen, dem alles Erkennen galt[17].

Er betet um nichts von den Dingen, die ihm für den täglichen Bedarf des Lebens nützlich sind: er lebt in der Gewißheit, daß Gott, der alles weiß, den Guten das Nützliche auch ohne ihr Bitten gibt ... Wer zur Erkenntnis emporgestiegen, betet um vollkommene Liebe, und wer zur Höhe der Erkenntnis gelangte, betet, daß seine Einsicht wachse und bleibe ...

Er freut sich über die vorhandenen Güter und ist zugleich voll froher Zuversicht über die verheißenen, als seien sie schon vorhanden ... In seiner christlichen Einsicht von einem jeden der künftigen Dinge besitzt er sie schon im voraus[18].

Er gebraucht die geschaffenen Güter, wann und soweit es ihm das „Wort" gebietet, und danksagend dem, der alles gemacht hat, wird er der Herr des Geschaffenen[19].

Er ißt, er trinkt, er tritt in die Ehe – nicht so sehr seinetwegen, als weil es nötig ist. Er tritt in die Ehe, sage ich: wenn nämlich das „Wort" es ihm sagt und wie es sich ziemt. Wer vollkommen ist, hat die Apostel zum Vorbild: er erweist sich als Mann nicht dadurch, daß er den Stand eines Mönches erwählt; nein, der „überwindet“, der in Ehe und Kindererzeugung und Sorge für seine Familie sich erhebt über Lust und Schmerz und, während er für sein Hauswesen sorgt, unzertrennlich in Gottes Liebe lebt und jede Versuchung abwehrt, die ihm herkommen kann von Kindern und Gattin, von Dienerschaft und Besitztum . . .

Das sind die erleuchteten Seelen, die das Evangelium den gesegneten Jungfrauen vergleicht, die auf den Herrn warteten. „Jungfrauen“ sind sie, weil sie vom Bösen sich enthalten und durch die Liebe den Herrn erwarten, das innere Licht anzündend zur Wesensbeschauung: die klugen Seelen, die sprechen: „O Herr, so lange schon sehnen wir uns, dich zu empfangen!“[20]

Wenn Krankheit oder ein Unglück den Erleuchteten trifft oder der Tod, selbst der schrecklichste von allen: sein Herz bleibt unerschrocken; er weiß ja, daß alles Derartige zum notwendigen Lauf der Natur gehört, daß aber auch Gottes Kraft es zu Heilmitteln macht . . .

Niemals trägt er erlittenes Unrecht nach und ist niemandem böse, auch wenn er des Hasses würdig wäre durch sein Verhalten. Denn er ehrt den Schöpfer und liebt den Genossen des Lebens und erbarmt sich seiner und betet für ihn ob seiner Unwissenheit[21].

Was überhaupt die Regungen des Gemütes angeht: sie sind gut, wenn sie begleitet sind von der Vernunft. Aber im Vollkommenen haben sie keinen Platz mehr. Er hat nicht „Kühnheit“: denn er hat es nicht mehr mit harten und schweren Dingen zu tun – weil er von allem, was in diesem Leben ist, nichts Hartes und Schweres erkennt und weil ihn nichts Derartiges abziehen kann von der Liebe Gottes. Und nicht „Frohsinn“ bedarf er: denn er fällt in keinen Schmerz und keine Bangigkeit der Seele – weil er weiß, daß alles wohl geschieht. Und er hat keinen „Zorn“: denn es gibt nichts, was ihn erzürnen könnte – weil er immer Gott lieb hat und ganz und gar darin aufgeht und deshalb keines der Geschöpfe Gottes hassen kann. Und nicht „Eifersucht“ hat er – denn es mangelt ihm nicht sein Ziel, gut und edel zu sein. Ja nicht einmal Liebe und Freundschaft kennt er im gewöhnlichen Sinn: denn er liebt in den Geschöpfen den Schöpfer.

So fällt er also auch nicht in Begierde und Wünsche und braucht der Seele nach nichts: denn durch die Liebe ist er schon bei dem Geliebten[22].

Er faßt das Künftige nicht durch ungewisse Vermutung, wie die meisten nach bloßen Vermutungen leben, sondern durch erleuchteten Glauben hat er bereits in Besitz genommen, was anderen ungewiß und dunkel ist. Durch die Liebe ist er schon gegenwärtig dem Künftigen[23].

Das ist gewiß: Wie Moses infolge seines heiligen Lebens und seines steten Verkehrs mit Gott, der zu ihm redete, von einem verklärenden Lichtschein leuchtete: so haftet auch an des Gerechten Seele – ob er betrachte oder weissage oder äußerlich schaffe – eine Art göttlicher Kraft der Güte und drückt ihm ein Zeichen geistigen Lichtes auf wie von wärmendem Sonnenschein: ein deutliches Siegel der Gerechtigkeit – ein Licht, das mit der Seele ein Ding geworden durch die stete Liebe, die Gott in sich trägt und die hinwieder von Gott getragen ist.

Auf diesem Grunde erhebt sich für den Erleuchteten jene Verähnlichung mit Gott, seinem Heiland: er ist vollkommen, soweit es der menschlichen Natur verstattet ist – „wie der Vater, der im Himmel ist“[24].

Ganz und gar „Sohn“, ein Heiliger, erhaben über den Schmerz – ein Erleuchteter, vollkommen, geformt durch die Lehre des Herrn. Und da er in Tat und Wort und Gesinnung dem Herrn anhängt, erhält er die Wohnung dessen, der da „zum Manne geworden“[25].

Die sind es, die nach Davids Wort „ruhen auf dem heiligen Gottesberge“: auf der höchsten Stufe der Kirche, dort, wo versammelt sind die „Philosophen Gottes“: die wahren Israeliten, die reinen Herzens sind und in denen kein Falsch ist“[26].

II. FRÜHES MÖNCHTUM

Isaak von Ninive

(etwa 600–650)

Die Stufen im allgemeinen

Es gibt eine Erkenntnis, die dem Glauben vorausgeht, und eine Erkenntnis, die dem Glauben entspringt. Die dem Glauben vorausgehende Erkenntnis ist die „natürliche“, die aus dem Glauben entspringende die „geistliche“.

Was ist die natürliche Erkenntnis? Es ist die Fähigkeit, das Gute vom Bösen zu unterscheiden, auch natürliche Urteilskraft genannt, und ist von Gott in die vernünftige Natur gelegt, damit sie von sich aus, auch ohne Belehrung, das Gute und das Böse erkenne. Freilich wird sie durch Belehrung gefördert.

Durch diese Kraft sind wir befähigt, den Weg zu Gott zu finden. Denn diese natürliche Erkenntnis ist der Weg zu Gott, der dem Glauben vorausliegt.

Es ist zugleich das Vermögen, kraft dessen der Mensch den Glauben empfängt. Denn diese natürliche Unterscheidungskraft des Guten und des Bösen ist es, die uns bezeugt, daß es sich ziemt, zu glauben an den, der alles ins Dasein geführt hat, und seine Gebote als zuverlässigen Wegweiser zu halten.

Aus dem Glauben entsteht die Furcht Gottes, und nachdem man begonnen, darin einige Fortschritte zu machen, entsteht die geistliche Erkenntnis, von der wir sagten, daß sie die Frucht des Glaubens sei. Davon sagt St. Johannes Chrysostomus: „Wenn der Mensch in jener Willensverfassung ist, die der Furcht Gottes und der geraden Gesinnung entspricht, so empfängt er leicht die Offenbarung der göttlichen Geheimnisse“, also die geistliche Erkenntnis – nicht als ob sie vom Gottesfürchtigen einfach erzeugt würde (denn was die Natur nicht in sich hat, kann sie auch nicht erzeugen), sondern die geistliche Erkenntnis wird dem Gottesfürchtigen als Gnadengabe verliehen.

Sie besteht in einer Empfindung der verborgenen Dinge. Wenn der Mensch lebendig erfährt jene unsichtbaren, verborgenen Dinge und somit ein geistlich Erkennender wird, so erwächst aus dieser Erfahrung ein anderer Glaube, der dem ersten nicht entgegen ist, sondern ihn vielmehr bekräftigt: man nennt ihn den schauenden Glauben. Denn früher beruhte er auf dem Hören, jetzt aber auf dem Schauen, und das Schauen ist zuverlässiger als das Hören[1].

Die einzelnen Stufen

Reinigung

Die Ursachen der Sünde sind: Wein, Weib, Reichtum und Behaglichkeit – nicht als ob diese Dinge an und für sich ihrem Wesen nach sündhaft wären, sondern wegen der menschlichen Schwäche und ihres ungeordneten Gebrauchs. Denn durch die genannten Dinge wird die Natur besonders leicht zu Sünden verleitet und bedarf deshalb gegen sie einer besonderen Wachsamkeit[2].

Daß der Mensch zuweilen in Sünde fällt, ist ein Beweis seiner natürlichen Schwäche. Es schien Gott nicht angemessen, daß unsere Natur vor ihrem Eingang in die „neue Schöpfung" der Sünde ganz überhoben sei[3].

„Rein" in seinen Gedanken ist nicht derjenige, der nichts Böses kennt. In diesem Sinn wäre es auch das Tier. Auch derjenige ist nicht rein, der auf der Stufe des Kindes geblieben ist, und auch von solchen ist nicht die Rede, die nie die Versuchung vom Bösen erfahren haben (sonst müßte man ja von den Menschen verlangen, daß sie ihr geschöpfliches Wesen ausziehen). Die Reinheit des Geistes ist vielmehr jene Hingabe an das Göttliche, die nach vielen Werken der Tugend zustande kommt[4].

Das Herz wird gereinigt durch schwere Trübsale und Enthaltung von aller Vermengung mit der Welt, in vollkommenem Tod für alle Dinge. Dann wird seine Reinheit nicht mehr getrübt durch geringfügigen Andrang von außen; man fürchtet sich selbst nicht vor gewaltigen Kämpfen. Wird auch eine Lauterkeit, die leichthin und rasch und mit geringer Mühe erworben ist, leicht wieder getrübt, – die in schwerem und langem Kampfe errungene fürchtet sich nicht vor dem schwachen Andrang der äußeren Welt[5].

Wer sein Leben ein für allemal Gott übergeben hat, bleibt in Geistesruhe[6].

Indes sind böse Gedanken etwas anderes als ein böser Wille. Ohne den letzteren haben sie wenig sittliche Verantwortung: Es sind Regungen, die das Gemüt durchziehen, wie Stürme über das Meer hingehen und seine Wellen erregen. Der Wille aber ist die Wurzel des Sittlichen, sein Fundament. Nach der Richtung, die er einhält, wird Lohn oder Strafe bemessen, nicht nach dem Hin und Her der Gedanken. Denn die Seele hört nie auf, verschiedene Gedanken hervorzubringen. Wäre dir für einen jeden von ihnen, obschon er im Grunde der Seele nicht Wurzel hat, eine Vergeltung bestimmt, du könntest wohl tausendmal an einem einzigen Tag zwischen dem Stand der Gnade und der Verdammung wechseln![7]

Wenn du deiner Schwäche stets eingedenk bist in klarem Bewußtsein, so wirst du nie die Grenzen der Behutsamkeit überschreiten[8]. Ohne Demut kann das Werk des Menschen nicht vollendet werden – und ohne schmerzliche Erfahrung begreift einer nicht die Demut. Darum läßt Gott seinen Heiligen die Ursachen zur Demütigung und zu Zerknirschung des Herzens und zu angestrengtem Gebet. Oft schreckt er sie durch die Leidenschaften der Natur und durch den Fall in schlechte, häßliche Gedanken, oft auch durch menschliche Reden und Verunglimpfungen, oft durch Armut und Entbehrung im Nötigen, oft durch die Angst vor grausamen Schmerzen, durch Verlassenheit und durch offenbaren Ansturm des Teufels.

Das alles hat den Sinn, daß der Mensch Stoff zur Verdemütigung habe und nicht einer lässigen Schläfrigkeit verfalle. Allzeit müssen wir wachen und müssen bedenken, daß wir Geschöpfe sind und darum auch fehlbar. Jedes Geschöpf bedarf Gottes Kraft und Bewahrung, und bekundet dadurch seine natürliche Schwäche. Wer diese Schwäche erkennt, muß auch notwendig sich demütigen vor Gott, der ihm zu Hilfe kommen kann[9]. Und wenn der Mensch die göttliche Hilfe wahrhaftig in sich erfährt, so wird er von Glauben erfüllt und erkennt, daß das Gebet ihm eine Zuflucht für Hilfe ist und eine Quelle des Heils, ein Schatz des Vertrauens und ein „Licht denen, die in Finsternis sind“; ein Hafen, der sie aufnimmt aus Sturmesnot, eine Rettung in schwerer Erkrankung, ein deckender Schild in der Schlacht, ein scharfer Pfeil gegen die Feinde. Kurz, ich sage, im Gebete liegt das Gericht der ganzen Gemeinde der Guten[10].

Ohne gläubiges Vertrauen kann man nicht wagen, die Seele in furchtbaren und schweren Lagen zu bewahren, und ohne daß man die wirkliche Erfahrung von Gottes Fürsorge gewonnen hat, kann das Herz nicht auf Gott vertrauen[11].

In deinen Anliegen vor Gott sei nicht töricht und tu Gott keine Schmach an durch deinen Unverstand! Bete verständig, auf daß du herrlicher Dinge gewürdigt werdest! Bitte um Wertvolles von dem, der neidlos freigebig ist! Wer Kleinliches von einem König erbittet, setzt seine Ehre herab, wie die Juden, die Verächtliches von Gott haben wollten und sich seinen Zorn zuzogen. Bäte jemand einen König um ein Maß voll Mist, so machte er sich nicht nur selber verächtlich ob der Erbärmlichkeit seiner Bitte, die ihn des Unverstandes überführt, sondern fügte auch dem König eine Schmach zu durch seine Verkehrtheit. Gerade so verhält es sich mit einem, der in seinem Gebete leibliche Dinge verlangt von Gott.

Denn du sollst Gott nicht bitten um das, was er ohnehin schon uns zu geben besorgt ist und was er selbst denen nicht weigert, die ihn nicht kennen oder nicht einmal von seinem Dasein wissen, geschweige denn, daß er es seinen Hausgenossen versagte.

„Die Völker der Erde verlangen die Bedürfnisse des Leibes; ihr aber sollt nicht denken: was werden wir essen, was werden wir trinken, womit werden wir uns bekleiden? Denn euer Vater weiß, daß ihr dessen bedürfet!“

Wenn unser Herr befohlen hat, im Gebet um das tägliche Brot zu bitten, so ist dies zur großen Menge gesagt wegen der Schwäche ihrer Einsicht. Höre hingegen, was er den geistig Reifen und den an der Seele Gesunden befiehlt: „Ihr sollt auch nicht um die Nahrung, noch um die Kleidung besorgt sein! Gott trägt ja Fürsorge für die unvernünftigen Vögel, um wieviel mehr für euch! Verlanget von Gott das Himmelreich und die Gerechtigkeit, so wird euch jenes dazugegeben“[12].

Verbinde Tugend mit deinen Gebeten, damit deine Seele den Glanz des Aufgangs der Wahrheit schaue![13].

Wenn du Gutes tust, so setze dabei deinem Geist nicht eine nahe Belohnung zum Ziele; dann wird Gott es dir doppelt vergelten. Wo möglich tue das Gute nicht einmal um der jenseitigen Belohnung willen, um es desto vollkommener zu tun aus Liebe zu Gott![14].

Gott bedarf keines Dinges, aber er hat sein besonderes Wohlgefallen daran, wenn du um seinetwillen seinem Ebenbilde Wohltaten und Ehre erweist. Sieh zu, daß du also sprechest, wenn du etwas zu geben hast: „Gelobt seist du, o Gott, daß du mir Gelegenheit gibst, einem Menschen zu helfen!“[15]

Selig, wer lebt vom Brote der Liebe, das da ist Christus: Er ißt Christus, der ist Gott über alle; denn Johannes sagt: „Gott ist die Liebe“. Haben wir die Liebe gefunden, so essen wir himmlisches Brot und werden stark ohne Mühe und Anstrengung. Das himmlische Brot ist Christus, der „vom Himmel gestiegen und Leben gebracht hat der Welt“. Das ist die Speise der Engel. Wer die Liebe gefunden, der ißt Christus zu jeder Stunde und wird unsterblichen Lebens voll. Denn: „Wer ißt von dem Brote, das ich ihm geben will, der wird den Tod nicht kosten und leben in Ewigkeit“[16].

Niemand kann Gott nahen, er entferne sich denn von der Welt. Unter dieser „Entfernung“ verstehe ich jedoch nicht das Abscheiden vom Leibe, sondern von leiblichen Sorgen. Und „Welt“ ist nichts anderes als der gemeinsame Name für alle einzelnen Leidenschaften, mit anderen Worten: „Welt“ ist der Wandel nach dem Fleische und nach fleischlicher Gesinnung.

Die Tugend besteht darin, daß der Mensch in seinem Geist von der Welt entleert werde. Solange sich die Sinne um das Äußere kümmern, kann das Herz von dessen Vorstellungen nicht zur Ruhe kommen[17].

Schweigen mögen diejenigen, die sich rühmen, sie könnten mitten unter Zerstreuungen den Geist im Frieden bewahren![18] Die Leidenschaften des Leibes schwinden nicht, und die sündigen Gedanken hören nicht auf, als nur in der Einöde und Einsamkeit. Dann erst wird unserer Seele himmlische Freude zuteil, wenn sie abscheidet von allem und sich aufmacht und wohnet im Lande der Ruhe, um dort zu erwarten die Zeit ihres (letzten) Auszugs[19].

Von der Sirene heißt es, der Wanderer, der ihren süßen Gesang vernehme, vergesse den eigenen Weg und, von der lieblichen Stimme gefangen, stürze er sich in den Untergang. Es ist das Gleichnis der Seele: Ist einmal in sie gedrungen die himmlische Süße vom Wunderton der göttlichen Worte, die heimlich den Geist beschleichen, dann wird sie ergriffen und geht mit ganzer Inbrunst ihm nach, vergessend das zeitliche Leben, vernichtend den Leib in seinem Sinnesbegehren, und steigt hinan aus seinem Leben zu Gott. Der Baum muß abwerfen die alten Blätter, um neue Sprossen zu treiben. So muß auch der Mönch erst abwerfen von seinem Herzen das Gedächtnis des Früheren, sonst kann er nicht neue Zweige und Früchte bringen in Christo Jesu[20].

Um unreine Gewohnheiten aus der Seele zu entfernen und die störenden Erinnerungen zu bannen, die verderbliche Flammen entzünden möchten im Leibe, dafür ist nichts so geeignet, als wenn man sich liebend in die Lehren der Schrift versenkt und dem tieferen Verständnis ihrer Aussprüche nachsinnt. Wenn der Geist eintaucht in wonniger Empfindung in die Tiefen der Weisheit, die da verborgen sind unter den Worten, so stößt er mit der hierdurch gewonnenen Kraft das Leibliche weit hinter sich, vergißt die Erde mit allem, was darinnen ist, und löscht aus der Seele all jene Erinnerungen, die den Bildern der körperlichen Welt entstammen. Wie oft steht da die Seele in Staunen versunken, und vor den neuen Wunderdingen, die ihr aus den Tiefen der Schrift entgegenstarren, müssen schweigen die Alltagsgedanken, die sich um irdische Dinge bewegen[21].
So wird denn dein Geist allmählich zur Reinheit gelangen; statt in den Außendingen zu irren, findet die Seele in frommer Lesung einen Vorrat für die verschiedenen Arten des Gebetes: findet ihn an den zuverlässigen Erleuchtungen, die ihr auftauchen von den wundervollen, aus den Tiefen der Schrift geschöpften Gedanken[22].

Wenn du Gott nicht erkennst, so kann die Liebe zu ihm nicht rege werden. Du mußt ihn erkennen, um ihn zu lieben.

Würdige mich, o Herr, dich zu erkennen in jener Betrachtung, durch die der Geist zum Lobpreis deines Wesens angetrieben wird, in jenem Aufblick, der das Gemüt abzieht von den Sorgen der Welt! Läutere mich durch deine Liebe, damit ich dir nachfolgend die Welt verlasse![23]

Erleuchtung

Die Ablösung vom Sinnenfälligen muß vorausgehen der Verbindung mit Gott[24]. Ohne strenge Abtötung des Leibes ist es schwer, die Unerfahrenheit der Jugend unter das Joch der Heiligkeit zu bringen[25].

Zwiefach ist die Übung des Kreuzes, gemäß seiner Zusammensetzung aus zwei Balken. Der eine ist die geduldige Ertragung leiblicher Drangsale, und dies ist die Tat der affektiven Widerstandskraft der Seele. Der andere Teil besteht in dem feinen Wirken des Geistes durch Verkehr mit Gott in stetem Gebet und ähnlichen Übungen, die dem sinnlich-geistigen Strebevermögen angehören und die man zusammenfaßt in dem Wort Beschaulichkeit. Wie die erste Kraft die seelischen Empfindungen regelt durch nachhaltigen Eifer, so läutert die zweite das Erkennen durch den Einfluß jener Liebe, die der Natur der Seele entspricht.

Wer ohne vorige Übung und Fertigkeit im ersten Teil aus falschem Eifer – der vielmehr eine Feigheit ist – zum zweiten überspringen möchte, weil er süßer ist: gegen den entbrennt der Zorn Gottes. Erst gilt es, die Leiblichkeit zu ertöten, die siechen Gedanken zu heilen durch die Beschwernis und Schmach des Kreuzes. Ohne dies ist es Verwegenheit, in seinem Geiste die Herrlichkeit des Kreuzes schauen zu wollen. So haben schon die Heiligen der Vorzeit gesagt: „Wer seinen Geist zum Kreuz erheben will, ehe seine Sinne befreit sind von ihrer Schwäche, der zieht sich den Zorn Gottes zu."

Somit darf das Aufsteigen zur Beschaulichkeit erst geübt werden als zweiter Teil nach geschehener Heilung. Wer auf geistige Gedankenbilder erpicht ist, solange die Seele noch befleckt ist mit unreinen Bildern, der wird durch Strafe zum

Schweigen gebracht. Erkühnt er sich doch, mit blinden Augen auf einem dicht verhüllten Wege zu wandeln, wo selbst diejenigen bei Tag und bei Nacht in Gefahr sind, die gesunde, erleuchtete Augen haben und von der Gnade geleitet werden auf ihrem Wege, deren Augen mit Tränen erfüllt sind, die in Gebet und Weinen die Nacht mit dem Tage verbinden aus Furcht vor dem Wege, vor den gewaltigen Felsen, an die sie sich stoßen, vor den Trugbildern, die sich da häufig neben den Erscheinungen der Wahrheit finden[26].

Niemand denn täusche sich selbst, indem er sich himmlische Gesichte vorgaukelt. Denn eine unreine Seele kann sich nicht in das reine Reich erheben[27]. Diese göttlichen Dinge kommen von selbst, ohne daß du es merkst, wenn sie in dir eine reine, unbefleckte Stätte finden. Solange jedoch der zarte Augapfel deiner Seele nicht lauter ist, wage nicht, in die Sonne zu schauen, damit du nicht die gewöhnliche Sehkraft verlierst, den einfachen Glauben, die Demut, den herzlichen, schlichten Lobpreis Gottes[28].

Verfolge dich selbst, so wirst du deinen Widersacher von dir vertreiben! Halte Frieden in deiner Seele, so werden Himmel und Erde mit dir im Frieden sein! Bestrebe dich, in die Schatzkammer einzutreten, die in deinem Innern ist, so wirst du die himmlische sehen; denn beide sind ein und dasselbe. Trete ein in die eine, und du wirst beide in einem erschauen[29].

Halte dich fern von dem Vielen und trage Sorge um deinen eigenen Wandel, damit deine Seele bewahrt bleibe vor innerer Unruhe![30] Sitze in deiner Zelle, sie wird dich über alles belehren![31] Einöde ertötet die äußeren Sinne und macht rege die Sinne des inneren Lebens[32].

Zu Einsiedlern rede ich[33]: Lege allen Wundern und Zeichen, die auf der ganzen Welt geschehen, keinen so hohen Wert bei wie dem einsichtsvollen Verharren im Stillschweigen! Liebe die Ruhe im Stillschweigen mehr, als wenn du die Hungrigen der ganzen Welt speisen könntest oder eine Menge von Völkern aus dem Irrtum zur Anbetung Gottes bekehrtest![34]

Deine Lesung geschehe in vollkommener Ruhe, während du frei bist von der Vielheit äußerer Sorgen und der Geschäfte Verwirrung: so wird sie deiner Seele einen süßen Geschmack gewähren durch die Wonne der übersinnlichen Erleuchtungen, die die Seele bei der steten Beschäftigung mit dem Geistigen erfährt[35].

Sobald das Herz Ruhe vor den Erinnerungen an die äußere Welt erlangt hat, wird dein Geist auch die Wunder der göttlichen Aussprüche erfahren[36].

Diejenigen, die in Gnaden durch heiligen Wandel zur Erleuchtung geführt werden, bemerken, wie gleichsam ein geistiger Lichtstrahl zwischen den Aussprüchen der Schrift aufleuchtet, der ihrem Verstande den buchstäblichen Sinn durch tiefe Erkenntnis erschließt. Wer die heiligen Schriften in äußerlich buchstäblichem Sinne liest, dessen Herz wird veräußerlicht und jener heiligen Kraft entleert, die aus der süßen Erfahrung der wunderbaren Geheimnisse quillt.

„Alles gesellt sich dem, was ihm ähnlich ist". So wird auch die Seele, die dem Geiste verwandt ist, mit Inbrunst gezogen, sobald sie ein Wort vernimmt, in welchem geistige Kraft verborgen ist.

Nicht jeden regt so zum Staunen die geistgesprochene, geistgewaltige Rede. Das Wort von der Vollkommenheit verlangt ein Herz, das der Erde und ihren Sorgen erstorben ist[37].

Solange der Mensch noch nicht den heiligen Geist empfangen hat, bedarf er der geschriebenen Zeilen, um sein Herz zu guten Gedanken zu regen und durch stete Betrachtung sich immer wieder zu Vollkommenheit zu spornen und zu Vorsicht gegen die feinen Schleichwege der Sünde in seiner Seele. Wenn aber die Kraft des Geistes sich der Erkenntniskraft der regen Seele bemächtigt und darin Wohnung genommen hat, so leben statt der geschriebenen Worte des Gesetzes die Eindrücke des Geistes im Herzen, so daß es nicht mehr der Vermittlung von außen bedarf von den Sinnen her[38].

Heil dem Menschen, der dies einsieht, der sich in der Stille zurückhält und seiner Seele nicht viele Lasten auflädt, selbst nicht durch gute Beschäftigungen, sondern womöglich jede leibliche Arbeit mit dem einen Geschäft des Gebets vertauscht! Heil dem, der in den Pausen zwischen den einzelnen Gottesdiensten kein anderes Werk kennt als das Gotteswerk des Gebetes und der Schriftlesung und dabei der Gewißheit lebt, daß ihm Gott nichts von dem Notwendigen werde mangeln lassen, da er ja um seinetwillen auf Arbeit verzichtet, um statt dessen mit ihm zu arbeiten: seiner zu gedenken bei Tag und Nacht.

Dieser Übung der Tugend achte keine andere gleich: bei Tag und bei Nacht mit verschränkten Armen auf deinem Antlitz zu liegen vor dem Kreuz! Diese Übung sollst du pflegen, wenn dir daran gelegen ist, daß die innere Wallung niemals ermatte und die Tränen nicht versiegen.

Selig, o Mensch, wenn du dem Himmlischen nachsinnst bei Tag und bei Nacht und nach nichts anderem verlangest! Dann wird wie der Morgen aufgehen dein Licht und gar bald erstrahlen deine Gerechtigkeit. Einem Wonnegarten wirst du gleichen und einer Quelle, deren Wasser nimmer versiegen!

Willst du sehen, wieviel der Mensch durch anhaltenden Eifer erlange: Siehe, da liegt einer auf den Knien, indem er sich zum Gebete bereitet; seine Hände sind gen Himmel gestreckt, seine Augen schauen zum Kreuz, sozusagen all seine Regungen und Gedanken sind im Flehen auf Gott gerichtet. Auf einmal, während er so im Flehen und Seufzen liegt, bricht plötzlich aus seinem Herzen die Quelle der Süßigkeit, seine Glieder beginnen zu wanken, seine Augen schließen sich, sein Antlitz neigt sich zur Erde und seine Sinne schwinden, so daß selbst die Knie ihn nicht mehr zu tragen vermögen vor Entzücken über die Seligkeit, die seinen ganzen Leib durchstrahlt[39].

Dies sei dir das Merkzeichen, daß auch du in der Ruhe und in der rechten Übung der Demut bist und deine Seele daran ist, die Finsternis zu verlassen: Dein Herz wird entbrennen und Tag und Nacht wie im Feuer überwallen, und alles Irdische wird dir wie Asche und Kot erscheinen, und selbst Nahrung zu dir zu nehmen, wird dir peinlich sein, so mächtig und glühend ist das Entzücken, das du in deiner Seele erlebst. Und eine Quelle der Tränen wird dir gegeben, so daß sie von selbst wie Bäche strömen aus deinen Augen und sich mit all deinen Werken verbinden; mit Lesung, Gebet, mit Gottesdienst und Betrachtung, mit Essen und Trinken und mit allem, was du nur tust, mischen sich deine Tränen.

Wenn du solches in dir bemerkst, dann sei getrost: du hast das Meer überschritten! Aber mühe dich immer mehr und halte sorgfältig Wache über dich, so wirst du Tag um Tag zunehmen in der Gnade.

Solange du solches noch nicht erfahren, hast du den Weg, zum Berge Gottes zu gelangen, noch nicht vollendet[40].

Der innere Mensch steht ohne Frucht, solange er noch der Frucht der Tränen ermangelt. Hast du aber dies Land betreten, dann wisse, daß dein Geist verlassen hat das Gefängnis dieser Welt und seinen Fuß gesetzt auf den Weg des neuen Menschen und seine Luft zu atmen beginnt, des wunderbaren, des neuen Standes. Denn beginnt der Fluß der Tränen, so beginnen die Geburtswehen des geistlichen Menschen. Die Gnade, die allen bestimmt ist, hat deine Seele befruchtet, daß sie heimlich gebäre die Gottesgestalt für die Glorie der künftigen Welt. Und da die Zeit gekommen, da sie gebären soll, beginnt es in der Seele sich zu regen, und von verborgener Kraft gezogen tritt das Kind aus seinem Mutterschoße. Das Ungewohnte aber, das ihm widerfährt, läßt allsogleich die Glieder sich bewegen: es weint – Tränen, die doch süß wie Honig sind. Und je kräftiger es von innen wächst, um so reichlicher ist die Fülle von Tränen, und gleich einer Wasserquelle sind die Augen. So geht es wohl zwei Jahre und darüber. Dann aber kommt man zum Frieden der Gedanken, zu jener Ruhe, von der der selige Paulus spricht (Hebr. 11; 13). Und wenn du gelangt sein wirst in dieses Land des Friedens der Gedanken, so wird von dir genommen werden die Menge der Tränen, und danach werden sie nur mehr in bekömmlichem Maße kommen[41].

Die Heiligen alle trauerten und ihre Augen waren immer tränenvoll; bis sie von diesem Leben schieden, weinten alle. Die Tröstung des Mönches ist von der Trauer geboren. Allüberall haben die Vollkommenen und die Überwinder geweint hienieden. Und keine Zeit ist, wo sie nicht die Tröstung dieser Tränen erfahren würden, und so schauen sie stets den Herrn. Noch sind die Tränen in ihren Augen, und sie verdienen das Gesicht seiner Offenbarungen, wie der Herr sagt: „Selig die Trauernden, denn sie werden getröstet werden."

Nach diesem Tore zielen alle Heiligen; denn durch Tränen öffnet sich ihnen die Pforte, daß sie eintreten zum Lande des Trostes – zum Lande, wo Gottes Spuren dem Schauenden sichtbar werden durch Offenbarung. Durch unversiegliche Tränen empfing die Seele den Frieden der Gedanken und ward erhöht zur Reinheit des Geistes. Durch Reinheit des Geistes gelangt sie zur Schauung der Geheimnisse; denn die Reinheit ist beschlossen in jenem Frieden, der dem Kampfe folgt[42].

Wohl mag es dir oft begegnen, mein Sohn – es ist dies etwas Gewöhnliches in der Einöde – daß nach dem Ratschluß der Gnade die Seele in ihrem Innern von Finsternissen bedeckt wird: wie die Sonnenstrahlen manchmal von dunklen Wolken verhüllt sind über der Erde, so wirst du eine Zeitlang des geistlichen Trostes beraubt. Das innere Gnadenlicht wird verhüllt von einer Schattenwolke der Fehler; es fehlt dir deine fröhliche Kraft; ein ungewohntes Dunkel umlagert die Seele. Da laß dich nicht verwirren in deinem Innern und strecke deine Hand nicht aus zu Torheit, sondern harre geduldig: lies in den Büchern der Väter, zwinge dich zum Gebete und erwarte die Hilfe – sie wird kommen, du merkst es nicht. Denn wie sich aufhellt die Fläche der Erde vor dem Sonnenstrahl nach dichter Nebelhülle, so ist mächtig das Gebet, zu lösen und zu zerreißen vor der Seele die Wolken deiner Fehler und aufzuhellen den Geist mit tröstlichem Freudenlicht, besonders wenn sie die heiligen Bücher liest und Wachsamkeit beachtet[43].

Geistliche Tröstung und Niedergeschlagenheit können nicht zugleich in der Seele sein, so wenig als der Trunkene in gedrückter Stimmung zu sein pflegt. Der Wein ist gegeben zur Fröhlichkeit und Aufwallung des Herzens in Freude. Wie er den Leib erwärmt, so das Wort Gottes die Seele. Wessen Geist von solcher Tröstung entzündet ist, der wird hingerissen in seiner Betrachtung zur künftigen Welt, die er in der Hoffnung vor sich sieht, wie die vom Weine Trunkenen die Bilder ihrer Vorstellung, als wären es Gemälde, vor sich sehen. So also geht es dem Menschen, der in Hoffnung der künftigen Welt entzündet und trunken wurde: er weiß nichts mehr von Drangsalen, noch von der Welt und allem, was in ihr ist.

Solches geschieht denen, die geraden Herzens sind und von lebendiger Hoffnung erfaßt sind. Vieles kosten sie schon im Anfang durch den bloßen Glauben der Seele, was sonst nur nach langen Mühen der Reinigung denen verliehen wird, die die einzelnen Stufen des geistlichen Weges der Reihe nach durchlaufen. Denn der Herr kann alles, was er will[44].

„Beschaulichkeit" ist die Empfindung der göttlichen Geheimnisse, die in den Dingen und Ursachen verborgen sind[45].

Die letzte Hülle des Geistes sind die Sinne. Von ihnen entblößt sein, heißt empfänglich sein für die geistigen Beschauungen[46].

„Offenbarung" ist nicht das gleiche wie „Gesicht"; denn wenn auch jedes Gesicht eine Offenbarung ist, nicht jede Offenbarung ist ein Gesicht. Offenbarung bedeutet zum großen Teil etwas, was man im Geiste erfährt und verkostet. Das Gesicht vollzieht sich bildhaft, in Erscheinungen, wie sie die Alten hatten, sei es in tiefem Schlaf oder im Wachen, manchmal mit größerer Gewißheit, manchmal in Bildern einigermaßen dunkel. So kommt es, daß der Schauende selbst oft nicht weiß, ob er wachend oder schlafend schaut oder eine Stimme hört. Manchmal schaut er eine Gestalt nur, manchmal mehr von Angesicht zu Angesicht.

Gesichte und Stimmen sind heilige Gotteskräfte, die nur den Würdigen erscheinen und an verborgenen, menschenfernen Orten Offenbarungen geben[47].

Oft wird der Geist seiner selbst „entrückt" und schweigt so völlig, daß er selbst dem Gebete nicht mehr obliegen kann. Die Kraft der Beschauung, die der Schrift entstammt, versetzt ihn zu Zeiten in einen regungslosen Zustand, wo auf heilsame Weise selbst das Gebet unterbunden ist und eine Ruhe über das Herz sich verbreitet, die ein völliges Schweigen ist durch Unterbrechung aller leiblichen wie seelischen Tätigkeit. Diejenigen verstehen, was ich hier sage, die solches selbst an sich erfahren haben und in die Geheimnisse eingeweiht sind – eingeweiht nicht durch Belehrung von anderen oder aus Büchern, die so oft eine Wahrheit in ihr Gegenteil verkehren[48]. Was dich betrifft, so sprich lieber ein einfaches Wort aus dem Bewußtsein innerer Erfahrung, als daß du einen Strom von Belehrung hervorsprudelst aus bloßer Verstandesschärfe und in Wiederholung von Dingen, die du durch Hören und Lesen aufgenommen hast[49].

„Geistliche Vereinigung" nenne ich jenes unaufhörliche Gedenken, das untrennbar im Herzen innen jubelt durch die Glut der Liebe[50]. Gottes Walten umgibt alle Menschen zu allen Zeiten, aber nur denen ist es sichtbar, die ihre Seele von Sünde gereinigt haben und immer an Gott denken. Oft wird solchen die Empfindung seiner Gegenwart gleichsam fühlbar zuteil und wie durch leibliche Augen, ja sogar förmlich in sinnlich wahrnehmbarer Weise, wie es bei Jakob, Josue, bei Petrus und anderen geschehen ist, denen er in Gestalt eines Menschen sich zeigte zu ihrer Ermutigung und zum Troste ihres Glaubens. Das alles geschieht, damit jeder überzeugt werde, wie nahe Gott seinen Freunden ist, und welche Liebe er denen erweist, die ihm ihr Leben ganz anheimgeben und ihn suchen mit reinem Herzen[51].

Wer den Herrn schauen will, der bestrebe sich mit Eifer, sein Herz zu reinigen in unablässigem Gedenken an Gott. So wird er im Lichte seines erleuchteten Geistes zu jeder Stunde den Herrn schauen.

Was dem Fisch begegnet, der aus dem Wasser gerät, das begegnet dem Geist, der aus dem Gedenken an Gott herausgeht und leichtfertig umherschweift in Erinnerungen der Welt.

Schrecklich ist den Dämonen und lieblich Gott, wer mit glühendem Eifer in sich ausrottet die Saat des Feindes. Das ist „Jerusalem", das ist das verborgene Gottesreich in uns nach dem Wort des Herrn; das ist das Land der Seele, ihr rechter Stand; das die Lichtwolke der Gottesherrlichkeit, in die allein eintreten, die reinen Herzens sind, zu schauen das Antlitz ihres Herrn[52].

Johannes Climacus

(etwa 579–649)

Lob des Einsiedlers

Es verhält sich mit einem wahrhaften Einsiedler ganz anders als mit Mönchen, die in einem Kloster wohnen. Im Kloster hilft ein Mönch dem andern, dem Einsiedler kommt ein Engel zu Hilfe. Denn die himmlischen Geister scharen sich unsichtbar um den Freund der Ruhe und dienen ihm und weilen gerne bei ihm wie an freundlichem Wohnsitz. Der wahre Einsiedler ist ein Engel, der auf der Erde weilt und sein Gebet im Verlangen nach Gott und einsamer Sammlung von aller Schlaffheit befreit.

Ich habe eifrige Einsiedler gesehen, deren brennende Sehnsucht nach Gott in der einsamen Ruhe gestillt, deren Feuer immer heftiger, deren Verlangen immer glühender wurde.

Zeichen und Beweise, daß jemand in rechter Weise in die abgeschiedene Einsamkeit gekommen sei, sind: ein stiller Geist, der durch keine Stürme der Versuchungen beunruhigt wird, unantastbare Reinheit, ein unwiderstehlicher Drang nach Gottes größerer Nähe, ein stetes Andenken an die ewigen Strafen, Bereitung des Herzens auf den Tod, unermüdliches und unersättliches Gebet, stete Wachsamkeit über sich selbst, die keinem Feinde den Zutritt gestattet, Ertötung der Sinnlichkeit, Verleugnung aller Anhänglichkeit an das Irdische, Abgestorbensein der Welt, Abscheu vor aller Weichlichkeit, Eifer in der Betrachtung der Geheimnisse des Glaubens, Gabe der Unterscheidung und Gabe der Tränen, die immer bereit und in der Verfügung des Willens sind, völlige Freiheit vom Fehler der Geschwätzigkeit und ähnliche Tugenden, die den rechten Einsiedler von den gewöhnlichen Menschen scharf unterscheiden.

Ein ruhiger Einsiedler ist, der alle Menschen flieht, ohne sie zu hassen, bloß weil er keine Unterbrechung seines einsamen Umgangs mit Gott will, wie andere Menschen gern in Gesellschaft gehen.

Das ruhige Ohr vernimmt von Gott hohe Geheimnisse.

Darum geh, verteile deine Güter sogleich – das Verkaufen wäre zu umständlich –, verschenke sie an die Einsiedler, damit sie durch ihr Gebet dir behilflich seien, zur Ruhe der Einsamkeit zu gelangen – und dann nimm dein Kreuz auf dich, trage es in Gehorsam, trage es in Starkmut, daß dein Eigenwille gebrochen wird – und folge mir nach zu dieser seligen, sanften Ruhe, wo du die sichtbare Hilfe der unsichtbaren Geister und den beglückenden Umgang mit ihnen erfahren wirst!

Wie die himmlischen Geister den Schöpfer nicht genug loben können, so wird auch, wer in den Himmel der Ruhe eingegangen, nicht müde, den Herrn der Schöpfung zu preisen. Wie die Engel um nichts Zeitliches besorgt sind – denn ihre Natur ist geistig und von allem Stofflichen frei – so ist auch der Einsiedler, wenngleich aus Erde gemacht, doch über den irdischen Stoff erhaben. Wie jene zu ihrer Erhaltung keiner Speise bedürfen, so dieser keines Besitzes. Wie die himmlischen Geister kein Verlangen haben nach irgend einem irdischen Geschöpfe, so haben die irdischen Engel keine Begierde, etwas zu schauen mit sinnlichem Auge. Wie jene nicht aufhören, Fortschritte zu machen in der Liebe zu Gott, so wetteifern diese beständig mit ihnen im Fortschreiten, und sie erlahmen nicht, bis sie die Seraphim selber erreichen, und werden nicht müde, bis sie Engel werden.

Selig, wer hofft! Dreimal selig, wer geht – hin zum erhofften Ziele: ein Engel zu sein, wenn seine Hoffnung erfüllt sein wird! [1]

Die Gabe der Tränen

Die gottgefällige Trauer ist ein Kummer der Seele, eine betrübte Stimmung des Herzens, das immer mit glühender Inbrunst sucht, wonach es dürstet, und mit höchstem Eifer verfolgt und in ängstlicher Klage jammert nach dem, was sie doch nicht erreicht. Man kann auch sagen: Die Trauer ist eine Stimmung der Seele, die von aller Anhänglichkeit und Liebe zum Irdischen frei, allzeit die unbefriedigte Sehnsucht nach Gott im Herzen trägt.

Wenn dir die Trauer zuteil wird, so halte sie fest aus ganzer Kraft! Denn bedeutsamer und wirksamer ist als die Taufe – wenn auch das Wort manchen verwegen erscheinen mag – nach der ersten Taufe diese Taufe der Tränen. Denn reinigte jene von den vorausliegenden Sünden, so reinigt diese von allem, was wir seither begangen. Die erste empfingen wir schon als Kinder und verunehrten sie, durch die zweite erobern wir jene wieder zurück. Wäre sie nicht durch die göttliche Gnade allen gegeben, so würden nur wenige selig werden.

Betrübnis und Seufzer rufen zum Herrn, Tränen der Furcht sind wie Gesandte an ihn. Die Tränen aber, die aus der heiligen Liebe zu Gott erfließen, sind Zeichen, daß unser Flehen erhört ist.

Wir sind, meine Brüder, nicht zu einer hochzeitlichen Feier von Gott berufen, sondern daß wir über uns trauern sollen. Den Verurteilten im Kerker wird keine Freude gestattet. So haben auch die Mönche auf Erden keinen eigentlichen Freudentag. Und darum sprach vielleicht jener heilige Büßer unter Tränen: „Führe aus dem Kerker meine Seele, damit ich frohlocke über dein unaussprechliches Licht!“ Wer sich mit der seligen, gnadenvollen Trauer geschmückt hat wie mit einem Hochzeitsgewande, der kennt erst die wahre geistliche Freude.

Wie in allem anderen, so nimmt unser gütiger und gerechter Richter auch bei den Tränen Rücksicht auf die Kräfte der Natur. Ich sah ein paar Tränen, die so schmerzhaft wie Blut sich in das Auge drängten – und sah auch Ströme von Tränen mühelos fließen. Da lernte ich den inneren Schmerz und das bange Seufzen der Leidtragenden höher schätzen als äußere Tränen, und ich glaube, daß auch Gott so urteilt.

Wie das Geschöpf einige Bewegungen aus sich hervorbringt und andere von außen empfängt, so verhält es sich auch mit der Zerknirschung. Wenn die Seele ohne unser Zutun und ohne Anstrengung zu tiefinnerlicher Zerknirschung geregt wird und nur still vor sich hinweinen kann: solche Stunde des Glückes müssen wir benutzen. Denn da ist der Herr bei uns und reicht uns den Schwamm der göttlichen Trauer und den tröstlichen Heiltrunk der Tränen, durch die er in seiner Milde den Urteilsspruch löscht über unsere Sünden. Hab' acht auf solche Stimmung der Seele wie auf deinen Augapfel, bis sie von selbst vergeht! Denn die Kraft einer solchen Zerknirschung ist größer, als wenn wir sie durch unser Bemühen erreicht hätten.

Die meisten Väter erklären, über die Tränen lasse sich nicht im allgemeinen sprechen; es sei das ein sehr dunkler und schwieriger Gegenstand, besonders wenn es sich um Anfänger des geistlichen Lebens handle. Vielfach und verschieden, sagen sie, seien die Gründe, die sie hervorriefen. Die natürliche Anlage oder Gott selber oder Melancholie, die manchmal zu tadeln, manchmal zu loben sei, auch Eitelkeit, sinnliche Liebe und Zuneigung, der Gedanke an den Tod und manches andere noch. Laßt uns in Gottesfurcht all diese Arten erwägen und fassen wir fest unser Ziel ins Auge, um die Art von Tränen suchen, die die reinsten und über allen Verdacht des Truges erhaben sind – Tränen, die nicht aus versteckter Selbstüberhebung, sondern aus reiner Gesinnung stammen, aus geläuterter Liebe zu Gott, aus dem Bewußtsein der getilgten Schuld, aus vollkommener, über alle Störung erhabener, glückseliger Ruhe!

Ehe du vollkommen gereinigt bist, traue deinen Tränenströmen nicht! Auch dem Wein, der frisch von der Kelter kommt, ist nicht zu trauen. Aber das ist gewiß, daß alle Tränen, die aus einem gottgefälligen Grunde vergossen werden, von wunderbarem Segen begleitet sind. Was für ein Segen das sei, werden wir erst in der Stunde des Todes erkennen.

Wenn ich die Zerknirschung in ihrem Wesen und ihren Wirkungen überdenke, so gerate ich in Erstaunen. Denn wie ist es möglich, daß sie, die doch Trauer und Kummer heißt, einen Schatz von Glückseligkeit und Freude in sich birgt, der so süß ist wie Honig und Honigseim? Aber gerade darin liegt der offenbare Beweis, daß solche Zerknirschung von Gott ist. Da schwelgt die Seele in wonniger Lust, wenn Gott im Verborgenen die trauernde und zerknirschte tröstet. Ach, wo ist jener Glückselige, der sein ganzes Leben so fromm und gottselig im klösterlichen Leben verbracht hat, daß er nie einen Tag, eine Stunde oder einen Augenblick verlor, den er nicht zum göttlichen Dienste und zu Werken der Frömmigkeit verwandt hätte! Selig der Mönch, der seinen Blick versenken kann in die Anschauung der himmlischen Chöre der Geister! Wahrlich, der kann sicher sein vor dem ewigen Verderb, der fortwährend an seinen Tod denkt und an seine Sünden und seine Wangen ununterbrochen benetzt mit den Strömen lebendiger Tränen![2]

Das Gebet

Das Gebet ist seinem Wesen nach die Vereinigung der Seele mit Gott.

Seine Wirkungen aber und Früchte sind: Reinheit der Seele, Sammlung der inneren Kräfte, Versöhnung Gottes, Tränen, Sühnung der Sünden, eine Brücke, die uns über Versuchung hinwegführt, Schutzmauer gegen Trübsale, Beschwichtigung der Kämpfe. Ein Engelswerk ist es, eine Speise aller geistigen Wesen, die Freude der Ewigkeit, ein himmlisches Tun, ein Quell der

Tugenden, Schatz der Gnaden, der geistige Fortschritt, seelische Nahrung, Erleuchtung, ein Ausschluß der Kleinmut, eine Stütze unserer Zuversicht, ein Trost in der Trauer; der Reichtum der Mönche, der Schatz der Einsiedler ... Offenbarung der kommenden Dinge, Erweis der göttlichen Barmherzigkeit.

Dein Gebet muß ganz einfach sein und sich auf einen einzigen Gegenstand beziehen. Durch ein einziges Wort haben jener Zöllner im Evangelium und der verlorene Sohn Verzeihung erhalten.

Strenge dich also nicht an, viel zu sagen! Wenn du nach Worten suchst, wird dein Geist nur zerstreut. Ein Gedanke des Zöllners versöhnte Gott, ein vertrauensvolles Wort machte den Schächer selig.

Redet man viel im Gebete, so umschweben den Geist allerlei zerstreuende Bilder, aber die Andacht geht verloren. Redet man aber wenig oder spricht nur ein Wort im Gebete, so bleibt der Geist gesammelt.

Fühlst du bei einem Wort des Gebetes besonderen Trost oder besondere Zerknirschung, so bleibe dabei stehen! Denn dann betet dein Engel mit dir.

Ist dir einmal recht aufgegangen die Sonne der Geister: Gott, dann kannst du auch recht mit ihm reden. Ohne dies kannst du auch nicht von Herzen etwas von ihm erflehen.

Jener große und vollkommene Beter, St. Paulus, sagt: „Ich will lieber fünf Worte sprechen mit meinem Sinn denn zehntausend Worte mit Zungen.“ Freilich, das liegt Anfängern und unreifen Leuten noch fern. Und deswegen beten wir als Anfänger noch nach einer bestimmten Form und mit vielen Worten; denn durch dies kommt man zu jenem.

Wer Gott in seinem Herzen hat, der schreibt sich in seinem Gebete keine bestimmte Regel mehr vor. Der Heilige Geist fleht für ihn in unaussprechlichen Seufzern.

Jede sinnliche Vorstellung halte fern in deinem Gebet von göttlichen Dingen: sie lähmt und verwirrt den Geist.

Ob unser Gebet erhört sei, davon erhalten wir gerade im Beten den sicheren Erweis: Es ist die Befreiung von allem Zweifel und die feste, unerschütterliche Überzeugung in dem, worin wir vorher nicht sicher waren.

Wenn du betest, so erhebe dich von der Liebe zur Welt und sinnlichem Begehren und verbanne alle irdischen Sorgen! Denke an nichts anderes! Tue als hättest du keinen Leib! Denn das Gebet ist nichts anderes denn ein Vergessen der sichtbaren Welt wie der unsichtbaren. „Was will ich im Himmel?" – Nichts als „ihm anhangen" im Gebete ohne alle Zerstreuung! Manche wünschen Reichtum, andere Ruhm, andere anderes – vergängliche Dinge! Mein Glück und meine Sehnsucht ist es, Gott anzuhangen und auf ihn die Hoffnung zu setzen meines Friedens.

Die Liebe des Mönches zu Gott läßt sich besonders nach der Dauer beurteilen, die einer im Gebete zubringt. Stehe nicht auf vom Gebete, bis du merkst, daß nach Gottes Willen das Feuer deiner Andacht erloschen und deine Tränen versiegt sind! Vielleicht findest du eine so günstige Zeit zur Vergebung deiner Sünden nie wieder in deinem Leben!

Sei immer stark und mutig im Geiste: die Kunst des Betens wird Gott selber dich lehren. Wie wir durch Worte nicht sehen lernen, denn es ist eine Fähigkeit der Natur – ebensowenig können wir durch fremde Belehrung inne werden der Schönheit des Gebetes. Es hat Gott selbst zum Lehrmeister, der dem Menschen die Wissenschaft verleiht und der den Betenden anregt zum Beten und des Gerechten Seele mit Gnaden füllt[3].

Die göttliche Ruhe

Wir sind in einem tiefen Abgrund der Unwissenheit, umnachtet von Versuchungen, und sitzen im Schatten des Todes für unseren Leib – und sind doch so verwegen und kühn, von einem „Himmel auf Erden" zu sprechen.

Er hat sein Gewölbe, an dem unzählige Sterne der Tugend prangen. Und Königin dieser Sterne, das ist die selige Ruhe, der Friede.

Friede – das ist in der Tat der Himmel im tiefsten Innern der Seele, ein Himmel, darin sie die Nachstellungen des Bösen als Kindereien ansieht.

Einige erklären diesen heiligen Frieden für eine Auferstehung der Seele vor der Auferstehung des Leibes, andere für eine vollkommene Erkenntnis Gottes, die der Erkenntnis der Engel nicht nachstehe.

Sei dem wie immer – Frieden genießt die Seele, wenn ihr die Tugend so zur anderen Natur geworden ist wie dem Sünder das sinnliche Gelüste. Da ist befreit die Natur und steht nicht mehr unter der Herrschaft des Triebes. Da sieht man beliebige Menschen mit derselben Unschuld und Unbefangenheit wie die Natur überhaupt. Da geht der höchste Verzicht über Geld und Gut hinaus bis zum Opfer des eigenen Lebens. Da besitzt die Seele noch Ruhe, indes geistige Trübsal sie heimsucht. Da ist unsere Gesinnung auch unter Menschen, die uns loben möchten, frei von allem Schatten der Selbstgefälligkeit. Da verharrt man in der gleichen Ruhe, ob der Beleidiger gegenwärtig sei oder fern. Da denkt man auch in den erhabensten Bestrebungen und größten Werken der Tugend gering von sich. Wer von Gott recht mit diesem Zustand begnadet ist, der besitzt schon, wenngleich er noch in der Welt lebt, Gott selber, der in ihm wohnt, und hat ihn in all seinem Reden und Tun und Denken zum Führer und Lenker. Durch Erleuchtung vernimmt er in seinem Innern die Stimme des göttlichen Willens, und über alle menschliche Wissenschaft hoch erhaben ruft er: „Wann komme ich, wann erscheine ich vor dem Antlitz des Herrn? Denn nicht mehr tragen kann ich die Kraft und Gewalt, meine Sehnsucht nach dir. Mich verlangt nach der unsterblichen Schönheit, die du mir hast gegeben vor der Erschaffung dieses sterblichen Leibes!" – Ein solcher Mensch, um es mit einem Worte zu sagen, lebt nicht mehr selber, sondern Christus lebt in ihm.

O meine Brüder, eilen, eilen wir, daß wir des Zutritts gewürdigt werden in das Brautgemach des königlichen Schlosses! Von meinem Gott gestärkt, will ich die Mauer übersteigen.

Die durch das Bad der Wiedergeburt den Herrn empfangen haben, denen hat er auch Macht gegeben, Kinder Gottes zu sein, und spricht zu ihnen: „Habt acht und sehet, daß ich Gott bin und die Ruhe und Erlösung von euren Sünden!"– Ihm sei Preis in alle Ewigkeit! Er erhebt von der Erde den demütigen Geist und richtet den Armen empor aus dem Staub seiner Sünden.

Selig ist die Ruhe: die Freiheit von Sünden, die Reinheit des Herzens ist sie.

Die preiswürdige Liebe aber, die wir in Ewigkeit hoch halten, versetzt uns in die Reihe der Fürsten des Volkes Gottes und weiset uns einen Thron an neben den himmlischen Geistern[4].

Mystische Beichte

Als ich einst im Gebet versunken war, ward ich mitten unter die Engel versetzt. Ich dürstete nach Erleuchtung, und sie wurde mir zuteil durch einen von ihnen. Ich fragte ihn, was in Christus gewesen, ehe er sichtbares Fleisch angenommen. Aber das konnte er nicht sagen und durfte es auch nicht. Da bat ich ihn zu sagen, wo er jetzt sei. „In seinem Eigentum“, antwortete er, „aber in jenem (im Himmel).“ Ich fragte weiter: „Was ist denn das ‚Sitzen zur Rechten‘ und das ‚Wohnen im Vater‘?“ – „Das kann“, sprach er, „ein sterbliches Ohr nicht vernehmen.“ Zuletzt bat ich ihn, mich dahin zu führen, wohin mein Verlangen mich zog. Da erwiderte er: „Noch ist die Stunde dazu nicht gekommen, weil das Feuer der Unverweslichkeit dich noch nicht durchglüht hat.“

Ob dies in diesem Leibe oder außer ihm geschah, kann ich nicht sagen[5].

Makarius

(5.–6. Jahrhundert)

Leiblichkeit angenommen hat der unbegrenzte, unzugängliche und erhabene Gott, aus grenzenloser, unbegreiflicher Huld. Er hat sozusagen seine unzugängliche Herrlichkeit gemindert, um sich mit seinen sichtbaren Geschöpfen wie auch mit den Seelen von Engeln und Heiligen vereinigen zu können . . . Er zog die Glieder dieses Leibes an und umfing sich selbst, indem er seine unnahbare Herrlichkeit hintansetzte[1].

(Und immerfort), aus Milde und aus Menschenfreundlichkeit, gestaltet er sich um und macht sich körperlich, vereinigt sich aufs innigste mit den heiligen, ihm wohlgefälligen, gläubigen Seelen und wird nach St. Paulus mit ihnen zu „einem Geiste". Seele wird gleichsam zu Seele, Wesen zu Wesen, auf daß die Seele im neuen Leben wandle und unsterbliches Leben verkoste und unvergänglicher Herrlichkeit teilhaftig werden könne, so sie seiner wert und ihm wohlgefällig ist[2].

In unaussprechlicher Huld und Güte also gleicht er sich den heiligen, würdigen und gläubigen Seelen an, läßt sich – der Unsichtbare – sehen, läßt sich – der Untastbare – erfühlen, entsprechend der erhabenen Natur der Seele; so soll sie seine Süßigkeit empfinden und die Lieblichkeit seiner unaussprechlichen Lichtwonne in unmittelbarer Erfahrung verkosten. So wird er, wenn er will, ein Feuer, das jede böse, von außen eingeführte Leidenschaft der Seele verzehrt: „Ein verzehrend Feuer ist unser Gott" – so wird er, wenn er will, eine unaussprechliche, unsagbare Ruhe, auf daß die Seele seine göttliche Ruhe koste – so wird er, wenn es ihm gefällt, ein wonniger Friede, der die Seele freundlich labt . . .[3] Selbst in Speise und Trank verwandelt sich der Herr, wie im Evangelium geschrieben steht: „Wer von diesem Brote ißt, wird leben in Ewigkeit", um die Seele unaussprechlich zu erquicken und mit geistigem Troste zu erfüllen. Denn „ich bin das Brot des Lebens", spricht er; und wird uns auch zum himmlischen Trank: „Wer von dem Wasser trinkt, das ich ihm geben werde, in dem wird es zur Quelle eines Wassers, das ins ewige Leben strömt" – und „wir alle trinken von einem Trank".

So ist er den heiligen Vätern erschienen, einem jeden nach seinem Wohlgefallen: anders dem Abraham, anders dem Isaak, anders dem Jakob, anders Noe, David, Daniel, Salomo, anders Isaias und den heiligen Propheten sonst, anders dem Elias und anders dem Moses . . .: Einem jeden der Heiligen ist er erschienen, wie er wollte, um sie zu Erquickung, Heil und Erkenntnis Gottes zu führen. Denn alles ist ihm leicht, was er nur will. Nach seinem Ratschluß läßt er sich hernieder, wandelt sich in leibliche Erscheinung und offenbart sich denen, die ihn lieben, in unzugänglichem Lichtglanz, in großer, unaussprechlicher Liebe, nach seiner Macht: den Seelen, die er würdig macht.

Wer durch inniges Verlangen, durch Hoffen, Glauben, Lieben dessen würdig ward, die „Kraft aus der Höhe“, die himmlische Liebe des Geistes in sich aufzunehmen, worin die Himmelsglut unsterblichen Lebens eingeschlossen ist: der wird in Wahrheit frei von aller Liebe der Welt und gelöst von jeder Fessel der Bosheit[4].

Alles Sichtbare ist ein Schatten dessen, was in der Seele vor sich geht. Denn neben dem sichtbaren Menschen ist noch ein anderer, der innere Mensch[5].

Als Gott diesen Leib schuf, verlieh er ihm nicht die Kraft, aus seiner eigenen Kraft das Leben zu haben (Speise, Trank, Kleider, Schuhe), vielmehr sollte er seinen ganzen Lebensbedarf von außen aufnehmen; denn der Leib ist nackend geschaffen und es ist ihm unmöglich, zu leben ohne die Außenwelt, ohne Speise, Trank, Kleidung; wollte er nur auf sich selbst sich stellen, ohne etwas von außen zu empfangen: er würde sterben und verderben. So ist es auch mit der Seele. Sie hat nicht aus sich selbst das göttliche Licht. Doch ist sie nach Gottes Bild geschaffen. Denn so hat es Gott gewollt, daß sie das ewige Leben habe; nicht aus ihrer eigenen Natur, sondern aus seinem göttlichen Wesen, aus seinem göttlichen Lichte: geistige Speise und Trank und himmlische Gewandung. Darin besteht das wahre Leben der Seele[6].

Der Herr ist es, der unseren Seelen anzieht das Gewand des unaussprechlichen Lichtreichs, das Gewand des Glaubens, der Hoffnung, der Liebe, der Freude, des Friedens, des Wohlwollens, der Güte und alle die göttlichen Segensgewänder des Lichtes, des Lebens, unsagbarer Wonne. Denn wie Gott selbst Liebe ist und Freude und Friede und wohlwollende Güte, so soll es auch der neue Mensch aus Gnade werden[7].

(Geheimnis ist es): Wenn du, ein Mensch, anfangen wolltest, die Gedanken Gottes zu erforschen und zu sprechen: „Ich habe es gefunden, ich habe es erfaßt!“ – so wird es sich zeigen, daß dein menschlicher Verstand Gottes Gedanken übersteigen will. Allein da bist du in einem schweren Irrtum befangen. Denn je mehr du es im Denken ergründen und je mehr du eindringen willst, in desto tieferen Abgrund gerätst du, um so weniger begreifst du.

Schon die Gedanken, die dir über das Was und Wie seines natürlichen Wirkens in dir kommen, sind unaussprechlich und unbegreiflich. Du kannst sie nur dankbar annehmen und glauben. Oder warst du imstande, von deiner Geburt bis zum heutigen Tag, deine Seele zu erkennen? Laß mich die Gedanken wissen, die von Morgen bis Abend in dir aufsteigen! Sag mir deine Gedanken von drei Tagen her! Umsonst, du kannst es nicht. Wenn du nicht einmal die Gedanken deiner Seele erfassen kannst, wie könntest du dann die Gedanken und den Sinn Gottes erforschen? Iß Brot, wie du willst, und laß die ganze Erde fahren! Geh hin an das Ufer des Flusses und trinke, soviel du nötig hast: geh wieder fort und forsche nicht, woher er kommt oder wie er fließt! Laß schleunigst deinen Fuß dir heilen oder dein krankes Auge, damit du das Licht der Sonne siehst – aber grüble nicht, wie viel Licht die Sonne habe, in welchem Tierzeichen sie aufgehe! Was dir zu deinem Gebrauche zukommt, nimm es! Was steigst du auf die Berge und fragst, wieviele Waldesel und wilde Tiere dort weiden? Kommt das Kindlein an die Mutterbrust, so wird es gesäugt und genährt; es versteht nicht, nach der Wurzel oder der Quelle zu forschen, woraus ihm seine Nahrung fließt: es saugt die Milch und trinkt, soviel vorhanden; zu einer andern Stunde hat sich die Brust von neuem gefüllt. Wie das geht, weiß weder das Kind noch seine Mutter. Und doch fließt die Milch aus allen Gliedern der Mutter[8].

Verborgen ist das Reich der Finsternis und die Sünde in der Seele bis zum Tag der Auferstehung. Und ebenso geheimnisvoll ist auch das Reich des Lichtes und das himmlische Bild, Jesus Christus, das die Seele der Heiligen erleuchtet und darinnen herrscht. Verborgen ist Christus vor den Augen der Menschen. Und doch – den Augen der Seele ist er wahrhaft sichtbar bis zum Tage der Auferstehung, wo dann auch der Leib selbst umhüllt und verklärt wird von dem Licht des Herrn, das jetzt schon innewohnt der menschlichen Seele[9].

Die gewürdigt wurden, „Gotteskinder“ zu werden, „von oben geboren“ aus dem Heiligen Geist – die Christus in sich haben, der in ihnen leuchtet und sie erquickt: die stehen in mannigfacher Weise unter Führung des Geistes und erfahren unsichtbar im Herzen in geistiger Anregung das Wirken der Gnade.

Zuweilen genießen sie Freude wie bei einem königlichen Gastmahl und frohlocken in unaussprechlicher Wonne und Freude. Zu einer andern Stunde sind sie wie eine Braut, die in der Gemeinschaft ihres Bräutigams göttliche Wonne genießt. Bald sind sie wie körperlose Engel, so leicht bewegen sie sich in ihrem Leibe. Bald sind sie wie von einem Tranke berauscht, freudetrunken im Geiste von der Labung göttlicher Mysterien.

Dann wieder weinen und wehklagen sie gleichsam für das Menschengeschlecht und schütten ihr Flehen aus für die ganze Gemeinschaft Adams – trauern und weinen, weil sie entflammt sind von der „Liebe des Geistes" zur Menschheit.

Und wiederum werden sie warm von solcher Wonne und Liebe des Geistes, daß sie, wenn möglich, alle Menschen ohne Unterschied zwischen Guten und Bösen in ihr Herz schließen möchten[10]. Jetzt, da ihnen das Zeichen des Kreuzes erschienen, wirkt so mächtig die Gnade und strömt in alle Glieder und in das Herz einen solchen Frieden, daß die Seele vor lauter Glück wie ein unschuldsvolles Kind erscheint. Da verurteilt der Mensch nicht mehr den Griechen oder Juden, den Sünder oder Weltmenschen; vielmehr schaut der innere Mensch alle Menschen mit reinem Auge und freut sich über die ganze Welt und will Griechen wie Juden aus ganzer Seele lieben in heiliger Ehrfurcht[11].

Jetzt erniedrigt er sich in Demut des Geistes derart unter alle Menschen, daß er sich für den allerletzten und allergeringsten hält; da wird man vom Geiste in unaussprechlicher Freude erhalten.

Zu einer anderen Zeit ist er wie ein Held, der die Waffenrüstung des Königs nimmt und in den Kampf gegen die Feinde zieht, tapfer kämpfend und siegend. Denn der Geistesmensch weiß auch zu ergreifen die Waffen des Geistes, die himmlischen, zieht gegen seine Feinde zu Felde, kämpft gegen sie und ‚unterwirft sie seinen Füßen".

Zuweilen lebt die Seele in großer Ruhe. Es ist stille in ihr. Sie genießt nur geistige Freude, unendliche Wonne und Seligkeit. Ein andermal wird sie von der Gnade in unaussprechlicher Einsicht und Weisheit belehrt und in erhabener Geisteserkenntnis in Dingen, die nicht auszusprechen vermag eines Menschen

Zunge und Mund. Zu anderen Zeiten ist sie wie ein gewöhnlicher Mensch.

So waltet auf mancherlei Weise die Gnade im Menschen und leitet die Seele verschieden, erquickt sie nach Gottes Willen und übt sie gar mannigfach zu dem Ziele, sie dem himmlischen Vater vollkommen darzustellen in lauterer Schönheit[12].

Unablässig ist die Gnade mit dem Menschen zusammen. Sie ist in ihm festgewurzelt, und er ist von ihr durchwirkt von zarter Jugend an. Sie ist ihm gleichsam zur zweiten Natur geworden und bildet mit dem Menschen zusammen gleichsam nur ein Wesen. Doch wirkt sie mannigfach in ihm, nach eigenem Gesetz, zu seinem Heil. Wie das Feuer bald stärker brennt und flammt, bald etwas schwächer und milder; wie das Licht zeitweise heller scheint und leuchtet, dann aber zurückgeht und matt erscheint: so brennt auch die innere Lampe, einmal entzündet, und leuchtet immerfort, bald stärker aufflammend, genährt von Gottesliebe, bald stiller, sanfte Glut, obgleich sie immer da ist. So ist es Gottes Plan.

Einigen erschien das Zeichen des Kreuzes in einem Lichtglanz und drückte sich dem inneren Menschen ein. Bisweilen geriet ein Mensch beim Gebet wie in Ekstase, fand sich in der Kirche vor dem Altare stehend ... oder wie mit einem Lichtgewand bekleidet, wie es in dieser Welt nicht gibt und von Menschenhänden nicht kann gemacht werden ... Zu anderer Zeit öffnet das innerliche Licht ein noch tiefer verborgenes Leuchten und wird der Mensch ganz und gar versenkt in jenes wonnevolle Schauen, da er sich selbst nicht mehr besitzt und dieser Welt wie ein Tor und Fremder wird infolge der überschwenglichen, süßen Liebe und der verborgenen Geheimnisse ...[13]. Da schickt sich einer zur Kniebeuge an, und sein Herz wird erfüllt von göttlicher Kraft, und seine Seele frohlockt im Herrn, ihrem Bräutigam: „Wie sich der Bräutigam freuet über die Braut, so freuet sich über dich der Herr", nach Isaias. Ein anderer ist den ganzen Tag beschäftigt, eine einzige Stunde weiht er dem Gebet; und doch wird zuweilen der innere Mensch zur Anbetung mit fortgerissen in eine unermeßliche Tiefe jener andern Welt, in solcher Wonne, daß der Verstand ganz entrückt dorthin versetzt ist und hier fremd. In solchen Augenblicken vergißt man die Gedanken irdischen Denkens. Der Geist ist erfüllt und gefesselt von himmlischen, göttlichen, unendlichen, unbegreiflichen Dingen, von Wunderwerken, die keines Menschen Mund aussprechen kann. Er kann nur mehr beten und sprechen in solcher Stunde: „O, könnte doch meine Seele betend von hinnen scheiden!“[14]

Solche Geistwirkungen verraten die hohe Stufe von Menschen, die der Vollkommenheit nahe sind. Verschiedene Namen zwar gibt man den erwähnten Heimsuchungen, doch sind sie unablässig in ihnen wirksam, bald so, bald anders, und eine folgt auf die andere. Denn ist die Seele zur geistigen Vollkommenheit gelangt, von allen Leidenschaften vollkommen gereinigt, mit dem Beistand-Geist geeint in unaussprechlicher Gemeinschaft: da wird innigst sie, weil verschmolzen mit dem Geiste, selbst gewürdigt, Geist zu werden, ganz Licht, ganz Auge, ganz Geist, ganz Freude, ganz Wonne, ganz Jubel, ganz Liebe, ganz Erbarmen, ganz Güte, ganz Milde. Wie in der Meerestiefe ein Stein von allen Seiten mit Wasser umgeben ist, so sind diese ganz und gar mit dem Heiligen Geist vereinigt und christusförmig geworden. Sie tragen die starken Geistestugenden unwandelbar in sich, sie sind im Innern lauter, makellos und rein geworden.

Wie könnten sie, durch den Geist geordnet, eine Frucht der Bosheit hervorbringen? Nein, immer und allenthalben leuchten in ihnen die Früchte des Geistes.

Darum laßt uns zu Gott flehen und bitten in starker Liebe und in hoffender Zuversicht, er wolle uns das himmlische Gnadengeschenk des Geistes geben, es möge auch uns der Geist ganz nach Gottes Willen leiten und führen und uns mit seinem mannigfachen Trost erfreuen, auf daß wir in der Kraft solcher Leitung und Stählung der Gnade geistigen Fortschritts gewürdigt werden und zur Vollkommenheit und Vollendung Christi gelangen, wie der Apostel sagt: „Bis wir alle hingelangen zur vollen Mannesreife, zum Vollmaß der Vollkommenheit Christi“[15].

Freilich, es gibt eine Zeit, wo das Licht stärker brennt, erfreut und erquickt, und es gibt eine Zeit, wo es zurückgeht und düster aussieht, je nachdem die Gnade zum Besten des Menschen es bestimmt. Wer ist wohl je zur höchsten Stufe der Vollendung gelangt und hat in innerer Erfahrung jene innere Welt verkostet? Ich habe noch keinen vollkommenen oder ganz freien Christenmenschen gesehen. Im Gegenteil, mag einer auch von der Gnade erquickt werden, mag er eindringen in die höchsten Geheimnisse und Offenbarungen und in den gewaltigen Wonnezauber der Gnade – es ist doch auch die Sünde noch immer in seinem Innern. Gar mancher hält sich wegen der überströmenden Gnade und des inneren Lichtes für frei und vollkommen, und im Besitze der Gnadenkraft gibt er sich Täuschungen hin in seiner Unerfahrenheit. Ich habe aber noch keinen frei gesehen. Auch ich habe zu gewissen Zeiten jene Stufe zum Teil erstiegen – darum weiß ich aus Erfahrung, daß der Mensch nicht vollkommen ist[16].

Lebte der Mensch in seinem Geiste immerfort in jener Wunderwelt, die ihm gezeigt wurde und die er innerlich erlebte, er wäre nicht mehr imstande, den Beruf oder die Bürde des Wortes auf sich zu nehmen. Er wäre nicht mehr imstande, Verkehr zu pflegen, für seine Bedürfnisse, für den morgigen Tag zu sorgen. Er würde nur in einem Winkel sitzen, erdentrückt, ein Trunkener. Darum wird ihm die höchste Stufe der Vollkommenheit nicht gewährt, damit er für die Brüder Sorge tragen und den Dienst des Wortes verwalten könne.

Gleichwohl ist die trennende Scheidewand gefallen, der Tod besiegt[17]. Die Wahrheit offenbart sich den gläubigen Seelen. Und die Wahrheit zwingt den Menschen, Wahrheit zu suchen. Der himmlische Mensch hat sich geeint mit deinem Menschen, und es entsteht eine Gemeinschaft. Alle, die dienstfertig sind und ihr Werk bereitwilligst tun in Eifer, Glaube und Liebe zu Gott, die gelangen hierdurch nach einiger Zeit zur Erkenntnis der Wahrheit in sich selbst. Denn der Herr offenbart sich ihren Seelen und lehrt sie wandeln nach dem Heiligen Geiste[18].

In den heiligen Seelen führt der Geist Christi die Zügel. Er treibt sie und lenkt sie, wohin er will – wenn er will, in himmlischen Gedanken, wenn er will, im Leibe. Und wo er es will, da dienen sie ihm. Denn wie für die Vögel Flügel sind statt Füßen, so erfaßt das himmlische Wehen des Geistes die guten Seelengedanken gleich Flügeln, und leitet und lenkt sie, wie es ihm gefällt[19].

Die so brennen von himmlischer Sehnsucht und keuschem, heiligem Geistverlangen, deren Seele verwundet ist von der inbrünstigen Liebe zu Gott, bedrängt von jenem himmlischen, göttlichen Feuer, das da der Herr „auf die Erde zu bringen gekommen ist, auf daß es brenne", die entflammt sind von heiliger Sehnsucht nach Christus –: sie halten all die hochgepriesenen Dinge der Welt für nichtig und hassenwert. Denn das Feuer der Liebe Christi bedrängt sie, entzündet und entflammt sie für die Liebe zu Gott und die himmlischen Güter der Liebe. Und nichts vermag sie zu trennen von dieser Liebe, weder im Himmel noch auf Erden noch unter der Erde, wie Sankt Paulus bezeugt: „Wer wird uns scheiden von der Liebe Christi?"[20]

Den Besitz seiner selbst und der himmlischen Liebe des Geistes kann nur ein solcher erlangen, der sich frei macht innerlich von allen Dingen der Welt ... Mit Macht oder Ruhm, mit Ehren oder fleischlichen Freundschaften der Welt oder mit anderen irdischen Sorgen darf sein Geist sich nicht abgeben, ... und ganz geduldig muß er harren der Ankunft des Geistes, wie der Herr sagt: „Durch eure Geduld werdet ihr eure Seelen besitzen" und „Suchet das Reich Gottes, und alles andere wird euch hinzugegeben werden"[21].

In großer Ruhe, in Frieden und Stille soll man dem Herrn sich nahen. Nicht mit ungeziemendem, verworrenem Schreien soll man seine Gebete verrichten, sondern andächtigen Herzens und nüchternen Geistes sich sammeln im Herrn ... Es gibt Leute, die – wenn auch gesund im übrigen – sei es aus Mangel an seelischer Bildung, sei es aus Sucht aufzufallen, aus dem Gebet ein zuchtloses Schreien machen, als könnten sie dadurch Gott gefallen. Der Diener Gottes aber darf nicht in aufgeregter Hast leben, sondern in weiser Gelassenheit ... Denn „im sanften Säuseln der Luft war der Herr", in Frieden und Ruhe schenkt der Herr seine Erquickung[22].

Die wahrheitsuchenden, Gott liebenden Seelen, die in starker Hoffnung und vollkommenem Glauben Christus vollkommen anzuziehen verlangen, brauchen nicht erst erinnert zu werden von andern an die Sehnsucht nach dem Himmel und an die Liebe zum Herrn. Mögen sie Nachteil und Beschwernisse haben: sie sind ganz an das Kreuz Christi geheftet und nehmen Tag für Tag einen geistigen Fortschritt in sich wahr, der sie näher bringt dem Bräutigam ihrer Seele. Verwundet von himmlischer Sehnsucht und hungernd nach der Gerechtigkeit eines heiligen Lebens, empfangen sie die Erleuchtung des Geistes in inniger, immer neuer Sehnsucht. Ob sie auch durch den Glauben Einsicht gewinnen dürfen in die Geheimnisse Gottes, ob sie auch himmlischer Wonnen der Gnade teilhaft werden – sie setzen doch ihr Vertrauen nicht auf sich selbst, als wären sie etwas . . . Vielmehr, je größer ihr geistiger Reichtum, um so ärmer kommen sie sich vor. In ihrem Geiste glüht nur das große, unstillbare Verlangen nach dem himmlischen Bräutigam: denn „wer mich kostet, hungert noch, und wer mich trinkt, dürstet noch weiter“[23].

Die wahrhaft Gott und Christus liebende Seele mag tausend Werke der Gerechtigkeit vollbracht haben, in ihrem unstillbaren Verlangen nach dem Herrn ist es nicht anders, als hätte sie noch nichts getan. Und hätte sie sich aufgerieben durch Fasten und Wachen, so ist es ihr, als hätte sie noch nicht angefangen in der Übung der Tugend. Und wäre sie mannigfaltiger Geistesgaben gewürdigt und schaute himmlische Offenbarungen und Geheimnisse – in ihrer unermeßlichen Liebe zum Herrn ist es ihr doch, als besäße sie nichts . . . Das Antlitz enthüllt, das Auge unverwandt gerichtet auf den himmlischen Bräutigam in seinem unaussprechlichen geistigen Lichte, gewinnt sie die Vereinigung mit ihm in aller Gewißheit . . . Geläutert durch den Heiligen Geist, geheiligt an Leib und Seele, wird sie ein reines Gefäß zur Aufnahme des himmlischen Salböls, gewürdigt, eine Wohnstatt zu werden des himmlischen, wahren Königs: Christus.

Dahin kann die Seele nicht auf einmal gelangen und nicht ohne Bewährung. Erst durch viel Mühe und Kampf, erst nach langer Zeit und eifrigem Streben, unter allerlei Prüfung und Versuchung erlangt sie das geistige Wachstum und schreitet fort zum Ziel der Vollendung, wo die Leidenschaft schweigt. So sie aber aushält in jeder Versuchung, die ihr die Bosheit bereitet, in tapferem Mute, so wird sie der hohen Ehren gewürdigt und teilhaft geistiger Gnaden und himmlischen Reichtums: „Erbe des Himmelreichs“, „in Christus Jesus, unserem Herrn“, dem Ehre und Macht sei in Ewigkeit[24].

Wahrlich, es ist etwas Liebliches, wenn eine Seele sich gänzlich dem Herrn weiht und nur ihm anhängt[25]. Wahrhaft glücklich und selig ist eine Seele, die von Geistes Liebe erfaßt, Gott, dem ewigen Worte, würdig anverlobt ward. Nun soll sie rufen, ja ausrufen soll sie: „Es juble meine Seele im Herrn! Denn er hat mich bekleidet mit dem Gewande des Heils, mich umgeben mit dem Kleide der Wonne. Wie einen Bräutigam hat er mich geschmückt mit der Krone, wie eine Braut mit Geschmeide!" Verlangend nach ihrer Schönheit hat sich gewürdigt der König der Herrlichkeit, sie nicht bloß zu Gottes Tempel zu machen, sondern sogar zur Königstochter und Königin! Zur Königstochter, da sie als Kind angenommen ward vom Vater der Lichter, zur Königin, da sie vermählt ward mit des Eingeborenen göttlicher Herrlichkeit[26].

Bist du also ein „Thron Gottes" geworden und ist über dich gekommen der himmlische Lenker, – ist deine Seele ganz geistiges Auge, ganz Licht geworden – bist du genährt mit jener geistigen Speise und getränkt mit lebendigem Wasser – hast du angetan die Gewänder des Lichtes, des unaussprechlichen – ist all das deinem inneren Menschen zu Erfahrung und Gewißheit geworden –: siehe, so lebst du das wahrhaft ewige Leben! Denn von diesem Augenblick an ruht deine Seele im Herrn. Du hast es in Wahrheit vom Herrn verlangt, ein wahres Leben zu leben.

Bist du dir aber nichts von dem bewußt, dann weine und trauere und klage, daß du noch nicht gewonnen den ewigen, geistigen Schatz, noch nicht empfangen das wahre Leben! Und dann habe Sorge ob deiner Armut und flehe Tag und Nacht zum Herrn, weil du in die schreckliche Armut der Sünde geraten! O daß doch der Mensch sich Sorge machte ob seiner Armut! Daß wir doch nicht wie Satte dahinlebten in Sorglosigkeit!

Wer Sorge hat, wer sucht und ohne Unterlaß flehet zum Herrn, dem wird gar schnell die Erlösung werden und himmlischer Reichtum, wie der Herr es verheißen . . .

Ihm sei Ehre und Macht in Ewigkeit! Amen[27].

III. ZEIT DER KIRCHENVÄTER

Gregor von Nyssa

(etwa 335–394)

Gott das Sein

Was nach meiner Ansicht der große Moses in jener Vision (vom brennenden Dornbusch) durch Gottes Belehrung erkannt hat, ist dies: daß nichts von alldem, was die sinnliche Wahrnehmung erfaßt oder der Intellekt anschaut, wahrhaft Sein hat als das überseiende Wesen, das des Universums Grund ist und von dem alles abhängt. Denn was auch sonst vom Seienden der Geist erschaut, in nichts schaut er das Selbstgenügen: daß es Dasein haben könnte ohne Teilnahme am Sein. Dies aber ist immer dasselbe; es wird nicht größer und wird nicht geringer, und jeder Wandlung, sei es zum Minderen, sei es zum Besseren, ist es unzugänglich – denn das Geringere ist ihm fremd, und Besseres gibt es nicht – und keines anderen ist bedürftig, dessen alles bedarf und an dem alles teilhat, und es wird nicht weniger, indem alles an ihm teilhat[1].

Der Weg zum Gottschauen

Daß „kein unvernünftiges Tier dem heiligen Berge nahen" durfte, hat unseres Erachtens die Bedeutung, daß man im Schauen des Geistigen die aus den Sinnen stammende Erkenntnis überschreiten muß. Denn dem Unvernünftigen ist es eigen, sich nur gemäß dem Sinnlichen zu bewegen, des Geistes bar . . . Das Schauen Gottes aber vollzieht sich weder nach des Auges noch des Ohres sinnlichem Eindruck, ist nicht in dem gewöhnlichen Gedankenwerk beschlossen. Denn „weder ein Auge hat es gesehen, noch ein Ohr gehört", noch ist es etwas von dem, was „in des Menschen Herz" zu dringen pflegt, sondern wer in der Erkenntnis des Hohen fortschreiten will, muß von aller sinnlichen und ungeistigen Bewegung sich reinigen und jegliche Vorstellung, die er von etwas Äußerem mitgebracht, aus seinem Geist verbannen, des gewohnten Umganges mit der natürlichen Genossin, der sinnlichen Vorstellung, sich entschlagend (die unserer Natur gleichsam als Eheweib gegeben ist) – um so den Aufstieg zu wagen zu dem heiligen Berge. Denn ein gar steiler, schwer zugänglicher Berg ist die Gottesweisheit, und kaum zu seinem Fuß kann vordringen die große Masse. Wenn aber einer ein Moses ist, der kann wohl auch zur Höhe steigen[2].

Das Wesen der Gottesschau

Was aber soll es bedeuten, daß Moses „in die Wolke eintrat" und so in ihr „Gott schaute"? Scheint doch gewissermaßen das Gegenteil der früheren Vision zu sein, was jetzt erzählt wird! Denn damals war das Göttliche im Licht, jetzt aber in der Wolke. Aber auch dies, so glauben wir, fügt sich der Reihe jener Dinge an, in denen wir einen höheren Sinn erkannten. Hierdurch belehrt uns nämlich das Wort, daß die religiöse Erkenntnis im Anfang ein Licht ist für die Menschen, denen sie aufgeht. Denn was als Gegensatz zur Frömmigkeit empfunden wird, ist Finsternis, und die Abkehr von der Finsternis vollzieht sich durch Teilnahme an dem Licht. In der weiteren Entwicklung aber, da der Geist immer weiter und vollkommener fortschreitet in wahrer Erkenntnis, da wird er inne, je näher er dem Schauen kommt, und immer deutlicher sieht er, daß das göttliche Wesen unschaubar ist. Denn da er alles zurückläßt, was da scheint, nicht nur was der Sinn erfaßt, sondern auch was der Verstand zu sehen meint, und immer tiefer dringt ins Innere, bis er mit seines Geistes Bemühen versinkt im Unschaubaren und Unfaßlichen – dort „sieht er Gott". Denn darin besteht das wahre Wissen um das Gesuchte, und das heißt sehen – nicht zu sehen. Das Ziel des Suchens liegt jenseits alles Wissens, wie von einer Wolke allseits umhüllt von Unbegreiflichkeit. Darum sagt auch der erhabene

Johannes, der selbst in dieser Lichtwolke weilte, daß „Gott niemand je gesehen" – ein Wort, mit dem er die Erkenntnis des göttlichen Wesens als unerreichbar bezeichnet nicht nur für den Menschen, sondern auch für jegliche geistige Natur. „Es trat Moses in die Wolke, darin Gott war", heißt es[3].

Unendliches Fortschreiten

In den Aufstiegen (der Braut im Hohen Liede) erfährt sie von einer Stufe zur anderen ein Wachstum. Immer wandelt sie sich zum Bessern, und niemals hält sie an bei einem gewonnenen Gut. An der „süßen Narde" erkennt sie die göttliche Lust, aber sie bleibt hier nicht stehen, . . . sie kommt näher und näher, und wird den „Tauben" verglichen durch ihrer Augen Schönheit. – Und wiederum schreitet sie weiter zum Besseren . . . einer „Lilie" gleichend unter Dornen . . . einem „Apfelbaum", in früchtelosem Wald durch die Zier ihrer wohlschmeckenden Frucht . . . Danach, im Glauben, schon zu dem gelangt zu sein, was vollkommen ist, erzählt sie ihren Genossinnen von ihrem Verlangen nach dem Geliebten und „beschwört" sie und weckt auch in ihnen die Liebe. – Wer möchte nun nicht meinen, die Seele, die auf solche Höhe gelangt, sei auf dem Gipfel der Vollkommenheit? Und doch, das Ziel des bisher durchlaufenen Weges ist nur der Anfang ihrer Weiterführung zum Höheren. Denn all das war nur ein Widerhall jener Stimme, die durch ihren Klang die Seele lockt zu der verborgenen Dinge Schau. Sie beginnt erst, ihren Geliebten zu schauen, der noch in fremder Gestalt ihren Augen erscheint . . . Noch muß zu höherer Stufe gelangen die Braut und eine neue Stimme vernehmen, die sie lockt, aus dem Schatten hervorzutreten, die schönen „Frühlingsblumen" zu pflücken . . . und sich zu freuen am Liede der „singenden Vögel". Nun, da sie so hohe Vollkommenheit erlangt, würdigt er sie, daß sie ihn selber schauen darf, und von ihm selbst seine Rede hören, nicht mehr durch fremde Vermittlung. – Nun ist es wohl billig, die Seele glücklich zu preisen, deren Aufstieg zum Gipfel ihrer Sehnsucht gelangte. Aber auch dies ist Ziel des Rückwärtigen nur, Anfang jedoch für die Hoffnung auf Höheres. Denn wiederum hört sie die Stimme, die den Jägern befiehlt, zum Nutzen der geistigen Reben „die wilden Tiere zu jagen“, die Schaden anrichten an den Früchten des Weinbergs, jene „kleinen Füchslein“. Dann freilich mag eines zum andern sich fügen: Gott wohnt in der Seele, und die Seele wiederum wallet zu Gott. „Meines Bruders Kind bist du“, spricht er, „ und ich in ihm“, der „da unter Lilien weidet“ und dem das Menschenleben sich wandelt von Schattenbildern zur Wahrheit der Dinge . . . Aber auch jetzt noch fühlt sie des Guten Not und klagt, und im Bewußtsein, noch immer dem Ziel ihrer Sehnsucht ferne zu sein, fühlt sie Bedrängnis und Pein – muß anderen sagen die ewige Unrast des Herzens . . .

Das alles lernen wir aus der Betrachtung des heiligen Textes, dessen Worte uns deutlich darüber belehren, daß ohne Grenzen und Enden die Größe des göttlichen Wesens, das keiner Erkenntnis Maß zum Ziele wird, das unsere Sehnsucht stillte, danach einhalten müßte auf seinem Aufstieg der Mensch, der zur Höhe hinanstrebt; daß vielmehr zufolge der immer höheren Einsicht dem Geist in seinem Aufstieg jedes Ziel der Erkenntnis, die der menschlichen Natur erreichbar ist, zum Anfang werde einer höheren Sehnsucht, . . . und so weit ist er immer vom Ziel der Vollendung, als hätte er selbst den Anfang noch nicht berührt. Denn, sagt die Braut, schon mit dem Vollkommenen begnadet, schon „auf dem Bette ruhend“ der umfassenden Erkenntnis, schon im Bereich des Unsichtbaren, da ich aller Sinnesbilder ledig ganz von der göttlichen Nacht umfangen war und ihn in seinem Wolkendunkel suchte – da hatte ich zwar die Liebe zu ihm, den ich ersehnte, aber meiner Liebe Ziel entfloh dem Geiste, der es greifen wollte. „Ich suchte ihn auf meinem Lager in den Nächten“, daß ich begreifen möchte, was sein Wesen sei, von wannen er komme und wo er ende und worin sein Sein bestehe. Aber ich fand ihn nicht; ich rief ihn beim Namen, so gut ich konnte, daß ich es fände aus seinem Namen, der doch namenlos . . . „Ich rief ihn, und er hörte mich nicht“. Da begriff ich, daß seiner Herrlichkeit und Glorie und Heiligkeit kein Ende ist . . . Und ich ging durch alle himmlischen Scharen: „Habt vielleicht ihr ihn gesehen, den meine Seele liebt?“ Aber sie schwiegen auf meine Frage . . . Da ließ ich alle Kreatur zurück und ging hinweg über alles, was in dem Geschöpflichen faßbar ist, und verzichtete auf allen Zugang des Begreifens und – fand durch den Glauben, was ich sehnlich liebte. Nun will ich nicht mehr lassen, den ich durch den Glauben fand, bis ich ihn habe in meinem Gemache innen! Mein Gemach aber ist das Herz, das dann teilhaftig wird seiner göttlichen Einwohnung, wenn es zurückgekehrt sein wird zu jenem ersten Stande, in dem es war im Anfang, da es gebildet ward[4].

Gott schauen und haben

Nicht nur, daß wir Gottes Macht und Weisheit aus den kreatürlichen Bildern schauen können: noch etwas anderes scheint mir die herrliche Seligpreisung zu bedeuten für die, so fassen und schauen können, was sie ersehnen . . . Nicht so sehr eine Erkenntnis über Gott will der Herr selig nennen, sondern Gott in sich selber haben. „Selig die reinen Herzens sind, denn sie werden Gott schauen." Nicht gleichsam ein bildliches Gegenüber scheint mir hier Gott dem Menschen vorzuhalten, der ein reines Auge der Seele hat, sondern auf jenes weist wohl die Größe dieses Spruches, was auch sonst die Schrift ziemlich deutlich uns vorstellt, da sie vom „Gottesreich in unserem Innern" spricht: Wir sollen lernen, daß, wer sein Herz von jeder Kreatur und leidenschaftlichen Neigung reinigt, das Bild der göttlichen Natur in seiner eigentlichen Schönheit schaut. Mir ist, als gebe uns das Wort in jenem kurzen Spruch den folgenden Rat: O Menschenkinder, die ihr beseelt seid von der Sehnsucht nach der Anschauung des wahren Gutes, wenn ihr hört, daß Gottes Herrlichkeit erhaben ist über die Himmel und unaussprechlich seine Majestät und seine Schönheit und unfaßlich sein Wesen: sinkt nicht in Hoffnungslosigkeit ob eures Unvermögens, eurer Sehnsucht Gegenstand zu schauen! Denn soweit es dir verstattet ist, ist Gottes Erkenntnis in dir: Der dich gebildet hat, hat solches Gut von Anfang an dir mitgegeben als ursprüngliche Mitgift. Denn von den Gütern seiner eigenen Natur hat Gott das Abbild in dein menschlich Wesen eingesenkt, gleichwie das Siegelbild in Wachs. Wohl hat die Bosheit sich auf Gottes Bild in dir gelegt und dein Gutes entstellt, daß es von schimpflichen Hüllen bedeckt ist. Aber wenn du nun wieder durch eifriges Streben die unreine Hülle von deinem Herzen ablösest, so wird dir erglänzen die gottesähnliche Schönheit. Der innere Mensch, den der Herr hier „das Herz" heißt, . . . wird seine ursprüngliche Gottesgleichheit wieder gewinnen und gut sein. Denn was dem Guten gleich ist, ist ganz und gar gut. Wer also dann sich selbst sieht, der sieht in sich selbst, was er ersehnt. Und so wird „selig, der reinen Herzens ist" . . . Wie man auf spiegelnder Fläche die Sonne sieht, auch wenn man den Blick nicht zum Himmel geheftet hält – sieht man doch die Sonne im Glanz ihres Bildes nicht weniger, als wenn man die runde Scheibe der Sonne selber anschaute –: so (sagt er) habt auch ihr in euch selber, was ihr sucht, wenn ihr zurückkehrt zu der ursprünglich euch geschenkten Gnade des Bildes, auch wenn ihr zum Schauen des Lichtes selber nicht stark genug seid. Reinheit, ungestörter geistiger Friede, Freiheit von allem Bösen – das ist die Gottheit selbst. Wenn also alles das in dir ist, so ist Gott ganz in dir![5]

Dionysius vom Areopag

(5.–6. Jahrhundert)

Die Gottheit

In diesem überlichten Dunkel also möchten wir sein und möchten schauen in Blindheit und wissen in Unwissen, was jenseits von Schauen und Wissen ist – gerade durch Nicht-Schauen und Nicht-Wissen. Denn das heißt wahrhaft schauen und wissen, und das ist überwesentlicher Preis des Überwesentlichen: abzustreifen alles, was Sein hat[1].

Darum, mein lieber Timotheus, in deinem eifrigen Streben um mystische Schauung, laß zurück Sinnestätigkeit und Verstandestätigkeit, laß zurück das Sinnenhafte sowohl wie das Verstandesgemäße, laß auch zurück das Nichtsein gleichwie das Sein, um übersinnlich, soweit es verstattet, aufzusteigen zur Einheit mit dem, der über alles Wesen und Wissen![2]

Denn in der Erstursache, die über alles erhaben, muß man zwar alles setzen und alles bejahen, was in dem Seienden immer gegeben ist: weil sie die Ursache ist von allem; aber viel mehr noch muß man all das verneinen: weil sie erhaben ist über allem. Und wähne nicht Widerspruch zwischen dem Ja und dem Nein: vielmehr denke sie jenseits des Nein – die entrückt ist überhaupt allem Nein wie Ja![3]

Sie ist weder Finsternis noch Licht, weder Irrtum noch Wahrheit, es gibt bei ihr weder Ja noch Nein. In dem, was unter ihr ist, da setzen wir Ja und Nein; in ihr selbst aber setzen wir damit nichts, weder in bejahendem Sinn noch in verneinendem. Denn erhaben über allem Ja ist die vollkommene, einige Ursache von allem – und erhaben über alles Nein und jenseits von allem ist sie zugleich, die schlechthin jenseitige, allen entrückte[4].

Erleuchtung

Soweit nur können wir zum Unzugänglichen den Sinn erheben, als sich der Strahl der göttlichen Schriften in uns senkt – indes wir uns für jenes überirdische Licht zu ehrfurchtsvollem Sinn und frommer Scheu zu stimmen trachten, wie es vor Göttlichem sich ziemt. Denn wenn der weisen und wahrhaften Gotteswissenschaft auch nur ein wenig zu vertrauen ist, so entschleiert sich das Göttliche und läßt sich schauen nach der Empfänglichkeit des einzelnen Geistes und stellt die göttliche Güte nach heilsamem Gesetze der Gerechtigkeit unsagbar fein und würdig das Unbegrenzte im Begrenzten dar[5].

Doch wahrlich, ohne jede Mitteilung ist jenes Gute überhaupt für nichts von dem, was ist. Wandellos in sich, läßt es voll Güte seinen überwesentlichen, ihm innewohnenden Strahl in einem jeden leuchten, was da ist und leuchtet, nach eines jeden Maß, und hebt zu der entsprechenden Anschauung, Gemeinschaft und Verähnlichung die frommen Geister, die geziemend und würdig sich darum bemühen – weder sinnlos sich vermessend über die Grenze der ihnen zugemessenen Gottesoffenbarung, noch kraftlos niederwärts sich neigend zu dem Schlechteren. Fest und unbeweglich soll der Mensch den Blick gerichtet halten zu dem ihm aufgegangenen Strahl und sich durch Liebe, gemäß dem ihm vergönnten Licht, fromm und besonnen aufwärts tragen lassen[6].

Was so der heiligen Schrift gemäß die geheime Überlieferung und Lehre unserer gotterfüllten Meister uns an göttlichem Licht geschenkt, das haben denn auch wir empfangen als verborgene Weisheit. Noch hat uns jetzt, in Anpassung an unsere schwachen Kräfte, die Menschenfreundlichkeit der heiligen Schrift und Überlieferung wie mit ehrwürdigem Schleier das Geistige verhüllt mit Sinnlichem, das Überseiende mit Seiendem – hat das Gestalt- und Bildlose umkleidet mit Gestalt und Bild – das Überwesenhafte, Ungestaltige umgeben mit einer Fülle bunter Teilsymbole. Einst aber, wenn wir unvergänglich und unsterblich worden sind und heimgelangt zum seligen Bild der Christusförmigkeit, dann werden wir „allzeit sein beim Herrn", nach jenem Wort, erfüllt in heiligster Schau von seiner sichtbaren Gottesoffenbarung, die uns umstrahlt in funkelndem Geleucht, wie die Jünger einst in jener göttlichen Verklärung[7].

Teilnahme

So ist denn „alle gute Gabe und alles vollkommene Geschenk von oben, herniedersteigend vom Vater der Lichter". Aber auch jeder Ausgang der von dem Vater angeregten, gütig zu uns dringenden Lichtesstrahlen zieht uns hinwieder – eine einigende Kraft – hinan und wendet uns der Einheit unseres Vaters zu, der das Prinzip der Einheit ist: zur Einfachheit, die uns vergöttlicht. Denn „aus ihm und zu ihm ist alles", wie das heilige Wort uns sagt[8].

So laßt uns denn preisen den geistigen Lichtnamen des Guten! Laßt uns bekennen den Guten als geistiges Licht: ihn, der den himmlischen, überhimmlischen Geist ganz erfüllt seines geistigen Lichtes, alles Unwissen und alles Irren vertreibt aus den Seelen, in die er sich einsenkt, und allen mitteilt vom heiligen Lichte, läuternd ihr geistiges Auge von dem sie umlagernden Nebel der

Unwissenheit, auftreibend, aufreißend die in tiefer, dunkler Schwere Befangenen. Ein wenig nur gibt er zuerst verborgenen Leuchtens; dann aber wenn sie gekostet gleichsam vom Lichte und mehr schon verlangen, gewährt er auch mehr und leuchtet stärker, weil größer die Liebe. So hebt er sie immer höher hinauf, nach dem Maß ihres Strebens[9].

Das Gute wird von den heiligen Lehrern auch als das Schöne gepriesen, als Schönheit, als Liebe und als Geliebtes und was sonst noch an göttlichen Namen ziemt der liebenswürdigen Schönheit, die Schönheit schafft . . .

So ist dasselbe das Schöne und Gute, und nach dem Schönen und Guten strebt alles in jeglicher Hinsicht. Und nichts ist unter dem Seienden, das nicht teilhätte an dem Schönen und Guten . . . Das eine Schön-Gute ist Urgrund von allem und jedem, was schön ist und gut[10].

Darum ist auch das Schöne und Gute, was alle suchen und alle ersehnen und alle lieben. Von ihm getrieben, zu ihm strebend, sucht das Niedere nach dem Besseren: siehe die Wandlung – sucht das Gleichgeartete nach dem Gleichen: siehe Gemeinschaft – sucht das Höhere auch das Geringere: siehe die Fürsorge – sucht ein jedes sich selbst: siehe Erhaltung – kurz, um des Guten und Schönen willen ist alles Wirken und Wollen[11].

Und wenn wir den Namen der Liebe verehren – glaube niemand, daß es gegen die Schrift geschehe! . . . „Wie Frauenliebe“, so heißt es einmal, „fiel deine Liebe auf mich.“ Danach bedeutet für die, die das Göttliche wohl verstehen, in den heiligen Schriften der Name „Minnesehnsucht“ und „Liebe“ dieselbe Kraft.

Eine Kraft ist sie und ein Band der Einheit, eine Verschmelzung im wahrsten Sinn. Im Schönen und Guten wirksam, ist sie von ewig wegen des Schönen und Guten – entspringt aus dem Schönen und Guten wegen des Schönen und Guten – hält zusammen das Gleichgeartete zu Gemeinschaft und Wechselbeziehung – regt das Höhere an zu fürsorglicher Neigung für das Geringere – wendet ermutigend das Bedürftige zu dem Stärkeren.

Die göttliche Liebe erhebt sich über die Schranken des Ich, läßt nicht sich selbst gehören den Liebenden, sondern läßt ihn des

Geliebten sein. Das zeigen die Höheren, indem sie in Fürsorge sich annehmen der Schwächeren, die Gleichen durch ihr Ineinandersein, die Niederen durch ihre noch göttlichere Hinwendung zum Höheren. Darum spricht auch der große Paulus, der innigst ergriffen war von dieser göttlichen Liebe und ihre befreiende Kraft erfahren hatte, das göttliche Wort: „Ich lebe nicht mehr ich: es lebt in mir Christus“: als wahrhaft Liebender seiner selbst entrückt in Gott, wie er selber sagt: nicht mehr sein Leben lebend, sondern das Leben des Geliebten in mächtiger Liebe[12].

Sodann laßt uns auch preisen das Gute als das wahrhaft Seiende und Wesenheit Spendende allem, was ist. Der Seiende ist ja des ganzen möglichen Seins überwesentlicher Grund; Ursache, Bewirker des Seins, des Daseins, Insich-Seins, der Wesenheit und Natur . . . Aus dem Seienden ist Zeit und Wesenheit und Sein, ist Dauer, Werden und Gewordenes. In allem Seienden ist er das Sein, das Dasein und das Insich-Sein. Denn Gott ist nicht ein Seiendes irgendwie, sondern das Sein schlechthin und unendlich, in sich selbst das ganze Sein zusammen- und im voraus fassend. Darum heißt er auch „König der Zeiten“, weil in ihm ist und um ihn kreist das ganze Sein und Dasein wie das Insich-Sein. Er aber war nicht, wird nicht sein und wurde nicht; nicht geworden ist er; ja er „ist“ nicht einmal (wie das andere ist): sondern er ist selbst das Sein den Seienden –; nicht nur das Seiende ist er, sondern geradezu das Sein der Seienden: gemäß seinem vorewigen Sein. Er ist die Urzeit aller Zeiten, er ist vor aller Ewigkeit[13].

Und doch ist er in keinem von den Seienden, noch ist er eines von den Seienden. Weder von den ewigen noch von den zeitlichen Dingen gibt es eines, darin er aufginge, vielmehr ist er erhaben über Zeit und Ewigkeit und über allem, was da ist in Ewigkeit und Zeit[14].

Und weiter laßt uns auch preisen das ewige Leben, dem jedes Leben an sich und alles Leben gehört . . . Wie wir vom Seienden sagten, daß es das ewige Sein ist, das in sich selber ruht, so ist es auch hier: Das Leben in sich ist das göttliche Leben ob allem Leben, lebendig bewegt und in sich ruhend – und alles Leben und alle Lebensbewegung ist aus dem Leben, das da erhaben ist über dem Leben wie über des Lebens Anfang zumal. Aus ihm haben die Seelen sowohl ihr unvergängliches Leben wie auch alles Lebendige sonst und alle Gewächse zur niedersten Stufe hinab[15] ... Denn jenes Urleben, das da ein Leben über dem Lebenden ist, ist Ursache jeglichen Lebens und Leben erzeugend, mit Leben erfüllend, Leben spendend, zu preisen aus allem Leben, als aller vielgestaltigen Lebewesen Erzeuger; denn alles umfassend wird es geschaut und gepriesen von jeglichem Leben: unbedürftig nicht nur, selbst Überfülle des Lebens, lebend aus sich, erhaben ob allem Leben, das lebenschaffende Über-Leben – oder wie immer man preisen möchte in menschlicher Rede das unaussprechliche Leben[16].

Und endlich laßt uns erheben in friedlichen Hymnen den Frieden, den göttlichen, allvereinenden. Denn er ist das Band der vielen, Erzeuger und Schöpfer der alles umfassenden, alles verschmelzenden Eintracht. Darum sehnt sich alles nach ihm, der die vielgestaltigen Teile vereint in der Einheit des Ganzen, der den Bruderkampf des Alls ausgehen läßt in Friedensgemeinschaft: durch die Teilnahme am göttlichen Frieden[17].

Und wenn alles Bewegte nicht ruhen will, sondern immer beharren in seiner Bewegung – was ist es anders als die Sehnsucht nach dem großen, göttlichen Frieden, der alles und jedes umfaßt, daß keines herausfällt? Ein Friede, der alles Leben bewahrt in rastloser Eigenbewegung, die es niemals verleugnet – ein Friede, darin alles Bewegte in Gleichklang sowohl wie in Besonderheit sein Werk vollbringt[18].

Was werden wir da sagen von dem Friedenswerk der christusförmigen Menschenliebe? Da lernen wir wahrlich, nicht mehr zu streiten, weder mit uns noch mit andern Menschen noch Engeln, sondern zusammen mit ihnen nach Kräften das göttliche Werk zu vollbringen, nach dem ewigen Ratschluß Jesu, der „alles in allem wirkt" und unaussprechlichen, von Ewigkeit vorherbestimmten Frieden schafft: indem er uns versöhnt mit sich selbst und in ihm mit dem Vater[19].

Augustinus

(354–430)

Die innere Welt

Wenn du die äußere Welt unterscheidest von der inneren Welt und die letztere unendlich höher wertest als die äußere – wenn du sie außen läßt, um in der inneren deine Wohnung zu haben – wenn du die innere mißt und wertest nach eigenem Maß des Geistes – mußt du dann nicht gestehen, daß auch diese innere Welt ein Licht hat eigener Art, darinnen du weilest?

Mich will bedünken, Dinge so groß, so erhaben, so wahr, so licht, so gewiß – kann man nicht sehen ohne ein Licht.

So betrachte denn dieses Licht, darinnen du all jene Dinge schaust, sieh zu, ob etwa dahin noch dringt ein Strahl des äußeren Lichtes der Augen? Gewiß nicht.

Und weiter, hab' acht und sage, ob du dort sehest irgend etwas von räumlichen Maßen und Abständen? Schwerlich wirst du derartiges finden, wenn du bedachtsam entfernst vom inneren Schauen, was unser Sinn dort eingeführt hat von den Schattenbildern des äußeren Menschen. Wohl mag es nicht leicht sein. Zufolge der Gewohnheit unseres fleischlichen Lebens wird auch das innere Auge umdrängt von dem Schwarm der sinnlichen Vorstellungen, die der Körperwelt Abbilder sind. Doch kämpft dagegen der innere Mensch, der weiß: Gott ist Geist.

Gewiß ist kein Mensch so gröblich der Körperwelt verhaftet, daß er wähnte, Sonne, Mond und Sterne, Flüsse, Meere, Berge, Hügel, Städte, die Mauern seines Hauses und seines Gemaches und was er sonst durch seine leiblichen Sinne empfangen und innen behalten hat, das alles befinde sich so im Behältnis seiner Erinnerung oder Vorstellung, daß es in räumlicher Art dort aufgespeichert sei und sich in Reih und Glied bewege. Wenn dies nun schon gilt von den Bildern der Körperwelt . . . wieviel mehr dann von jenem, das keiner Leiblichkeit verwandt ist, als da sind Liebe, Glaube, Güte, Reinheit! Da ist nicht Raum, den sie füllen, nicht Entfernungen, die sie trennen; nicht äußeren Abstandes bedürfen die Augen des Geistes, um ihre Strahlen darauf zu senden und sie zu sehen ... Oder sag' mir, wo siehst du, an welchem Orte, die Liebe, die dir doch gut bewußt ist? ... Mag nur ein winziges Maß von Liebe in unserem Herzen sein, wir tragen sie wahrlich in hellem Bewußtsein – und sehen sie doch nicht im Raume und sehen sie nicht mit leiblichen Augen. Nicht der Blick mißt sie, nicht Berührung umfaßt sie, nicht durch hörbaren Schall vernimmt man sie und spürt sie am Gange nicht. Wieviel mehr gilt solches von Gott, von dem die Liebe nur Pfand in uns ist ... von Gott, der unnahbar leiblichen Sinnen, in einem Lichte wohnt, dahin selbst eines Menschen Herz nicht zu dringen vermag, wenn es nicht rein ist! ...

Möchtest du innerlich ihm jene geistige Statt bereiten, darinnen er wohnen mag, daß du vernehmest sein schweigendes Wort und sehest seine unsichtbare Gestalt!

Selig, die reinen Herzens sind, denn sie werden ihn schauen – ihn schauen nicht dadurch, daß er hervortritt an räumlichem Orte, sondern dadurch, daß er zu ihnen kommt und Wohnung in ihnen nimmt. So werden sie voll der Fülle Gottes, nicht dadurch, daß sie vollkommen Gott sind, sondern daß sie vollendet werden in Gottes Fülle[1].

Marias Gabe

In dem Maße gelangt man zum Schauen Gottes, als man der Welt abstirbt. Soweit man dieser Welt lebt, sieht man Gott nicht.

Darum schweige der Sturm des Fleisches, es schweige jede Vorstellung von Land und Wasser und Luft, es schweige das Himmelsgewölbe, ja selbst die Seele in sich, und ihrer selbst vergessend entschwebe sie über sich. Es schweige die Zunge und jegliche Zeichen, und alles, was entsteht und vergeht, schweige völlig. Er allein spreche, nicht durch Zeichen mehr, nein, er selber! Sein Wort ertöne uns, nicht durch „Rätsel und Gleichnis", sondern daß wir ihn selber vernehmen.

Eine gewisse Einsamkeit ist nötig unserem Geiste. In einer Art verborgener Schauung sieht man ihn. Der große Haufe hindert, Jesus zu sehen. Im Verborgenen der vernünftigen Seele drinnen, im inneren Menschen, da muß man Gott suchen und anflehen. Hier wollte er seine Wohnung nehmen. Nicht durch Worte, nicht durch Buchstaben, nicht so redet die Wahrheit – aufgeschlossenen Seelen redet sie innerlich, belehrt ohne Schall, erleuchtet mit geistigem Lichte.

So kehre denn ein in dein Inneres! Geh' nicht nach außen! Kehre ein in dich selber! Im inneren Menschen wohnet die Wahrheit.

In der Einsamkeit entspringen die Quellen des Geistes. Göttliche Wasser sprudeln im Herzen des Menschen, dem Gottes Wort vertraut ist. – Du hast gelesen, du hast gelauscht. Rein und klar und heiligen Sinnes hast du es aufgenommen in deinem Herzen. In der Heimlichkeit des Geistes, im guten Gewissen, da ist verborgene Ruhe . . . Nun regt sich leise die Erinnerung in deiner Seele, Erinnerung an Gottes Wort, so wie Quellen rieseln, so wie Bächlein kräftig fließen. Da möchtest du ruhen mit deinen Brüdern, süßer Hoffnung voll: Wahrlich, mir ist gut. Da ist meine Hoffnung, da ist Gottes Verheißung. Er lügt nicht, ich bin des gewiß! – Gleich einem Schlummern an Wasserbächen ist diese selige Geborgenheit.

Welche Wonne und welch tiefer Genuß des höchsten, wahren Gutes sich einem solchen darbietet, welche Heiterkeit und welch wunderbarer Hauch der Ewigkeit, wie sollte man das beschreiben? Da erkennen wir wohl, wie richtig es ist, daß wir zunächst zu glauben geheißen wurden, und wie gut und wie heilsam doch die Erziehung bei unserer Mutter, der Kirche, ist, und wie köstlich jene „Milch", die der Apostel Paulus den Kleinen zu trinken reichte. Aus der süßen Betrachtung der Wahrheit wird das Herz so rein und der Glaube so fest, daß dagegen völlig verblaßt, was man bisher zu wissen vermeinte, und daß der Tod, den man bisher fürchtete, nun als ein höheres Gut erscheint, da er uns löst vom sterblichen Leibe.

Diese Freude des menschlichen Herzens über das Licht der Wahrheit, über den Reichtum der Weisheit, diese Freude eines edlen menschlichen, reinen Herzens – o, es gibt keine Lust der Sinne, die mit dieser irgend zu vergleichen wäre. Sie ist von ganz anderer Gattung, etwas ganz Andersartiges. Was war die Freude der Maria, was aß und trank sie mit der heißen Inbrunst ihres Herzens? Heilige Wahrheit. An der Wahrheit freute sie sich, der

Wahrheit lauschte sie, der Wahrheit öffnete sie den Mund, nach der Wahrheit seufzte sie, an der Wahrheit sättigte sich ihr Hunger und Durst. Und sie wurde erquickt, ohne daß, was sie genoß, vermindert wurde.

Einst, da (Monika und ich) zusammen redeten und Verlangen trugen (nach der Schau der ewigen Wahrheit), siehe da berührten wir sie leise in einem Augenblick der höchsten inneren Erhebung. Und wir seufzten auf und ließen die Erstlinge des Geistes gefesselt, um wieder niederzukehren zur Erde, die Anfang und Ende haben.

Zuweilen nur, o Gott, versetzest du mich in meinem Innern in solchen Zustand außergewöhnlicher Art bis zu unfaßbarer Seligkeit, die, wenn sie zur Vollendung käme, etwas ganz Unbeschreibliches wäre, alles Leben hinter sich lassend. Zeitweilen nur – dann falle ich unter dem Gewicht der Mühen dieses Lebens wieder zurück in dieses irdische Dasein. Der gewohnte Tag verschlingt mich wieder. Ich bin gebunden. Meine Tränen stürzen. Aber die Bande ziehen sich fester. So furchtbar drückt uns nieder die Last des Gewohnten. Hier muß ich sein und will es nicht. Dort möchte ich sein und kann es nicht. Elend dort und hier. – Und doch bist du, mein Gott, das Leben meiner Seele, das Leben des Lebens – dich selbst lebend, ohne Wandel, Leben meiner Seele!

Hielte jener Zustand an und würden alle irdischen Bilder schwinden und nur das eine den Verzückten hinreißen und in sich hineinziehen und in des Herzens Wonne sich ihm einigen im Gleichnis ewigen Lebens – wäre dies nicht der Augenblick, von dem geschrieben steht: „Geh ein in die Freude deines Herrn"?

Ein wenig Gott berühren mit dem Herzen, ist schon große Seligkeit. Ihn fassen aber – ganz unmöglich. Wie sollte das innere Auge Gott fassen? Genug, daß es ihn berührt, wenn es rein ist. . . . Selig wird der Mensch, indem er im Herzen das berührt, was immer selig ist, weil es selber die ewige Seligkeit ist – wovon der Mensch lebt, weil es selber das ewige Leben ist – wovon der Mensch weise wird, weil es ist vollkommene Weisheit – wovon er erleuchtet wird, weil es ist ewiges Licht.

Jedoch, auch wenn der Glanz jenes Lichtes viel deutlicher und zugleich milder und süßer würde – es bleibt ein Schauen wie „in Rätsel und durch Spiegel". Denn solange wir hienieden pilgern, wandeln wir mehr im Glauben als im Schauen, auch solche, deren „Wandel im Himmel" ist.

Etwas zwar empfangen schon hienieden, die da hungern und dürsten nach Gerechtigkeit. Aber ein anderes ist die Erquickung der Pilger, ein anderes die Sättigung der Seligen. Ein anderes der Trost der Gefangenen, ein anderes die Wonne der Befreiten. Am Tau ward die Sehnsucht geregt, an der Quelle sollst du gesättigt werden[2].

Marthas Dienst

Es soll niemand in dem Sinn beschaulich leben, daß er in seiner Muße nicht auf den Nutzen des Nächsten bedacht wäre. Und anderseits soll auch der Mensch nicht in der Weise tätig sein, daß er gar nicht nach der Gottesschau begehrte. Seine Muße soll nicht eine tatenlose Ruhe sein, sondern entweder Suchen oder Finden der Wahrheit, und zwar in der Weise, daß er den Gewinn aus seinem eigenen Wachstum und seiner persönlichen Festigung auch dem Nächsten zugute kommen lasse.

Zwei Leben sind uns dargestellt an Christi Leib: das eine zeitlich, darin wir Mühe haben, das andere ewig, darin wir Gottes Wonne schauen. Jenes stellte der Herr uns dar in seinem Leiden, dieses in seiner Auferstehung.

Zwei Lebeweisen waren in jenem Hause, beide untadelig, beide lobwürdig; zwei Lebensformen, und mit ihnen die Quelle des Lebens: in Martha das Bild des gegenwärtigen, in Maria das Bild des künftigen. Beide waren Freundinnen des Herrn, beide liebenswürdig, beide seine Jüngerinnen. Was Martha tat, das sind wir. Was Maria tat, das hoffen wir. Tun wir das eine gut, damit wir das andere erhalten in Fülle!

Auch der Name jener alttestamentlichen Frauen Jakobs dient hier zum Verständnis: Lia, so sagt man, bedeutet „die Schaffende", Rachel „des Schauens Grund" ... Das Wirken unseres menschlich sterblichen Lebens, in dem wir aus dem Glauben leben und viele Werke vollbringen in Mühen, ohne recht zu wissen, wie sie schließlich zum Nutzen sind denen, für die wir sorgen wollen –, das ist Lia, die erste Gemahlin Jakobs. Darum heißt es auch von ihr, daß ihre Augen schwach gewesen. „Denn die Gedanken der Sterblichen sind angstvoll und ungewiß unser Voraussehen." – Die Hoffnung aber der ewigen Gottesschau, die sich sicherer, froher Erkenntnis der Wahrheit erfreut – das ist Rachel, die auch die Schöne, die Helläugige heißt. Sie liebt ein jeder, der heiliger Wissenschaft lebt. Um ihretwillen sind wir im Dienst der Gnade ... Oder wer liebt in den Werken der Gerechtigkeit die Mühen des Schaffens und Leidens? Wer möchte ein solches Leben um seiner selbst willen begehren? So wenig wie Jakob die Lia um ihrer selbst willen liebte ... Er sollte sie dulden nach dem Willen des Herrn, da er sie selbst nicht lieben konnte, auf daß er durch sie zu Rachel komme. Und sie war ihm empfohlen um der Fruchtbarkeit willen ...

Wohl möchte der Mensch, wenn es möglich wäre, statt erst die Mühen tragen zu müssen in Schaffen und Leiden, sogleich zu den Wonnen der schönen, vollkommenen Weisheit gelangen. Aber dies kann nicht sein im Lande der Sterblichen ... Erst kommt in der rechten Erziehung des Menschen das rechte Schaffen in mancherlei Mühen, bevor das selige Glück kommen mag der Erkenntnis der Wahrheit ... Kannst du Lia nicht eigentlich lieben, so sollst du sie lieben um der Kinder willen. Der Gerechten Arbeit wirkt reichliche Frucht in ihrer geistigen Nachkommenschaft, die sie zeugen für Gottes Reich, indem sie in einem Leben von Versuchung und Trübsal die Frohbotschaft verkünden ... Das beschauliche Leben hingegen will schauen, was unsichtbar ist dem Fleische: Gottes ewige Kraft und unaussprechliches Wesen, und möchte frei sein von allen Geschäften – und darum ist es unfruchtbar.

(Wenn Maria „den besten Teil erwählte, der ihr nicht wird genommen werden") – sollen wir denken, der Dienst Marthas sei getadelt worden: jenes Weibes, das sorgsam der Gastfreundschaft oblag und den Herrn selbst als Gast aufgenommen hatte? Wie hätte diejenige Tadel verdient, die über so hohen Gast in so freudige Bewegung geriet! Wäre das richtig, so mögen die Menschen nur alles liegen lassen, was sie zum Besten der Bedürftigen tun! Sie mögen den „besseren Teil" für sich erwählen, der nicht von ihnen genommen wird! Sie mögen sich einzig dem Worte Gottes widmen, der Süßigkeit der Lehre entgegenschmachten, von der Wissenschaft des Heils sich fesseln lassen; sie mögen sich nicht mehr kümmern, welcher Fremde angekommen, wer ohne Brot, wer ohne Kleidung, wer zu besuchen, wer loszukaufen, wer zu bestatten sei! Aufhören mögen die Werke der Barmherzigkeit, einzig die Weisheit finde noch Pflege! Wenn es der bessere Teil ist, warum sollen nicht alle es tun?

Nein, nicht so! Höre den Herrn: „Du sorgst dich um vieles, eines ist not." Maria hat den besseren Teil gewählt – du, Martha, nicht einen schlechten, wenn auch sie den besseren! Widmen wir uns wohl dem vielen: es ist ein notwendiger Dienst für Wesen, die ihr Leibliches zu erhalten haben. Heilige Muße verlangt die Pflege der Wahrheit, rechtes Schaffen verlangt das Bedürfnis der Liebe.

Alle ehrliche Arbeit ist gut. Die Patriarchen weideten die Herden, unter den griechischen Philosophen waren Schuster, Jesu Pflegevater war ein Zimmermann. Um so edler freilich die Arbeit, wenn sie nicht nur von der gebieterischen Not des Leibes aufgezwungen ist, sondern auch dem zur Höhe strebenden Geist genügt.

Eine redliche, hingebende, friedliche und ruhige Arbeit in zeitlichen Dingen macht uns wert zum Empfang der ewigen. Nur sollen wir uns nicht festhalten lassen, uns nicht daran klammern. Die Arbeit soll nicht uns umstricken, indem sie wächst, soll nicht uns verwickeln, indem sie sich abwickelt. Wir sollen eine gewisse Freiheit erlangen von den Sorgen um die vergänglichen Dinge und nach den unwandelbaren, ewigen, sicheren Gütern streben, erhaben über das bloß Irdische. Unser Tun soll derart sein, daß wir zu einem ruhigen Frieden gelangen, statt daß es sich auswächst in unstetes Hasten. Milde und gelassen gemäß Christi Vorbild sei das Wirken der Seele, die nach Ruhe sich sehnt, damit sie ihren Lauf vollende – nicht träge, sage ich, und nicht lässig, sondern wie geschrieben steht: „In Sanftmut vollende deine Werke!"

Zu einer gewissen Geistesanlage muß Frömmigkeit und Friede des Herzens hinzukommen. Ohne dies läßt sich kein innerliches Verstehen so erhabener Dinge gewinnen. Es bedarf eines ruhigen Herzens, eines demütig frommen Glaubens, einer ehrfürchtigen Hingabe des Geistes. Und merke wohl: hier gilt nicht gleiches wie im leiblichen Leben, wo der Schlummer tüchtig macht zur Arbeit – umgekehrt führt hier ein gutes Schaffen hin zur Ruhe, die immer wacht[3].

Vom Gebet

Das Gebet ist ein Rufen des Herzens, nicht etwa der Stimme oder der Lippen. Im Innern ertönt es, Gott hört es.

Glaube, Hoffnung, Liebe ist ein immerwährendes Beten der Sehnsucht. Zu gewissen Zeiten und Stunden aber beten wir auch mit Worten, auf daß unsere Sehnsucht um so kräftiger sei. Da sollen wir das Gemüt von andern Geschäften und Sorgen, die die Sehnsucht nach den himmlischen Gütern gewissermaßen erkühlten, zu dem einen Geschäft des Gebetes zurücklenken. Die Worte des Gebets sollen uns aufwecken, daß wir uns das Ziel unseres Strebens vor Augen halten. Sonst könnte gar erkalten, was schon lau zu werden angefangen, und könnte vollends erlöschen, was wir öfter hätten entfachen sollen. Es ist deshalb keineswegs tadelnswert oder nutzlos, wenn man auch viele Zeit auf das Gebet verwendet – sofern nicht andere pflichtmäßige Arbeit dabei zu kurz kommt, obwohl man auch bei dieser „allzeit beten" soll: durch jenes Verlangen nach dem ewigen Leben. Denn es heißt nicht viele Worte machen, wenn man etwas länger betet. Etwas anderes ist, viele Worte machen, etwas anderes stete Andacht. Vom Herrn selbst steht geschrieben, daß er nachts im Gebet zubrachte und da mit besonderer Innigkeit betete.

Freilich, viele Worte machen, heißt das Notwendige überflüssig erörtern. Viel beten aber heißt mit anhaltend frommem Gemüte anklopfen bei ihm, zu dem wir uns wenden. Dies geschieht mehr mit Seufzen als mit Reden, mehr mit Tränen als mit Worten. „Der Vater weiß schon, wessen ihr bedürft" – er will dein Gebet nur, um auf dein Verlangen hin zu geben, was er gibt, auf daß es dir nicht gleichgültig sei. Das Verlangen ist ihm wohlgefällig. Je inniger die Sehnsucht, desto reicher die Erfüllung.

Von den Brüdern in Ägypten heißt es, daß sie zwar häufig beten, aber immer nur kurz, gleichsam mit raschen Pfeilen, damit der Bogen des Gemütes durch langes Anziehen nicht erschlaffe. Sie zeigen uns dadurch, daß man die Andacht des Herzens ebensowenig ausleiern soll, wenn sie nicht länger vorhalten will, als man sie jählings abbrechen soll, wenn sie noch dauert. Fern sei vom Beten das Plappern! Aber es fehle nicht an häufigem Bitten, wenn die Glut der Andacht fortwirkt!

Die Sehnsucht betet stets, auch wenn die Zunge schweigt. Hast du immer Verlangen, so betest du immer. Wie viele rufen mit ihrer Stimme, sind aber stumm in ihrem Herzen! Aber auch wie viele schweigen mit ihren Lippen, rufen dagegen in heiliger Andacht, und Gott höret sie. Viel Liebe, nicht viele Worte, wenn du betest!

Es liegt dem Menschen nahe, vom Herrn allerlei Weltliches zu verlangen, statt ihn selbst – gleich als könne, was er gibt, beglückender sein als der Geber selbst.

Nach ewigen Gütern laßt uns verlangen mit großer Innigkeit, Ewiges laßt uns suchen mit aller Kraft, um Ewiges laßt uns bitten mit Zuversicht! Die ewigen Güter können nur nützen, nicht schaden; zeitliche Güter nützen manchmal, manchmal schaden sie. Manchmal ist's Armut, die schadet, manchmal ist's Reichtum. Manchmal frommt ein zurückgezogenes Leben und schaden hohe Ehren. Andern hingegen frommt Vermögen und Ehre. Wer guten Gebrauch davon macht, hat Nutzen. Wer schlechten Gebrauch davon macht, hat viel mehr Schaden von seinem Besitz.

Verlangen wir darum nie etwas Bestimmtes, vielmehr das, wovon Gott weiß, daß es uns gut ist! Wir wissen es ganz und gar nicht, was für uns gut ist.

Unsere Liebe soll uns von der Liebe dieser Welt befreien, um ungehemmt Gott entgegenzueilen. Hier werden wir geboren und sterben – dies sollen wir nicht lieben. Wir sollen auswandern mit unserer Liebe, in der Liebe dort oben wohnen, in jener Liebe, die Gott umfängt. Groß ist, was er uns geben will: „Kein Auge hat es gesehen". Dies Große werden wir um so mehr umfassen, je treuer wir es glauben, je fester hoffen, je inniger wir uns danach sehnen[4].

Gott schauen

Unsichtbar ist Gottes Natur, nicht nur der Vater, sondern die ganze Dreifaltigkeit, der eine Gott. Und nicht nur unsichtbar, sondern auch unwandelbar. Darum erscheint er den Menschen, wenn er es will, in einer sichtbaren Gestalt nach seinem Belieben, in dem Sinne, daß davon unberührt bleibt sein ungesehenes, unwandelbares Wesen.

Freilich, wenn fromme Menschen Sehnsucht haben, Gott zu schauen, und innigst danach entbrennen, so ist's, wie mir scheint, nicht das Verlangen nach einer Erscheinung in dieser und jener Gestalt, die nicht Gott selbst ist, sondern nach seinem Wesen, wie er ist in sich selbst. Dieser Sehnsucht Flamme gab Zeugnis der heilige Moses, sein treuer Knecht, da er zu Gott sprach, mit ihm redend als Freund von Angesicht zu Angesicht: „Habe ich Gnade gefunden vor dir, so laß mich dich schauen!" – Wie denn? Ist er es denn nicht selber? Wäre er es nicht, so würde ihm Moses nicht sagen: „Laß mich dich schauen!" sondern: „Zeige mir Gott!" Und doch, hätte er schon seine Natur und sein Wesen gesehen, so würde er noch viel weniger bitten: „Laß mich dich schauen!"

Gott selbst also ist in jener Gestalt, in der er erscheinen will. Doch erschien er nicht in seinem eigenen Wesen, und dieses verlangte Moses zu schauen. Aber dies ist den Heiligen für das andere Leben versprochen.

Demnach ist wahr, was Moses gesagt ward: „Niemand kann Gott schauen und leben", das ist: niemand kann ihn in diesem Leben schauen, wie er ist; niemand, solange er lebt.

Doch ist es möglich, daß der menschliche Geist von Gott aus diesem Leben entrückt werden kann zum Leben der Engel, bevor er durch den gemeinsamen Tod vom Leibe gelöst wird. So ward jener entrückt, der „unaussprechliche Worte vernahm, die ein Mensch nicht aussprechen kann". Da ward der innere Sinn so stark den Sinnen dieses Lebens abgewandt, daß er nicht mehr zu sagen weiß, ob er in diesem Leibe gewesen oder außerhalb, mit anderen Worten, ob er wie in starker Ekstase aus diesem Leben versetzt war in jenes andere, indes das Band des Leibes noch blieb, oder ob schon die völlige Lösung eintrat, wie es im Tode der Fall ist.

So kann doch wahr bleiben jenes Wort: „Niemand kann mein Antlitz schauen und leben“: weil der Geist abscheiden muß von diesem Leben, um aufgenommen zu werden in die Unaussprechlichkeit seines Schauens. Und es ist nicht unglaublich, daß etlichen Heiligen auch vor dem leiblichen Tode so erhabene Offenbarung zuteil ward.

Drei Arten von Schauungen gibt es. Die erste nennen wir körperlich, weil sie körperlich wahrgenommen und den äußeren Sinnen gezeigt wird. Die zweite Art ist geistig, sofern, was nicht Körper ist und doch etwas ist, mit Recht geistig genannt wird. So ist gewiß kein Körper, obschon eines Körpers Bild, die Vorstellung, die man von einem fernen Körper sich macht. Die dritte Art ist die intellektuelle Verstandesvision, so genannt vom Verstande, in dem allein sie geschieht.

Körperhafte Gesichte und sinnenfällige Bilder, die da vom Geiste aufgefaßt werden, können sowohl bei Guten vorkommen als Mittel zur Unterweisung, als auch bei Bösen als Mittel zur Täuschung. Die intellektuelle Vision aber ist ohne Täuschung. Denn entweder fehlt das Verstehen, wenn einer anders wähnt, als es ist – oder das Verstehen ist da und dann auch die Wahrheit.

Man kann sich täuschen in körperhaften Gesichten, indem man nach außen verlegt in die Körperwelt selbst, was in den eigenen Sinnen sich abspielt. Man kann sich auch täuschen im geistigen Schauen, im inneren Vorstellen des Körperhaften, wenn man für wirkliche Körper hält, was man sich vorstellt, oder durch Einbildung etwas hinzufügt, was im Gesichte nicht ist, sondern nur in der Einbildung. Im intellektuellen Schauen aber täuscht die Seele sich nicht.

Die Entrückung aus den leiblichen Sinnen kann die Seele erheben in jene Region von Bildern der Körperwelt, die man innerlich schaut; sie kann auch derart sein, daß die Seele entrückt wird in jenes Reich des rein Geistigen, Intelligiblen, wo die Wahrheit in klarer Erkenntnis gefaßt wird, ohne Bilder der Körperwelt, befreit von den Schleiern täuschenden Wahnes. Da brauchen die Seelenkräfte nicht mehr sich abzumühen. Eine Tugend ist hier und diese ganz: zu lieben, was du schaust, und höchste Seligkeit: zu besitzen, was du liebst. Da wird seliges Leben getrunken in seinem Quell, und ein wenig davon besprengt auch dies sterbliche Leben, daß es die Versuchungen der Welt bestehe mit Maß und Starkmut und Gerechtigkeit und Klugheit ... Da schaut die Seele „die Klarheit des Herrn", nicht durch sinnbildliche oder körperhafte Gesichte wie auf dem Berge Sinai, auch nicht nur auf jene geistige Weise, wie Isaias ihn sah oder Johannes in der Offenbarung, – nicht durch Rätsel, sondern in klarem Erfassen, soweit es der menschliche Geist vermag nach der Gnade Gottes, der die Erhebung wirkt, um von Mund zu Mund – nicht körperlich, sondern geistig – mit dem Menschen Zwiesprache zu halten, den er damit begnaden will.

So, glaube ich, wird man verstehen dürfen, was von Moses geschrieben steht, oder was der Apostel erlebte, da er „zum dritten Himmel entrückt ward"[5].

Gregor der Große

(etwa 540–604)

Schauen und Schaffen

Man muß sich recht vor Augen halten, daß die Veranlagung der Menschen sehr verschieden ist. Die einen sind so geruhsamen Geistes, daß sie, kaum zu einer Arbeit aufgerufen, schon im Anfang unterliegen. Andere sind so unruhig, daß sie, wenn ihre Arbeit einmal eine Unterbrechung erleidet, darunter um so mehr zu leiden haben ...

Man soll deshalb weder die ruhige Gemütsart sozusagen gewaltsam zu einer allzugroßen äußeren Arbeitsleistung weiten wollen, noch den lebhaften Geist auf die Pflege der Beschauung einengen.

Oft sind Menschen, die zu ruhiger Kontemplation recht wohl taugten, unter dem Druck von äußeren Arbeiten gefallen. Und umgekehrt sind oft solche, die in praktischen Berufen der Gemeinschaft nützliche Dienste leisten könnten, an erzwungener Ruhe zugrunde gegangen ...

„Wenn dein rechtes Auge dich ärgert, so reiße es aus und wirf es von dir!“ Es ist, als ob der Heiland sagen wollte: Wenn du für das beschauliche Leben durch einen entsprechenden seelischen Tastsinn keine Eignung hast, so ist es sicherer für dich, ausschließlich das tätige zu pflegen!

Anderseits ist es auch nicht so, daß die Gabe der Beschauung dem höchsten Stand gegeben würde und den geringeren nicht. Oft erhalten sie Höhere und Niedere, meist solche, die zurückgezogen leben, gelegentlich auch Verheiratete. Es ist kein Beruf in der Christenheit, der von der Gnade der Beschauung ausgeschlossen wäre. Wer immer ein Gemüt inne hat, dem kann auch das Licht der Beschauung aufgehen . . . Und niemand soll wähnen, er habe die Gabe wahren Lichtes sozusagen für sich[2].

Es gibt heilige Menschen, die so nach dem Himmel streben, daß sie doch auch die irdischen Hoffnungen nicht zu brechen brauchen. Sie besitzen etwa ein gottgeschenktes Erbe zum nötigen Lebensunterhalt und haben zeitliche Ehren erworben; nach Fremdem schielen sie nicht, ihr Eigenes gebrauchen sie mit gutem Recht. Und doch sind sie den Dingen, die sie haben, fremd, sie sind nicht besessen von dem Verlangen nach dem, was sie besitzen. – Und wieder andere heilige Menschen sind, die nach dem Gipfel der Vollkommenheit streben und alles Äußere verlassen, weil sie innerlich Höheres im Sinne haben. Sie entblößen sich dessen, was sie haben, legen ab die glänzenden Ehren und wollen keinen Trost von äußeren Dingen, weil sie, von Sehnsucht nach den inneren ergriffen, sich einer ernsten Schwermut befreundet haben[3].

Wer die Burg der Beschauung zu besetzen verlangt, soll sich erst auf dem gegebenen Felde des tätigen Lebens praktisch erproben[4].

Erst kommt die Zeit des Wirkens, und erst zuletzt kommt die Zeit der Beschauung.

Darum muß der vollkommene Mensch erst in Tugenden den Ackerboden der Seele pflegen, um nachher in die Scheunen der Ruhe zu sammeln . . . Aber manchmal will einer, wenn er auch nur ein bißchen göttlicher Erleuchtung verkostet, schon nicht mehr zu menschlichen Dingen zurückkehren und möchte sich davon drücken, sich mit Sorgen für die Mitmenschen zu belasten.

Wir suchen die Ruhe des beschaulichen Lebens – und möchten nichts anderes, als was uns Labung brächte, ohne daß wir uns anstrengen müßten. Aber erst soll nach Gottes Willen die Seele ihre Kräfte aufwenden im Schaffen, um danach auch der Beschauung sich zu erfreuen[5].

Rachel – die Beschauung – ist schön, aber unfruchtbar. Lia – die Tätige – hat blöde Augen, aber ist fruchtbar. Wenn der Geist die Muße der Beschauung sucht, so sieht er mehr, aber zeugt Gott weniger Kinder. Wenn er sich aber der Mühe des Schaffens unterzieht, so sieht er weniger, aber bringt mehr Frucht hervor. Und erst nach den Umarmungen der Lia kommt Jakob zu Rachel: erst gibt sich der Vollkommene dem tätigen Leben zu Fruchtbarkeit. Erst nachher vermählt er sich Rachel zu beschaulicher Ruhe[6].

Also, die Seele, die sich dem Leben der Vollkommenheit zuwendet, verlegt sich weder aus lauter Gottesliebe so sehr auf geruhsame Beschaulichkeit, daß sie die Sorgen für das Wohl des Nächsten zurückstellte, noch geht sie aus Nächstenliebe so sehr in geschäftigen Diensten auf, daß sie die Ruhe ganz preisgäbe und schließlich das Feuer der himmlischen Liebe in sich erlöschte[7].

Ganz gewiß werden heilige Menschen in ihrem Herzen nicht verunruht vom Lärm der äußeren Dinge: weil sie nach Weltlichem überhaupt nicht verlangen. Alle Regungen eines ungeordneten Begehrens schleudern sie aus dem Gemach ihres Herzens: mit der Hand des Gebetes, der heiligen Beschauung . . . Sie suchen allein die ewige Heimat, und weil sie nichts lieben, was dieser Welt ist, so verkosten sie eine große Ruhe des Geistes. Sie haben sich „Einsiedeleien gebaut", sie vertreiben aus ihrem Innern die Unruhe irdischer Wünsche, und in einziger Sehnsucht nach ihrer himmlischen Heimat hegen sie in sich die Liebe zu jenem verborgenen Frieden.

War es nicht so bei jenem heiligen Mann? Hatte er nicht die Unrast aller Gedanken verjagt, da er sprach: „Eines hab' ich begehrt vom Herrn und das will ich suchen: zu wohnen im Hause des Herrn"? Vom Andrang zeitlicher Dinge hatte er Zuflucht gesucht in der Ruhe des Geistes: da sah er Gott um so reiner, als er sich allein fand mit dem Alleinen[8].

Denn man findet das Bild des unsichtbaren Schöpfers im Gemach seines Herzens, wenn alles irdischen Schauens Bild hinausgewiesen ist[9].

Wie jener Geisteshauch den Menschengeist berührt, erhebt er ihn, und zeitliche Gedanken dämpfend, entflammt er ihn zu Ewigkeitsverlangen, so daß nur mehr der Himmel ihm gefallen mag und alles ihm verächtlich wird, was da von menschlicher Verderbnis seine Seele streift. „Ein verborgenes Wort ward gesprochen zu meiner Seele" – es hören, heißt das Wort des Heiligen Geistes hören. Doch niemand weiß davon als der, dem es zuteil wird[10].

Wie ein leises Wehen vernehmen wir die göttliche Stimme. Denn solange wir in diesem Leben sind, enthüllt sich die Gottheit dem Beschauenden mitnichten so, wie sie ist. Die blöden Augen unseres Geistes sind nur einer schwachen Ahnung göttlicher Klarheit fähig[11].

Und wenn die Seele in der Beschauung weilt und, des Geistes Enge in der Kraft der Beschauung überwindend, etwas von der Freiheit innerster Gewißheit kostet – lange kann er doch in diesem Zustand sich nicht halten. Denn ob ihn auch der Geist zum Höchsten tragen möchte, das Fleisch mit seiner sterblichen Bürde hält ihn nieder[12].

Noch mehr: „Wenn er zu mir kommt, so werde ich ihn nicht sehen, und wenn er geht, es nicht bemerken". Das Kommen und Gehen Gottes in unserer Seele läßt sich keineswegs deutlich erkennen, solange nicht das Ziel und Ende dieser wechselnden seelischen Vorgänge sichtbar wird. Von der Versuchung ist es ungewiß, ob sie zur Prüfung oder zum Tode ist – und von den Himmelsgaben läßt sich keineswegs erkennen, ob es ein Trost nur ist für aufgegebenen Trost der Welt oder Labung für den Pilger auf dem Weg zur himmlischen Heimat[13].

Ihr wundert euch? Im Buch Job sehen wir den hochfahrenden Eliu von prophetischem Geist erfüllt. Ein Saul war in der Schar der Gottverzückten. Aber was rede ich von Saul, da wir wissen, daß selbst ein Esel aus einer Engelsvision vernünftige Worte empfing! Wie das vernunftlose Tier vernünftige Worte hervorbrachte und doch nicht in vernünftige Natur verwandelt wurde, so empfängt auch oft ein Unwürdiger heilige Worte durch den prophetischen Geist, ohne deshalb auch nur im mindesten der

Glorie der Heiligkeit wert zu sein: Er erhebt sich über sich im Sprechen und sinkt unter sich im Leben[14].

Oft ist Gnadengabe, was man für Zorneszeichen hält – und oft ist's Zorn der göttlichen Rache, was man für Gnade ansieht.

Da hält einer Tugendgaben für lauter Gnaden, und kommt zu Fall, weil er sich auf seine Gaben etwas zugute tut. Ein anderer ist in Furcht, weil er widrige Versuchungen für Zorn nimmt, und in Wirklichkeit erhebt er sich unter dem Druck der Versuchungen zu desto wachsamerer Pflege der Tugend.

Wer meinte nicht, Gott näher zu kommen, wenn er himmlische Gnadengaben in sich wachsen fühlt, wenn er vielleicht sogar Prophetengabe oder charismatische Lehrbegabung erhält oder zu übernatürlicher Heilkraft erstarkt? Und doch, indem die Seele, ihrer Kraft gewiß, sich gehen läßt, wird sie vom lauernden Feind gleichsam mit einem Pfeil der Schuld durchbohrt, bevor sie es nur ahnte . . .

Und wer möchte sich nicht von der göttlichen Gnade verlassen glauben, wenn er nach eifrigem Bemühen um Reinheit sich von fleischlichen Versuchungen angelockt findet, wenn Häßliches sich in seiner Seele sammelt und vor seinem geistigen Auge schändliche Bilder sich tummeln? Und doch, wenn diese belästigen, ohne den Willen zu besiegen, so sind sie nur dazu angetan, durch Demut zu erhalten, statt durch Unkeuschheit zu töten . . .

Oft wird die Seele vom Feuer der Gottesliebe entflammt, auch zur Schau verborgener himmlischer Dinge erhoben. Schon ist sie zum Höchsten entrückt, und von einem vollkommenen Verlangen ergriffen wird sie dem Niederen fremd. Aber plötzlich rennt die Versuchung an und sie, die eben noch verzückt war in Gott, sinkt jetzt auf einmal zusammen, durchbohrt von unerwarteten Gedanken . . . „Bis in den Himmel steigen sie auf – bis zu den Abgründen sinken sie nieder"[15].

Es gibt Güter, denen wir uns ohne Unterlaß widmen könnten, und es gibt andere, die uns rasch ermüden und abgleiten lassen, so daß es eines entschiedenen Wollens bedarf, uns von Zeit zu Zeit zu erneuern. Im tätigen Leben vermag der Geist zu beharren, ohne schwach zu werden. Im beschaulichen aber erlahmt er, von seiner Schwäche besiegt. Das tätige gewinnt um so festeren Halt, je weiter es greift zum Besten des Nächsten. Das beschauliche aber strauchelt um so schneller, als es, der Schranken des Fleisches vergessend, sich über sich selbst zu schwingen versucht. Jenes läuft auf ebenem Boden, wo es den Fuß des Wirkens kräftig aufsetzen kann. Dieses aber kehrt um so schneller ermüdet zur Erde nieder, je höher es über die Schranken des Ich zu entschweben schien[16].

Unser Erlöser hat in seiner Person uns das Beispiel gegeben für die Verbindung beider Lebensweisen, der tätigen und der beschaulichen . . . Er hat beide in sich vereint. Er wirkte Wunder in der Stadt und brachte die Nacht im Gebete zu auf dem Berge. Er gab seinen Gläubigen das Beispiel, weder im Eifer für die Beschauung die Fürsorge für die Mitmenschen zurückzustellen, noch in die Arbeit zum Wohle des Nächsten sich so zu verwickeln, daß man die Pflege des inneren Betens darangibt. Vielmehr sollen sie dieses mit jenem auf eine Weise verbinden, daß weder die Liebe zum Nächsten der Gottesliebe im Wege stehe, noch eine überschwengliche Liebe zu Gott sich der Fürsorge für die Mitmenschen entschlage[17].

Manchmal scheinen Menschen, die nur die himmlische Heimat lieben, in den Sorgen dieses irdischen Vaterlandes niedergehalten zu sein. Ihr Schaffen unterscheidet sich von dem der Bösen für gewöhnlich zwar auch in der Sache, manchmal aber nur im Gedanken – und den kennt allein der Richter drüben. Voll höherer Weisheit erspüren sie wohl, wie sie sowohl der inneren Ruhe pflegen, als auch in äußerem Tun sich entfalten sollten. Aber wenn Gottes verborgene Vorsehung, ohne daß sie es wollten, ihnen weltliche Sorgen auflegt, so fügen sie sich Gott, den sie lieb haben. In ihrer Liebe zu Gott haben sie nur die eine Sehnsucht des Herzens: ihn zu schauen – in Furcht vor ihm erfüllen sie demütig das ihnen auferlegte Werk. Sie sehnen sich nach göttlicher Muße: so bringt es der Stand der Liebe mit sich – sie tragen die ihnen auferlegte Sorge: so will es der Stand des Dienstes. Und während sie im Äußeren ihre Geschäfte abwikkeln, herrscht in ihrem Inneren Ruhe und unendlich friedvolle Liebe[18].

Eines Tages war ich niedergedrückt wegen des übergroßen Andrangs der Weltleute, denen wir bei ihren Geschäften oft mehr zu leisten gezwungen sind, als wir eigentlich schuldeten. Und ich suchte ein stilles, mit meinem Schmerz vertrautes

Gemach auf, um hier zu erkennen, was mir in meinem Berufe so sehr zur Last falle, und um ungestört über die Ursachen meines Leides nachzudenken. Lange saß ich so in stiller Betrübnis. Da trat mein geliebter Sohn, der Diakon Petrus, herein, mein vertrautester Freund aus schöner Jugend frühesten Tagen, mein Genosse im Studium des Wortes Gottes. Er sah, daß ich von tiefem Herzeleid durchbohrt sei, und sprach: „Welch neuer Schmerz ist über dich gekommen, weil du so ungewöhnlich traurig bist?" – „Mein Schmerz, Petrus", erwiderte ich, „ist der alltägliche: immer alt durch die Gewohnheit, mit der ich ihn fühle, immer neu durch sein beständiges Wachsen! Meine arme Seele, gepeinigt von der Wunde irdischer Beschäftigung, gedenkt der glücklichen Zeit, da sie einst sich im Kloster befand: wie alles Hinfällige unter ihr war, wie weit sie alles Vergängliche überschwebte, wie sie nur Himmlisches in Gedanken hatte, wie sie, wenngleich noch im Leibe zurückgehalten, in der Betrachtung die Schranken des Leibes durchbrach, und selbst den Tod, der fast allen als eine Strafe erscheint, als Pforte des Lebens und Lohn der Mühen ersehnte. Aber jetzt, infolge des Hirtenamtes, hat sie so sehr mit Geschäften weltlicher Leute zu tun! Nachdem sie so liebliche Ruhe gesehen, wird sie durch irdischen Werkstaub beschmutzt, und wenn sie aus Nachgiebigkeit gegen die vielen nach außen hin sich zerstreut hat, kehrt sie ins Innere, auch wenn sie es aufsucht, sicher weniger tauglich zurück. So erwäge ich denn, was ich leide; ich erwäge, was ich verlor. Und indem ich meinen Verlust betrachte, wird meine Last noch empfindlicher. Denn siehe, jetzt werde ich von den Wogen des weiten Meeres hin- und hergetrieben und in meinem Geistesschifflein von heftigem Sturmesgebrause geschüttelt. Ich denke an mein vergangenes Leben, und es ist mir, als ob ich, die Augen rückwärts gewendet, das Ufer erblicke, und da muß ich seufzen. Und was noch trauriger ist: indes ich so hilflos von den Fluten hinweggeschwemmt werde, kann ich oft kaum noch den Hafen sehen, den ich verlassen habe. Ist es nicht Zeichen geistigen Niedergangs? Zuerst verliert man das Gute, das man besessen, empfindet jedoch noch seinen Verlust; bei weiterem Verfall aber vergißt man sogar das verlorene Gut, so daß man später nicht einmal mehr in Erinnerung hat, was man früher in Wirklichkeit hatte"[19].

Und doch – der heilige Paulus schreibt: „Wenn Christus für alle gestorben ist, so sind also alle gestorben; und ist er für alle gestorben, so übriget anderes nicht, als daß alle, die leben, fortan nicht mehr sich selber leben, sondern dem, der für sie gestorben und auferstanden ist". Wer also versäumt, mit den Gaben Gottes seinen Mitmenschen zu dienen und sich nützlich zu machen, der setzt sich den bittersten Vorwürfen der heiligen Kirche aus. Ich weiß, es gibt manche, die zwar reich sind an Gottes Talenten und Gaben, aber mit ihrem Herzenshange nur einem beschaulichen Leben sich widmen, die dem Nächsten durch den Dienst ihres Amtes zu nützen verschmähen, eine einsame Ruhe lieben und weit von den Menschen sich mit der Glut ihres Herzens nach hohen Betrachtungen sehnen. Einst wird sie der strenge Richter darüber zur Rechenschaft ziehen; sie werden die Schuld von ebenso vielem büßen müssen, als sie durch ihren Dienst der Gemeinschaft zu nützen versäumten. Oder wie ist ein Mensch, auf Gemeinschaft angelegt, wie er doch ist, befugt, seine einsame Ruhe dem Nutzen der anderen vorzuziehen, wenn selbst der Eingeborene des höchsten Vaters von dessen Schoße, um allen zu nützen, ausging und sich unter die Menschen mengte? – Gewiß, der Lehrer der Wahrheit, der sich uns sichtbar machte in seiner angenommenen Menschennatur, verweilte gelegentlich länger auf einem Berge, um zu beten. Aber seine Wundertaten verrichtete er in offenen Städten: den rechtschaffenen Hirten dadurch ein Beispiel zur Nachfolge zu zeigen, daß sie bei aller Liebe und Neigung zur höchsten Beschaulichkeit mit den menschlichen Schwachheiten sich abgeben sollten aus christlicher Teilnahme. Denn erst dann erhebt sich die Liebe zu ihrer höchsten, erhabenen Höhe, wenn sie voll des Erbarmens bis in die Tiefe der menschlichen Not sich herabläßt. Ja, je tiefer sie sich erniedrigt, desto höher steigt sie empor. – Siehe St. Paulus: obschon er, bis in den dritten Himmel erhoben, die Geheimnisse dort in einem sehr deutlichen Lichte sah, stellte er dennoch jene hohe Betrachtung des Unsichtbaren für geraume Zeit ein, sein Augenmerk selbst auf das Ehebett fleischlicher Menschen richtend: „Wegen der Unkeuschheit habe ein jeder sein Weib und jedes Weib seinen Mann. Der Mann leiste dem Weibe die schuldige Pflicht, desgleichen das Weib ihrem Manne!" In hoher Beschauung schwingt er sich über die Himmel, und seine

Fürsorge reicht bis zur Regel der Ehegemeinschaft; seine Liebe verbindet das Höchste mit dem Gewöhnlichsten. „Wer wird schwach und ich werde nicht auch schwach? Wer wird geärgert und ich brenne nicht auch?"[20]

Werden äußere Arbeiten nicht aus ungeordneter Neigung erstrebt, so kann man recht und unverwirrt sich ihnen widmen. ... Dann mögen beliebige Aufregungen äußerlich begegnen: sie dringen nicht ins Innerste[21].

Und wenn der Geist gelegentlich sich zum Schlummer zurückzieht vom äußeren Werk, so erkennt er um so deutlicher Gottes Gebote in ihrer Wucht. Tiefer und lebendiger faßt er dann Gottes Wort, wenn er der Unrast äußerer Sorgen eine Zeitlang den Zugang verwehrt.

Darum kehrte auch Moses, wenn er im Zweifel war über sein Tun, zum Zelte zurück und fragte in dessen Stille den Herrn und erkannte, was sein sicherer Ratschluß war ... So tun täglich die guten „Lenker", wenn sie sich unfähig finden, aus schwierigen Verhältnissen die Lösung zu finden. Sie „sammeln sich" in der Stille der Seele. Sie kehren zurück in ihr „Zelt"[22].

Gerade weil Mangel ist an solchen, die sich in rechter Weise den Angelegenheiten der Mitmenschen widmen, so müssen auch die, die voll geistlicher Gaben sind, der Schwäche ihrer Mitmenschen Rechnung tragen und deren irdischen Bedürfnissen, soweit sie es schicklich vermögen, in teilnehmender Liebe dienen. Es darf sie nicht verdrießen, wenn ihr beschauliches Gemüt manchmal in der Beschäftigung mit Kleinlichem klein werden und sich niederbeugen muß. Hat doch auch Gottes ewiges Wort, in dem alle Geschöpfe ihr Dasein haben, aus Liebe zu den Menschen menschliche Natur angenommen und sich gewürdigt, „klein zu werden, selbst noch etwas kleiner als Engel". Was ist es da Großes, wenn ein Mensch sich zu Menschen neigt, da der Schöpfer von Menschen und Engeln aus Liebe zum Menschen menschlich erschien! Der Geist wird fürwahr nicht geringer, wenn sich einer so neigt. Nein, um so feiner geht ihm das Höchste auf, je kleiner er wird aus Liebe zu seinem Schöpfer[23].

Des Schauens Grenze

Der menschliche Geist mag sich mit noch so großer Anstrengung bemühen, mag sein Denken reinigen von allen sinnenfälligen Bildern seiner Phantasie, mag alle endlichen Geister von den Augen seines Herzens verbannen – er bleibt im sterblichen Fleisch befangen, und vermag nicht Gottes Herrlichkeit zu schauen, wie er ist. Was immer es sein mag, was in seinem Geiste leuchtet, es ist eine Ähnlichkeit und nicht die Glorie selbst.

Daher sprach auch jener, der bis zum dritten Himmel erhoben ward: „Wir sehen jetzt durch Spiegel und in Rätseln“[24] ... Johannes sagt: „Gott hat noch niemand je gesehen“. Jakob, der uns bezeugt, er habe Gott gesehen, sah ihn als Engel. Moses, der „von Angesicht zu Angesicht mit ihm redete“, so wie ein Mensch mit seinem Freund zu reden pflegt, sprach mitten im Gespräch mit Gott die Worte: „Wenn ich Gnade gefunden habe vor deinen Augen, so zeige dich mir offenkundig, daß ich dich schauen möge!“[25]

In Wahrheit, so wenig sehen wir Gott, wie er sich sieht, als wir in Gott ruhen, wie er in sich ruht. Unser Schauen und Ruhen mag seinem Schauen und Ruhen in etwa ähnlich sein, doch gleich kann es nicht sein.

Daß wir nicht in uns darnieder liegen, wenn ich so sagen soll, trägt uns empor der Flügel der Beschauung: Wir werden über uns erhoben, auf ihn hinzuschauen, und hingerissen von der Innigkeit des Herzens und der Süße der Beschauung, gehen wir einigermaßen von uns weg zu ihm. Schon dieses unser Gehen als solches ist nicht ein Ruhen – und doch: so gehen, heißt „vollkommen ruhen“. Vollkommen ist die Ruhe, weil Gott der Gegenstand des Schauens ist. Doch ist es nicht wie seine Ruhe, weil wir nicht übergehen von uns in ihn, um da zu ruhen.

So ist die Ruhe zugleich ähnlich und unähnlich der seinen. Was seine Ruhe ist, ahmt unsere nach – denn dafür, daß wir ewig selig seien, ahmen wir den Ewigen nach ... Schauend haben wir teil an ihm, und seiner teilhaft, ahmen wir ihn nach. Jenes Gottschauen beginnt jetzt: durch den Glauben. Einst wird es vollendet in der Wirklichkeit[26].

Denn infolge des Fluches werden wir als Sünder geboren in Verdammung, und treten in dieses Leben mit der Strafbestimmung zum Tod. Und wenn wir unseres Geistes Spitze zum Strahl des himmlischen Lichtes erheben wollen, deckt uns das Dunkel unserer Schwachheit zu. Viele wurden in dieser Schwäche des Fleisches mit solcher Kraft gestärkt, daß sie wie Sterne leuchten konnten in der Welt ... Aber mögen ihre Werke noch so glänzend sein, ihr Feuerbrand der Buße noch so flammend – solange sie noch mit dem verweslichen Fleische beschwert sind, können sie das ewige Licht, so wie es ist, nicht schauen ...

Freilich wird der Geist oft so entflammt, daß er, obschon im Fleisch gebannt, emporgerissen wird zu Gott und alles fleischliche Denken niedergeworfen. Aber dennoch, Gott, wie er ist, vermögen wir nicht zu schauen[27] ... Das Auge möchte schauen den Glanz des unendlichen Lichts und kann es nicht. Der Geist ob seiner Schwäche dringt nicht ein – und liebt doch, was ihm Schranken zieht. Der Schöpfer zeigt uns soviel, daß wir lieben können – doch seine Anschauung gönnt er dem Liebenden nicht. Nur seine „Spur" betrachtend steigen wir hinan. Nur durch die Wegzeichen seiner Gnadengaben folgen wir ihm, den wir nicht schauen können[28].

Durch die Liebe also sind ihm „nahe" die Seinen und sind doch „ferne" von ihm, solange sie in der irdischen Wohnung festgehalten sind. Sie „hangen ihm an" durch gutes Leben – und finden sich immer fern von seiner klaren Anschauung in Sehnsucht[29] ... Verborgen in sich selbst, läßt er in seinen Werken sich erkennen – so, daß er nicht umgriffen werden kann von des Erkennenden Fassungskraft. Er ist so gegenwärtig, daß wir ihn nicht sehen können – und ist so unsichtbar, daß seine Gegenwart uns deutlich wird aus seinen Gerichten. Er läßt sich so verstehen, daß er selbst den Erkenntnisstrahl in Schatten hüllt – und hält so durch dunkles Nicht-Erkennen fern, daß er durch seinen hellen Lichtschein doch uns lockt: Wir sehen ein Erhabenes, und niedergeworfen zittern wir[30].

„Lied in der Nacht" ist unsere Beschauung, ist unsere Freude in der Trübsal hier. Denn ob wir auch durch die Bedrängnisse dieser Zeit zu leiden haben: durch die Hoffnung haben wir schon Freude an der Ewigkeit. „Lieder zur Nachtzeit" riet St. Paulus an, da er sprach: „Freuet euch in Hoffnung, die ihr leidet in Trübsal!" „Lied in der Nacht" sang David, da er betete: „Du meine Zuflucht in den Bedrängnissen, die mich umgeben, du mein Jubel, erlöse mich von den Feinden!" „Nacht" nennt er die Trübsal, „Jubel" nennt der Bedrängte seinen Erlöser. Außen war „Nacht" in Trübsal, die ihn umdrängte, innen tönten die „Lieder" in fröhlichem Troste.

Denn heimkehren zur ewigen Freude können wir nicht, es sei denn durch zeitliche Widrigkeit. Und das ist der Sinn der Schrift: daß uns die Hoffnung stärke auf bleibende Freude mitten in dieser Trübsal[31].

IV. FRÜHES MITTELALTER

Anselm von Canterbury

(1033–1109)

Heimweh nach dem verborgenen Gut

Nun sei es, Menschlein, fliehe ein wenig die Beschäftigung mit dem Irdischen, verbirg dich ein wenig vor deinen lärmenden Gedanken, wirf deine lästigen Sorgen weg und setze deine mühseligen Zerstreuungen beiseite! Sei ein wenig für Gott da, ruhe dich ein wenig in ihm aus! Gehe in das Gemach deines Geistes hinein, schließe alles aus außer Gott und dem, was dir ihn suchen hilft! Suche ihn bei verschlossener Türe und sag' ihm aus ganzem Herzen, sage zu Gott: „Ich suche dein Angesicht; dein Angesicht, Herr, suche ich auf!"

Wohlan denn Herr, mein Gott, lehre mein Herz, wo und wie es dich suchen, wo und wie es dich finden mag! Herr, wenn du nicht hier bist – wo soll ich dich in deiner Abwesenheit suchen? Wenn du aber überall bist – warum sehe ich dich nicht gegenwärtig? Freilich, du wohnest in einem unzugänglichen Lichte! . . . Ich habe dich, Herr mein Gott, noch nie gesehen, dein Angesicht kenne ich nicht. Was soll, erhabener Gott, dieser dein weit Verbannter? Was soll dein von Liebe zu dir bekümmerter, weit von deinem Antlitz verworfener Knecht? Atemvoll rennt er, dich zu sehen – aber dein Angesicht ist für ihn allzu ferne. Er sehnt sich, zu dir hinzutreten – und deine Wohnung ist unzugänglich. Er wünscht dich zu finden – und kennt deinen Ort nicht. Er strebt dich zu suchen – und kennt nicht dein Angesicht. Herr, mein Gott und mein Herr bist du, und noch nie habe ich dich gesehen! Du schufst mich und du schufst mich neu, und alles was ich Gutes habe, hast du mir verliehen – und noch kenne ich dich nicht! Ich bin erschaffen, daß ich dich sehen soll, und noch nie erreichte ich das, weswegen ich doch geschaffen bin . . .

Herr, ich bekenne und danke dir, daß du mich nach deinem Ebenbilde erschaffen, damit ich deiner eingedenk sei und dich liebe. Aber es ist so von Sünden zerstört und aufgerieben, so dunkel vom Rauch der Sünden, daß es nicht tun kann, wozu es gemacht ist, es sei denn, du erneuerst und schaffest es um. Ich versuche nicht, Herr, zu deiner Höhe zu dringen, weil mein Verstand mit ihr in keinen Vergleich zu bringen ist; ich wünsche nur einigermaßen deine Wahrheit zu begreifen, die mein Herz glaubt und liebt. Denn ich suche nicht zu begreifen, um zu glauben, sondern ich glaube, um zu begreifen[1].

Das Licht, in dem du wohnst – ich sehe es in Wahrheit nicht: es ist zu groß. Und doch sehe ich alles, was ich sehe, durch dasselbe, wie das schwache Auge alles, was es sieht, mittels des Sonnnenlichtes sieht, das es in der Sonne selbst nicht anschauen kann. Mein Begreifen kann sich ihm nicht nahen, denn sein Glanz ist zu groß . . . es prallt zurück.

O höchstes, unnahbares Licht, o heilige, selige Wahrheit, die du weit von mir bist, während ich dir so nahe bin! Wie entfernt bist du meinem Blicke, während ich so gegenwärtig deinem Blicke bin! Überall bist du ganz gegenwärtig – und ich sehe dich nicht. In dir bewege ich mich, in dir bin ich – und zu dir kann ich nicht treten. In mir und um mich bist du – und ich empfinde dich nicht[2].

Du allein, Herr, bist, was du bist, und bist, der du bist. Denn was anders ist im Teil und anders im Ganzen und in dem etwas wandelbar ist, ist nicht gänzlich, was es ist. Und was beginnt vom Nichtsein, kann auch als nichtseiend gedacht werden und kehrt zurück ins Nichtsein, wenn es nicht Halt hat in einem anderen. Und was ein Gewesen-Sein hat und ein Werden-Sein, das noch nicht ist, das ist nicht eigentlich und unbedingt. Du aber bist, was du bist; denn was du irgendeinmal oder irgendwie bist, das bist du ganz und immer. Und du bist eigentlich und ohne Einschränkung, weil du nicht ein Gewesen-Sein oder Werden-Sein hast, sondern nur ein gegenwärtiges Sein und niemals als nichtseiend gedacht werden kannst. – Aber auch Leben bist du und Licht und Weisheit und Seligkeit und Ewigkeit und vieles derart, was ein Gut besagt. Und bist doch nur ein höchstes Gut, dir selber ganz genügend und keines andern bedürfend, während alles deiner bedarf, um zu sein und um gut zu sein!

Dies Gut bist du, Gott Vater, und dies Gut ist dein Wort, dein Sohn ... und ist auch ebenso deine dem Sohne und dir gemeinsame Liebe, der Heilige Geist, der von beiden hervorgeht. Und was der einzelne ist, das ist die ganze Dreifaltigkeit zumal, Vater, Sohn und Heiliger Geist, weil der einzelne nichts anderes ist als die einfachste Einheit und die einige Einfachheit im höchsten Grad, die nicht vervielfacht oder dies und jenes sein kann. – Das eine aber ist das Notwendige – jenes eine Notwendige, in dem alles Gute ist, ja, das alles und eines, ganz und allein gut ist![3]

So ermuntere dich denn, meine Seele, und richte dein ganzes Verständnis empor und denke, wie groß, wie beschaffen und welches dies Gut sei! Denn wenn jedes einzelne Gut ergötzlich ist, so bedenke, wie ergötzlich jenes Gut sein muß, in dem enthalten sind alle Güter und aller Güter Lieblichkeit. Nicht wie wir es in den Geschöpfen erfahren, sondern ganz anders, nach einem Unterschied, der so groß ist wie der Unterschied zwischen Geschöpf und Schöpfer. Denn wenn das erschaffene Leben gut ist, wie gut ist dann das schöpferische Leben! Und wenn das bereitete Heil lieblich ist, wie lieblich ist dann das Heil, das alles Heil bereitet hat! ... Warum also, Menschlein, schweifst du weit umher, indem du Güter suchst für deine Seele und deinen Leib? Liebe das eine Gut, in dem alles Gut ist, so ist es genug! Sehne dich nach dem einfachen Gute, das alles Gute ist, und es ist genug![4]

Betrachtung des Gekreuzigten

Jesus ist süß im Neigen des Hauptes und im Sterben, süß bei seinen ausgespannten Armen, süß beim Öffnen der Seite, süß beim Anheften der Füße mit einem Nagel.

Süß im Neigen des Hauptes: Denn indem er am Kreuze das Haupt neigt, scheint er gleichsam seiner Geliebten zu sagen: „Meine Braut, wie oft sehntest du dich nach dem Kusse meines Mundes ... Ich bin bereit, neige das Haupt, reiche den Mund, küsse, so oft du magst ... Denn ist der Mund, den ich dir biete, auch ohne Ansehen und Schönheit, so ist er doch nicht ohne Gnade!“

Süß bei ausgespannten Armen: Denn indem er die Arme ausspannt, legt er uns nahe, wie sehr er selber sich sehnt nach unserer Umarmung, indem er zu sagen scheint: „O ihr, die ihr mühselig und beladen seid, kommt und laßt euch erquicken in meinen Armen, unter meinen Umarmungen!" ... Keiner fürchte, zurückgewiesen zu werden, denn „Ich will nicht den Tod des Sünders, sondern daß er sich bekehre und lebe" und „Meine Lust ist es, bei den Menschenkindern zu sein".

Süß bei der Öffnung der Seite: Hat uns ja diese Öffnung den Reichtum seiner Güte geöffnet, die Liebe seines Herzens zu uns.

Süß beim Anheften der Füße mit einem Nagel: Denn dadurch redet er gleichsam zu uns: „Siehe wenn ihr meinet, ich müsse vor euch fliehen ... so sehet, daß meine Füße mit einem Nagel so angeheftet sind, daß ich durchaus nicht vermag zu fliehen vor euch: die Barmherzigkeit hält mich gänzlich gebunden!"

Gütiger Jesus, demütiger, lieber Herr, süß dem Munde, süß dem Herzen, süß dem Ohre, unaussprechlich anmutig, mild und barmherzig, mächtig, weise, gütig und freigebig, huldreich und lieblich: Du bist allein das höchste Gut, „der Schönste unter allen Menschenkindern" ... O mein Herr, wie sehnt sich jetzt meine Seele nach deiner Umarmung und deinem Kusse! Nichts suche ich als dich selbst; und würde mir auch kein Lohn verheißen und gäbe es keine Hölle noch einen Himmel, ich wollte doch dir anhangen um deiner Güte, um deiner selbst willen! Amen[5].

Himmelssehnsucht

Glücklich die Seele, die los vom irdischen Gefängnis frei nach dem Himmel strebt, die dich, den süßesten Herrn, von Angesicht zu Angesicht schauen darf und keine Todesfurcht hat, sondern sich unvergänglicher, steter Herrlichkeit freut!

Ruhig ist sie und in tiefem Frieden: sie fürchtet nun keinen Feind mehr, noch den Tod. Dich hat sie zum milden Herrn, den sie lange gesucht und immer geliebt hat, und singt in ewigem Feste honigträufelnde Lieder im Verein mit jubelnden Chören zum Lobe deiner Herrlichkeit. „Denn sie werden trunken von deines Hauses Reichtum, und mit dem Strom deiner Wonne tränkest du sie."

Glückliche Genossenschaft der Himmelsbürger, herrliches Fest aller derer, die zu dir heimkehren von der traurigen Mühsal dieser Pilgerschaft zu der lieblichen Schönheit, zum prächtigen Glanze, zu deiner ganzen, erhabenen Würde, in der dich, Herr, deine Bürger endlos betrachten! Da ist nichts mit den Ohren zu hören, was den Geist verunruhte! Welche Lieder, welche Harfen, welche Gesänge: da immer tönen die süßen Instrumente der Lobgesänge, die lieblichen Melodien der Engel, wunderbar hohe Lieder der Himmelsbürger, zu deinem Lob und Ruhme! Keine Bitterkeit und Kümmernis ist mehr in deinem Lande: Dort gibt es keinen Bösen und keine Bosheit, keinen Gegner und Angreifer, noch irgend eine Verlockung zur Sünde ... nur höchster Friede, vollendete Liebe, ewiger Jubel und Lob Gottes, endlose, sichere Ruhe und stete Freude im Heiligen Geiste. O, wie beglückt werde ich sein, wenn ich die lieblichen Gesänge deiner Bürger vernehme, die süßen Lieder, womit sie der hohen Dreieinigkeit Lob singen mit schuldiger Ehrfurcht! Aber auch über die Maßen glücklich, wenn ich selbst des gewürdigt werde, ein Lied dem Herrn Jesus Christus zu singen von den süßen Sionsgesängen! ...

O Leben voll Leben, ewiges, ewig seliges Leben, wo Freude ohne Trauer, Ruhe ohne Mühsal, Würde ohne Bangigkeit, Reichtum ohne Verlust, Gesundheit ohne Krankheit, Überfluß ohne Mangel, Leben ohne Tod, Beständigkeit ohne Wandel, Seligkeit ohne Harm, wo man alles Gute in vollkommener Liebe, Gestalt und Schönheit von Antlitz zu Antlitz, vollendetes Wissen und Gottes höchste Güte schaut ... in der Gegenwart der Majestät Gottes, wo der Geist der Schauenden ohne Aufhören gesättigt wird mit dieser Speise des Lebens ... nach der Verheißung des Herrn und Erlösers: „Vater, ich will, daß die, so du mir gegeben hast, bei mir seien, wo ich bin, damit sie meine Herrlichkeit sehen und alle eins seien, wie du, Vater, in mir und ich in dir!“

Himmelreich, glückliches Reich, Reich ohne Tod und ohne Ende, das in Ewigkeit keine Zeit mehr nach sich hat, wo ein beständiger Tag ohne Nacht von keiner Frist etwas weiß, wo der siegreiche Streiter nach der Mühsal mit unaussprechlichem Lohn überhäuft wird, wo das edle Haupt umfängt die ewige Krone![6]

Was liebst du, mein Fleisch, wonach sehnst du dich, meine Seele? Wenn Schönheit ergötzt – „Die Gerechten werden leuchten wie die Sonne!" Wenn Schnelligkeit, Stärke, Freiheit, der nichts widersteht – „Sie werden den Engeln Gottes ähnlich sein!" Wenn ein langes, gesundes Leben – dort ist gesunde Ewigkeit und ewige Gesundheit; denn „Die Gerechten werden ewig leben!" Wenn Sättigung – sie werden satt werden, „wenn erscheinet die Herrlichkeit des Herrn" ... Wenn Ehre und Reichtum – Gott wird seine „guten und getreuen Knechte" „über vieles setzen". Ja, sie werden „Kinder Gottes" und „Götter" heißen, und wo der Sohn sein wird, da werden auch sie sein, „Gottes Erben und Miterben Christi"[7].

Herr, der du uns rätst, ja heißest, durch deinen Sohn zu bitten, und versprichst zu schenken, damit unsere Freude vollkommen sei: ich bitte dich, Herr, um was du rätst durch deinen wunderbaren Ratgeber, um zu empfangen, was du verheißest durch deine Wahrheit, damit meine Freude vollkommen sei. Indessen soll mein Geist in dir erwägen und meine Zunge davon künden und mein Herz es lieben und mein Geist danach hungern und mein Fleisch dürsten und meine ganze Seele sich danach sehnen, bis ich „eingehe zur Freude meines Herrn", des dreifachen und einen Gottes, gepriesen von Ewigkeit zu Ewigkeit. Amen[8].

Bernhard von Clairvaux

(1090–1153)

Der Name Jesu

Woher wohl glaubst du, durchleuchtete alle Welt so großes und schnelles Glaubenslicht, wenn nicht durch die Predigt von Jesus?

Hat nicht im Licht dieses Namens Gott uns berufen zu seinem wunderbaren Licht? Hat nicht Paulus denen, die erleuchtet waren und Licht erschauten in diesem Licht, zugerufen: „Ihr waret einst Finsternis, jetzt aber seid ihr Licht im Herrn!“? Wie erglänzte dieses Licht und nahm gefangen alle Blicke, die es schauten, als es vom Munde Petrus' wie ein Blitz ausging! ...

Und nicht nur Licht ist Jesus, sondern auch Speise. Oder wird dir nicht jedesmal auch Stärkung, wenn du dich seiner erinnerst? Was ist so wohltuend für den Geist, als ihn zu denken? Was erfrischt so die ermatteten Sinne und stärkt die Willenskräfte und läßt erblühen die guten heiligen Sitten und hegt die Regungen reiner Liebe?

Trocken ist alle Nahrung der Seele, sie sei denn begossen mit diesem Öl; fade, wenn nicht gewürzt mit diesem Salz. Schreibst du – ich finde keinen Geschmack daran, wenn ich nicht Jesus darin lese. Pflegst du Erörterungen – sie können mir nicht gefallen, wenn nicht Jesu Name erklingt. Honig für den Mund, lieblicher Klang dem Ohr, Jubel im Herzen: Jesus.

Arznei auch. Denn ist einer betrübt unter euch? Laß Jesus kommen in sein Herz, laß Jesus kommen vom Herzen auf seine Zunge: das Licht, das aufleuchtet in diesem Namen, verscheucht allen Nebel dir, macht alles helle! – Ist einer tief gesunken, eilt er vielleicht schon zur Schlinge des Todes in seiner Verzweiflung – laß ihn den Namen des Lebens anrufen, und siehe: schon atmet er auf zu neuem Leben!

Wem hätte jemals vor diesem Segensnamen standgehalten eine Herzenshärte, träge Schlaffheit, Eifersucht oder schleichende Lauheit? Wem wäre vertrocknet der Quell der Tränen, da er Jesus anrief, und wäre nicht reicher geflossen die süße Flut? Wem hätte, da er in Gefahr erbebte, der Anruf dieses starken Namens nicht alsogleich Vertrauen eingeflößt und alle Furcht verjagt? Wem wäre nicht, da er in Zweifeln hin und her geschwankt, sogleich, da er in diesem lichten Namen betete, Gewißheit aufgeleuchtet? Wem, der in Widrigkeit verzagte und schon fast versagte, wäre nicht die Kraft zurückgekehrt, da ihm der Name, der da Hilfe heißt, zu Ohren drang? So ist's fürwahr: hier Krankheiten und Schwächen der Seele, dort die Arznei.

Willst du Beweis? – „Rufe mich an“, so steht geschrieben, „am Tage der Trübsal, und ich will dich erretten, und du wirst mich preisen!“ Nichts wirkt so der Wallung des Zornes entgegen, nichts sänftigt so die Geschwulst des Stolzes und löscht die Flamme der Sinnlichkeit und beschweiget die gierige Habsucht und scheucht alles unschöne Begehren.

Denn wenn ich Jesus nenne, da steht vor mir ein Bild, so milde, so demütig von Herzen, so gütig und edel, so rein und erbarmend – das Hochbild aller sittlichen Schöne und Heiligkeit – und ist zugleich der allmächtige Gott, der mir die Arznei seines Beispiels und die Kraft seiner Hilfe gibt.

Das alles hör' ich erklingen in einem Klang, da Jesus genannt wird[1].

In den Gemächern des Bräutigams

Es ist ein Ort (eine Stufe der Beschauung), wo man sieht den Lenker des Alls, wie er seinen Willen verkündet und seine Ratschlüsse verfügt, Gesetz vorschreibend aller Kreatur nach Gewicht und Maß und Zahl. Und der Beschauer sieht es mit bewegtem Staunen . . .[2]

Und ist ein Ort, wo über die verderbten Geistgeschöpfe unbeweglich wacht der stille und doch schreckliche Zorn der göttlichen Gerechtigkeit, des furchtbaren Richters in seinen Plänen über Menschenkinder. Und Furcht erfüllt den Beschauenden . . .[3]

Und ist ein dritter Ort. Da schaust du Gott in ruhevollem Frieden. Ein Ort fürwahr nicht mehr des Rächers, selbst des Lehrers nicht: – des Bräutigams.

Was mich betrifft – von andern weiß ich's nicht –, so ist dies das Gemach, wo ich wohl manchmal eingelassen ward. Doch ach, seltene Stunde und kurze Weile!

Klar schaut man da des Herrn Barmherzigkeit „von Ewigkeit zu Ewigkeit über diejenigen, die ihn fürchten“, und selig, wer da sprechen kann: „Mein Teil ist mit allen, die dich fürchten und deine Gebote bewahren.“ Denn fest steht Gottes Ratschluß, Gottes Friedenswort über diejenigen, die ihn fürchten: zudekkend ihr Böses, vergeltend ihr Gutes, so daß gar wunderbar sowohl Gutes wie Böses ihnen zum Besten gereicht . . . Denn was die Auserwählten Gottes in der Zeit begehen, erscheint nicht in der Ewigkeit: des Vaters lichte Klarheit „deckt die Menge ihrer Sünden zu", und „selig, deren Übertretungen vergeben und deren Sünden bedeckt sind!"

Auch ich für meine Person habe solches Vertrauen gefaßt, und so inniger Jubel ward mir in die Seele gegossen, größer wahrlich als die Furcht, die da vorausgegangen am Orte des Schreckens im zweiten Gesichte – so groß, daß ich mich wohl für einen von den Seligen halten möchte. O, wäre es nur von Dauer! Wieder und wieder, o Herr, suche mich heim mit deinem Heile, daß ich dich schauen möge „in der heiligen Schar deiner Auserwählten und mich freue in der Freude deines Volkes!"

O Ort des wahren Friedens, dich möchte ich meine Wohnung nennen! O selige Kammer, wo Gott nicht geschaut wird wie in aufgebrachtem Zorne oder in sorgender Herrschaft Gewalt, sondern wo sein Wille ganz Heilswille ist, wohltätig und vollkommen! Schauung nicht des Schreckens, sondern liebreicher Kosung, wo nicht ermatten die Sinne, sondern ruhig schlummern, in wahrhafter Ruhe. Der ruhige Gott gibt allem Ruhe. Und ein ruhiges Schauen heißt ruhen.

Da darf man sehen den König gleichsam nach seines Arbeitstages Lärm und Unrast, wie er „die Scharen entläßt" und die lästigen Sorgen fliehend des Abends Einkehr hält und seine Kammer betritt mit wenigen, die er seines Vertrauens und seiner Vertraulichkeit würdigt. Da kann er endlich sicher ruhen, weil ganz verborgen, und kann sich um so freundlicher geben, da er in ungestörter Herzlichkeit nur jene um sich sieht, die seine Liebe haben . . .

Nicht der Sinne Begehren, nicht stechende Sorge, noch nagende Schuld, noch – schwierig zu bannen – Sturm der Sinneswelt mit ihren Schattenbildern dringt hierher und störet noch, nein . . . „Der König hat mich eingeführt in seine Kammer"[4].

Der Geliebte ist da, nicht mehr der Meister, nicht mehr der König: seine Würde hat er abgelegt, die Scheu vergeht. Denn wo Liebe vertraulich werden darf, tritt Hoheit zurück. Und wie einst Moses gleichwie ein Freund zum Freunde sprach und der Herr ihm Antwort gab, so ist nun wundersam trauliche Zwiesprache zwischen dem göttlichen Wort und der Seele wie zwischen vertrauten Nachbarn. Kein Wunder, ist doch ein Quell der Liebe, der in beiden fließet, daß sie sich lieben und sich vertraut sind.

Da werden Worte getauscht, die süßer als Honig, und begegnen sich Blicke, heiliger Liebe Zeichen, ganz Innigkeit. Er nennt sie „Freundin", heißt sie seine „Schöne", einmal und wieder, und empfängt von ihr gleiches Wort. „Siehe, du bist schön, meine Freundin, siehe, schön bist du: deine Blicke sind wie der Tauben Blicke!"[5] ... Und wiederum: „Mein Geliebter ist mein und ich bin sein." Was sagt dies Wort? Ich weiß es nicht, was es sagt, wenn ich nicht fühle, was sein Gefühl ist. O heilige Seele, was ist dir dein Geliebter, was bist du ihm? Was ist dieser traute, holdselige Austausch unter euch? Er ist dein, und du bist sein. – Aber wie, bist du ihm wirklich das gleiche, was er dir ist? Oder bist du ihm etwas anderes? Sag' es uns doch, wenn du zu unsereins reden kannst, daß wir's verstehen, sag' es uns deutlich, was du erlebst. Sag' uns, o Gott, wie weit erhebest du unsere Seelen? Oder ist nach dem Propheten „dein Geheimnis dir"? So ist es! Hier gibt es nur Sprache des Herzens, nicht des Verstandes – und deshalb auch nicht zum Verstehen. Was also sagen die Worte? Nichts als nur dies: daß die Seele, ergriffen von wunderbarer Lust nach jener ersehnten Zwiesprache weder ganz zu schweigen vermag, wenn es vorüber, noch auszusprechen, was sie erlebte: Denn nicht um es auszusprechen redet sie, nur weil es sie nicht schweigen läßt. „Aus der Fülle des Herzens redet der Mund" – aber nicht der Fülle gemäß.

Die Liebe hat Worte, durch die sie sich verrät, auch wenn sie nicht will. Wie Furcht sich verrät durch zagende Worte, wie Schmerz durch seufzende, so die Liebe durch selige Worte. Oder was meinst du, das den Ausdruck gibt dem Weh des Schmerzes, dem schluchzenden Leid, dem Stöhnen des Verwundeten, des Schreckens plötzlichem, unwillkürlichem Schrei, der Glückberauschten seligem Gestöhne? Meinst du, Gewohnheit habe das Wort geprägt, Vernunft es geschaffen, Überlegung geordnet, Berechnung geformt? Nein, nicht Vernunftgeburt, Ausbruch des Gefühls ist es! So ist's mit aller heftigen Liebesglut, der göttlichen vor allem. Sie kann nicht an sich halten, kann nicht in wohlbedachter Ordnung gehen, nicht säuberlich bestimmen, nach welcher Vorschrift, welcher Stufe, welchem Maß der Strom der Worte überlaufen soll! Nichts dieser Art soll Eintrag tun dem inneren Drange! Manchmal sucht sie in Worten keinen Ausdruck, manchmal selbst nicht in einem Laut – ein Seufzen sagt genug.

So kommt es, daß die Braut (im Hohen Liede) von heiliger, unsagbarer Liebe brennend nicht erst in Überlegung sich das Wort zurechtzulegen weiß, um Luft zu schaffen ihrer inneren Glut. Was ihr nur immer in den Mund kommt – spricht sie nicht, nein: stößt es hervor im Drang der Liebe[6].

Das Schleierspiel des Geliebten

Hüten wir uns, bezüglich dieser Verbindung des Wortes mit der Seele etwas Sinnenfälliges in der Vorstellung zu haben! Was ich meine, sagt der Apostel: „Wer Gott anhanget, ist ein Geist mit ihm."

Die Verzückung des reinen Geistes in Gott – oder das liebreiche Neigen Gottes zur Seele – können wir nur mit menschlichen Worten schildern. Aber was wir meinen, ist ganz geistig. Im Geist also fasse die Einigung! Denn Gott ist Geist, und ihn verlangt nach einer solchen Seele Schönheit, die er im Geiste wandeln und Fleischliches nicht vollbringen sieht in ihrem Verlangen. Er begehrt sie um so mehr, wenn er sie ganz erglühend findet von der Liebe zu ihm.

Darum ist eine Seele, die sich so innig geliebt weiß, nicht zufrieden mit jener allgemeinen Offenbarung des Geliebten, die „den vielen" zuteil wird durch alle Schöpfung zumal, oder auch nur mit jener, die einigen wird durch Gesichte und Traumgebilde. Aus besonderer Gunst möchte sie zu sich kommen sehen und möchte empfangen in innerstem, liebeerglühtem Herzen den Gegenstand ihres Verlangens und möchte ihn bei sich haben – nicht in Gleichnissen sich darstellend, sondern in Wahrheit sich eingießend, nicht als Erscheinung, sondern als Erfahrung, und sicher auch desto beglückender, als es ein innerer, nicht ein Sinnen-Vorgang ist.

Denn diesem Wort ist es eigen, daß es nicht tönt, sondern eingeht, daß es nicht spricht, sondern wirkt, daß es nicht äußerem Ohr vernehmbar ist, sondern das Herz gefangen nimmt.

Doch offenbart es sich – ich muß es wohl gestehen – nicht so, wie es ist – obschon es nicht etwas anderes zeigt, als es ist. Denn wäre es auch dem frömmsten Gemüt, nicht stets ist es zu erfassen und auch nicht allen auf gleiche Weise. Nach dem wechselnden Bedürfen der Seele muß auch das Empfinden der göttlichen Gegenwart wechseln, und der himmelentströmte Tau der göttlichen Süße befriedigt mannigfach den Gaumen, der nicht allemal das Gleiche bedarf. Ein Lied der Liebe ist's. Hast du nicht schon bemerkt, wie oft der Sänger seinen Ausdruck wechselt, und welche Fülle von Verwandlungskünsten er seiner Braut zu spielen weiß? Jetzt gleich dem Liebenden, der in scheuer Ehrfurcht um verschwiegene Umarmung bittet bei der heiligen Seele und von ihren Küssen selig ist – jetzt in Gestalt des Arztes, der mit Öl und Salben naht: denn die Seele, zart und schwach, bedarf dergleichen Linderungen (heißt sie doch nicht umsonst die „Kleine" – oder ärgert's dich? So höre: „Nicht die Gesunden bedürfen des Arztes, sondern die Kranken"!). – Ein andermal gesellt er sich dem Wanderer gleich auf ihrem Weg zu ihr (sie ist ja seine kleine Braut): Sein wunderliebliches Gespräch läßt sie des Weges ganze Müdigkeit vergessen, und bei seinem Scheiden kann sie nur sagen: „Brannte nicht unser Herz von Jesus, da er des Weges mit uns redete?" Holdseliger Begleiter, der mit seines Wortes, seines Wesens freundlicher Milde wie mit köstlichen Balsamdüften alle nach sich zieht: „Nach dem Dufte deiner Salben laufen wir!" – Und wiederum kommt er ihr entgegen wie der reiche Hausvater, in dessen Haus die Fülle ist. Ja, als ein König, herrlich und groß, der seine geringe, arme Braut vom Boden hebt und – gleich als wolle er ihr Begehren locken – ihr alle Köstlichkeiten seines Reichtums zeigt, die Schätze seiner Keller und Speicher, die Fülle seiner Gärten und Felder – bis er sie einführt in sein heimliches Gemach. Denn „es vertraut ihr das Herz des Mannes", und nichts möchte er vor ihr verbergen, die er sich loskaufte in ihrer Armut, die er bewährte in ihrer Treue, die er umarmen will in ihrer holden Schöne.

So zeigt er sich denn unaufhörlich bald auf diese, bald auf jene Weise innerlich den Blicken derer, die ihn suchen, auf daß erfüllt werde, was geschrieben steht: „Siehe, ich bin bei euch bis zum Ende der Welt."

Und in all dem ist er so mild und liebenswert und so reich an Erbarmen. Wie er linde zu kosen weiß in seinen Küssen, so ist er gütig in seinen Salben, überströmend an barmherziger Huld, so heiter, so freundlich, so voll Gnade und Trost als Weggenosse, so fürstlich reich in der Aufzeigung seiner Schätze und so freigebig im Schenken: ein wahrer König.

Freilich geht uns all das nur in Bild und Gleichnis ein, nicht „von Angesicht zu Angesicht", so lange wir leben „unter den Völkern". Denn unter den Engeln wird es anders sein: Dann werden wir in gleicher Herrlichkeit mit ihnen ihn erschauen, „wie er ist": „in der Gestalt Gottes" und nicht „im Schatten". Denn wie wir bei den Alten nur das Vorbild und den Schatten finden, bis uns durch Christus, der im Fleische gegenwärtig ward, die Wahrheit selber aufgeleuchtet ist, so leben auch wir im Vergleich zur künftigen Welt – wir können es nicht leugnen – in einem Schatten der Wahrheit, in einem Vorläufigen. Wir müßten sonst dem Apostel widersprechen, der da sagt, daß „Stückwerk unser Erkennen und Stückwerk unser Weissagen" und daß „ich nicht wähne, es ergriffen zu haben." Denn wie sollte nicht Unterschied sein zwischen dem, der im Glauben wandelt, und dem, der im Schauen steht?

So „lebt denn der Gerechte aus dem Glauben", der Selige frohlockt im Schauen. So lebt noch der heilige Mensch im Schatten Christi, der heilige Engel ist verklärt im Lichtglanz seines Angesichtes[7].

Dir danke ich, Herr Jesus, daß du so liebreich mich zuläßt, wenn nur ein wenig auch zu kosten. Ja Herr, denn „auch die Hündlein essen von den Brosamen, die ihnen vom Tisch der Herren fallen"[3].

Mystische Beichte

Wollet ertragen, meine Brüder, ein Geringes von meiner Torheit! Ich will reden, ich hab' es versprochen, will sagen, wie es mir ergeht in solchen Dingen. Zwar ist es nicht weise. Doch ich will unweise sein, wenn ich nur unterweise. Und wenn ihr weise werdet, so soll mich meine Torheit nicht gereuen – wenn aber nicht, so will ich meine Torheit beichten.

Ja, ich gestehe, zu mir auch ist gekommen das Wort – in Torheit sage ich's: wiederholt ist es gekommen. Und wenn es öfter zu mir kam, nicht irgendeinmal hab' ich es bemerkt in seinem Kommen. Ich fühlte, wenn es da war, und ich erinnere mich hernach, daß es da gewesen. Ich mochte manchmal auch gefaßt sein auf sein Kommen; doch seinen Eintritt spüren oder selbst sein Gehen – dies vermocht' ich nicht. Woher es kam in meine Seele und wohin es ging im Scheiden – oder auch auf welche Weise es gekommen oder fortgegangen – weiß ich selbst heute nicht, wie ich gestehe. „Du weißt nicht, von wannen er kommt und wohin er geht." ... Ist es vielleicht nicht einmal eingetreten, da es nicht von außen kam? Denn es ist nicht etwas von den Dingen außen. Und doch, von meinem Innern kann es auch nicht gekommen sein: denn es ist gut – und ich weiß, daß nichts Gutes in mir ist. So bin ich denn zu dem, was über allem Meinen ist, emporgestiegen – und sieh, auch über diesem war das hohe Wort. Und unterhalb des Meinen stieg ich forschend nieder – auch unten habe ich es getroffen. Und schaute ich nach außen, fand ich's außerhalb von allem, was mir außen ist – und suche ich innen, ist es innen auch. So fand ich, daß es wahr sei, was geschrieben steht: „In ihm leben wir, bewegen wir uns und sind wir." Ja, selig der Mensch, in dem er ist, der ihm lebt und durch ihn sich bewegt!

Woher also, so fragst du, kann ich wissen, daß es da sei, da doch „unerspürbar seine Wege"? – Es ist etwas Lebendiges, Wirksames: kaum, daß es gekommen, weckt es die Seele aus dem Schlummer, bewegt, erweicht, verwundet mein Herz, das harte, steinerne, schlecht bestellte.

Auch auszureißen und zu zerstören begann es und zu bauen und zu pflanzen, zu begießen das Trockene, das Finstere zu erleuchten, das Verriegelte aufzuschließen, das Kalte zu entzünden und das Ungerade in Gerades und das Rauhe in ebenen Pfad zu verwandeln. So „preist denn meine Seele den Herrn, und alles, was in mir ist, lobt seinen Namen".

Eintretend denn des öfteren zu mir, hat dieser Bräutigam, das Wort, durch kein Zeichen je sein Kommen mir bedeutet – durch Stimme nicht und nicht durch Erscheinung und nicht durch seinen Gang. Und keine Bewegung von ihm verriet ihn mir, und durch keinen meiner Sinne ist er mir ins Innere gedrungen –: nur durch die Wallung des Gemüts, wie ich schon sagte, ward ich seiner Gegenwart bewußt; und aus der Flucht vor Sünde und aus der Zähmung fleischlichen Begehrens ward ich inne „der Gewalt seiner Kraft“, und aus der Aufdeckung und Verwerfung meiner verborgenen Geheimnisse erkannte ich bewundernd die Tiefe seiner Weisheit, und auch in jeder noch so geringen Besserung meines sittlichen Wesens erfuhr ich seine milde Güte, und aus der Erneuerung und Umgestaltung meines geistigen Seins, des inneren Menschen, erfaßte ich einigermaßen das Bild seiner Schönheit, und aus der Zusammenschau von alledem begann ich zu zittern vor der Größe seiner Majestät.

Wenn aber dann das Wort wieder von mir gegangen, so ist es, wie wenn du dem kochenden Herd die Feuersglut entnimmst. Sogleich wird alles lau und kalt, und das ist mir das Zeichen, daß es fortgegangen. Da kann die Seele nur in Betrübnis auf sein Wiederkommen harren, auf daß es wieder, wie er es gewohnt, mir das Gemüt erwärme – denn daran kenne ich sein Wiederkommen.

Wenn also dieses die Erfahrung ist, die ich vom göttlichen Wort bezeugen muß, was wunder, wenn ich mir das Wort der Braut zu eigen mache, da sie ihren fernen Geliebten zurückrief, und wenn mich eine zwar nicht gleiche, aber doch ähnliche Sehnsucht faßt wie sie? So führe ich denn, solange ich lebe, jenes Wort der Sehnsucht in meinem Munde, das ihn wieder ruft, das Wort: „Komm wieder!“ Und sooft er fortgegangen, sooft will ich es wiederholen und will nicht ablassen, gleichsam hinter ihm dreinzurufen mit lauter Stimme, mit glühendem Verlangen meines Herzens: „Komm wieder! Gib dich mir zurück!“

Ich gestehe euch, meine Kinder, nichts anderes mag mir gefallen, solange ich nicht habe, was einzig mir gefällt. Und ich flehe, daß es nicht leer komme, sondern komme „voll Gnade und Wahrheit“, komme, wie es zu kommen pflegte, komme wie gestern und vorgestern[9].

„Nun ist die Zeit des Wohlgefallens, die Tage des Heils.“ Nun ist die Zeit des Suchens und des Rufens, wobei man zumeist schon seine Gegenwart verspürt, noch ehe man gerufen . . .

„Das Flehen der Armen erhört der Herr, die Bereitung ihres Herzens hat schon vernommen dein Ohr.“

Und weil durch gutes Wirken der Herr gesucht wird, so laßt uns denn, solange es Zeit ist, „allen Gutes tun“ – zumal der Herr es deutlich verkündet hat, daß „die Nacht kommt, wo niemand mehr wirken kann“![10]

Hugo von St. Victor

(etwa 1096–1141)

Wie Gott in seinen Geschöpfen sei

In dreifachem Sinn kann man sagen, daß Gott in seinen Geschöpfen sei: Zunächst ist er in allem nach „Macht und Wesenheit“ – und das will dasselbe besagen, da die göttliche Macht nichts anderes ist als seine Wesenheit und umgekehrt. Aber was bedeutet es, Gott sei „wesenhaft“ in aller Kreatur? Manche meinen, man dürfe nicht fragen, da man es in diesem Leben nicht wissen könne. Aber wenn ich etwas glaube und weiß nicht einmal den Sinn, so ist das ein blindes Glauben und paßt nicht zu Hirten, sondern zu Eseln, die mit Rindern weiden.

Sicher kann Gott nicht so in den Geschöpfen sein, wie etwas im Raume ist. Zwar ist er in allem, aber unmittelbar, ohne Zwischenglied es lenkend und im Sein erhaltend. Wie die Seele in allen Teilen des Leibes ganz ist und bei ihrem Weichen der Leib tot und zu Staub wird (woraus sie sich als das Leben des Leibes erweist) – so ist Gott mit seiner ganzen Wesenheit in aller Kreatur, indem er ihr das Sein gibt, von dem sie sich nicht trennen könnte, ohne in völliges Nichts zu sinken (wie der Leib, dessen Leben die Seele ist, bei ihrem Weggang zu Staub wird). Wie aber Gott das Geschaffene lenkt und erhält, auch unseren Leib und die Seele, das weiß ich nicht; doch ist Gott in diesem Sinne (sie lenkend und erhaltend) „wesenhaft“ in seinen Geschöpfen.

Sodann ist Gott in manchen seiner Geschöpfe durch die „innewohnende Gnade“: in vernunftbegabten, seien es Menschen oder Engel.

Schließlich ist er durch „persönliche Einigung“ in einem Geschöpfe: in jener menschlichen Natur allein, die er in Christus angenommen hat[1].

Was Beschauung sei

Zwei Arten von Beschauung sind: Die eine liegt im Anfang und geht von der Betrachtung der Geschöpfe aus; die andere kommt zuletzt: es ist diejenige, worin die Vollkommenen „Gott schauen“.

Man kann auch drei Arten unterscheiden: Betrachtung, einfacher Blick, Schauung. In der Betrachtung wird das zu frommer Andacht entzündete Gemüt noch von unzeitiger Störung fleischlicher Leidenschaften verwirrt und verdunkelt. Beim einfachen Blick erhebt ein neues, bisher ungewohntes Schauen zu Bewunderung. Bei der Schauung wird die Seele durch die Erfahrung einer wundersamen Süßigkeit ganz in Freude und Lust gewandelt. Ist also Betrachtung bezeichnet durch unruhigen Eifer, so der einfache Blick durch Bewunderung, die Schauung durch heilige Lust[2].

Das Wesen Gottes ist unfaßbar für die menschliche Vernunft, die nur erfaßt, was sie kennt. Die aber den Geist Gottes in sich haben, haben auch Gott: Sie sehen Gott, weil sie ein erleuchtetes Auge haben, mit dem Gott geschaut werden kann; und sie nehmen ihn wahr nicht in einem anderen oder nach der Art eines anderen, das nicht er selbst wäre, sondern ihn selbst und in ihm selbst, was er ist: weil er gegenwärtig ist[3].

Warum der Bräutigam zögert

Viel, ich gestehe es, ist mir gewährt. Aber wenn ich doch schon so huldreich vom himmlischen Bräutigam aufgenommen bin, warum läßt er mich noch nicht zu seiner Umarmung zu?

So weißt du denn nicht, meine Seele, und hast schon vergessen, wie häßlich du einstmalen warst, wie befleckt, entstellt, schmutzig, zerfahren, aufgelöst – alles Schauders und aller Bosheit voll? Wie willst du so schnell in jenes Brautgemach lauterster Keuschheit eingeführt werden, ohne zuvor wenigstens einigermaßen bereitet und zur Schönheit des Urstandes geschmückt zu sein? Dies in der Tat ist der Grund, weshalb du noch warten mußt, weshalb dein Geliebter noch seine Gegenwart dir entzieht und dich nicht zuläßt zu trauter Umarmung und Kuß. Das Unreine darf nicht den Reinen berühren, das Häßliche nicht den Schönen schauen. Einmal wird kommen die Stunde, da du recht in geziemendem Schmuck eintreten darfst – für immer – in das Gemach deines himmlischen Bräutigams, ohne dich schämen zu müssen. Auch die frühere Schmach wird dich nicht mehr erröten lassen: Nichts mehr wird an dir haften, was häßlich oder beschämend wäre.

Was du also jetzt tun sollst? Mache dich schön, schmücke dein Antlitz, ordne dein Gewand, entferne die Flecken, halte auf Reinheit, strebe täglich nach Besserung, bewahre die Ordnung, um schließlich ganz anders – wahrhaft gebessert – würdig zu sein des würdigen Bräutigams![4]

Wie der Bräutigam tröstet

Was aber soll ich nun denken von jener süßen Lust, die im Gedanken an ihn mich oftmals berührt und die mich so stark und wonnig ergreift, daß ich wie gänzlich ein anderer mich fühle und ich weiß nicht wohin entrückt bin? Etwas Plötzliches, Neues, eine völlige Wandlung ist es, und mir ist so wohl, mehr als ich sagen kann: Fröhlich ist das Gewissen, vergessen aller vergangenen Schmerzen Elend; es jubelt in mir das Gemüt, der Verstand wird helle, das Herz entzündet von wonniger Sehnsucht; ich fühle mich gleichsam anderswo und weiß doch nicht wo, ich umarme etwas in liebendem Herzen und weiß doch nicht was – und will es immer behalten und niemals verlieren! Wie ein süßes Ringen ist es in meinem Gemüte, daß nicht weiche von ihm, was es immer umfassen möchte; und als wäre es endlich am Ziel aller Sehnsucht, so kann es nur innigst und unaussprechlich frohlokken, ohne anderen Wunsch und ohne Verlangen als nur, es möchte immer so bleiben. Ist dies mein Geliebter? Sag' es mir, bitte, daß ich es weiß und, wenn er wiederkommt, ihn beschwöre, zu bleiben und nie mehr zu weichen!

Ja, er ist es, dein Geliebter, der zu dir kommt! Doch unsichtbar kommt er, kommt verborgen, kommt unerfaßlich. Er kommt, dich zu berühren, nicht sich sehen zu lassen von dir. Er kommt, dich zu ermuntern, nicht sich greifen zu lassen von dir. Er kommt, nicht um sich ganz zu ergießen, sondern sich kosten zu lassen von dir; nicht um die Sehnsucht zu stillen, sondern sie an sich zu ziehen. Die Erstlinge seiner Liebe gewährt er, nicht der Sättigung Fülle.

Aber ein kostbares Pfand der Verlobung ist es, daß er, der in der künftigen Welt sich dir geben wird (zu Schauung und zu bleibendem Besitze) – schon jetzt gelegentlich sich zu kosten gibt, auf daß du erkennst, wie süß er sei! Auch daß du derweilen getröstet seist ob der Trennung von ihm, da seine Heimsuchung dich erquickt und immer wieder erquickt, auf daß du nicht ermattest[5].

V. HOHES UND SPÄTES MITTELALTER

1. Italienische Mystik

Bonaventura

(1221–1274)

Über den Aufstieg der Beschauung

„Führe mich, Herr, auf deinem Wege, und ich will wandeln in deiner Wahrheit, und mein Herz mag sich freuen und Ehrfurcht haben vor deinem Namen!“ (Ps. 85, 11).

Für den Menschen nach seiner Anlage ist die Gesamtheit des Geschaffenen eine Leiter, um zu Gott hinanzusteigen. Da sind „Spuren“ und da sind „Bilder“, da ist Körperwelt und da ist Geisteswelt, da ist Zeitliches und da ist Ewiges, da ist Äußeres und ist Inneres, und alles soll uns hinführen zur Betrachtung des ersten Ursprungs und Prinzips, des durchaus Geistigen und Ewigen über uns.

Darum aber müssen wir uns erheben über das, was nur „Spur“ ist, über Körperwelt und Zeitliches und Äußeres, um uns „führen zu lassen den Weg Gottes“ –

müssen einkehren in unseren Geist, der da ist Gottes Bild, unvergänglich, geistig, innerlich in uns: um zu „wandeln in Gottes Wahrheit“ –

müssen uns hinüberschwingen zum Ewigen, durchaus Geistigen, über uns selbst, hinschauend auf unseren ersten Ursprung, um „uns zu erfreuen in Gottes Erkenntnis und in Ehrfurcht vor seiner Hoheit“[1].

Aus dem Sichtbaren erhebt sich der Geist, zu betrachten die Macht, Weisheit und Güte Gottes, des Unendlichen, Lebendigen, Erkennenden, des Geistigen, Unsterblichen, Unwandelbaren . . .

So öffne denn deine Augen, horche hin mit dem Ohr deines Herzens, löse deine Lippen und bringe nahe dein Gemüt, auf daß du sehest deinen Gott in allem, was da geschaffen ist, daß du ihn vernehmest und preisest, auf daß nicht rings der ganze Erdkreis aufstehe gegen dich! Denn es steht geschrieben, daß „kämpfen wird der Kreis der Erden gegen die Sinnlosen". Denen aber, die rechten Sinnes sind, wird alles ein Anlaß des Rühmens werden, und mit dem Propheten werden sie sprechen: „Du hast mich ergötzt, o Herr, in deinem Schaffen, und ich juble in deiner Hände Werk. Ja, wie groß, Herr, sind deine Werke: alles hast du vollbracht in Weisheit, und erfüllt ist die Erde deines Besitzes!"[2]

Sodann laßt uns einkehren in unsere Seele, darin aufleuchtet das Abbild Gottes, . . . auf daß wir Gott schauen „im Spiegel", wo nach Art des dreifachen Leuchters das Licht der Wahrheit erglänzt auf der Spiegelfläche des Geistes: wo erstrahlt das Bild der seligen Dreifaltigkeit!

So kehre denn ein in dich selbst und schaue, wie deine Seele im Innersten Liebe trägt zu sich selbst – wie sie sich selbst nicht lieben könnte, würde sie sich nicht selbst erkennen, wie sie sich selbst nicht erkennen würde, würde sie sich nicht selbst in Erinnerung haben . . . und schaue dieser Kräfte Wirkungsweisen und Beziehungen – und erkenne Gott in dir selber gleichsam in seinem Bilde: erkenne ihn wie „in Spiegel und Rätsel"[3].

Aus der Vergegenwärtigung von allem, was in Zeit begriffen ist, Vergangenheit und Gegenwart und Zukunft, trägt unsere Seele in sich das Bild der Ewigkeit: des gegenwärtigen Jetzt, das in sich begreift die Fülle aller Zeiten . . .[4]

Der Verstand aber in seinem Urteilen ist eines wahren Erfassens fähig, sofern er mit Gewißheit das Wahre erkennt und in der geistigen Erkenntnis des Wahren nicht irren kann. Denn er erkennt, daß die Wahrheit sich notwendig so verhält – erkennt sie in ihrer unwandelbaren Geltung. Doch wandelbar, wie unser Geist ist, kann er die wandellose Geltung jenes Leuchtenden nicht schauen, es sei denn in einem Lichte durchaus wandelloser Strahlung – und solchen Lichtes ist nicht fähig das Geschöpf, das wandelbare. So erkennen wir denn in jenem Lichte, das da „erleuchtet jeden Menschen, der in diese Welt kommt", in jenem „wahren Lichte": in dem „Worte, das im Anfang war bei Gott"[4].

Das liebende Verlangen endlich geht zuvörderst auf das Ziel, das es am meisten zieht. Am meisten aber zieht, was man am meisten liebt – und am meisten liebt man die Glückseligkeit. Nun aber ist keine Glückseligkeit als nur im allerbesten, letzten Ziele. Folglich ist auch keine menschliche Sehnsucht, die nicht irgendwie das höchste Gut zum Ziele hätte – wenn auch nur, sofern etwas Mittel ist dazu oder dessen Abbild in sich trägt. So mächtig ist die Kraft des höchsten Gutes, daß nichts geliebt werden kann, es sei denn aus Sehnsucht nach ihm, dem höchsten Gut – und die Täuschung und Irrung der Liebe besteht darin, daß man ein Bild und Gleichnis für die Wahrheit nimmt.

Daraus magst du also sehen, wie gottverwandt die Seele ist: wie die Kraft des Behaltens hinweist auf die Ewigkeit, die Kraft des Erkennens auf die Wahrheit, die Kraft des Wollens auf das höchste Gut, ein jedes nach seiner besonderen Wirkungsweise[5].

Zum Anschauen Gottes in unserem Innern werden wir auch hingeleitet durch die Seelenkräfte, sofern sie höheren Lebens teilhaft wurden, durch die Gnadengaben der Tugenden, durch geistliche Empfindungen und mystische Erhebungen – werden hingeleitet in aufsteigender Betätigung auf den Stufen der Reinigung, Erleuchtung und Vollendung unseres menschlichen Geistes, durch die entsprechenden Offenbarungen der heiligen Schriften, durch Vermittlung der Engel . . ., werden hingeleitet endlich durch die Stufenleiter geistiger Kraftwirkungen, die unsere Seele zu dem Bild des himmlischen Jerusalems gestalten.

Erfüllt mit all diesen Strahlen geistigen Lichtes wird unsere Seele von der Weisheit Gottes selbst bewohnt, gleichsam ein Gottestempel, wird Gottes Tochter, Braut und Freundin, wird Glied des Hauptes Christus, Schwester und Erbin, wird Sitz des Geistes, fest gegründet im Glauben, aufgerichtet durch Hoffnung und Gott geweiht durch Heiligung des Geistes und des Leibes.

Und all das ist die Wirkung der lauteren Liebe Christi, die „in unser Herz ergossen ist durch den Heiligen Geist, der uns gegeben ist“ . . . In der Liebe also müssen wir wurzeln und gründen, auf daß wir begreifen mit allen Heiligen, was ist „die Länge“ der Ewigkeit, „die Weite“ freigebigen Schenkens, „die Höhe“ der Majestät und „die Tiefe“ der Weisheit dessen, der da richtend waltet[6].

Zum Schauen Gottes gelangen wir aber nicht nur durch den Blick nach außen und innen, sondern auch nach oben: wie nach außen durch die „Spur", nach innen durch das „Bild", so nach oben durch das „Licht", das „gezeichnet ist über unserem Geiste", das Licht der Wahrheit, sofern nämlich unser Geist von der Wahrheit selbst unmittelbar gestaltet wird ... Da schauen wir das Unsichtbare und Ewige der Gottheit: seine Wesenheit und seine Personen ... schauen ihn vorzüglich als das reine Sein – denn „der Seiende" ist der erste Gottesname, nach Damascenus, ... und schauen ihn als den Guten – denn „der Gute" ist nach Dionysius, der darin Christus folgt, der erste Gottesname[7].

Danach bleibt nur übrig, daß die Seele in ihrem Schauen übersteige und überschwebe nicht nur diese sinnenfällige Welt, sondern auch sich selbst ..., wie der heilige Franz in Gott überging in entrücktem Schauen[8].

Soll dieser Überschwang vollkommen sein, so muß zurückbleiben alle Tätigkeit des Verstandes, und die Glut des Herzens auf ihrem höchsten Gipfel muß überschlagen und umgewandelt werden in Gott. Es ist ein geheimnisvolles und verborgenes Geschehen, das „niemand kennt, der es nicht empfangen, und niemand empfängt, der es nicht ersehnt", und niemand ersehnt, den nicht das Feuer des Heiligen Geistes bis ins Mark erglühen ließ – des Geistes, den uns Christus auf die Erde sandte, weshalb der Apostel sagt, daß diese mystische Weisheit eine Offenbarung des Heiligen Geistes sei[9].

Weil aber hierzu nichts vermag die Natur und wenig das Bemühen, so kommt es auch wenig an auf menschliches Forschen und viel auf die Salbung von oben, wenig auf das Wort, viel auf die innere Freude, wenig auf Gesprochenes und Geschriebenes, alles auf die Gabe Gottes, auf den Heiligen Geist[10].

Willst du darum wissen, wie solches geschehe, so frage die Gnade, nicht die Wissenschaft, frage die Sehnsucht, nicht den Verstand, das seufzende Beten, nicht das forschende Lesen, frage den Bräutigam, nicht den Meister – Gott, nicht den Menschen, die Finsternis, nicht die Klarheit – frage nicht das „Licht", sondern das „Feuer", das ganz und gar Glut ist und in überreicher Himmelskraft und durch Erregung des Gemütes die Umwandlung vollbringt in Gott! Denn ein „Feuer" ist Gott und

„seine Richtung ist nach Jerusalem“, und Christus hat es entzündet in der Gluthitze seines Leidens, und nur der kann es empfangen, der sprechen kann: „Todesbangen hat gewählt meine Seele und Sterben mein Gebein.“ Wer diesen Tod liebt, der mag Gott schauen; denn unbezweifelt ist es wahr, daß „niemand Gott schauen kann und leben“.

So laßt uns denn sterben und eintreten in die Finsternis! Laßt uns Schweigen auflegen den irdischen Geschäften, Begierden, Bildern! Laßt uns „hinübergehen“ mit Christus dem Gekreuzigten „aus dieser Welt zum Vater“, auf daß wir, da wir den Vater schauen dürfen, mit Philippus sagen: „Es genügt uns!“, und mit Paulus hören: „Es genügt dir meine Gnade“, und mit David frohlocken: „Es vergehet mein Fleisch und mein Herz, Gott meines Herzens, du mein Anteil ewiglich!“

„So sei denn Gott gepriesen in Ewigkeit, und alles Volk sage: ‚Amen‘, so sei es!“[11]

Franz von Assisi

(1182–1226)

Beachte, Mensch, in welch hohe Stellung der Herr dich setzte, der sich schuf und bildete nach dem Bilde seines geliebten Sohnes am Leibe und nach seinem Gleichnis im Geiste. Und alle Geschöpfe, die unter dem Himmel sind, leisten Dienst und Anerkennung und Gehorsam ihrem Schöpfer, besser als du[1].

Daran magst du erkennen den Diener Gottes, ob er habe des Geistes Gottes: Wenn der Herr durch ihn etwas Gutes wirkt, sieh zu, ob sein Fleisch sich darob erhebt – denn dies ist allzeit jeglichem Guten feind – oder ob er vor seinen Augen sich desto armseliger scheint und sich geringer achtet als alle anderen Menschen[2].

Selig der Knecht, der sich nicht besser dünkt, wenn ihn die Menschen groß machen und erheben, sowenig wie wenn er für elend und einfältig und verächtlich gilt. Denn so viel ein Mensch ist vor Gott, so viel ist er wirklich und nicht mehr[3].

„Selig die Armen im Geiste, denn ihrer ist das Himmelreich!“ Viele sind, die Gebeten und Chordienst obliegen und viel Fasten und Kasteiungen an ihrem Leibe tun, aber von einem einzigen Wort, das ihnen eine persönliche Beleidigung dünkt, oder von einem Eingriff in ihr Eigenes allsogleich Anstoß und Verwirrung nehmen. Die sind nicht arm im Geiste. Denn wer wahrhaft arm ist im Geiste, der haßt sich selbst und hat diejenigen lieb, die ihn auf die Wange schlagen[4].

„Selig die Friedfertigen, denn sie werden Kinder Gottes heißen!“ Jene sind friedfertig, die in allem, was sie in dieser Welt leiden, aus Liebe zu unserem Herrn Jesus Christus den Frieden bewahren an Leib und Seele[5].

„Selig die reinen Herzens sind, denn sie werden Gott schauen!“ Reinen Herzens sind die, die das Irdische verachten und das Himmlische suchen und nicht ablassen, rein an Herz und Geist allzeit anzubeten und anzuschauen den Herrn, den lebendigen, wahren Gott[6].

Selig der Fromme, der nicht Fröhlichkeit hat noch Freude als nur in heiligen Worten und Werken des Herrn und der mit solchem die Menschen hinführt zur Liebe Gottes in Frohsinn und Freude.[7]

Selig der Knecht, der sich Schätze im Himmel gewinnt, wie der Herr sie ihm zeigt – und selig, wer die Geheimnisse des Herrn behütet in seinem Herzen[8].

Selig der Mensch, der seinen Nächsten erträgt gemäß seiner Schwäche, in allem, worin er selbst möchte ertragen werden, so er in ähnlichem Falle wäre[9].

Kein Bruder soll einem anderen Böses tun oder Böses sagen. Vielmehr sollen sich alle in Liebe des Geistes von Herzen dienen und sich gegenseitig gehorchen; denn das ist der wahre und heilige Gehorsam unseres Herrn Jesus Christus. Und keiner soll Vorsteher heißen, sondern sie alle zumal sollen mindere Brüder heißen[10].

Laßt uns alle, meine Brüder, auf den guten Hirten schauen, der das Leiden des Kreuzes aushielt, um seine Schafe zu retten. Schafe des Herrn folgen ihm allzeit in Trübsal und Verfolgung und Schmach, in Hunger und Durst, in Schwachheit und

Versuchung und allem andern, und sie erhalten dafür vom Herrn das ewige Leben. Große Schande also ist es für uns Diener Gottes, daß die Heiligen Taten vollbrachten, wir aber die Ehre und den Ruhm davon einheimsen wollen, indem wir sie anführen und preisen[11].

Nichts anderes denn laßt uns begehren, nichts anderes wollen, an nichts anderem Gefallen und Freude haben als an ihm, unserem Schöpfer, Erlöser und Heiland, dem einen wahren Gott, der ist die Fülle, der Umfang und Inhalt des Guten, das wahre und höchste Gut, der allein Gute, mild und freundlich, lieblich und lind, allein heilig, gerecht, wahrhaft, getreu, allein gütig, schuldlos und rein, von dem und durch den und in dem ist alle Barmherzigkeit und alle Gnade und Herrlichkeit der Büßenden und Gerechten und aller Seligen, die im Himmel frohlocken.

Nichts also soll uns hindern, nichts stören, nichts trennen – überall wollen wir alle zu allen Zeiten und Stunden und Orten, täglich und ohne Unterlaß, wahrhaft und demütig und von Herzen glauben, festhalten und lieben, ehren, anbeten, dienen, loben und preisen, rühmen und verherrlichen, Huldigung und Dank erstatten dem erhabenen, großen, ewigen Gott, der Dreiheit und Einheit, dem Vater und Sohne und Heiligen Geist, dem Schöpfer des Alls, dem Erlöser der Glaubenden, Hoffenden, Liebenden – ihm, der ist ohne Anfang und Ende, wandellos, unsichtbar, unaussprechlich, unnennbar, unfaßlich, unerforschlich, gepriesen, preiswürdig, herrlich, gewaltig, geistig, erhaben, milde, liebreich und wonnig und über alles wert des Verlangens in Ewigkeit[12].

Vater unser: Heiligster du, unser Schöpfer, Erlöser, Heiland und Tröster –

Der du bist in dem Himmel: in den Engeln und Heiligen, sie erleuchtend zu Erkenntnis (denn du Herr, bist Licht), sie entflammend zu Liebe (denn du, Herr, bist Liebe), in ihnen wohnend und sie erfüllend zur Seligkeit (denn du, Herr, bist höchstes Gut, der ewig Gute, von dem alles Gute und ohne den keinerlei Gutes) –

Geheiligt werde dein Name: hell werde in uns deine Erkenntnis, auf daß wir verstehen, was sei die Weite deiner

Gaben, die Länge deiner Verheißungen, die Erhabenheit deiner Größe, die Tiefe deiner Gerichte –

Zu uns komme dein Reich: auf daß du herrschest in uns durch Gnade und uns kommen läßt zu deinem Reich, wo deine klare Schauung ist und deine vollendete Liebe in seliger Gemeinschaft und immerwährendem Genuß –

Dein Wille geschehe wie im Himmel also auch auf Erden: auf daß wir dich lieben aus ganzem Herzen, dich immer im Sinn; aus ganzer Seele, dich immer in unserer Sehnsucht; aus ganzem Gemüte, auf dich immer lenkend all unser Streben und deine Ehre nur suchend in allem; aus allen Kräften, alle Kräfte der Seele und alle Sinne des Leibes weihend dem Dienst deiner Liebe allein, und daß wir auch lieben unsere Nächsten wie uns selbst, alle hinziehend nach Kräften zu deiner Liebe, uns freuend über ihr Gutes wie über das eigene, teilnehmend an ihrem Unglück und niemand schadend –

Unser täglich Brot gib uns heute: deinen lieben Sohn, unseren Herrn Jesus Christus, zum Gedächtnis, Verständnis und zur Verehrung der Liebe, die er zu uns hatte, und all seiner Worte, Taten und Leiden für uns –

Und vergib uns unsere Schulden: nach deiner unaussprechlichen Huld, durch die Kraft des bitteren Leidens deines geliebten Sohnes, unseres Herrn Jesus Christus, und durch die Verdienste und Fürsprache der seligsten Jungfrau Maria und aller deiner Auserwählten –

Wie auch wir vergeben unseren Schuldigern: und was wir nicht ganz vergeben, das, Herr, hilf du uns ganz vergeben, auf daß wir die Feinde barmherzig lieben um deinetwillen und für sie fürsprechen bei dir aus gutem Herzen und keinem Böses mit Bösen vergelten und allen Gutes zu tun einen ehrlichen Willen haben in dir –

Und führe uns nicht in Versuchung: nicht in verborgene und nicht in offene, nicht in plötzliche und nicht in lästig drückende –

Sondern erlöse uns von dem Übel: von vergangenem, gegenwärtigem, künftigem. Amen[13].

Angela von Foligno

(1248–1309)

Die Herabkunft des Geistes

Zur Zeit meiner Bekehrung pilgerte ich zum heiligen Franz nach Assisi und bat ihn auf dem Weg, er möge mir von Gott erwirken, daß ich seine Regel auch streng beobachte, denn ich hatte sie kürzlich gelobt . . . Und wie ich so betend des Weges schritt und zwischen die Höhle und den engen Weg kam, der sich jenseits der Höhle hinaufzieht, da wurde mir folgendes gesagt:

„Du hast meinen Knecht Franz angerufen. Aber ich will dir einen anderen Boten senden. Ich bin der Heilige Geist, der zu dir kommt, dir einen Trost zu gewähren, wie du ihn niemals verkostet hast!" . . . Und er begann Worte zu mir zu reden wie diese, um mich zur Liebe zu spornen: „Du meine Tochter, meine Süße; du meine Tochter, mein Tempel; du meine Tochter, meine Lust! Liebe mich, denn ich liebe dich gar sehr, weit mehr als du mich liebst!" Und immer wiederholte er: „Meine liebe Tochter, meine liebe Braut!" und fügte hinzu: „Ich liebe dich mehr als irgend eine andere im Tal von Spoleto! Siehe, ich habe Wohnung in dir genommen und weile in dir. Nimm nun auch du Wohnung in mir und weile in mir!" . . . Und meine Seele verstand klar, daß er nichts anderes sei als Liebe . . . Und wiederum sprach er zu mir: „Unendlich ist meine Liebe, die ich für eine Seele hege, die mich liebt ohne Trug . . . O meine Geliebte, meine Braut, habe mich lieb! Denn dein ganzes Leben, magst du nun essen oder trinken, schlafen oder wachen und was immer sonst tun, ist mir wohlgefällig, wenn du mich lieb hast. Ich werde vor aller Welt große Dinge in dir wirken. In dir werde ich erkannt, verehrt und verherrlicht werden und mein Name gepriesen vor allen Völkern." Dies und noch mehr dergleichen redete er zu mir.

Als ich solche Worte hörte, da dachte ich an meine Fehler und all meine Mängel, in der Überzeugung, so großer Liebe nicht wert zu sein. Und ich begann zu zweifeln, ob die Worte, die ich gehört, wirklich von Gott seien. „Wärest du der Heilige Geist," so sprach meine Seele zu dem, der mir jenes gesagt, „so würdest du solches nicht zu mir sagen. Denn ich bin ein gebrechlicher Mensch und könnte mich darob überheben!" Er aber sprach: „So sieh' denn zu und versuche, ob du solcher Dinge wegen in eitle Ehre verfallen kannst, wie du meinst; es ist dir nicht möglich!" Und ich versuchte,mich zu überheben, um zu sehen, ob es wahr sei, daß der Heilige Geist zu mir redete. Und ich sah hierhin und dorthin über die Weinberge, um mich zu zerstreuen; aber wohin auch ich sah, in meinem Innern sprach eine Stimme: „Beschau nur alles, denn das alles ist mein!", und ich empfand eine unaussprechliche Wonne bei diesem Gedanken. Und dann rief ich mir all meine Sünden in Erinnerung, und ich sah nichts als Sünden und Fehler in mir, und fühlte mich demütiger als je zuvor.

Wie groß aber die Freude und Wonne war, die ich verspürte, vermag ich nicht auszusprechen, besonders da er sprach: „Ich bin der Heilige Geist, der in dir einkehrt"; und auch bei allem andern, was er mir sagte, empfand ich ähnliche Lust. So ging es zum heiligen Franz, und er blieb bei mir, wie er mir gesagt hatte. . . . Beim Eintritt in die Kirche warf ich mich auf die Knie, und wie ich da den heiligen Franz gemalt sah im Herzen Christi, sprach zu mir Christus: „So werde ich dich umschlungen halten, ja fester noch, als du mit den leiblichen Augen zu sehen vermagst!"

Sein Abschied war überaus sanft und milde. Denn nicht plötzlich verzog er sich mit seiner maßlosen Süße, sondern allmählich und sanft. Unter anderm sagte er noch: „Meine Tocher, mein Lieb, mir teurer als ich dir, du Wohnung meines Entzückens, ich verlobe mich mit dir, und gebe dir den Ring meiner Liebe. Du sollst niemals mehr von mir weichen, du hast den Segen des Vaters und des Sohnes und des Heiligen Geistes, du und deine Freundin!" Da rief meine Seele gar schnell: „So werde ich also nie mehr eine Todsünde begehen!" Er aber erwiderte: „Das verspreche ich nicht!" . . .

Dann war er verschwunden, und ich blieb allein stehen. Da sank ich zu Boden und begann ohne Scham mit lauter, kreischender Stimme zu rufen: „Meine Liebe, noch habe ich dich nicht kennen gelernt, und du verläßt mich schon!" Mehr brachte ich nicht hervor, denn was ich sonst rufen wollte, erstickte in einem Kreischen, das die Umstehenden nicht mehr verstanden. Dies Aufschreien überkam mich am Eingang der Kirche des heiligen Franz, denn da war ich kraftlos niedergesunken beim Abschied Gottes. Ich schrie im Angesicht des ganzen Volkes derart, daß die mit mir gekommen waren, darunter auch meine Bekannten, sich errötend in der Ferne hielten und sich meiner schämten, in der Meinung, es sei etwas nicht in Ordnung . . .

Auf dem Heimweg von Assisi sagte Christus zu mir: „Ich will dir ein Zeichen geben, daß ich Christus bin, der mit dir spricht und gesprochen hat: Ich lege in dein Herz das Kreuz und die Liebe Gottes, und dies Zeichen wird für immer in dir bleiben!" Und sogleich spürte ich dieses Kreuz und die Liebe zu Gott in meiner Seele, und das Gefühl überströmte meinen ganzen Leib, und während ich leiblich das Kreuz in mir fühlte, schmolz meine Seele hin von Liebe zu Gott.

Da ich heimgekommen, hielt ich mich still in meinem Hause und empfand eine stille, friedliche Freude, so groß, daß ich es nicht sagen kann. Und ich verlangte danach, zu sterben, um heimzukehren zu jener Seligkeit, von der ich hier einiges gekostet – zu sterben, um nicht zu verlieren, was ich schon besessen. Das Leben war mir ein größeres Leid und eine Qual viel empfindlicher, als der Tod meiner Mutter und meiner Kinder gewesen war und aller Kummer, den ich mir denken konnte. So lag ich minnekrank acht Tage zu Hause und rief beständig: „O Herr, habe Mitleid mit mir, und laß mich nicht länger mehr bleiben in dieser Welt!" Und öfter spürte ich unsagbare Wohlgerüche, und all das war so außerordentlich, daß ich es nicht aussprechen und darüber nur wenig sagen kann[1].

Verschmelzung mit dem Allgut

Da ich mich einmal in der Kirche befand, hörte ich eine Ansprache so wundersüß, daß sogleich meine ganze Seele davon ergriffen war. „Meine vielliebe Tocher" – nein, noch viel lieblicher lautete es – „nur ich, kein anderes Wesen, kann dich beseligen. Ich will dir meine Macht offenbaren." Und im Nu wurden die Augen meiner Seele geöffnet, und ich erblickte eine Gottesfülle, in der ich die ganze Welt verströmen sah, diesseits und jenseits des Meeres, Wasser und Gründe und alle Dinge, die in unsagbarer Weise bezeugen die Allmacht Gottes. Voll Staunen rief da die Seele: „Wie ist doch die Welt Gottes voll!" Und ich schaute sie als ein winziges Ding, und die Macht Gottes alles überragend und alles erfüllend ... Und er sprach: „Nun hast du etwas gesehen von meiner Macht – so schau jetzt auch meine Erniedrigung!" Und ich sah Gott so tief sich herablassend vor den Menschen und allen Dingen, daß meine Seele außer sich war angesichts so unendlicher Macht und so tiefer Herablassung. Und ich mußte mich selbst daneben halten und mich als lauter Hoffart erkennen ... So empfing ich die heilige Kommunion. Und davon verblieb mir eine unsagbare Süßigkeit und ein Entzücken, das ich wohl nie mehr entbehren kann in meinem Leben.

Ein andermal fragte ich Gott im Gebete, ohne daß mich ein Zweifel drückte, nur um ihn mehr zu erkennen: „Herr, warum hast du die Menschen geschaffen und läßt sie nachher in Sünde geraten? Warum duldest du so viel Leiden, wie dein Sohn für unsere Sünden getragen hat? Du hättest doch einen Ratschluß vollführen können, daß wir ohne dergleichen dein Wohlgefallen und deine Ehre wirken könnten!" Mir war es klar, daß all das richtig sei, daß Gott auch ohne solches uns zum Guten und zum Heile hätte führen können ... Und doch drängte es mich – drängte mich Gott, wie ich glaube – viele Tage hindurch, jene Frage zu stellen, ohne den geringsten Zweifel jedoch ... Da auf einmal fühlte ich mich erhoben und ward erleuchtet und schaute die unaussprechliche Macht Gottes, seinen Willen, seine Gerechtigkeit, seine Güte – und nun verstand ich alles sonnenklar, was ich vorher gefragt hatte. Und meine Seele ward herausgezogen aus allem vorigen Dunkel. War ich vorher am Boden gelegen, so stand ich jetzt auf den Füßen, auf den Fußspitzen förmlich, in einer Frische und verjüngten Kraft, wie ich es nie bisher erlebt hatte.

Ich sah vollkommen ein, daß Gott uns auf andere Weise hätte selig machen können, wenn er gewollt hätte, aber verstand nun auch, daß er uns seine Macht und Güte nicht besser hätte offenbaren und begreiflich machen können.

Seitdem lebe ich so zufrieden und zuversichtlich, daß nichts mich betrüben oder in meinem Eifer und Fleiß zum Gebet und zur Verherrlichung Gottes stören könnte, selbst nicht, wenn ich meiner Verdammung gewiß wäre. So deutlich erkannte ich Gottes Gerechtigkeit und die Billigkeit seines Ratschlusses ... Ich schaute das wandellose göttliche Wesen. Es ist so schwer zu beschreiben, daß ich ihm keinen anderen Namen geben kann als das Allgut. Und meine Seele schwebte in unsäglicher Freude. Was ich da sah, es war nicht Liebe – es war ein unbeschreibliches Wesen.

Zufolge der Entrückung vom früheren Zustand in diesen neuen bin ich außerstande zu sagen, ob ich leiblich zugegen oder dem Körper entflogen war. Frühere Zustände kamen mir jedenfalls nicht so erhaben vor wie dieser. Er hinterließ in mir die Zerknirschung über die Sünden und den festen Entschluß zur Tugend, bei einer Stimmung, in der ich alles liebend betrachte, das Böse sowohl wie das Gute, die Untat wie die Wohltat, weil mich nichts mehr verdrießt, so groß ist mein innerer Friede, so groß die Verehrung des göttlichen Ratschlusses[2].

Kehre ich aus diesem Zustand der Liebe zum Alltag zurück, so bin ich in einem Frieden ganz engelhaft. Ich habe mein Wohlgefallen an Würmern, an Kröten, an Teufeln sogar. Und sehe ich etwas bei anderen, und wäre es auch Sünde, es könnte mir nicht mißfallen. Denn ich weiß, daß Gott es geschehen läßt nach gerechtem Plan. In solchem Zustand wäre es mir einerlei, ob ein Hund mich zerfräße, und ich glaube nicht, daß irgend ein Leiden mir weh tun könnte. Selbst eine peinvolle Erinnerung an Christi Leiden kann in diesem Zustand nicht bestehen und niemals eine Träne fließen. Es ist dies ein erhabenerer Zustand, als da der heilige Franz in steter Versunkenheit am Fuß des Kreuzes war[3].

Das ist die eine Weise, wie Gott sich der Seele offenbart. Da fühle ich ihn anwesend im Innern meiner Seele, und ich verstehe, wie er in der ganzen Natur, in allen Dingen, die da sind, zugegen ist, im gefallenen Engel und in der Hölle wie im Paradiese, in Ehebruch und Totschlag wie in guten Werken und in allem, dessen Grund er ist, Schönem sowohl als Häßlichem. In dieser Erkenntnis freue ich mich nicht weniger am Anblick Gottes oder eines guten Engels oder eines guten Werkes wie am Anblick eines schlechten.

Auf diese Weise offenbart sich Gott in meiner Seele ohne Unterlaß, und es ist diese Art Vergegenwärtigung eine Erleuchtung in großer Wahrheit und göttlicher Gnade. Im Gefühle dieser Erleuchtung empfängt die Seele viele Gnaden. Sie ist nicht fähig, sich gegen etwas zu versündigen. Denn ganz durchdrungen von dieser göttlichen Gegenwart erniedrigt sie sich ganz und gar und ist in Schrecken ob ihrer Sünden. Zugleich empfängt sie tiefe Weisheit, mächtige Freude, starken göttlichen Trost.

Ein anderes Mal zeigt sich ihr Gott auf eine besondere Weise, ganz verschieden von dem Gesagten. Und eine ganz andere Freude noch schenkt er ihr und zieht sie völlig in sich hinein . . . daß diese zweite Art von Gegenwart Gottes mit anderem zusammen jenes Gut ausmacht, das die Heiligen genießen im ewigen Leben . . . Doch darüber kann man nicht das Geringste sagen. Da versagt alles Denken und alles Begreifen. Es ist ganz unmöglich, Sinn und Wortlaut dieser Dinge wiederzugeben. Sie ragen zu weit über alles hinaus[4].

Einmal, da meine Seele erhoben wurde, erblickte ich Gott in einer Klarheit und einer Fülle, wie ich ihn nie zuvor geschaut hatte. Ich sah hier nicht nur nicht Liebe, sondern ich verlor zugleich jene Liebe, die ich früher gehegt hatte, und ward versetzt in einen Zustand des Nichtliebens. Danach erblickte ich ihn in einer Finsternis – Finsternis, sage ich, weil er ein Gut ist über alles Denken und Fassen, und möchte man fassen und begreifen was immer, es reicht nicht an ihn hinan. Und die Seele empfand einen unverrückbaren Glauben und eine sichere, starke Hoffnung und eine Zuversicht in Gott, so unbedingt, daß alle Furcht zu Ende ist . . . Bei solcher Schauung ist die Seele nicht einmal des Gedankens fähig, daß sie jemals jenes höchste Gut verlassen oder von ihm verlassen werden könnte. Sie wird in diesem Allgut unsagbar entzückt, sie sieht kein Mittel, es mit dem Munde zu sagen oder auch nur mit dem Herzen zu fassen – sie sieht nichts und sieht doch alles in allem.

Wenn die Seele die göttliche Macht und Weisheit schaut, wenn sie den göttlichen Willen sieht oder was ich sonst schauen durfte an Wunderbarem und Unaussprechlichem – es kommt dem wandellosen Gut nicht gleich. Es sind Teile. Jenes aber, das ich sehe, ist das Allgut. Wenn man die Teile schaut, erregen sie, so unaussprechlich sie auch sind, eine mächtige, den Leib durchströmende Freude. Wenn man aber Gott in jener Finsternis sieht, regt kein süßes Lachen um den Mund und keine Glut und keine fromme Rührung im Herzen zu einer feurigen Liebe – der Leib bleibt regungslos, er zuckt nicht auf und erleidet nicht jene Veränderungen, wie es bei den anderen Erlebnissen der Fall war. Es ist ein Schauen der Seele, nicht des Leibes. Der Leib ruht und schlummert, die Zunge ist gelähmt, die Rede verstummt. Alle Liebeserweise, deren Gott mir so viele und unsagbare erwiesen hat, und alle zärtlichen Worte, die er an mich gerichtet, sind ein Geringes gegen jenes hohe Gut, das ich in Finsternis erschaue . . . Und wenn sie alle nur Trug wären, so würde um nichts geschwächt meine Zuversicht und mein Verlaß auf jenes unantastbar Gewisse, was ich in jener großen Finsternis gewahrte . . . Bis dahin ward meine Seele bloß dreimal so erhoben.

Ich schaue in der Finsternis die heiligste Dreifaltigkeit, und mir ist, als stehe und weile ich mitten in ihr. Sie zieht mich stärker als irgend etwas, was ich sonst empfand, stärker als irgendein anderes Gut, das ich schauen durfte. Kein Vergleich zwischen diesem und jenem. Was immer ich davon sage, es kommt mir vor, als hätte ich nichts gesagt. Das wenige scheint mir schon eine Gotteslästerung, so hoch steht jenes Allgut über meinen Worten[5].

Am Herzen des Erlösers

In dem Augenblick, da ich in die Anschauung dieses Gutes versunken bin, habe ich keine Erinnerung mehr an die Menschheit Christi oder an den Gottesmenschen oder sonst eine Gestalt. Und dennoch schaue ich alles, während ich nichts schaue.

Bin ich aber nicht diesem Gut, dann sehe ich den Gottmenschen. Und er zieht die Seele an sich mit einer Milde, als wollte er sagen: „Du bist ich, und ich bin du!“

Ich schaue jene Augen, jenes ruhige Antlitz, das die Seele durchdringt und unwiderstehlich anzieht mit seiner Kraft. Und was aus diesen Augen, was aus diesem Antlitz leuchtet – es ist jenes Gut, das ich in der Finsternis schaue, das aus dem Innern strömt, das mich dermaßen entzückt, daß ich es nicht zu sagen vermag.

Meine Seele ist Leben, wenn sie in diesem Gottmenschen weilt – und dies geschieht öfter als jenes Wohnen im finsteren Gut, wofür dieses unvergleichlich stärkere Macht der Anziehung hat als jenes. Im Gottmenschen weile ich beinahe unaufhörlich, so ununterbrochen, daß Gott mir einmal sagte, es bestehe nichts mehr zwischen ihm und mir, was uns scheide. Seither ist kein Tag und keine Nacht, wo ich nicht fortwährend die Freude an seiner Menschheit gehabt hätte . . .

Geliebter Gott, in deinem Kreuze hab' ich meine Lagerstät te . . . auf diesem Bette ruhe ich, und darauf hoffe ich zu sterben und glaube so erlöst zu werden[6].

Einmal ward mir im Traume das Herz Christi gezeigt, und ich hörte die Worte: „In diesem Herz ist kein Trug, sondern lautere Wahrheit." . . .

Ein anderes Mal, da ich wachend im Gebete weilte, erschien mir Christus in größerer Klarheit und gewährte mir eine tiefere Erkenntnis seiner. Er redete mich an und sprach: „Lege deinen Mund an die Wunde meiner Seite!" Und es kam mir vor, ich tue es und trinke das frischquellende Blut aus seiner Seite, und ward inne, daß es mich reinigte. Das erfüllte mich mit innigem Trost, so traurig ich war über das Leiden des Herrn, und da bat ich ihn, er möge mich mein Blut vergießen lassen für ihn aus Liebe, wie er für mich getan[7].

Ein andermal, da ich darum gebeten hatte vor der Kommunion, ihn so zu sehen, wie der Vater der Barmherzigkeit ihn für uns dahingegeben, . . . als elenden, verachteten, verwundeten, blutenden Schmerzensmann am Kreuze, . . . da sah ich ihn in der Tat so in dem Sakrament mit den Augen des Geistes: schmerzhaft, blutüberströmt, gekreuzigt und am Kreuze gestorben. Und ich empfand ein dermaßen zehrendes Weh, daß ich meinte, das Herz wolle mir springen vor diesem Antlitz der Schmerzen[8].

Ein anderes Mal dachte ich wieder nach über die großen Schmerzen, die Christus am Kreuze erlitten. Ich erinnerte mich, daß ich hatte sagen hören, die Nägel hätten das Fleisch seiner Hände und Füße in das Holz hineingetrieben, und ich hatte den Wunsch, wenigstens etwas von diesem Fleische zu sehen, das mit den Nägel in das Holz gedrungen war. Da überkam mich angesichts dieser Folterung Christi ein so heftiger Schmerz, daß ich nicht mehr stehen konnte. Ich ließ das Haupt sinken und setzte mich. Da erblickte ich Christus mit gesenktem Haupte über meinen Armen, die auf dem Boden lagen. Und er zeigte mir seinen Hals und seine Arme. Und sein Hals war so schön, daß es nicht zu beschreiben, und ich begriff, daß dies von seiner Gottheit kommen müsse. Sonst sah ich nichts als diesen wundersamen minniglichen Hals. Aber meine vorige Traurigkeit war in eine solche Freude verwandelt, daß ich nichts mehr schauen und spüren konnte als sie[9].

Und wiederum, es war am Mittwoch in der Karwoche, war ich in schmerzvolles Nachsinnen über den Tod des Gottessohnes vertieft. Da ward meiner Seele das Wort vernehmlich: „Ich habe dich nicht zum Schein geliebt!" Das versetzte mir einen tödlichen Schlag . . . Gleich darauf hieß es – und das Folgende steigerte noch meinen Schmerz –: „Ich habe dich nicht zum Schein geliebt, ich habe in meinem Eifer kein Spiel getrieben mit dir und dir keine Gefühle sozusagen von weitem angetragen." Das trieb meine Pein aufs Äußerste. „O Meister," schrie meine Seele auf, „du hast recht, von dir gilt das, und meine Liebe war nur Trug und Schein. Niemals wollte ich dir wahrhaft nahe kommen und die Mühen teilen, die du um meinetwillen getragen und empfunden hast. Niemals habe ich dich wahrhaft geliebt, in selbstloser Liebe, sondern nur in unehrlichem, lässigem Sinn!" . . . Der Schmerz, den ich fühlte, war so heftig, daß ich beinahe daran starb. Ich fühlte, wie seine Gewalt mir die Brust zersprengen und das Herz brechen wollte[10].

Einmal schaute ich das Kreuz mit dem Heiland, und wie ich ihn so mit leiblichen Augen sah, ward meine Seele plötzlich von so glühender Liebe entzündet, daß auch die Glieder meines Leibes mit heftiger Lust diese Liebe empfanden. Schaute ich doch und spürte, wie Christus meine Seele mit seinen gekreuzigten Armen umschlang, und es durchzuckte mich eine größere Wonne, als ich jemals verkostet.

Und immer wieder empfindet meine Seele, wenn ich in dieser Vision bin und diese Umarmung genieße, eine so große Wonne, daß ich gar nicht mehr trauern kann über das Leiden, wenn ich auch sehe, daß die Hand, die mich umschlingt, die Hand des

Gekreuzigten ist . . . Und bisweilen kommt es der Seele bei dieser innigen Umarmung vor, als dringe sie in die Seite Christi. Die Seligkeit und das Licht, die sich da meiner bemächtigen, sind unmöglich zu schildern. So überwältigend ist es, daß ich mitunter nicht mehr auf den Füßen stehen kann, sondern zusammensinke und die Sprache verliere[11].

Die letzte Gewißheit

Einige Zeit nach meiner Bekehrung bat ich an einem Marienfest die seligste Jungfrau, sie wolle mir von ihrem Sohne die Gnade der Einsicht erlangen, daß ich mich in den himmlischen Ansprachen nicht täusche. Da vernahm ich ein göttliches Wort, das mir verhieß, ich werde diese Gewißheit erhalten. „Gott ist es“, so hieß es, „der sich dir offenbarte, der mit dir redete und dir die innere Erfahrung gab seines Wesens!“[12]

Ich bat ihn, er möge mir durch Wort oder Bild irgendein Zeichen geben sichtbarer Art, etwa eine Kerze in die Hand, einen kostbaren Stein oder sonst ein beliebiges Zeichen, wie es ihm gefalle: ich wollte es niemand gegen seinen Willen zeigen. Da erwiderte er: „Das Zeichen, das du erbittest, machte dir nur Freude, wenn du es anschautest und berührtest, und es könnte dich nicht einmal aus dem Zweifel befreien – du könntest auch darin getäuscht werden! Ich gebe dir aber ein besseres Zeichen: Du wirst immer von Liebe erglühen, und die Erkenntnis Gottes wird immer dir leuchten. Dies ist ein Zeichen, das du allzeit in deiner Seele empfinden wirst. Es gibt dir mit aller Gewißheit kund, daß ich es bin. Denn nur ich und sonst niemand kann solches wirken.“ . . .

Und er legte jenes Zeichen so fest und strahlend in meine Seele, daß ich wohl eher das Martertum leiden würde als davon ablassen. Und anhaltend fühle ich das Zeichen, das den geraden Weg des Heiles weist:

Gott lieb haben und aus Liebe zu ihm nach Leiden verlangen[13].

Dann befahl mir Gott: „Laß an das Ende dieser Blätter schreiben: Gott sei Dank! Wer die Gnade behalten will, wende die Augen nicht ab vom Kreuze, ob ich Freude gewähre oder der Trauer anheimgebe!"[14]

Und er sprach: „Alles, was in diesem Büchlein geschrieben ist, ist von mir ausgegangen und ist geschrieben nach meinem Willen. Und ich werde mein Siegel darauf setzen!"[15]

Katharina von Siena

(1347–1380)

Mystische Beichte

Am 1. April (1377), besonders in der Nacht, enthüllte mir Gott seine Geheimnisse und offenbarte seine Wunderwerke in solcher Weise, daß meine Seele nicht in dem Leibe zu sein schien und solcher Freude und Fülle teilhaft wurde, daß keine Zunge es auszusprechen vermöchte. Denn das Geheimnis der gegenwärtigen Verfolgung der Kirche wurde mir da Stück um Stück erläutert und erklärt, sowie auch das Geheimnis der Erneuerung und Erhöhung, die sie in der Zukunft erfahren werde, und daß die Gegenwart zugelassen sei, um sie ihrem wahren Zustand zuzuführen . . . Und das Feuer nahm in mir zu, und ich gewahrte schauend das christliche Volk, wie auch das ungläubige eingehend in die Seite des gekreuzigten Christus. Und von Verlangen und Liebeseifer getrieben, schloß ich mich ihnen an und trat mit ihnen ein in Christus Jesus, begleitet von meinem Vater, dem heiligen Dominikus, und von Giovanni Singolare und meinen Söhnen allen. Und er gab mir das Kreuz auf die Schulter und den Ölzweig in die Hand, wie ich es wünschte, und sagte dabei, ich solle es hinbringen zu den einen wie zu den anderen: „Sage ihnen, ich verkündige euch eine große Freude!" Da ward meine Seele immer mehr erfüllt und eins mit den wahren Teilhabern ewiger Wesenheit durch Vereinigung und Liebesdrang. Und so groß ward die Freude meiner Seele, daß die Pein über die Gott zugefügten Beleidigungen meinem Bewußtsein entschwand und ich sprach: „O selige, heilbringende Schuld!“ ... Denn aus der Sünde, die die schlechten Christen begehen, indem sie die Braut Christi verfolgen, entsteht die Erhöhung, Erleuchtung und der Wohlgeruch der Tugenden in dieser Braut. ... Und so freute ich mich und frohlockte und ward von Zuversicht erfüllt über die künftigen Zeiten ..., und mit Simeon rief ich aus: „Nun entlässest du, Herr, deinen Diener nach deinem Wort in Frieden!“[1]

15. Februar 1380. Vater, mein süßester Vater und Sohn! Wunderbare Geheimnisse hat Gott seit dem Fest der Beschneidung bis zum heutigen Tag mir gezeigt, so daß die Zunge nicht hinreicht, es zu sagen. Doch reden wir nicht über die ganze Zeit und kommen wir gleich auf den Sonntag Sexagesimä, wo sich jene Mysterien zutrugen, die ich euch in Kürze berichten will. Nie glaubte ich etwas Ähnliches zu ertragen, denn so groß war das Weh des Herzens, daß die Tunika mir zerriß, soviel ich davon in Händen hatte ... Wenn einer mich gehalten hätte, wäre ich wirklich gestorben.

Als dann der Montagabend kam, zwang es mich, an den Stellvertreter Christi (Papst Urban VI) zu schreiben und an drei Kardinäle, wobei ich mir helfen lassen mußte, und ich ging in das Arbeitszimmer. Als ich an den Papst geschrieben hatte, war ich zu Weiterem nicht mehr imstande, so groß waren die Schmerzen in Sachen des Kirchenfriedens, die in meinem Leibe anwuchsen. Und kurz darauf begannen die Schrecken der Dämonen in einer Weise, daß ich ganz betäubt davon war. Sie wüteten gegen mich, als sei ich Armselige die Ursache, daß ihren Händen entrissen sei, was sie seit langem in der Kirche besaßen. Und so groß war die Angst und der körperliche Schmerz, daß ich aus dem Arbeitszimmer fliehen und in die Kapelle gehen wollte, wie wenn das Zimmer die Ursache meiner Schmerzen gewesen wäre. So erhob ich mich denn, und da ich nicht gehen konnte, stützte ich mich auf meinen Sohn Bordaccio. Allein alsbald stürzte ich zu Boden, und es war, als sei die Seele aus dem Leibe geschieden und sehe ihn an wie etwas Fremdes. Aber nicht wie damals, als sie von ihm schied. Denn damals genoß die Seele das Glück der Unsterblichen und ward mit ihnen teilhaft jenes höchsten Gutes. Jetzt aber erschien es wie etwas ganz Besonderes. Es kam mir vor, als sei ich nicht in meinem Leibe, sondern ich sehe ihn, als sei ich ein Fremder. Und wie meine Seele das Leiden dieses Körpers erschaute, da wollte sie wissen, ob ich nichts mit ihm zu tun habe, um ihm zu sagen: „Mein Sohn, fürchte nichts!" Allein ich sah, daß weder die Zunge noch ein anderes Glied sich bewegen konnte und daß er wie ein entseelter Körper war.

So ließ ich ihn denn, wie er war, und mein Geist versenkte sich in den Abgrund der Dreieinigkeit. Das Gedächtnis ward ganz erfüllt von der Not der heiligen Kirche und der ganzen Christenheit. Und mein Herz schrie auf vor Gottes Angesicht, und mit Zuversicht bat ich um seinen Beistand, ihm darbringend alle Wünsche und ihn bestürmend mit dem Hinweis auf das Blut des Lammes und auf die Leiden, die es ertragen. Und so dringend flehte ich, daß mir schien, er werde meine Bitte nicht verschmähen. Dann bat ich für euch und die anderen, daß sein Wille und meine Wünsche sich an euch erfüllen möchten. Und schließlich bat ich um Rettung vor der ewigen Verdammnis.

Indes ich so verharrte in schrecklicher Furcht, beweinten mich die Meinen als tot. Doch war jetzt aller Schrecken vor den Dämonen von mir gewichen. Ich sah meine Seele in Gegenwart des Lammes, das sprach: „Zweifle nicht, ich werde deine Wünsche erfüllen wie auch die meiner andern Diener! Ich will dir zeigen, daß ich ein guter Meister bin, ein Töpfer, der die Gefäße zusammenfügt und wieder zerschlägt – zerschlägt und wieder zusammenfügt, wie es ihm gefällt. Und darum nehme ich die Schale deines Körpers und bilde sie neu im Garten der heiligen Kirche, auf andere Weise als bisher!" Indem nun diese Wahrheit so auf mich eindrang mit lieblichen Worten und Weisen, fing mein Körper leise zu atmen an und verriet, daß die Seele zurückgekehrt war in ihre Hülle. Ich war von Staunen erfüllt. Aber im Herzen war mir ein so tiefer Schmerz zurückgeblieben, daß ich ihn auch jetzt noch empfinde[2].

Mystische Lehre

Liebe

Sehen wir nicht jeden Tag, mein teuerster Bruder, daß alle Dinge dieser Welt verfliegen wie der Wind und daß nichts sich halten läßt nach unserem Willen?

Denn nichts ist unser, außer der göttlichen Gnade, die uns nicht kann genommen werden, wenn wir nicht wollen. Denn die Gnade geht nicht verloren außer durch Schuld der Sünde. Weder Teufel noch Kreatur können uns auch nur zur kleinsten Sünde zwingen.

Darum, sagte ich, kann uns die Gnade nicht genommen werden. Die Dinge dieser Welt jedoch, die uns leihweise gegeben sind zu unserem Gebrauche, die können uns genommen werden, und sie werden uns auch genommen, wenn es der Güte Gottes, die sie uns gab, beliebt.

So sehen wir den Menschen bald reich, bald arm. Heute ist er auf erhabener Höhe und morgen in Erniedrigung. Von der Gesundheit fallen wir in Krankheit und vom Leben in Tod. So vergehen uns alle Dinge. Wollte der Mensch sie halten, so vermag er's nicht, denn sie sind nicht sein. Wären sie sein, so würde er sie halten können, wie er wollte. Allein sie sind ihm verliehen worden, auf daß er sie nütze nach seinem Bedarf, nicht aber daß er sie maßlos liebe und sie liebe außerhalb Gottes . . .

Nicht daß wir Geschaffenes überhaupt nicht lieben dürften. Wer Kinder hat, liebt seine Kinder und seine Gattin und die anderen, die ihm nahe stehen. Doch liebt er sie mit einer geordneten und nicht ungeordneten Liebe: daß er um ihretwillen seiner Seele nicht aufbürden will, zu sündigen wider Gott. Denn das heißt geordnet lieben und nicht ungeordnet.

Gott verbietet uns nicht, daß wir lieben. Vielmehr will er, daß wir den Nächsten lieben wie uns selbst. Doch untersagt er uns die ungeordnete Art zu lieben. Die ist es auch, die die Seele nicht will, weil sie erkennt, daß es ihr von Gott verboten ist und ihr eigener Schaden.

Indem so die Seele einen Haß schöpft gegen das, was sie hassen soll, liebt sie alsbald – denn die Seele kann ohne Liebe nicht bestehen – den Nächsten und alles Irdische mit einer geordneten und heiligen Liebe. Sie stellt dem Auge des Geistes im Licht des heiligen Glaubens den gekreuzigten Christus vor, und in ihm sieht und erkennt sie, was sie lieben soll[3].

O glorreiches und kostbares Blut des sanftmütigen, unbefleckten Lammes! Wer wäre so unwissend und verhärtet, daß er nicht die Schale seines Herzens liebend hinhielte an die Seite des gekreuzigten Christus, die enthält und vergießt die Fülle des Blutes? In ihm finden wir Gott, die göttliche Natur vereint mit der menschlichen. Wir finden das Feuer der Liebe, das durch die Öffnung der Seite uns dartut das Geheimnis des Herzens – uns offenbarend, daß es durch seine endliche Pein das Maß seiner Liebe nicht bezeugen konnte: so viel größer war sein Verlangen und sein Wille. Denn nicht zu vergleichen ist seine endliche Pein mit seiner unendlichen Liebe[4].

Da also die Seele im Blute Christi die unendliche Liebe Gottes zu uns erkennt – denn durch dies Blut offenbarte sich uns die göttliche Liebe mehr als durch irgend etwas – so schickt sie sich an, alsbald ihn zu lieben von ganzem Herzen und mit allen Kräften.

Es ist aber eine Bedingung der Liebe, daß man, wenn man liebt, alles liebt, was der Geliebte liebt. Sowie denn die Seele die Liebe des Schöpfers zu ihr erkennt, liebt sie ihn wieder, und ihn liebend liebt sie auch alles, was er liebt. Und weil sie erkennt, daß Gott am höchsten liebt das vernunftbegabte Geschöpf – denn so sehr liebte er es, daß er uns hingab sein ewiges Wort, den Sohn, auf daß er sein Leben für uns darbringe und in seinem Blute abwische den Aussatz unserer Sünde – weil, sage ich, Gott so sehr die Menschen liebt, deshalb schenkt auch der Mensch seine Liebe dem Nächsten und wendet ihm seine Neigung und sein Mitgefühl zu. Er will dem Nächsten erweisen, was er Gott nicht kann: nämlich ihm zu nützen. Denn Gott bedarf unser nicht. Und deshalb erzeigt der Mensch den Nutzen, den er Gott nicht geben kann, seinem Nächsten. Im Nächsten hat Gott uns ein Mittel gegeben, daß wir die Liebe, die wir ihm entgegenbringen, bezeugen können[5].

Das göttliche Licht gibt auch Regeln dem Leibe, ihn abtötend durch Wachen, Fasten und andere Übungen, die alle bezwecken, den Leib zu zügeln.

Doch achte wohl, daß du dies alles nicht unterscheidungslos tuest, sondern in dem milden Lichte der Besonnenheit! Und worin zeigt es sich? – Darin, daß niemals irgend eine Übung der Buße zu einer Hauptangelegenheit deines Eifers werde.

Damit du nicht in diesen Fehler verfallest, versorge dich mit der Leuchte der Besonnenheit und halte die Seele umhüllt mit dem Mantel wahren Eifers für innere Tugend! Die Abtötung magst du wohl als ein Mittel benutzen, zu vorgeschriebenen Zeiten und Orten je nach Bedarf. Wenn der Leib durch allzu üppige Kraft dem Geist widerstrebt, so magst du die Geißel gebrauchen und das Fasten und den vielknotigen Bußgürtel mit strengen Nachtwachen, und magst ihn beschweren mit mancherlei Gewichten, auf daß er sich mürbe erzeige. Ist aber der Leib schwach und kränklich, so will die Besonnenheit nicht, daß du also verfahrest. Auch sollst du dann nicht nur das Fasten lassen, sondern auch Fleisch essen, und wenn einmal des Tages nicht genügt, iß viermal davon! Wenn du nicht stehen kannst, halte dich zu Bett! Kannst du nicht knien, so sitze oder liege, wie du es brauchst! Dies fordert die Besonnenheit. Sie verlangt, daß du die Abtötungen als Mittel, nicht als Zweck betrachtest.

Und weißt du, warum sie es so will? Auf daß die Seele Gott diene mit dem, was ihr nicht kann genommen werden und was nicht endlich ist, sondern grenzenlos: Das aber ist das heilige Verlangen, das unendlich ist durch seine Vereinigung mit dem unendlichen Verlangen Gottes; das sind die Tugenden, die weder Teufel, noch Kreatur, noch Krankheit uns rauben können, wenn wir nicht wollen. Vielmehr kannst du gerade in Krankheit die Tugend der Geduld erweisen, und in den Kämpfen und Anfechtungen der Teufel zeige Standhaftigkeit und Ausdauer, und in den Unannehmlichkeiten, die du von Mitmenschen erfährst, zeige Demut, Geduld und Liebe! Und so auch bei andern Tugenden: Gott läßt sie durch viele Anfechtungen erprobt, nie aber uns genommen werden, wenn wir nicht wollen.

Hierin also müssen wir unser Fundament legen und nicht in die Abtötungen. Zwei Fundamente kann die Seele nicht brauchen; eines oder das andere muß verworfen werden. Was also nicht das Wichtige ist, das benutze nur als Mittel! Wenn ich leibliche Abtötung als Grundlage nehme, so erbaue ich die Seelenburg auf Sand, und jeder kleine Windstoß wird sie zu Boden werfen. Darauf kann kein Gebäude bestehen. Wenn ich sie aber auf innere Tugenden baue, so ist sie gegründet auf dem lebendigen Felsen, Christus, dem liebreichen Jesus. Und es ist kein Gebäude so groß, daß es nicht fest darauf stünde, noch ein Sturm so heftig, daß er es stürze . . .

Viele Büßer habe ich schon erlebt, die weder geduldig, noch gehorsam sind, weil sie sich darauf verlegten, ihren Leib abzutöten, statt ihren Willen. Dazu kam es durch Unbesonnenheit. Und weißt du, was darauf folgt? Ihr ganzer Trost und Eifer geht dahin, daß sie Buße tun auf ihre besondere Weise und nicht so wie andere Leute. Durch ihre Buße ziehen sie den eigenen Willen groß. Indem sie diesen erfüllen, sind sie heiter und getrost und wähnen sich von Gott erfüllt, als hätten sie Wunder was vollbracht. Und sie merken nicht, daß sie ihrer eigenen Willkür und ihrem eigenen Ermessen folgten. Und wer nicht denselben Weg betritt, der gilt ihnen als Sünder und außer der göttlichen Huld. Unbesonnen wollen sie alle Leiber nach einem Maßstab messen, mit dem nämlich, den sie für sich selbst setzen. Und wer sie davon abhalten will, sei es um ihren Willen zu brechen, sei es weil die Notwendigkeit es verlangte, dem setzen sie einen Willen entgegen, der härter ist als Diamant. Und ihr Leben ist so, daß sie zur Zeit der Versuchung oder eines Unrechts, das ihnen widerfährt, sich schwächer erweisen als ein Strohhalm . . .

Darum befreien wir uns von solcher Unvollkommenheit und eifern wir nach den wahren Tugenden! Die bringen auch so große Fröhlichkeit und Freudigkeit ins Herz, daß Worte es nicht zu schildern vermögen.

Keiner ist, der Leid der Seele zufügen könnte, die in der Tugend gründet, keiner, der ihr die Hoffnung des Himmels rauben könnte. Denn der Eigenwille ist in ihr erstorben, sowohl in geistlichen wie in zeitlichen Dingen. Und weil ihr Eifer nicht die Abtötung zum Ziele hat, noch die eigenen Tröstungen und Offenbarungen, sondern das Ausharren um des gekreuzigten

Christus willen und aus Liebe zum Guten, so ist sie geduldig und treu, baut auf Gott und nicht auf sich selbst und auf die eigenen Werke. Demütig ist sie und bereit, anderen mehr zu vertrauen als sich, weil kein Eigendünkel an ihr haftet. Aber weit atmet sie auf in den Armen der Barmherzigkeit und besiegt darin alle Unruhe des Gemütes.

In den Finsternissen und Drangsalen zieht sie hervor die Leuchte des Glaubens und übt sich mannhaft in wahrer und tiefer Demut. In der Freude zieht sie sich in sich selbst zurück, damit das Herz sich nicht ausgieße in eitler Lust ... Den Ort des Gebetes findet sie überall. Denn sie trägt ihn stets in sich, darin zu beten, im Schrein unserer Seele, wo stets das heilige Verlangen lebt[6].

Gebet

Nicht daran liegt es, daß wir eine große Zahl Vaterunser beten. Wir sollen unser Gebet zu einem fortwährenden, gläubigen machen. Wir wissen ja durch das Licht der Gnade, daß Gott uns geben kann, was wir ersehnen. Wir wissen, daß eine ewige Weisheit ist, die zu geben und zu erkennen versteht, was uns gut ist. Wir wissen, daß ein milder und mitfühlender Vater ist, der uns mehr schenken will, als wir verlangen können, und mehr, als wir brauchen[7].

Es gibt zweierlei Arten des Gebetes: Die eine Art ist das immerwährende Beten – immerwährend durch das Verlangen, das stets zu Gott sich emporhebt in allem, was du tust. Ein solches Verlangen läßt all dein Tun, dein geistiges wie dein leibliches, ihm zur Ehre geschehen. Und darum heißt es ein immerwährendes Gebet.

Von diesem scheint der glorwürdige heilige Paulus zu reden, da er spricht: „Betet ohne Unterlaß!"

Das andere Gebet ist das mündliche, wenn das Offizium oder andere Gebete verrichtet werden. Es soll aber so sein, daß es von selbst in ein anderes Beten übergeht, nämlich das geistige, und zu diesem gelangt man, wenn man das mündliche Gebet gesammelt und demütig verrichtet. Da ist das Herz nicht fern von Gott, indes die Lippen zu ihm beten; es weiß sich vielmehr in der Liebe Gottes zu bestärken und zu befestigen.

Wenn Gottes Nähe fühlbar wird dem Geiste, so daß der Gedanke sich unmittelbar zu Gott emporgezogen fühlt, so ist das mündliche Gebet zu unterbrechen, und der Geist soll sich gesammelt halten in der Liebe dessen, der ihn erfüllt. Nachher, wenn es noch Zeit ist und jene Anwandlung vorüber, mag man das mündliche Beten wieder aufnehmen, auf daß der Geist stets erfüllt bleibe und nie in der Leere.

Die Seele soll sich nicht beirren lassen, wenn gerade im Beten viele Anfechtungen, Verfinsterungen und Verwirrungen des Gemütes entstehen und wenn der Teufel ihr vorspiegelt, ihr Gebet sei Gott nicht wohlgefällig. Sondern sie soll sich fassen in Ausdauer und Festigkeit und erwägen, daß es der Teufel ist, der sie dem schützenden Gebet entreißen will, und daß Gott es zuläßt, um die Beharrlichkeit und Kraft der Seele zu prüfen. Sie soll sich in den Kämpfen und Versuchungen als ein Nichts erkennen, im guten Willen aber, den sie an sich wahrnimmt, Gottes Güte. Denn er ist es, der den guten und heiligen Willen in uns wirkt . . .

So also gelangt die Seele zur dritten und höchsten Art des Gebetes, dem geistigen nämlich, wo sie den Lohn erntet der Mühe, die ihr das mündliche, unvollkommene Beten bereitet. Da genießt sie die Labung des gläubigen Gebetes.

Da wird sie über sich selbst erhoben, über das alltägliche persönliche Bewußtsein, und engelsgleich vereint sich ihr Geist im Liebesdrang mit Gott, und mit dem Lichte des Geistes schaut und ergreift und erkennt sie die Wahrheit. Zur Genossin der Engel geworden, hält sie mit dem Bräutigam des Himmels das himmlische Mahl des gekreuzigten Verlangens und findet ihr Glück im Eifer für Gottes Ehre und für das Heil der Seelen. Denn dafür ist ja der ewige Bräutigam in den schimpflichen Tod des Kreuzes geeilt und ist der Wille des Vaters geschehen: für unsere Erlösung.

Ein solches Gebet wird zur Mutter, die in der Gottesliebe empfängt Kinder der Tugenden, die sie zur Welt bringt durch die Liebe zum Nächsten. Wo empfängst du Liebe, Glaube, Hoffnung, den Geist der Demut? Im Gebet. Denn was du nicht liebtest, würdest du nicht suchen; wer aber liebt, will immer vereinigt sein mit dem Gegenstand seiner Liebe, mit Gott. Im Gebet eröffne ihm deine Sehnsucht! . . . Wo wird dein Gewissen von Schmerz erfaßt? Im Gebet. Dort wirst du jener Eigenliebe dich entäußern, aus der deine Ungeduld stammt, wenn dir ein Unrecht oder andere Leiden widerfahren, und eine göttliche Liebe wird dich umhüllen, daß du geduldig wirst und dein Glück findest am Kreuze Jesu. – Wo wirst du atmen den Duft der Jungfräulichkeit und dich sehnen, dein Leben zur Ehre Gottes und dem Heil der Seelen darzubringen und zu opfern? Im Gebet. . . . Es entzieht dich dem Umgang mit Menschen und gibt dir den Umgang mit Gott. Es füllt die Schale deines Herzens mit dem Blute des sanftmütigen Lammes und überdeckt es mir Feuer, denn durch Liebesfeuer ward es vergossen[8].

2. Deutsche Mystik

Hildegard von Bingen

(etwa 1098–1179)

Selbstzeugnis

An Gilbert von Gembloux

O treuer Diener, ich armselige weibliche Gestalt rede zu dir im wahren Gesicht diese Worte.

Wenn es Gott gefiele, daß er in diesem Gesichte meinen Leib erhöbe, wie er die Seele erhebt, so würde dennoch die Furcht nicht weichen aus meinem Geist und Herzen. Denn ich weiß, daß ich ein Mensch bin, wiewohl von meiner Kindheit an eingeschlossen. Viele Weise sind durch Wunder so verwirrt worden,

Wir haben hier
keine bleibende Stadt,
sondern die zukünftige
suchen wir.
Hebräer 13,14

daß sie manches Geheime enthüllt haben; doch um des eitlen Ruhmes willen haben sie es sich selber zugeschrieben und sind so zu Fall gekommen. Aber die im Aufstieg der Seele von Gott die Weisheit schöpften und sich selber für nichts achteten, die sind Säulen des Himmels geworden . . .

Wie sollte es werden, wenn ich Armselige mich nicht erkennte? Gott wirkt, wo er will, zum Ruhme seines Namens und nicht des irdischen Menschen. Ich aber habe immer eine zitternde Angst; denn ich weiß keine Zuversicht auf irgendwelche Möglichkeit in mir, sondern meine Hände strecke ich zu Gott, daß ich wie eine Feder von ihm getragen werde, die aller Kräfte Schwere entbehrt und im Winde fliegt. Und was ich schaue, vermag ich nicht vollkommen zu wissen, solange ich im Amte des Leibes bin und in der unsichtbaren Seele; denn in beider Hinsicht ermangelt es dem Menschen.

Von meiner Kindheit an, da ich in Gebeinen und Nerven und Adern noch nicht erstarkt war, schaue ich dies Gesicht immer in meiner Seele bis zur gegenwärtigen Zeit, da ich schon mehr als siebzig Jahre zähle. Und meine Seele steigt, wie Gott es will, in diesem Gesichte zur Höhe des Firmaments und in den Wechsel verschiedener Lüfte, und breitet sich zu mannigfachen Völkern hin, die in weiten Ländern und Räumen von mir entfernt sind. Und da ich dies in solcher Weise in meiner Seele schaue, nehme ich es auch nach dem Wechsel der Wolkenschicht und anderer geschaffenen Dinge wahr. Nicht aber höre ich es mit den äußeren Ohren, noch empfange ich es in den Gedanken meines Herzens, noch unter irgendeinem Beitrage meiner fünf Sinne, sondern in meiner Seele allein, bei offenen äußeren Augen, so daß ich niemals dabei die Ermüdung der Ekstase erleide, sondern wachend am Tage und in der Nacht schaue ich es. Und beständig werde ich von Krankheiten bedrängt und oftmals in schwere Schmerzen so sehr verwickelt, daß sie mir den Tod zu bringen drohen. Aber Gott hat mich bis zu dieser Zeit aufrecht gehalten.

Das Licht, das ich schaue, ist nicht örtlich, sondern weit und viel heller als die Wolke, die die Sonne trägt, und nicht vermag ich Tiefe noch Länge noch Breite darin zu erblicken. Und genannt wird es mir „der Schatten des lebendigen Lichts". Und wie Sonne, Mond und Sterne im Wasser widerscheinen, so erglänzen mir darin die Schriften und Reden und Kräfte und etliche Werke der Menschen im Gebilde. Was ich aber in diesem Gesichte schauen oder erfahren mag, dessen Gedächtnis habe ich durch eine lange Zeit, so daß ich mich entsinne, wann ich es geschaut und vernommen habe. Und zu gleicher Zeit sehe und höre ich und weiß ich es, und was ich weiß, besitze ich im Augenblick. Was ich aber nicht schaue, das weiß ich nicht; denn ich bin ohne Gelehrsamkeit, und nur die Buchstaben in Einfalt zu lesen bin ich unterwiesen worden. Und was ich im Gesichte schreibe, das sehe und höre ich, und ich setze keine anderen Worte, als die ich höre, und in ungefeilter Sprache bringe ich sie hervor, so wie ich sie im Gesichte höre. Denn nicht wie die Philosophen schreiben, werde ich in diesem Gesichte zu schreiben gelehrt, und die Worte in diesem Gesicht sind nicht wie die Worte, die aus dem Munde des Menschen tönen, sondern wie eine schwingende Flamme und wie eine Wolke, in reiner Luft bewegt. Ich vermag des Lichtes Gestalt in keiner Weise zu erkennen, wie ich das Kreisrund der Sonne nicht vollkommen anblicken kann. – In diesem Lichte sehe ich zuweilen, nicht häufig, noch ein anderes Licht, das mir „das lebendige Licht" genannt wird. Wann und in welcher Weise ich dies sehe, das weiß ich nicht zu sagen; aber da ich es schaue, wird mir alle Traurigkeit und alle Not entrafft, also daß ich alsdann die Art eines einfältigen Mägdleins und nicht einer Greisin habe. Aber wegen der beständigen Schwäche, die ich leide, widerstrebt es mir, die Worte und die Gesichte, die mir da gezeigt werden, auszusprechen. Doch bin ich in der Zeit, da meine Seele sie schaut und genießt, in eine so andere Verfassung gebracht, daß ich, wie gesagt, alles Weh und Leid dem Vergessen übergebe. Und was ich in diesem Gesichte schaue und vernehme, das schöpft meine Seele wie aus einer Quelle, die voll und unerschöpft bleibt. – Jenes Lichtes aber, das „der Schatten des lebendigen Lichtes" geheißen wird, entbehrt meine Seele zu keiner Stunde, ich schaue es, wie wenn ich in einer lichten Wolke das Firmament ohne Sterne betrachte, und darin schaue ich, was ich gewöhnlich rede und was ich antworte, wenn man mich nach dem Blitz jenes lebendigen Lichtes befragt.

An Bernhard von Clairvaux

Im Geist der Geheimnisse spreche ich zu dir, verehrungswürdiger Vater, der du ein Wunder in den großen Ehren der Kraft Gottes, ein gewaltiger Schrecken bist für die Torheit dieser Welt, da du unter der Fahne des heiligen Kreuzes mit erhabenem Eifer in der glühenden Liebe des Sohnes Gottes, die Menschen zu fangen, in Christi Kriegsdienst ausziehst, die Schlachten zu kämpfen wider der Tyrannen Grausamkeit.

Ich bin enge gebunden von dem Gesicht, das ich aber nicht mit den äußeren Augen des Fleisches erblicke. Ich erbärmliches, mehr als erbärmliches Weib schaute von meiner Kindheit an große Wunderdinge, die meine Zunge nicht würde zutage fördern können, wenn mich der Geist Gottes nicht lehrte, wie ich sie sagen solle.

Getreuester, mildester Vater, höre mich, deine unwürdige Dienerin, in deiner Güte, da ich seit meiner Kindheit niemals in Sicherheit lebte, und erkenne, was ich sage, in deiner Frömmigkeit und Weisheit, wie es der Heilige Geist dich lehren wird, weil dasjenige, was man dir von mir gesagt hat, in der Tat von dieser Art ist. Ich erkenne im Text das innere Verständnis der Auslegung des Psalters, des Evangeliums und anderer Bücher, die mir in diesem Gesicht gezeigt werden, das meine Brust berührt und meine Seele wie eine Flamme ergreift, indem es mich die Tiefen dieser Auslegung lehrt, mich aber unbelehrt läßt über die Schrift in deutscher Sprache, deren ich unkundig bin. Nur in Einfalt weiß ich zu lesen, nicht durch Zergliederung des Textes; denn ich bin ein ungelehrtes Weib und ohne alle Unterweisung im äußern Stoffe. Aber innen in meiner Seele bin ich unterwiesen. Deshalb rede ich du dir, indem ich an dir nicht zweifle, sondern durch deine Weisheit und Frömmigkeit dafür getröstet werde, daß so viele Spaltungen unter den Menschen sind, wie ich sagen höre.

Einem Mönche, den ich ausforschte nach dem Wandel eines bewährteren Lebens, habe ich dies zuerst mitgeteilt und ihm alle meine Geheimnisse dargelegt. Derselbe hat mich getröstet, so daß ich glaube, daß es sich um große und furchtbare Dinge handelt.

Ich wünsche, mein Vater, du wollest dich um der Liebe Gottes willen in deinen Gebeten meiner erinnern. Ich habe dich vor zwei Jahren in diesem Gesichte erblickt: Ich sah dich wie einen Mann in der Sonne, der sich nicht fürchtet, sondern gar kühn ist. Ich aber weinte, daß ich so errötete und so wenig beherzt war.

Guter, mildester Vater, schließe mich in deine Seele ein und bitte für mich, weil ich in diesem Gesicht schwere Not habe, um auszusprechen, was ich sehe und höre! Zuweilen werde ich von dem Gesicht zu schweren Krankheiten aufs Lager hingeworfen, weil ich schweige, so daß ich mich nicht aufzurichten vermag. Deshalb klage ich trauernd vor dir, weil ich beweglicher Art bin, mit der Bewegung des Kelterbaumes in meiner Natur, der aus der Adamswurzel entsprang und der infolge der Eingebung des Teufels in eine fremde Welt ist verbannt worden. Nun aber erhebe ich mich und eile zu dir. Ich sage dir: du bist beweglicher Art, aber beständig tätig an der Aufrichtung des Baumes und ein Sieger in deiner Seele, indem du nicht nur dich selber, sondern auch andere Menschen zu ihrer Rettung aufrichtest; du bist der Aar, der in die Sonne schaut. Ich bitte dich bei der Erhabenheit des Vaters und bei seinem bewunderungswürdigen Worte und bei dem lieblichen Naß der Zerknirschung, dem Geiste der Wahrheit, und bei dem süßen Klang, in dem alle Kreatur erklingt: bei dem Worte selber, aus dem die Welt hervorging, bei der Hoheit des Vaters, der das Wort, mit der leiblichen Kraft zu keimen, in den Schoß der Jungfrau sandte, . . . du wollest nicht müßig und bewegungslos bei meinen Worten bleiben, du wollest sie vielmehr aufnehmen in dein Herz und in deinem Streben nicht ablassen, wenn du mit deiner geschaffenen Seele hinübergehst zu Gott, da er dich haben will.

Lebe wohl, wohl in deiner Seele, und sei stark im Kampfe in Gott! Amen[1].

Mechthild von Magdeburg

(etwa 1210–1299)

Selbstbiographisches

Ehe denn ich dieses Buch begann, war ich alle meine Lebtage der einfältigsten Menschen einer, die je im geistlichen Leben gefunden wurden, obgleich Gott manches seiner Worte in meine Seele sprach. Von des Teufels Bosheit wußte ich nichts. Der Welt Krankheit kannte ich nicht. Auch falsche geistliche Leute hatte ich noch nicht erfahren.

In meinem zwölften Jahr, da ich allein war, kam der Sturm des Heiligen Geistes über mich und grüßte mich ungestüm, also daß ich mich von der Stunde an einer Todsünde fortan nicht ergeben wollte. Und der vielliebe Gruß kam alle Tage zu mir und tat mir süßes Weh der Liebe. Und doch wächst und glüht alle Tage aller Welt Süße und Herrlichkeit. Dies geschah mir vor einunddreißig Jahren.

Vom Göttlichen kannte ich nichts denn unseren christlichen Glauben und mühte mich, mein Herz zu läutern. Gott selbst wird Zeugnis für mich ablegen, daß mein Wunsch und Wille nie nach den Dingen stand, von denen ich in diesem Buch geschrieben habe, und daß ich ihn nie bat, sie mir zu gönnen. Ich glaubte auch nie, daß Menschen solches geschehen könne, und erfuhr diese Dinge nie, solange ich bei meiner Verwandtschaft und anderen Freunden war, die mich sehr lieb hatten. Ich hatte aber schon lange verlangt, ich möchte schuldlos geschmäht werden.

Da brachte mich Gottes Liebe an einen Ort, wo niemand mein Freund war als allein ein Mensch. Vor selbigem aber hatte ich Angst; ich bangte, er möchte mir die heilige Verschmähung und die lautere Liebe zum Göttlichen stören. Aber Gott hütete meiner und gab mir so süßes Entzücken, so herrliche Erkenntnis und Wunder so unbegreiflich, daß ich irdischer Dinge nur wenig genießen konnte. Er nahm meinem Geiste sein Lager der Ruhe und geleitete ihn zur Höhe zwischen Himmel und Luft. Da schaute ich mit meiner Seele Augen in himmlischem Entzücken die heilige Menschheit unseres Herrn Jesus Christus und erkannte auf seinem Antlitz die heilige Dreifaltigkeit, des Vaters Ewigkeit, des Sohnes Wirken, des Heiligen Geistes Süße, und sah den Engel, dem ich in der Taufe befohlen war, und sah meinen Teufel ...

Als ich zum geistlichen Leben kam und von dieser Welt Urlaub nahm, sah ich mir meinen Leib an und fand ihn schwer in Waffen wider meine arme Seele stehen, in großer Fülle, starker Macht und in einer vollkommenen Naturkraft. Da sah ich wohl, daß er mein Feind war, und sah: wollte ich dem ewigen Tod entgehen, so müßte ich an einen Streit gehen und müßte mich darniederschlagen. Und ich sah meiner Seele Waffen an: das heilige Leiden Jesu Christi unseres Herrn, und ich gürtete mich damit. Ich mußte nun immerwährend in Furcht und Zittern sein. Meine Feinde drangen böse mit Schlägen auf mich ein. Da war Seufzen, Weinen, Fasten, Wachen, zur Beichte Gehen, mein Herz Ergründen, Opfern und das Göttliche Anschauen. Dies waren die Waffen meiner Seele, womit ich den Leib überwand ... Manche Tage lag ich in schwerem Siechtum meines irdischen Wesens. Und dann kam die gewaltige Minne und verzückte mich so durch ihre Wunder, daß ich nicht schweigen durfte. Es wurde mir aber Angst, da ich meiner Einfalt gedachte und sprach: „Ach, milder Gott, wessen hast du dich an mich gewendet? Du weißt wohl, daß ich töricht und ein geringer Mensch bin an Leib und Seele! Diese Dinge solltest du weisen Menschen geben, so möchtest du darum gepriesen werden!“ ... Da sprach unser Herr: „Du sollst mir gehorchen und dich hingeben! Du sollst lange wund sein, aber ich will deiner pflegen, und was du bedarfst an Leib und Seele, das will ich dir geben!“ – Da ging ich Arme demütig in Scham zu meinem Beichtiger und sprach ihm von dieser Rede und bat ihn, mich zu unterweisen. Er sprach, ich solle fröhlich vollenden. Gott habe mich geheißen, und er werde meiner wahren. Und er befahl mir (wessen ich mich weinend schäme) – befahl mir, einem schlechten Weibe (mein Herz weiß, wie gering ich bin), aus Gottes Herzen und Mund dies Buch zu schreiben. Also ist es von Gott gekommen, dieses Buch der Liebe, und ist nicht eines menschlichen Herzens Traum[1].

Ich kann und mag nicht schreiben, ich sehe denn mit den Augen meiner Seele und höre mit den Ohren meines ewigen

Geistes und fühle in allen Gliedern meines Leibes die Kraft des Heiligen Geistes[2].

Mechthild von Hackeborn

(etwa 1241–1298)

Reinigung

Christus: „Ich sage dir, kein Sünder ist so arg, daß, wenn er wahrhaft bereut, ich nicht in derselben Stunde ihm alle seine Sünden vollkommen verzeihe. Ja, mit so großer Güte und Süßigkeit neige ich mein Herz zu ihm, als ob er nie gesündigt hätte.“ – „Wenn es so ist, liebster Gott, wie kommt es denn, daß der arme Mensch solches so wenig empfindet?“ – „Es kommt daher, weil er den inneren Geschmack der Sünde noch nicht verloren hat. Wenn ein Mensch nach der Buße so starkmütig widersteht, daß er allen Geschmack und alle Lust der Sünde gänzlich ausrottet, dann sonder Zweifel empfindet er auch die Süßigkeit des göttlichen Geistes“[1].

In einer Nacht, da ich vom Schlaf erwachte und den Herrn aus innerstem Herzen grüßte, sah ich ihn kommen von dem Palast des Himmels und zu mir sprechen: „Der Vogel senkt sich nimmer so begierig in das Grün der Wiese, um die süße Blume zu nehmen, wie ich bereit bin, zu deiner Seele zu kommen, so sie nach mir verlangt“[2].

Erleuchtung

Einst redete mein Meister, der höchste Lehrer unter allen, und sprach zu mir: „Ich will dich dreierlei lehren, was du täglich im Gemüt betrachten sollst, und viel Gutes wird dir daraus kommen: Zum ersten betrachte mit Danksagung, welch großes Gut ich dir gegeben habe durch die Schöpfung und Erlösung, daß ich dich als einen Menschen nach meinem Bilde und Gleichnisse erschaffen habe und deinetwegen in den bittersten Tod gegangen bin! Zum andern betrachte mit Dankbarkeit, wieviel Gutes ich dir persönlich getan von der Stunde deiner Geburt an bis auf die Gegenwart, daß ich dich durch besondere Erwählung aus der Welt gerufen, mich oft zu deiner Seele geneigt, sie mit der Süßigkeit meiner göttlichen Gnade erfüllt und entzückt, mit Erkenntnis erleuchtet und mit Liebe entzündet habe, so daß ich noch täglich in der Messe zu dir komme, bereit, alle deine Wünsche zu erfüllen und all dein Verlangen! Zum dritten betrachte in Lob und Danksagung, welch große Dinge ich dir im Himmel ewig geben will, Überfluß aller Güter; und viel mehr als du zu glauben und zu ahnen vermagst, werde ich dich mit allem Guten erfüllen!

Ich sage dir, daß es mir sehr gefällt, wenn die Menschen getrost von mir große Dinge erhoffen. Denn ein jeder, der glaubt, daß ich ihm nach diesem Leben über sein Verdienst wohltun werde, und der mich dafür lobt und mir in diesem Leben dafür dankt, der erzeigt mir solche Erkenntlichkeit, daß ich ihn viel mehr, als er zu glauben und zu hoffen vermag und weit über sein Verdienst belohnen will. Es ist dem Menschen unmöglich, zu begreifen, was er glaubt und hofft, aber es ist ihm von Nutzen, recht Großes von mir zu hoffen und zu glauben."

Da sprach die Seele: „O Allerliebster, ist es dir also angenehm, daß die Menschen so innig vertrauen, so bitte ich dich, sag' mir, wie soll ich vertrauen deiner unendlichen Güte?"

Er sprach: „Du sollst vertrauen in wahrer Hoffnung, daß ich dich aufnehmen will nach deinem Tode wie ein Vater sein liebes Kind und mit dir teilen will alle meine Güter und mich selbst dir geben, wie ein Vater seinem einzigen Kind so getreulich das Erbteil zuteilt! Und wiederum, daß ich dich aufnehmen will, wie ein Freund empfängt seinen liebsten Freund, und dir so große Freundschaft erzeigen, als je einer von seinem Freunde erfahren. Denn es ward nie erfunden ein so getreuer Freund, der nicht zu Zeiten getäuscht hätte oder nicht hätte täuschen wollen seinen Freund. Nur ich, der ich am höchsten getreu und die Treue selber bin, ich vermag nimmer Trug zu üben gegen meine Freunde.

Zum dritten will ich dich aufnehmen wie ein Bräutigam seine einzig geliebte Braut, mit dem Übermaß aller Lust und mit der Menge aller Wonne, wie nie ein Bräutigam seine Braut so süß gelockt hat. Mit Wonne will ich dich erfreuen und mit dem Strome meiner göttlichen Lust dich berauschen."

Da sprach die Seele: „Was also wirst du denen geben, die dir glauben?"

Und er erwiderte: „Ich will ihnen geben ein dankbares Herz, daß sie alle meine Gaben mit Dankbarkeit empfangen, und ich will ihnen geben ein liebend Herz, daß sie mich getreu minnen, und ich will ihnen geben ein lobend Herz, das mich stetig lobt in Minne gleich den Himmlischen, die mich allzeit in Liebe loben und benedeien![3]

So mir aber jemand eine besonders angenehme Gabe opfern will, der übe sich fleißig in diesen drei Dingen: Erstens, daß er seinem Nächsten getreu sei in aller Not und Angst, so daß er dessen Gebrechen und Sünden, soviel er vermag, entschuldige und mindere. Wer solches tut, dem werde auch ich getreu sein in allem, was er bedarf, und werde all seine Sünden und Versäumnisse tilgen und ihn bei meinem Vater entschuldigen. Das zweite ist, daß der Mensch in jeglicher Betrübnis zu mir allein seine Zuflucht nehme und vorerst niemand sein Anliegen und seine Not klage, sondern mir allein seines Herzens Beschwernisse öffne mit Vertrauen. Darob will ich solchen in seinen Nöten nimmer verlassen. Das dritte ist, daß er mit mir in Wahrheit wandle. Dann will ich an seinem letzten Ende wie eine Mutter ihren liebsten Sohn mit zarter Umarmung ihn empfangen, damit er ewig ruhe.

Wer das erste erfüllt, der hat mir eine so angenehme Gabe geopfert, als ob er alle seine Pflichten gegen den Nächsten getan hätte, wer das zweite, als ob er seine Pflichten gegen sich selbst erfüllt hätte, und wer das dritte, als ob er all seinen Pflichten gegen Gott genügt hätte"[4].

Einigung

Einst sah ich den Herrn, wie er die Wunde seines süßesten Herzens öffnete und dabei sprach: „Sieh' an die Größe meiner Liebe! Willst du sie kennen lernen, so wirst du es nirgends klarer finden als in den Worten des Evangeliums." Denn nie sind Worte lauteren oder süßeren Klanges gehört worden als jene: „Wie mich der Vater geliebt hat, so habe ich euch geliebt"[5].

Ein andermal ward ich mit unaussprechlicher, ungewohnter Freude erfüllt und sprach zum Herrn: „O, wäre ich eine aus den Hochgesegneten, die einst hörten deine süße Stimme!" Da sprach der Herr: „Du magst es treulich hoffen. Ich will dir mein Herz zu einem Pfande geben, das du allzeit bei dir haben sollst, und du wirst mir dessen Zeugnis geben an dem Tage, an dem ich dein Sehnen erfülle. Und ich gebe dir auch mein Herz zu einem Hause der Zuflucht, damit du in der Stunde des Todes keinen andern Weg gehest als in mein Herz, um darin ewig zu ruhen!"

Es ist dies eine der ersten aus den Gaben Gottes. Und ich fing an, von wunderbarer Andacht zu dem göttlichen Herzen Jesu ergriffen zu werden, und sooft mir der Herr erschien, empfing ich eine besondere Gabe aus seinem Herzen[6].

Und wiederum war es die Zeit des seligsten Lebens, da ich empfangen hatte den Lieben meiner Seele in der Kommunion des allerheiligsten Leibes und Blutes. Da hörte ich ihn zu mir sprechen: „Du in mir und ich in dir, und in Ewigkeit verlasse ich dich nicht!" Ich aber begehrte nichts anderes denn das Lob Gottes aus ganzem Herzen. Da gab mir der Herr sein göttliches Herz in Gestalt eines goldenen Kleinods, wunderbar geziert, und sprach zu mir: „Durch mein göttliches Herz wirst du mich allzeit loben. Geh' hin und schenke allen Heiligen von meinem Herzen einen lebendigen Trank, daß sie davon selig trunken werden!" Und ich ging hin und reichte allen dar den seligen Trank . . . Und als ich den Umgang in dem himmlischen Palast vollendet hatte, da nahm der Herr das Kleinod und setzte es in das Herz meiner Seele, so daß sie Gott selig vereinigt ward[7].

Wie es mir oft geschah, daß ich in der Liebe Gottes hochentzückt war, so geschah es auch, wenn ich minder andächtig mich fühlte, daß ich das Herz Gottes gleich feurigem Golde dem meinigen eingefügt empfand, und aus dessen Glühen empfand ich dann wunderbare Süßigkeit und ward schnell wieder nach meiner Gewohnheit mit heißer Liebe entzündet[8].

An einem Sonnabend sah ich Jesus, den Bräutigam der Kirche, vom Himmel sich neigen und mit ausgestreckten Armen eilen, mich zu empfangen, so daß ich in Gott verschlungen und ohnmächtig ward und man mich aus dem Chor hinwegtragen mußte. Und mein Geist war ganz eingegangen in Gott, den ich liebte aus ganzem Herzen und den ich vor allem begehrte, und mit so unbeschreiblicher Wonne ward ich erfüllt, daß ich diese Süßigkeit eine ganze Woche hindurch empfand[9].

Einst klagte meine Seele dem Herrn, daß ich den Tag der geistlichen Hochzeit (Profeß) nicht so andächtig gefeiert, noch auch dem Bräutigam selbst mit so großer Treue angehangen hätte, als es der Braut geziemte. Da kleidete mich der Herr in das Kleid seiner vollkommenen Tugend, setzte auf mein Haupt ein goldenes Diadem, und umfing mich mit seinem bloßen Arme in innigster Liebe. Und da ich mich darüber verwunderte, sprach er: „So ist es dir gegeben, weil zwischen mir und dir keine Trennung ist, und ich keines meiner Geheimnisse dir verborgen habe!“[10]

In der Heiligen Nacht saß die betrachtende Seele bei der seligen Jungfrau und begehrte mit großer Begier, auch zu küssen das liebliche Kindlein. Und als die jungfräuliche Mutter ihr Söhnlein innig umfangen und angeredet hatte, gab sie es auch meiner Seele zu umfangen. Da empfing ich mit unaussprechlicher Liebe das Kind mit Worten, die ich vorher nie hatte: „Sei gegrüßt, du Mark des väterlichen Herzens, allerliebste Erfüllung und selige Erquickung meiner schwachen Seele! Ich opfere dir das Mark meines Herzens und meiner Seele zu einem ewigen Lob und zu ewiger Ehre!“ Und ich verstand durch göttliche Eingebung, wie der Sohn sei das Mark des väterlichen Herzens[11].

Und wiederum, bei der Messe „Lux fulgebit“, da ich unaussprechliche Dinge empfand, über alle Begriffe menschlicher Sinne, nahm ich das Kindlein, und drückte es mit Umfangen festiglich an mein Herz, so daß ich hörte und empfand den Pulsschlag seines Herzens. Es hatte aufeinander drei starke Pulse und dann einen linden Puls. Und da sich die Seele darüber verwunderte, sprach das Kind zu mir: „Die Pulsschläge meines Herzens waren nicht wie die anderer Menschen. Ich habe solchen Puls allweg gehabt von meiner Kindheit an bis zum Tode, und davon ist es geschehen, daß ich so bald an dem Kreuze starb. Der erste Puls kommt aus der allmächtigen Liebe meines Herzens, die so mächtig in mir gewesen, daß ich alle Widerwärtigkeit der Welt und alle Grausamkeit der Juden mit sanftem und geduldigem Herzen überwunden habe. Der andere Puls kommt aus der weisen Liebe, durch welche ich mich und alle Dinge so löblich regiert habe und alle Dinge, die da im Himmel und auf Erden sind, so weise ordne. Der dritte Puls, der kommt aus der süßen Liebe, die mich so kräftiglich durchdrungen hat, daß sie mir süß machte alle Bitterkeit der Welt; und auch den bitteren Tod für das menschliche Heil machte sie mir süß und lieblich. Der vierte Puls endlich, der linde, der bedeutet die Milde und Güte meiner Menschheit, die mich den Menschen freundlich und gesellig gemacht hat“[12].

Ein andermal, da ich betrachtend mit inniger Sehnsucht das liebliche Kind anblickte, da legte die königliche Mutter nach meinem Wunsche das Kind mir in den Schoß. Und ich ward erfüllt mit Frohlocken. Doch als ich das Kind umfangen wollte, umfing ich mich selbst und hatte das Kind nicht mehr[13].

Gertrud von Helfta

(1256–1302)

Der große Freund

Eines Tages, zwischen Ostern und der Himmelfahrt des Herrn, trat ich vor der Prim in den Hof, setzte mich an den Weiher und betrachtete die Lieblichkeit dieses Ortes. Die Klarheit des fließenden Wassers, das Grün der umstehenden Bäume, der freie Flug der Vögel und sonderlich der Tauben und über alles die heimliche Ruhe des abgeschiedenen Sitzes taten mir wohl. Ich begann zu erwägen, was diesem Aufenthalt noch beizufügen wäre, um das Ergötzen voll zu machen. Und ich dachte mir, ich müßte einen Freund haben, der mir vertraut, anhänglich und zugetan, diese Einsamkeit versüßte.

Da hast du, mein Gott, Urheber unbeschreiblicher Wonne, meine Gedanken auf dich hingelenkt. Denn ohne Zweifel bist du es gewesen, der sie mir eingeflößt.

Du hast mir gezeigt, wie mein Herz eine angenehme Wohnung für dich werden könne, und dafür muß ich in geziemender, unversieglicher Dankbarkeit, wie dieses Wasser mich ermahnt, den Strom der Gnaden auf dich zurückleiten; ich muß, gleich diesen Bäumen, im Grün der guten Werke blühen, an Kraft zunehmen und in gutem Wirken mich entfalten. Ich muß, gleich den Tauben, das Irdische aus der Höhe überschauen und freien Fluges zum Himmlischen mich emporschwingen, wo meine Seele, frei vom Sinnen und Trachten dieser Welt, sich ganz mit dir allein befaßt. Dann wird mein Herz dir eine Stätte sein, die köstlicher ist als alle Lieblichkeit.

Den ganzen Tag über war mein Geist von diesem Gedanken erfüllt. Und wie ich dann am Abend vor dem Schlafengehen zum Gebete auf den Knien lag, da kamen mir plötzlich die Worte in den Sinn: „Der mich lieb hat, der wird mein Wort bewahren und mein Vater wird ihn lieben, und wir werden zu ihm kommen und Wohnung bei ihm nehmen." Und mein erdhaft Herz verspürte, daß du gegenwärtig angekommen warst . . .

Und wie sehr ich auch seither mit meinem Geiste in den vergänglichen Dingen umherirrte, und Freude suchend mich zerstreute, so habe ich doch, wenn ich zu meinem Innern heimkehrte, dich immer sogleich gefunden, von jener Stunde bis zum heutigen Tag. Und es ist schon das neunte Jahr seit dem Empfangen jener Gnade[1].

Zur Zeit dieser Erstlingsgnaden, im ersten, wie ich glaube, oder zweiten Jahre in der Winterszeit, fand ich einmal in einem Buche folgendes Gebet:

„O Herr Jesus Christus, Sohn des lebendigen Gottes, gib mir, nach dir zu seufzen mit vollkommenem Verlangen und mit dürstender Seele, nach dir, dem Süßesten und Lieblichsten, in inniger Sehnsucht aufzuatmen und nach dir, der wahrhaften

Glückseligkeit, mit meinem ganzen innern Wesen zu verlangen. Schreibe, o barmherziger Herr, mit deinem kostbaren Blute deine Wundmale in mein Herz, damit ich darin lese deinen Schmerz wie deine Liebe. Möge stets in meinem Herzen leben das Andenken an deine Wunden und immer in mir rege sein das Mitleiden mit deinen Leiden und immer in mir brennen deine Liebesglut! Und alles Geschaffene laß gering mir werden, daß du allein die süße Liebe seist in meinem Herzen!"

Voll Dankes machte ich mir dies Gebet zu eigen und wiederholte es öfter. Und du, der nimmermehr verschmäht das Verlangen der Demütigen, warst in diesem meinem Beten, um es wirksam zu machen.

Wie ich einmal kurze Zeit danach des Nachmittags im Speisesaale war neben einer Person, der ich mein Geheimnis in solchen Dingen enthüllt hatte, da hatte ich auf einmal die Empfindung, daß jene Güter, die ich in jenem Gebete so zu erflehen pflegte, mir unwürdigen Magd von Gott geschenkt worden seien. Und im Geiste sah ich, wie innerlich in meinem Herzen wie an körperlichen Stellen jene anbetungswürdigen Male deiner heiligen Wunden waren eingedrückt worden – jener Wunden, durch die du meiner Seele Wunden geheilt und mir der Liebe süßen Trank gereicht hast . . . Und zugleich damit empfing ich jenes Gut, um das ich im Gebete flehte, daß ich nämlich in den Wunden deinen Schmerz wie deine Liebe lese.

Doch ach, es währte nur kurze Zeit – obschon nicht du es mir entzogen hast, sondern ich es wieder verloren habe durch undankbare Lässigkeit. Aber jenes erstere und größere Geschenk deiner barmherzigen Liebe, daß mir die Wundmale eingedrückt sind, dies hast du mir bis zur Stunde bewahrt, die es doch nicht verdiente. Und dafür sei dir Lob und Preis in Ewigkeit![2]

Während ich eines Tages das erhabene Geschenk des Herrn in dankbarer Erinnerung überdachte, fragte ich ihn voll inniger Sehnsucht, wie lange er es mir bewahren wolle. Und der Herr gab mir zur Antwort: „Solange du es zu erhalten begehrst, sollst du niemals klagen, als ob ich es dir entzogen hätte." . . .

Da beherzigte ich in Bewunderung und Dankbarkeit die unverdiente göttliche Huld, aber auch die vielfache Häßlichkeit meiner Fehler trat mir vor die Seele, und ich erniedrigte mich vor ihm in tiefster Demut und empfand mich aller Gnade für unwert.

Aber der Herr, der in den Höhen wohnt, freut sich, die Niedrigen mit seinen Gnaden zu überströmen. Und er schien von seinem Herzen eine goldene Röhre herabzusenken, die einer Lampe ähnlich über meiner Seele hing. Durch diese Röhre ließ er alle wundersamen Güter in mich fließen: Verdemütigte ich mich in der Erinnerung an meine Fehler, so überflutete mich aus seinem seligen Herzen ein blumenduftiger Frühling seiner göttlichen Tugenden und ließ meine Mängel verschwinden vor den Augen seiner göttlichen Liebe. Begehrte ich irgendeinen geistlichen Schmuck und was nur immer Wünschenswertes für ein menschliches Herz sich denken läßt, so strömte alles dies gar sanft durch jene Röhre in mich ein. Wie ich eine Zeitlang an solchen Freuden mich gelabt hatte, und unter dem Einfluß der göttlichen Gnade in allen Tugenden würdig und vollkommen erschien – nicht in den meinigen, sondern in denen des Herrn –, da hörte ich, wie man innerlich im Herzen hört, eine lieblich tönende Stimme gleichwie von Zitherspiel. „Komm, du Meine, zu mir! Geh ein, du Meine, in mich! Weile, du Meine, bei mir!“ Und den Sinn dieses Lieds gab mir der Herr wie Honig zu verkosten, indem er sprach: „Komm, du Meine, zu mir: denn weil ich, dich liebend als meine Braut, nach deiner Nähe mich sehne, so rufe ich dich. Und weil ich meine Wonne in dir habe, so begehre ich, daß du eingehst in mich, wie der Bräutigam solches wünscht, auf daß die Freude seines Herzens in ihm vollkommen sei. Und weil ich dich auserwählt habe, der Gott der Liebe, so ist mein Verlangen, daß du bei mir bleibest in unzertrennlicher Einigung, wie der Mensch nicht seinen Geist verlieren will, da er nicht eine Stunde ohne ihn leben könnte!“ – Und bei diesen Worten fühlte ich, wie ich durch jene Röhre in unbeschreiblich wundersamer Weise in Jesu Herz hineingezogen ward. Und so war ich denn glückselig im Innern meines Herrn. Aber was ich alles dort empfunden und was ich gesehen und was ich gehört und verkostet – das weiß ich allein und er, der sich herabgelassen, mich zu so hoher Vereinigung zu erheben: Jesus, der Bräutigam der liebenden Seele, der über alles ist, Gott, hochgelobt in Ewigkeit[3].

Einst erkannte ich in der Betrachtung besonders deutlich meine innere Häßlichkeit, und ich hatte solches Mißfallen an mir, daß ich mit Bangen mir die Frage stellte, ob ich Gott je gefallen könne, da er so viele Flecken an mir sehe; denn wo ich nur einen erkenne, da werde das alles durchdringende Auge der Gottheit eine Unzahl erblicken. Aber da ward mir die tröstliche Antwort: „Liebe wirkt Wohlgefallen.“ Und ich entnahm daraus: wenn schon bei irdischen Menschen die Liebe so viel vermag, daß sie trotz leiblicher Mißgestalt zu lieben fähig ist, wie darf man dann Mißtrauen haben gegen Gott, der ganz Liebe ist, als könnte er nicht durch die Kraft seiner Liebe die Seelen, die er lieben will, sich wohlgefällig machen[4].

Ein andermal, da du mir bei der Kommunion in der Messe deine Gegenwart in besonderer Gnade schenktest und da ich darüber nachdachte, welchen Gegendienst ich dir leisten könne für den Segen einer so großen Herablassung, da mahntest du, Lehrer der Weisheit, an jenes Wort des Apostels: „Ich möchte selbst ausgeschlossen sein für meine Brüder.“ Und du sagtest, es sei etwas Großes, wenn eine Seele aus Liebe zu dir die Süßigkeit ihres inneren Trostes hintangibt, um das Äußere achtsam zu besorgen und sich den Werken der Liebe zu widmen zum Besten des Nächsten[5].

Meister Eckhart

(etwa 1260–1327)

Gott

Gott ist namenlos. Von ihm kann niemand etwas sprechen noch verstehen. Wir können von Gott nur sprechen nach unserer Verständnisweise, und es ist ein Unterschied zwischen Gottes Sein in sich und unserem Verstehen.

Von Gott kann man nicht einmal eigentlich sagen, daß er „ist“. Das kommt vom Überschwang seines lauteren Wesens. Und sage ich: „Gott ist gut“, so ist das nicht eigentlich; ich bin „gut“, Gott ist es nicht. Sage ich: „Gut, besser, bestes“ – er ist über alles hinaus.

Freilich, wir denken und reden von ihm nach unserer Verstandesweise und nach Art der Dinge, von denen unsere Erkenntnis ausgeht. In allem, was unvollkommen ist, was Zahl, Teil und Menge einschließt, kann Gott nicht in eigentlichem Sinne sein. Im „Himmel" ist er, wie man sagen kann, aber nicht in Ort und Zeit, denn da ist er nicht eigentlich, ist nicht drinnen und tritt nicht hinein. Doch „trägt er alles im Worte seiner Kraft", und insofern dringt Gott und Gott allein ins innerste Wesen aller Dinge, und nichts anderes sonst dringt in ein anderes. Denn Gott allein ist die Ursache der Dinge nach ihrem Sein oder die Ursache des Seins in den Dingen. Er, das reine, vollkommene Sein, der absolut Eine und in sich Ungeschiedene, unendlich und nicht in einem anderen enthalten, unendliches Sein, unendliche Wahrheit, unendliche Gutheit.

Das Sein Gottes ist lebendige, wesenhafte, in sich ruhende Vernunft, die sich ihrer selbst bewußt und mit sich selbst identisch ist und lebt.

Der Vater spricht in fruchtbarer Selbstschau seine eigene Natur im ewigen Worte aus. Als Gegenstand des göttlichen Selbstbewußtseins bleibt der Sohn im göttlichen Wesen und tritt ihm zugleich als Person gegenüber, wie das Wort meines Gedankens Offenbarung ist und doch zugleich in mir bleibt.

Aus der Lust und Liebe aber, die der Vater und der Sohn aneinander haben, entspringt der Heilige Geist. Indem der Vater den Sohn erzeugt, haucht er zugleich die Liebe, die vom Vater zum Sohne und vom Sohne zum Vater eine Art Verbindung beider ist. Wie also der Sohn in der Gottheit vom Vater ausgeht als Erkennen, so der Heilige Geist von beiden als Liebe.

Im ewigen Jetzt geschieht die Zeugung. In jenem einfachen, ewigen Jetzt, in dem Gott ist von Ewigkeit, da ist auch, war und wird ewig sein der Ausfluß der Personen. Zeit bringt zwei Dinge hervor: Alter und Abnehmen; aber in ihm ist nicht neu noch alt, oder vielmehr, er ist immer neu: immer zeugt er, immer schafft er, immer wirkt er. Er wird nicht alt und vergeht nicht und geht nicht zurück[1].

Schöpfung

Gott spricht nur ein Wort, seinen eingeborenen Sohn – er „spricht", indem er seinen Sohn erzeugt; denn der Sohn ist das Wort, und in ihm spricht er alle Kreaturen ohne Anfang und Ende. Denn in dem ewigen Ausströmen, in dem der Sohn erzeugt wurde, sind auch die Urbilder aller Dinge ausgeströmt. In der Zeit aber sind sie aus nichts geschaffen, und davon sind sie „Kreaturen".

Gottes Güte drängte ihn, daß er alle Kreaturen schuf, die er ewig gehegt hatte im Schoße seiner Vorsehung, auf daß sie mit ihm seine Güte genießen möchten. Aus Liebe schuf er das All.

Schaffen bedeutet Mitteilung des Seins, das vorher nicht war, heißt Hervorbringung aus nichts.

Was wirkt, das wirkt sich Ähnliches. Gott ist das wesenhafte Sein. Im Sein also besteht die Ähnlichkeit der Kreatur mit Gott, ihrem Urheber. Was er von sich entworfen hat in der Schöpfung, das ist ein Gleichnis seiner Liebe und Seligkeit, die er ohne Maßen in sich selbst genießt.

Gott schafft die Welt in einem gegenwärtigen Nu. Sein Schöpfungsakt vergeht nicht in Vergangenheit, sondern ist immerdar, im Anfang, im Fortgang, am Ende. Sein Wirken ist von Anfang an vollendet: „Gottes Werke sind vollkommen" – aber die zeitlichen Werke wurden in der Zeit, da Gott ihnen Dasein, Form und Materie gab aus nichts.

Das „Jetzt" also, in dem Gott die Welt erschaffen, das begreift in sich alle Zeit. Die Zeit, die da vergangen ist vor tausend Jahren, ist Gott so gegenwärtig wie die Zeit, die jetzt ist. So also schuf Gott, daß er immer schafft. Die Schöpfungstat als solche ist vor der Zeit, über der Zeit, ohne Zeit. So kann man zugeben, daß die Welt von ewig war und daß Gott sie gar nicht früher hätte schaffen können: da er sie schuf in jenem ewigen, ersten Jetzt, in dem er selber ist als Gott.

Somit kann man von allem, was geschaffen ist, eine doppelte Seinsweise aussagen: die stete, wandellose in seiner ersten Ursache, im göttlichen Worte, die andere in der äußeren Schöpfung, in der gesonderten Form der Dinge. Dort haben die

Dinge Wahrheit, sind wahrhaft, was ihr Wesen ist; hier haben sie kein volles ungeteiltes, ungemischtes Sein. Alle Kreaturen also sind das Abbild einer idealen Welt, ihres Urbildes. Und alle Dinge sind ein Licht, sofern sie in dem Lichte verstanden werden. Alles, was man hier wandelbar sieht, sieht man dort unwandelbar. Dort ist es in erhabenerer Seinsweise in seiner schöpferischen Ursache als es in sich selber, als Bewirktes, ist.

Solange man eine Kreatur gegen die andere hält, erscheint sie schön und ist etwas. Aber wenn man sie gegen Gott hält, ist sie nichts. Denn keinerlei Vollkommenheit oder Licht hat das Niedere als solches aus sich selbst, sondern alles und sich selbst ganz und gar hat es von seinem höheren Seinsgrund.

So sind denn alle Kreaturen „Gott", wie St. Augustinus spricht, sofern sie ewig in Gott gewesen sind und wieder zurückkehren sollen in Gott. Und alle Kreaturen sind „nichts", wie St. Dionysius spricht, sofern sie in sich selber sind.

Gott ist in allen Dingen. Denn wir sehen und erfahren wohl, daß ein „Sein" in allem ist. Gott aber ist das wahre Sein. Darum muß Gott in allem sein, nach Macht und Gegenwart und Wesen ungeteilt, als Schöpfer und Erhalter ihres Seins. Und Gott ist doch über allen Dingen und wird nimmer von einem berührt, in sich selber gründend, und sein Grund ist aller Kreaturen Halt.

Er ist zuinnerst in allen Dingen als das Sein, und so ist jedes Seiende durch ihn – und ist doch außerhalb, weil über allem und außerhalb von allem, von keinem abhängig und mit keinem gemischt.

Und wie er selber unaussprechlich ist und unbegreiflich, so ist alles in ihm auf unaussprechliche Weise.

Für den, der Kreatürliches nach eigenem Gelüste wider Gott gebraucht, wird es ein Weg, der abführt von Gott. Sofern aber Gott nach weisem Maße seine Güte senkte in die Kreaturen, leiten sie den edlen Menschen zur Erkenntnis seines höchsten Gutes, Gottes an, und insofern ist alle Kreatur ein Weg zu Gott[2].

Die begnadete Seele

Eine erste „Gnade“ ist alles, was das Geschöpf überhaupt hat, angefangen vom natürlichen Sein. Eine zweite Gnade (im eigentlichen Sinne) ist ein göttliches, übernatürliches Sein: die heiligmachende Gnade. Beide sind unmittelbar von Gott, beide ohne Verdienst.

Wie in der Tätigkeit der Natur ein vollkommenes Wirken nicht besteht, ohne daß ein formgebendes Prinzip vorausgesetzt ist, so muß notwendig auf geistlichem Gebiet die Seele ein göttliches Sein empfangen, um göttlichen Wirkens fähig zu sein. Dieses göttliche Sein gibt dem Wesen der Seele die heiligmachende Gnade. Sie ist das Leben der Seele. Ihr Ziel ist, eins zu sein mit Gott, in ihm zu leben und zu wirken.

Gnade macht den, der sie aufnimmt, zum Sohne Gottes, macht das christliche Sein, macht den Bruder Christi. Ein göttlicher und geistlicher Himmel ist sie, in dessen stillen Wundertiefen Gott seine vollkommenen Werke heimlich vollbringt. Darum spricht er durch den Propheten: „Habt acht, ich schaffe in euch einen neuen Himmel!“

Dies Werk wirkt Gott im Innersten der Seele und so verborgen, daß weder Engel noch Heilige davon wissen, noch die Seele selber etwas dazu tun kann, denn allein, daß sie's empfange. Gott allein gehört es an.

Alle Gaben, die Gott uns gab im Himmel und auf Erden, die gab er nur um einer Gabe willen: das ist er selber, der sich schenken will; und alle Werke, die Gott wirkt im Himmel und auf Erden, die wirkte er um eines Werkes willen: das ist die Seligkeit, damit er uns will selig machen. Dazu hat Gott die Seele erschaffen, daß sie mit ihm vereinigt werde. Dazu nahm Gottes Sohn, das Wort, die menschliche Natur an, uns zu lehren, daß wir Gottes Kinder werden können.

Der Gnade Werk ist es, daß sie die Seele behend und gefüge macht zu allem göttlichen Tun. Sie ist ein Gleichnis Gottes und vergöttlicht die Seele. Wenn sich dieselbe Gnade und heilige Lust des Willens bemächtigt, so heißt sie Liebe, und wenn sich dieselbe Gnade und heilige Lust der Erkenntniskraft mitteilt, so heißt sie Licht des Glaubens, und wenn dieselbe Gnade und heilige Lust das Gemüt ergreift, die himmelanstrebende Kraft, so heißt sie Hoffnung.

Eine Richtung unter den Meistern lehrt, nichts eine die Seele so sehr mit Gott wie das Erkennen, die anderen sagen, daß sie nichts so sehr einige wie die Liebe, und eine dritte Richtung lehrt, daß sie nichts so sehr einige wie das wirkliche Erfühlen. Nun hat gewiß eine jede von diesen Kräften zunächst ihren besonderen Stand für sich. Aber in der höchsten Betätigung ihrer Sondereigenschaft, da ist jede der anderen so nahe gerückt, als wären sie ein Ding, dreifaltig und doch von einer Natur. Auf dem Gipfel ihrer Betätigung hebt zufolge der innigsten Nähe sowohl das Erkennen die Liebe, wie die Liebe das Erfühlen empor. Das Erkennen veredelt die Seele zu Gott hin, die Liebe eint sie mit Gott und das wirkliche Erfühlen vollendet sie.

So wird also die Seele umgeformt in jenes göttliche Sein, wodurch Gott ist und lebt. Indem sie einzig hingegeben ist und anhängt jenem göttlichen Lichte, jenem reinen Sein, lebt gleichsam Gott in ihr wie sie im Leibe. „Wer in der Liebe wohnt, der wohnt in Gott, und Gott wohnt in ihm." Bin ich denn so in ihm, so bin ich, wo immer Gott selber ist, und Gott ist in mir – es müßte die Heilige Schrift sonst lügen[3].

Die Gnadengemeinschaft in Christus

Gott nahm in Christus menschliche Natur an um der gesamten menschlichen Natur willen. In ihm und durch ihn schenkte Gott die Gnade der Kindschaft allen Menschen. Jesus Christus ist Prinzip und Wurzel und Fundament, ist Band und Ziel aller Sündenvergebung und alles Heils und aller Gnade. Er ist die Quelle des Lebens. Indem das Wort, das in Christus Fleisch geworden und unter uns gewohnt hat, uns sich gleichförmig macht durch die Gnade, heißen und sind wir Kinder Gottes.

Das wahre Leben ist also nur ein einiges Leben der Christen, zuinnerst jedem Glied-Leben; Christus allein ist das Leben des wahren Christen.

Infolge dieser Einheit der Heiligen sieht Christus seinen Leib, seine Kirche, nicht anders an, als er sich selbst ansieht. Indem Christus sich mit uns zu einem Menschen, Haupt und Leib, gemacht hat, beten wir durch ihn, wie wir zu ihm und in ihm beten, und reden mit ihm und er mit uns zusammen; denn wenn wir in ihm beten, redet er in uns. Er ist der Heilige, der die Gläubigen, seine Glieder, heilig macht.

In diesem Sohn also, der Gott ist, sind auch wir „Gottes Söhne". Wie sind wir Söhne Gottes? – Dadurch, daß wir ein Wesen mit ihm haben. Er ist das Bild, er allein im eigentlichen Sinn das Bild des Vaters und der Vater in ihm; aber wir Söhne nach dem Bilde. Er die Ähnlichkeit, wir nach der Ähnlichkeit. Er der Sohn durch Geburt und deshalb von Natur, wir durch Annahme, durch Wiedergeburt, die auf die Ähnlichkeit mit der Natur geht. Er der Eingeborene vom einen Vater, wir „gleichsam Eingeborene" und nicht vom einen Vater, umgewandelt aber in dasselbe Bild, „auf daß er der Erstgeborene sei unter vielen Brüdern". Darum ist er allein der Heiland, derjenige, dem Zeugnis gegeben wird; wir aber sind seine Zeugen: „Denn wir haben gesehen seine Herrlichkeit wie die des Eingeborenen vom Vater, voll Gnade und Wahrheit."

Davon spricht Augustinus oft, da er das Wort behandelt: „Ich heilige mich für sie", wo er den Grund hinzufügt: „weil sie ich sind" – alle Menschen ein Mensch, und dieser Mensch ist Christus. Darum betet auch Christus, „daß sie eins seien, wie auch wir eins sind".

Vom Menschen, der durch die Gnade Gottes heute Glied des Leibes Christi wurde, läßt sich in Wahrheit sagen, daß er eintritt und teilhat an allem, was der Gesamtheit der Glieder Christi und Christus selbst gehört. Denn alle gläubigen und göttlichen Menschen sind als solche eins in Christus und eins in Gott, wie die Glieder einen physischen Leib ausmachen. Sie sind eins im Sein und im Wirken. Was die einzelnen Glieder tun, ist Tun des Subjekts, und was das Subjekt tut, gehört dem Ganzen zu, nicht nur der Seele und nicht nur dem Leibe, nicht den einzelnen Gliedern und nicht einer einzelnen Kraft. Daraus ergibt sich, daß alles Wirken und alles Leiden eines jeden Gläubigen – Gliedes Christi und Gottes – allen Gläubigen gemein ist, die da Glieder sind. Das ist die Gemeinschaft der Heiligen, von der es im apostolischen Glaubensbekenntnis heißt: „Ich glaube eine heilige katholische Kirche, Gemeinschaft der Heiligen."

Darum liebt auch ein guter Mensch alle Mitmenschen wie sich selber. Und würde ich einen so wahrhaft lieben wie mich selbst, so würde aller Trost und alles Leid und würde Sterben und Leben, das ihm begegnete, mir so lieb sein, als begegnete es mir selbst. Das wäre dann wahre Freundschaft.

Christus lehrte uns beten: „Vater unser!", weil er nicht mein oder dein oder einzelner Vater ist, sondern „alle Vaterschaft nach ihm benannt ist im Himmel und auf Erden", auf daß wir uns erinnern möchten, daß alle Brüder sind und Miterben und daß wir einander so lieben und uns so begegnen, wie Brüder tun. Denn „ihr alle seid Brüder"[4].

Das mystische Schauen

Drei Stufen sind, wie die Menschen „Gott sehen": Die auf der ersten Stufe stehen, wissen in ihrem Glauben nicht mehr von Gott, als sie in Begriffe fassen können. Es sind die, welche die Heilige Schrift lesen oder hören, sie auch innerlich verstehen und in guten Werken erfüllen. Ihnen genügt es, zu hören, daß drei Personen ein Gott sind und daß man ihm allein die Ehre geben soll. Bischof Albert sagt euch: „Gottes Kinder seid ihr!"

Die auf der zweiten Stufe stehen, „erkennen" Gott im Lichte der Gnade – und wem von Gott rechte Erkenntnis aller Dinge mitgeteilt wird, dem ist alles Dünken, Wähnen und (bloß äußere) Glauben benommen. Er ist vorgedrungen zu der Wahrheit. Er braucht nicht mehr zu fragen nach allerlei Worten und Beweisen, die früher seinem Erkennen und Glauben zugrunde lagen und die er, sei es von den Menschen hörte, sei es aus dem eigenen Geiste schöpfte. Doch fassen solche Gott noch nicht tiefer, als er das Verlangen ihrer Seele stillt, als er ihnen Süßigkeit, Andacht und andere solche Dinge gibt, die aus seiner Gnade fließen.

Die auf der dritten Stufe stehen, „sehen" Gott in einem göttlichen Lichte. Es sind die vollkommensten. Denn sie müssen sich gestorben und gar tot sein und nicht mehr bei sich selber.

Johannes spricht: „Gott ist ein wahres Licht, das leuchtet in die Finsternis.“ Was ist „Finsternis“? Daß der Mensch nirgend hafte noch hange und blind und unwissend sei gegenüber der Kreatur. „Niemand kann mich schauen und leben“, spricht der Herr. „Tot aber ist, wer der Welt tot ist“, sagt St. Gregorius. Tot ist, wen nichts berührt, was in der Welt ist. Sie sind versunken in die grundlose Tiefe Gottes, in die göttliche Wesenheit, da die Personen innebleiben in dem Wesen, wo ist das lautere Sein – und nichts erscheint, denn ein Licht in Gott. Und nicht nur Gott lebt in ihnen, sondern auch sie leben in Gott. In solchen ist schon jetzt des ewigen Lebens Anfang.

Es ist ein äußerer Mensch, der alte irdische dieser Welt. Er altert oder welkt von Tag zu Tag. Sein Ziel ist der Tod. Er bedarf der äußeren Gnadenzeichen und der Belehrung von den Sinnen her. – Und es ist ein innerer Mensch, der dir der allernächste ist, neu und himmlisch. Ihm ist Gott das Licht. Wahrheit ist der Weg Gottes zum inneren Menschen, Liebe der Weg des Menschen zu Gott. Der innere Mensch ist nicht in Zeit und Raum, sondern gänzlich in der Ewigkeit. Da ist Gott und Gott allein. Da redet er, und redet er allein und wird vernommen. „Selig, die Gottes Wort hören!“

Ihr sollt wissen, daß alles, was man in Worte faßt und den Leuten in Bildern vorlegt, nur eine Lockung ist zu Gott. Und daß wir Gott nicht finden, liegt daran, daß wir in Bildern und Gleichnissen stehen bleiben, da wir doch den suchen, der nicht Gleichnisse hat. Auch was die Schrift bieten kann, sind Gleichnisse, Gott mehr ungleich als ihm gleich. Versinkt aber die Seele in die Gottheit, so verliert sie alles äußere Bild.

Oft hindern sich gute geistliche Leute damit in rechter Vollkommenheit, daß sie mit ihres Geistes Süße hängen bleiben an dem Bild der Menschheit unseres Herrn. Aber das Gezelt seiner Menschheit sollen wir anbeten allein um ihrer Einigung mit der Gottheit willen. Man soll seiner Menschheit nachjagen, bis man die Gottheit findet. Gott sollen seine Jünger folgen auf allen ihren Wegen.

Und wiederum hindern sich gute Leute damit, daß sie zuviel auf Gesichte geben und daß sie die Dinge bildlich sehen in ihrem Geiste, seien sie Menschen oder Engel oder die heilige Menschheit unseres Herrn Jesus Christus, und daß sie der

Ansprache Glauben schenken, die sie in ihrem Geiste hören, etwa daß sie Gottes Lieblinge seien oder daß ein anderer diese oder jene Gebrechen oder Tugenden habe oder daß Gott durch sie etwas Bestimmtes wirken wolle. Da werden Menschen oft betrogen. Denn Gott wirkt nicht um Kreaturen, sondern allein um seiner lauteren Güte willen, und ihn kann man nur sehen in Blindheit und Nicht-Erkennen, ohne Form und ohne Laut und ohne Gemächte der Vernunft.

In der lauteren freien Seele, da wird Gott geboren, indem er sich ihr offenbart in einer Weise, die ohne alle Weise, in einer Erleuchtung, die nicht mehr „Erleuchtung", sondern das göttliche Licht selber ist.

„Da alle Dinge in tiefem Schweigen lagen, da kam von oben hernieder, von dem königlichen Stuhle ein verborgenes Wort" – „da stille ist der Lärm des Fleisches, stille die Vorstellungskraft und selbst die Seele schweigt in sich, sich selber überschwebend und vergessend alles unten" (St. Augustin). Da wirkt Gott sein göttlich Werk – nicht in der Erkenntniskraft; denn alles Erkannte wird mit endlichem Maß begriffen – sondern er wirkt als Gott, göttlich. Da tritt die oberste Kraft herfür, die Liebe, und bricht in Gott und leitet die Seele mit der Kraft des Erkennens und mit allen Kräften in Gott und vereinigt sie mit ihm. Und Gott wirkt über der Seele Kraft hinaus, und sie empfängt ein göttlich Leben und wird nach Gott geordnet.

Da ist sie angelangt in ihrem ersten Ursprung, wo ihr von wonnevoller Einigung nie so wohl geschah. Wenn die Seele den Kuß der Liebe empfängt, so steht sie in vollendeter Schöne und Seligkeit. Da verstummen alle Sinne und hört man ohne Mittel und erkennt man ohne Bild. In dieser lauteren Erkenntnis erkennt die Seele Gott zumal, wie er einfach ist von Natur und dreifach in den Personen. Der Seele Willen und der Wille Gottes fließen ineinander und umschlingen sich in rechter Einigung. Es ist eine Berührung, ein Umfangen in innigster Einigkeit. Gott berührt die Seele nach seinem Wesen; er sieht die Kreatur an und gibt ihr sein Wesen, und sie sieht Gott an und empfängt ihr Wesen. Wo ich bin, da ist Gott, und wo Gott ist, da bin ich. Was Gott ist, das ist mein, und was mein ist, das liebe ich, und was ich liebe, das liebet mich und zieht mich hinein in sich, und was mich in sich gezogen, das bin ich mehr, als ich selber bin. Durch die Liebe werdet ihr Gott mit Gott, soweit es einer Kreatur möglich ist. Was Gott ist von Natur, das ist die Seele von Gnaden.

Aber dies Sprechen und Wirken Gottes widerfährt nur guten und vollkommenen Leuten. Wer Gottes Raunen hören will, dem müssen andere Stimmen stumm geworden sein. Und vor allen Dingen muß das würdige Leben und die edle Lehre unseres Herrn Jesus Christus in ihm leben.

Noch mehr: die Statt der Liebe ist allein im Willen. Wer mehr Willen hat, der hat auch mehr Liebe. Und wer davon mehr habe, das weiß niemand von dem andern. Es liegt verborgen in der Seele, dieweil Gott verborgen ist im Grunde. Etwas anderes ist ein Ausbruch, eine Äußerung der Liebe: die mag sehr scheinen, sei es als sanfte Rührung, Andacht oder stürmischer Jubel – und ist doch, meiner Treu, das beste nicht! Denn es rührt manchmal nicht von der Liebe, sondern von der sinnlichen Natur, daß man so süße Wollust religiöser Andacht habe. Es kann des Himmels Eindruck sein – es kann auch aus der Sinnlichkeit entstammen. Und die gar viel davon haben, sind alleweg die allerbesten nicht. Schließlich ist alles Erkennen und Lieben, so sehr wir davon selig sind, hienieden nur ein Vorgeschmack. Der volle Genuß wird uns erst in der seligen Ewigkeit. Gott offenbart sich in diesem Leben nie so ganz, daß es nicht gegen das, was er wirklich ist, wie nichts wäre.

Solange ein Mensch im Stande des Wachstums ist, kann er Gott nicht schauen. Solange wir unterwegs sind zu Gott, haben wir ihn nicht.

„Rühre mich nicht an!“ sprach unser Meister zu Maria Magdalena, „ich bin (in dir) noch nicht zu meinem Vater aufgestiegen.“

Daß dieses Geringere in uns abfalle und wir „erkennen dich, den allein wahren Gott“ – dazu helfe uns Gottes Kraft! Amen[5].

Heinrich Seuse

(etwa 1295–1366)

Die Stufen

Nimm wahr, wie der Widerfluß des Geistes (zu Gott) in rechter Ordnung beschaffen ist:

Das erste ist ein lediger Verkehr von der Welt Lüsten und von sündlichen Gebrechen, sich kräftiglich zukehren zu Gott mit emsigem Gebete, Abgeschiedenheit und tugendlich besonnene Übungen, um untertänig zu machen den Leib dem Geiste.

Das andere ist, sich willig und geduldig darbieten, zu leiden die unzählige Menge aller Widerwärtigkeiten, die dem Menschen von Gott oder von den Kreaturen zufallen mögen.

Das dritte ist, daß man das Leiden des gekreuzigten Christus in sich bilde und seine süße Lehre, den sanften Wandel, das lautere Leben, das er uns vortrug, auf daß wir ihm folgen und durch ihn weiterdringen ins Innere.

Danach, mit einem Entfallen äußerlichen Tuns, sich setzen in eine Stille seines Gemütes mit einer kräftigen Gelassenheit, als wäre der Mensch sich selber tot, indem er sich selber nirgend führe und meine, sondern allein im Sinne habe die Ehre Christi und seines himmlischen Vaters, und zu allen Menschen, sowohl Freunden als Feinden, sich demütig und freundlich verhalte.

Danach kommt ein geübter Mensch in ein Schweigen der äußeren Sinne, die vorher gar zu beschäftigt nach außen waren, und der Geist kommt in ein Entsinken seiner obersten Kräfte nach ihrer üppigen Natürlichkeit: in eine übernatürliche Empfindung. Da dringt schon der Geist tiefer ein, verlierend die ihm anhaftende Kreatürlichkeit, in den Ring, der die ewige Gottheit bedeutet, und kommt zur Vollendung des Geistes . . . Dies mag „des Geistes Überfahrt“ heißen, denn er ist da über Zeit und Raum und ist in minnereicher, inniger Schauung in Gott vergangen.

Und wer sich selbst hier noch weiter verlassen kann und wem Gott sonderlich helfen will mit einem kräftigen Stoß, wie er St.

Paulus tat, . . . dem wird der kreatürliche Geist vom überwesentlichen Geist ergriffen und hineingezogen in das, wohin er aus eigener Kraft nicht kommen könnte. Diese neue Erfahrung entschlägt ihm Bilder und Formen und alle Mannigfaltigkeit. Er weiß nicht mehr von sich selber und nicht von allen Dingen und wird hineingeschwungen mit den drei Personen in den Abgrund des einfältigen Eins, da er seine Seligkeit genießt nach der höchsten Wahrheit[1].

Entbildung von der Kreatur

Die wahrste, nützeste und behendste Lehre, die dir werden mag zur höchsten Vollkommenheit eines lauteren Lebens, ist diese: Halte dich abgeschieden von allen Menschen, halte dich lauter von allen eingezogenen Bildern, mache dich frei von allem, was am Zufall haftet, und richte dein Gemüt zu allen Zeiten auf ein tugendliches, göttliches Schauen, indem du Gott zu allen Zeiten vor Augen hast als stetes Bild, von dem dein Auge nimmer wanke. Und was andere Übung ist, es sei Armut, Fasten, Wachen und alle andere Kasteiung, so richte sie zu diesem als ihrem Ziele und habe ihrer soviel, als dich dazu fördern können. Siehe, so gewinnst du das höchste Ende der Vollkommenheit, das unter tausend Menschen nicht einer begreift, weil sie ihr Ziel in andere Übungen setzen und darum irregehen all die langen Jahre[2].

Das ist die hohe Schule und ihre Kunst, eine ganze, vollkommene Gelassenheit seiner selbst, daß der Mensch stehe in ganzer Entwordenheit, wie immer sich Gott gegen ihn erzeige, in sich selbst oder in seinen Geschöpfen, in Liebe oder in Leid, sofern es menschliche Schwäche zu leisten vermag, um allein auf Gottes Lob und Ehre zu schauen[3].

Umgestaltung in Christus

(Christus): Weißt du nicht, daß ich das Tor bin, durch das alle die wahren Gottesfreunde müssen eindringen, die zur rechten

Seligkeit kommen sollen? Du mußt den Durchbruch nehmen durch meine leidende Menschheit, sollst du wahrlich kommen zu meiner bloßen Gottheit[4]. Denn es kann niemand kommen zu göttlicher Hoheit, noch zu ungewöhnlicher Süßigkeit, er werde denn zuvor gezogen durch das Bild meiner menschlichen Bitterkeit. Meine Menschheit ist der Weg, den man geht, mein Leiden ist das Tor, durch das man schreiten muß, will man kommen zum hohen Ziele.

Darum tu hin deines Herzens Kleinmut, und tritt zu mir in den Ring ritterlicher Festigkeit! Denn dem Knechte ziemet nicht wohl Zartheit, wo der Herr stehet in streitbarer Kühnheit. Christus will dir seine Waffenkleider anlegen, und all sein Leiden muß von dir gelitten werden nach deinem Vermögen[5].

Siehe, spricht Christus, wenn du dich befleißest, das allerbeste zu tun, das du verstehest, und dabei von den Menschen Spottworte und schmähliche Gebärde empfängst und sie dich völlig vernichten in ihrer Meinung – du aber stehest nicht nur fest und unbeweglich, sondern bittest auch noch lieblich für sie den himmlischen Vater und entschuldigest sie minniglich vor ihm –: siehe, sooft du vor Minne dir so erstirbst, ebensooft ergrünet und erblühet mein Tod an dir[6].

Freuet euch, freuen mögen sich alle leidenden, gelassenen Menschen; denn ihre Geduld soll herrlich belohnt werden! Sie sind mit mir erstorben, sie sollen auch mit mir fröhlich erstehen. Drei sonderliche Gaben will ich ihnen geben, und die sind so würdig, daß niemand sie schätzen kann. Fürs erste, ich will ihnen geben Wunschesgewalt im Himmel und auf Erden, daß alles, was immer sie wünschen, geschehen soll. Das andere ist, ich will ihnen meinen göttlichen Frieden geben, den weder Engel, noch Teufel, noch Menschen, noch irgendeine Kreatur ihnen nehmen mag. Das dritte ist, ich will sie so inniglich durchküssen und so minniglich umfangen, daß ich sie und sie ich und wir zusammen ein einiges Eins ewiglich bleiben sollen[7].

„Wo ich bin, da soll auch mein Diener sein." Wer den Ort, den der Sohn sterbend am Kreuze nahm, wer den strengen Weg in Nachfolgung nicht gescheut hat, dem ist wohl möglich und billig nach seiner Verheißung, daß er die fröhliche Statt der lauteren Gottes-Sohnschaft in freudenreicher Weise geistig genieße in Zeit und in Ewigkeit, soweit es nur möglich ist. Und wo ist diese Statt der lauteren göttlichen Sohnschaft?

Sie ist in dem bildreichen Lichte der göttlichen Einheit ... wo in dunkler Bestimmungslosigkeit alle Vielheit vergeht, wo der Geist verliert seine Selbstheit und alles bewußte Selbstwirken abstreift ...

In die übervernünftige Statt des verborgenen göttlichen Grundes da erschwingt sich der Geist geistend, und von endloser Höhe wird er fliegend, dann wieder schwimmend von grundloser Tiefe in den hohen Wundern der Gottheit ...

Jene bloße göttliche Einheit ist eine dunkle Stille und eine schweigende Müßigkeit, die niemand verstehen kann, es sei denn, daß in ihm selber leuchte die Einigkeit ... Und sie leuchtet in alle Dinge in einfältiger Stillheit. Nicht wahrgenommen wird da der Unterschied der Personen für sich in jener einfältigen weislosen Weise. Denn weder des Vaters Person, für sich genommen, gibt Seligkeit, wie die Lehrer sagen, noch die Person des Sohnes allein, noch die des Heiligen Geistes, sondern die drei Personen, innehangend in Einigkeit des Wesens, das ist die Seligkeit.

Wenn der Geist in dieser verklärten, glanzreichen Düsterheit in Selbstvergessen eigentlich wohnhaft wird, da verliert er alle Mittel und Eigenschaft, wie St. Bernhard spricht. Und die Verlorenheit seiner selbst ist ein Eingehen in die Gottheit, die ihm irgendwie alle Dinge geworden ist, wie die Schrift sagt.

In dieser Entsunkenheit vergeht der Geist, und doch nicht gänzlich. Er gewinnt etliche Eigenschaft der Gottheit, und wird doch nicht natürlich Gott. Was ihm geschieht, das geschieht ihm von Gnaden. Denn er ist ein aus nichts geschaffenes Etwas, das als solches ewiglich bleibet ... Aber jene Erkenntnis entrückt den Geist in dem „Nicht" der göttlichen Einigkeit und im

Vergessen seiner selbst und aller Dinge ... In diesem wilden Gebirge der übergöttlichen Statt, da tut sich auf der grundlose, tiefe Abgrund für alle Kreaturen, der nur sich selber ergründlich ist, verborgen allem, was er nicht selber ist, und deren er sich mitteilen will ... und von dem Einblick entsinkt der Geist sich selber und aller seiner Selbstheit. Er entsinkt auch der Wirksamkeit seiner Kräfte, wird ohne eigenes Wirken und eigenen Geist. Das kommt von der Wandlung, da er aus seiner Selbstheit vergangen ist und verloren in das fremde Sein, in der Stille des verklärten, glanzreichen Dunkels und der bloßen, einfältigen Einigkeit. – Und in dieser weiselosen Statt, da liegt die höchste Seligkeit[8].

Selbstbekenntnisse

In meinem Anfang da geschah es einmal, daß ich in den Chor ging am St. Agnes-Tag, gerade als der Konvent zu Mittag gegessen hatte. Ich war da allein und stand im niederen Gestühle des rechten Chores. Zu derselben Zeit hatte ich ein sonderliches Gedränge von schwerem Leiden, das auf mir lag. Und so ich also trostlos stand und niemand bei mir noch um mich war, da ward meine Seele verzückt, in dem Leibe oder außer dem Leibe. Da sah ich und hörte, was allen Zungen unaussprechlich ist. Es war formlos und weiselos und hatte doch aller Formen und Weisen freudenreiche Lust in sich. Das Herz war gierig und doch gesättigt; das Gemüt war fröhlich und frohgestimmt; ihm war Wünschen gestillet und Begehren vergangen. Ich tat nur hineinstarren in den glanzreichen Widerschein, in dem ich gewann meiner selbst und aller Dinge Vergessen. War es Tag oder Nacht, das wußte ich nicht. Es war des ewigen Lebens eine ausbrechende Süßigkeit nach gegenwärtiger, stillstehender, ruhiger Empfindung. Ich sprach danach: „Ist das nicht Himmelreich, so weiß ich nicht, was Himmelreich ist. Denn all das Leiden, des man kann gewärtig sein, mag die Freude von Recht nicht verdienen dem, der sie ewiglich soll besitzen.“ Dieser überschwengliche Zug währte wohl eine Stunde oder eine halbe. Und da ich wieder zu mir selber kam, da war mir in aller Weise als einem Menschen, der von einer anderen Welt ist gekommen . . . Der himmlische Geschmack aber blieb mir danach viele Zeit und gab mir eine himmlische Sehnung nach Gott.

Eines Tages las man zu Tisch von der Weisheit, davon mein Herz ingründlich bewegt ward . . . Und ich sprach zu mir selbst: „Wahrlich, es muß recht sein, sie muß mein Lieb sein; ich will ihr Diener sein!“ Und ich gedachte: „Ach Gott, möchte ich die Liebe nur einmal sehen, möchte ich nur einmal zu ihrer Rede kommen! Ach, wie ist das Lieb gestaltet, das soviel lieblicher Dinge in sich verborgen hat? Ist es Gott oder Mensch, Frau oder Mann, Kunst oder List? Oder was mag es sein?“ Da ich mich bemühte, sie in den ausgelegten Geheimnissen der Schrift mit den inneren Augen zu ersehen, da zeigte sie sich mir also: Sie schwebte hoch über mir in einem gewölkigen Throne; sie leuchtete als der Morgenstern, und schien als die spielende Sonne; ihre Krone war Ewigkeit, ihr Kleid Seligkeit, ihre Worte Süßigkeit, ihr Umfangen aller Lust Genügsamkeit. Sie war fern und nahe, hoch und nieder, sie war gegenwärtig und doch verborgen; sie ließ mit ihr umgehen, und es mochte sie doch niemand ergreifen. Sie reichte über das Oberste des höchsten Himmels und berührte das Tiefste des Abgrunds; sie zerbreitete sich von Ende zu Ende gewaltiglich und richtete alle Dinge aus süßiglich. So ich jetzt wähnte, zu haben eine schöne Jungfrau, alsbald fand ich einen edlen Jüngling. Sie gebärdete sich bisweilen als eine weise Meisterin, bisweilen hielt sie sich als eine gar weidliche Minnerin. Sie bot sich zu mir inniglich und grüßte mich viel freundlich und sprach zu mir gütlich: „Gib mir dein Herz, mein Kind!“ Ich neigte mich ihr zu Füßen und dankte ihr herzlich aus einem demütigen Grunde. Dies ward mir zuteil, und nicht mehr konnte mir werden.

Danach gewöhnlich, da ich also sinnend ging nach der Allerlieblichsten, da tat ich eine innerliche Frage und fragte mein minnesuchendes Herz also: „Ach, mein Herz, siehe, von wannen fließt Minne und alle Anmut? Von wannen kommt alle Zartheit, Schönheit, Herzenslust und Lieblichkeit? Kommt es nicht alles von dem ausquellenden Ursprung der bloßen Gottheit? Wohlauf denn, Herz und Sinn und Gemüt, hin in den grundlosen Abgrund aller lieblichen Dinge! Wer will mir nun wehren? Ach, ich umfange dich heute nach meines brennenden Herzens Begierde!“

Und dann drückte sich in meine Seele irgendwie der ursprüngliche Ausfluß alles Guten, in dem ich geistlich alles fand, was da schön, lieblich und begierlich war: das war alles da in unaussprechlicher Weise.

Da ich nach meiner Gewohnheit nach der Mette in meine Kapelle kam und um eines kleinen Rühleins willen in meinem Stuhle saß – das Sitzen war kurz und währte nicht länger, als bis der Wächter den aufgehenden Tag verkündete –, da gingen mir dann auch meine Augen auf, und ich fiel geschwind auf meine Knie und grüßte den aufbrechenden lichten Morgenstern, die zarte Königin vom Himmelreich, und meinte: wie die kleinen Vöglein im Sommer den lichten Tag begrüßen und ihn fröhlich empfangen, also in der fröhlichen Begierde grüßte ich die Lichtbringerin des ewigen Tages, und ich sprach dann die Worte nicht einfältiglich, ich sprach sie mit einem süßen stillen Getön in meiner Seele.

Einmal saß ich so zu derselben Zeit in meiner Ruhe. Da hörte ich etwas in meiner Inwendigkeit so herzlich erklingen, daß mein ganzes Herz bewegt ward. Und die Stimme sang, während der Morgenstern aufging, mit einem lauten und süßen Ton die Worte: „Der Meeresstern Maria ist heute hervorgegangen." Dieser Gesang hallte so übernatürlich wohl in mir, daß mir mein ganzes Gemüt entrückt ward und sang mit ihm fröhlich. Da wir es miteinander munter ausgesungen hatten, da ward mir eine unsägliche Umarmung, und während dem ward zu mir gesprochen also: „Je minniglicher du mich umfangest und je unkörperlicher du mich küssest, desto minniglicher und lieblicher wirst du umfangen in meiner ewigen Klarheit." Also gingen mir die Augen auf, die Tränen rollten mir das Antlitz herab, und ich grüßte den aufgehenden Morgenstern nach meiner Gewohnheit.

Eines Tages war mir, wie wenn das väterliche Herz in geistlicher Weise, ich weiß nicht wie, unsäglich unmittelbar an mein Herz zärtlich geneiget wäre und daß mein Herz ganz zum väterlichen Herzen begierlich aufgetan wäre, und dünkte mir, wie das väterliche Herz, die ewige Weisheit, minniglich und formlos in mein Herz spreche. Da erhob ich mich und sprach fröhlich in dem geistlichen Jubilieren: „Wohlan, mein liebliches Lieb, so entblöße ich mein Herz, und in der einfältigen Bloßheit von aller Geschaffenheit umfange ich deine bildlose Gottheit! O weh, du übertreffendes Lieb alles Liebes! O weh, du alles Liebes grundlose Vollheit, du zerfließest in Liebes Herzen, du zergießest dich in der Seele Wesen, du bloßes All in All, dessen Liebe kein einziger Teil ausbleibt, sondern lieblich mit Lieb vereinet wird!“

Ich fing einmal die wehtuende Übung an, daß ich mir ein gar kleines Maß zu trinken aufsetzte. So ich bisweilen gar durstig war und aus Strengheit meinen Durst weder mit Wasser noch mit Wein löschen wollte und ich dann viel jämmerlich auf zu Gott sah, da ward mir einmal von Gott innerlich also geantwortet: „Schau, wie ich stand durstig in sterbender Not mit wenig Essig und Galle, und es waren doch alle kühlen Brunnen des Erdreichs mein eigen!“ . . . So saß ich einst eines Sonntags zu Abend mit Jammer bei Tische; denn mir wollte das Essen vor großem Durst nicht munden. Nachdem man den Tischsegen gesprochen, eilte ich schnell in meine Kapelle; denn ich konnte mich von überwundenen Leiden nicht mehr enthalten und brach aus und floß hin mit bitterlichen Tränen und sprach: „O weh, Gott, du allein erkennest Herzenleid und Herzennot! Wie bin ich in diese Welt so recht mühselig geboren, daß ich in aller Fülle so recht großes Gebrechen muß leiden!“ Da ich in dieser Klage stand, da war mir in meiner Inwendigkeit, als wenn etwas in meiner Seele spräche also: „Hab’ guten Mut! Gott will dich bald erfreuen und trösten! Weine nicht, wackerer Ritter, gehab’ dich wohl!“ Die Worte erquickten ein wenig mein Herz, daß ich aufhörte und nicht mochte gänzlich weinen, aber vor Schmerzen auch nicht gänzlich mochte fröhlich sein . . . Und in derselben Nacht war mir vor einem Gesicht, wie Unsere Frau käme mit dem lieben Kindlein Jesus, in der Gestalt, als es auf Erdreich und siebenjährig war. Es brachte in der Hand ein Krüglein mit frischem Wasser. Das Krüglein war hell glänzend und war ein wenig größer als ein Konventsbecher. Da nahm Unsere Frau das Krüglein in ihre Hand und bot es mir, daß ich tränke. Ich nahm es und trank mit großer Begierde, und ich löschte meinen Durst nach Wunsch[9].

Johannes Tauler

(etwa 1300–1361)

Entwerden

Ich sage dir in der Wahrheit, die Gott selber ist: Sollst du ein Mensch werden nach dem Willen Gottes, so müssen alle Dinge in dir absterben, darum und daran du haftest, es sei an göttlicher Gnade, es sei an den Heiligen, es sei an den Engeln und dazu an all dem, was dir tröstlich wäre nach geistlicher Begier. Das muß alles ab sein, soll anders Gott wahrlich und lauterlich in dir leuchten und sein adeliges, göttliches Werk vollbringen[1].

Je minder mannigfaltig, je mehr einfältig. Gott wirkt nicht eigentlich in dir in Mannigfaltigkeit – es muß eins sein. Je mehr die Kräfte der Seele abgeschieden und vom Äußern gereinigt sind, je mehr sie geweitet und gebreitet von innen werden, desto mehr wird das Wort Gottes kräftiger, göttlicher und vollkommener. Dies kann man nicht erlangen denn mit einem gründlichen Sterben seiner selbst. Das Leben kann wahrlich in uns nicht sein, noch uns zuteil werden, noch können wir es werden, wir müssen erst dessen entwerden und es mit einem Sterben erlangen[2].

Der Mensch sollte in allen Dingen sich inwärts kehren, inwendig warten und Gottes in dem Tun wahrnehmen, ihm die Kraft des Werkes lassen und sich nicht anders halten denn als ein Werkzeug, da Gott innen und hindurch wirke. Ziehe dich ein, senke dich in den Grund deiner Seele, darinnen Gott gegenwärtig wohnet ... und gib dich Gott gefangen, über Worte, über Gedanken, über Vernunft, sinkend in die Finsternis, in den lauteren Glauben! Der Mensch, der sich Gott gefangen gibt, dem muß auch Gott hinwieder sich wesentlich gefangen geben. Und dann führt Gott den Menschen über alle Weise und über alles Gefängnis in die göttliche Freiheit in sich selber, daß der Mensch mehr ist ein göttlicher denn ein natürlicher Mensch[3].

Wenn der Mensch alle Dinge und Mannigfaltigkeit aus- und inwendig, auch sich selbst, seine Sinne und Kräfte, Gott gelassen und verloren hat, so muß er auch „Vater und Mutter", das ist die Dinge, die die Anhänglichkeit in ihm geboren hat, vergessen und ihrer entbildet werden. Er muß auch der Tugend, die ihn geboren hat, überbildet werden, sofern sie in Unterschied, in Werken und Bildern besteht. Sie muß entbildet und wesentlich werden und wieder eingeformt, wo sie geboren und ausgeflossen – wo alle Bilder und Werke enden: in Gott . . . Denn alle Bilder meinen dies und das, und alle Wege trennen; wenn man aber das Ende erreicht hat, bedarf man der Wege nicht. Die Tugend wird uns nimmer so eigen, so wahrlich und wesentlich, als wenn wir ihrer in diesem Einen entbildet werden. Da wirkt sie sich selbst um sich selbst; und meinet nichts außer sich selbst, außer Gott – denn Gott ist das Wesen aller Tugend. Sie wirkt Gutes um seiner selbst willen, sie hat ihren Grund in sich selbst und weiß kein anderes Warum als: Gutes, weil es gut ist[4].

Wenn man aller Menschen Werke getan hätte, die je getan würden, so soll man in seinem Grunde dessen bloß und ledig sein – weil die, so ein gutes Werk taten, weder Kleines noch Großes, sondern „Gnade um Gnade" von der Barmherzigkeit Gottes empfangen[5].

Wer Gott nicht sucht oder minnet in allen Dingen, der findet ihn auch nimmer recht in einem Dinge. Wer ihm nicht ist in allen Weisen, der wird ihm auch nicht in einer Weise. Also soll der Mensch Gott suchen in allen Weisen und soll nicht achten, durch welche Wege er gehe und wie sich diese verändern. Wer Gott nicht daheim oder auf der Straße sucht und findet und nehmen kann, der nahm ihn nie recht in der Kirche, das ist sicher[6].

Wie unser Herr Jesus Christus frei und ledig ist und sich allzeit neu empfängt ohne Unterlaß und ohne Zeit von seinem himmlischen Vater, und sich in demselben neu ohne Unterlaß vollkommen wieder eingebiert mit dankbarem Lob in die väterliche Hoheit nach gleicher Würde, also soll der Mensch stehen, der die höchste Wahrheit empfinden und darin leben will: ohne Vor und Nach und ohne Hindernis all der Werke und

Bilder, die er je verstand, in diesem Neuen ledig und frei – allein die göttliche Gabe empfangend und diese wiedergebärend und darbringend Gott ohne Hindernis in demselben Lichte, mit dankbarem Lob in unserem Herrn Jesus Christus[7].

In Wahrheit, wer Gott zu eigen ist, dem ist hinwieder auch er zu eigen und läßt ihn nimmer, er zieht ihn in seine Gegenwart von den Menschen. Ist dies nicht ein wonniges Ding, ein hochzeitlich fröhliches Leben, so wir in Gott sind und Gott in uns?[8]

Göttlich werden

Wenn dem edlen lauteren Geist im Innern vorgehalten wird das lautere liebliche Gut, das Gott ist, und der Geist recht inne wird seiner überwesentlichen Hoheit, desto mehr entsinkt er seiner selbst und aller Kreaturen Kleinheit und kann in sich selbst nichts zurückhalten; es stürzt der lautere Geist in den lauteren Abgrund, der Gott ist[9].

Da tut der Herr ihm recht den Mantel von den Augen und entdeckt ihm die Wahrheit, und dann gehet der lichte Sonnenschein auf und hebt ihn zumal aus all seiner Not und allem Kummer, und dem Menschen ist recht, als ob er ihn von dem Tod lebendig gemacht hätte. Da führet der Herr den Menschen aus sich selbst in sich und tröstet ihn all seines Elends, und all seine Wunden werden heil. Gott zieht den Menschen aus menschlicher in die göttliche Weise, aus allem Jammer in die göttliche Sicherheit, und da wird dann der Mensch also vergottet, daß alles, was der Mensch ist und wirkt, Gott in ihm ist und wirkt[10].

Unsere Seligkeit liegt nicht an unserem Werke, sondern an dem, daß wir Gott leiden. Denn soviel edler Gott ist als alle Kreaturen, also viel edler ist das Werk Gottes als alles meine[11].

Ein göttlicher Mensch ist, wer eins ist in Gott und Gott in ihm. Was dieser Mensch tut oder läßt in und für Gott, das ist allzeit das allerbeste Werk. Er wirkt auch so viel im allergeringsten wie im allergrößten Werk; denn dies nimmt seine Güte nicht von außen, es hat sie wesentlich von innen und ist nicht besser durch die Länge und Breite. Es hat ein Ave Maria so viel Gutes in sich, mit gleicher Güte gesprochen, als ein Psalter, und ein Schritt gegangen als über das Meer gefahren[12].

Johann van Ruysbroek

(1293–1381)

Reinigung

Gott gibt zuerst sein Licht, und infolge dieses Lichtes gibt der Mensch seine vollkommene und willige Zukehr. Aus diesen beiden erfolgt die vollkommene Minne zu Gott, und aus der Minne kommt die vollkommene Reue und Reinigung des Gewissens, und diese erfolgt durch das Hinschauen auf die Missetat und auf die Befleckung der Seele. Darum daß der Mensch Gott minnet, kommt ihm das Mißbehagen vor sich selbst und all seinem Tun.

Das ist die Ordnung der Bekehrung; darauf kommt wahre Reue und ein vollkommener Schmerz des Menschen, daß er je sündigte, und sein heißer Wille, nie wieder zu sündigen, immer mehr Gott in demütigem Gehorsam zu dienen, aufrichtige Beichte ohne Rückhalt und Doppelsinnigkeit und Beschönung und vollkommenes Genugtun nach dem Rat eines einsichtigen Priesters – und dann: Anfang mit Tugend und allen guten Werken[1].

Erleuchtung

Die erste Ankunft Christi in das Begehren ist ein innerlicher, fühlbarer Antrieb des Heiligen Geistes, der uns zu allen Tugenden anfeuert und ansporntt.

Diese Ankunft ist zu vergleichen dem Glanz und der Kraft der Sonne, die in einem Augenblick von dem Orte ihres Ausganges aus die ganze Welt erleuchtet, bestrahlt und erwärmt. Und ähnlich so strahlt und glänzt Christus, die ewige Sonne, die auf dem Gipfel des Geistes wohnt, und erleuchtet und entzündet den niederen Teil des Menschen, nämlich das leibliche Herz und die Gefühlskräfte.

Das vollzieht sich schneller als in einem Augenblick. Denn Gottes Werk ist schnell. Der Mensch aber, an dem dies geschehen soll, der muß innerlich mit verständigem Auge sehend sein.

Die Sonne scheint im Oberland in der mittleren Region auf das Gebirge hin. Sie bringt da frühen Sommer, viele gute Früchte und starken Wein. Und das Land ist voller Freude. Die gleiche Sonne gibt ihren Schein auch dem Niederland am Ende der Erde. Diese Landschaft ist kälter und die Kraft der Wärme geringer. Dennoch bringt sie viele gute Früchte hervor, aber man findet da wenig Wein. So ist es auch bei den Menschen, die in dem niederen Teil ihres Selbstes, bei den äußeren Sinnen bleiben – obgleich in guter Meinung, in sittlichen Tugenden, mit äußeren Übungen und in der Gnade Gottes. Sie bringen viele gute Früchte der Tugenden mannigfacher Art, aber von dem Wein der inneren Freuden und der geistlichen Tröstung verspüren sie wenig.

Der Mensch aber, der den Schein der ewigen Sonne, die Christus selbst ist, fühlen möchte, der soll sehend sein und soll auf dem Berge im Oberland wohnen mit Sammlung all seiner Kräfte. Er soll sein Herz hinauf zu Gott erheben, frei von Lieb' und Leid und von allen Geschöpfen. Dort scheint Christus, die Sonne der Gerechtigkeit, in die frei erhobenen Herzen – und das sind die Berge, die ich meine.

Christus, die glorreiche Sonne und göttliche Klarheit, erleuchtet, durchstrahlt und entzündet bei seiner inneren Ankunft mit der Kraft seines Geistes das freie Herz und alle Kräfte der Seele. Das also ist das erste Werk der inneren Ankunft: in der Übung des Begehrens.

Aus dieser Glut entsteht die Einheit des Herzens. Denn wir können keine wahre Einheit erlangen, es sei denn, daß der Geist Gottes sein Feuer in unseren Herzen entfacht. Dies Feuer aber vereint mit sich und macht sich gleich alles, was es zu bewältigen und umzuformen vermag.

Einheit ist, wenn sich der Mensch mit all seinen Kräften von innen gesammelt fühlt in der Einheit seines Herzens. Einheit bringt inneren Frieden und Ruhe des Herzens. Einheit des Herzens ist ein Band, das Leib und Seele, Herz und Sinn und alle äußeren und inneren Kräfte in der Einigung der Minne zusammenzieht und umschließt.

Aus dieser Einheit des Herzens kommt die Innerlichkeit. Denn niemand kann innerlich sein, er sei denn einig gesammelt in sich.

Innerlichkeit ist, wenn der Mensch inwendig zu seinem eigenen Herzen eingekehrt ist, damit er das Einwirken oder Einsprechen Gottes zu verstehen und zu fühlen vermag. Innerlichkeit ist ein fühlbares Feuer der Minne, das der Geist Gottes angefacht hat und das den Menschen von innen antreibt. Dieser aber weiß nicht, woher es kommt und wie es ihm geschieht.

Aus der Innerlichkeit kommt eine fühlbare Liebe, die des Menschen Herz wie auch die begehrende Kraft der Seele durchdringt. Diese begehrende Liebe und die fühlbare Lust des Herzens kann niemand haben, er sei denn innerlichen Gemütes.

Fühlbare Minne und Liebe, das ist ein begehrendes, schmeckbares Gelüste, das man nach Gott als dem ewigen Gut empfindet, in dem alles Gute enthalten ist. Fühlbare Minne verzichtet auf alle Geschöpfe – hinsichtlich des Gelüstens, nicht hinsichtlich der Notwendigkeit . . . Innerliche Liebe fühlt sich von innen berührt durch die ewige Minne und muß dieser immerdar pflegen. Innerliche Liebe vernichtigt und verschmäht leicht alle Dinge, damit sie erlange, worauf ihre Minne zielt.

Andacht ist, wenn das Feuer der Minne und Liebe seine Flamme des Verlangens zum Himmel sendet. Andacht bewegt und treibt an, innerlich sowohl als äußerlich, zum Dienste Gottes. Andacht läßt Leib und Seele erblühen in Ehre und Würdigkeit vor Gott und vor allen Menschen. Andacht heischt Gott von uns in jedem Dienst, den wir leisten sollen. Andacht reinigt Leib und Seele von allen Dingen, die uns aufhalten und hindern können. Andacht zeigt und gewährt den rechten Weg zur Seligkeit.

Aus der inneren Andacht kommt Dankbarkeit. Denn niemand kann Gott so gut Lob und Dank darbringen als der innerlich andächtige Mensch. Mit Recht sollen wir Gott danken und ihn loben, da er uns doch als vernünftige Wesen geschaffen, den Himmel und die Erde und die Engel zu unserem Dienste geordnet und gefügt hat, da er für unsere Sünden Mensch geworden ist, uns gelehrt, unterrichtet und zurechtgewiesen, da er in demütigem Gewand uns gedient hat, einen schmählichen Tod für uns litt, sein ewiges Reich und sich selbst zum Lohn und auch zur Vergeltung verheißen hat. Hat er uns doch in unseren Sünden geschont, dann uns vergeben wollen oder vergeben. Seine Gnade und Minne hat er in unsere Seele gelegt und will in uns und mit uns ewig wohnen und bleiben. Und unser Leben lang will er uns besuchen und hat uns besucht nach unserer Bedürftigkeit durch seine erhabenen Sakramente. Er überläßt uns sein Fleisch und sein Blut als Speise und Trank, gemäß eines jeden Verlangen und Hunger. Er hat uns die Natur und die Schrift und alle Geschöpfe zum Beispiel und als seinen Spiegel vorgelegt, damit wir beobachten und lernen sollen, wie wir alle unsere Werke in Tugenden wandeln können. Gesundheit, Kraft und Stärke hat er uns gegeben, und manchesmal hat er uns zu unserem eigenen Besten Krankheit und äußeres Elend gesandt oder inneren Frieden und Ruhe in uns gestiftet. Wir tragen christliche Namen und sind von Christenmenschen geboren. Für all das sollen wir Gott schon hienieden danken, auf daß wir ihm oben ewiglich danken mögen.

Wir sollen aber auch Gott loben durch alles, was wir zu leisten vermögen. Gott loben: das heißt, daß der Mensch der göttlichen Allmacht sein Leben lang Ehre, Verehrung und Achtung darbringe.

Gott loben ist das eigentlichste und besonderste Werk der Engel und Heiligen im Himmelreich und der minnenden Menschen auf Erden. Gott soll man loben durch Begehren, durch Hinaufrichten unserer Kräfte, durch Wort, Werk und Leib und Seele und durch das Gute in demütigem Dienst, innerlich wie äußerlich.

Die Gott hienieden nicht loben, werden ewig stumm bleiben. Gott zu loben ist minnenden Herzen das befriedigendste und fröhlichste Werk.

Ein Herz, das des Lobes voll ist, verlangt, daß alle Geschöpfe Gott loben möchten.

Gott zu loben, dessen wird kein Ende. Denn das ist unsere Seligkeit. Mit Recht werden wir ihn loben in der Ewigkeit[2].

Die höchste Weise der inneren Übung, das ist ein inneres Leben nach der Gerechtigkeit.

Nun verstehet: Gott kommt ohne Unterlaß zu uns, mit Mitteln und ohne Mittel, und fordert von uns Wirken und auch Genießen. Doch so, daß eines vom andern nicht behindert, sondern vielmehr gekräftigt werde. Und darum lebt der innerliche Mensch sein Leben in diesen zwei Weisen: in Wirken und Ruhen. Und in einer jeden ist er ganz und ungeteilt. Denn er ist ganz in Gott, da er genießend ruht – und ist doch ganz in sich selbst, da er tätig minnt. Und stündlich wird er von Gott aufgefordert und gemahnt, beides zu erneuern, Ruhe und Werk. Und die geistliche Gerechtigkeit will auch stündlich zahlen, was Gott von ihr fordert.

Darum kehrt bei jedem Einstrahlen Gottes der Geist ein, wirkend und genießend, und also wird er erneuert in allen Tugenden und tiefer versenkt in genießender Ruhe.

Denn Gott gibt in ein und demselben Geben sich selbst und seine Gaben. Und der Geist gibt in jeder Einkehr sich selbst und alle seine Werke.

Denn vermittels der einfachen Einstrahlung von Gott und der genießenden Neigung und des Hinschmelzens in Minne ist der Geist geeinigt mit Gott und wird ohne Unterlaß in die Ruhe übergeführt. Und vermittels der Gabe des Verstandes und der labenden Weisheit wird er wirkenderweise berührt und stündlich erneuert und entzündet in Minne. Und es wird ihm im Geiste alles gezeigt, was man begehren mag. Er ist hungrig und durstig: denn er sieht der Engel Speise und den himmlischen Trank. Er arbeitet fleißig in Minne, denn er sieht seine Ruhe. Er ist Pilger und sieht seine Heimat. Er kämpft in Minne um den Sieg, denn er sieht seine Krone.

Trost, Freude und Friede, Schönheit und Reichtum und alles, was da erfreuen kann, wird der erleuchteten Vernunft in Gott gezeigt, maßlos und in geistigen Bildern. Und vermittels dieses Zeigens und dieser Gottesberührung bleibt die Minne tätig. Denn ein solcher Gerechter hat ein wahrhaftes Leben im Geiste durch Ruhen und Wirken gegründet, das ewig bleiben wird. Nur wird es nach diesem Leben in einen höheren Zustand übergehen.

Also ist der Mensch gerecht und wandelt zu Gott mit inniger Minne in stetem Wirken – und wandelt in Gott mit genießender Hinneigung in stetem Ruhen.

Und er bleibt in Gott und geht dennoch aus zu allen Geschöpfen in allumfassender Minne, in Tugend und Gerechtigkeit. Und das ist die höchste Stufe im innern Leben.

Alle die Menschen, die nicht Ruhe und Wirken in einer Übung besitzen, die haben ihre Gerechtigkeit noch nicht erlangt.

In seiner Einkehr kann der Gerechte nicht gehindert werden. Denn er kehrt sich, genießend und wirkend, nach innen. Freilich, der Mensch gleicht einem Doppelspiegel, der auf zwei Seiten Bilder aufnimmt: Nach dem obersten Teil nimmt der Mensch Gott auf mit all seinen Gaben, nach dem unteren Teil aber nimmt er irdische Bilder auf durch die Sinne. Wohl kann er sich darum einkehren, wie er will, und der Gerechtigkeit pflegen ohne Hindernis; aber der Mensch ist schwankend in diesem Leben, und deswegen kehrt er sich oft nach außen und übt sich im Sinnenbereich ohne Notwendigkeit und ohne das Gebot der erleuchteten Vernunft, und so fällt er in verzeihliche Sünden. Doch alle verzeihlichen Sünden sind in der minnenden Einkehr des gerechten Menschen gleich wie ein Tropfen Wasser auf einem glühenden Ofen[3].

Einigung

Es spricht der Geist Gottes in der verborgenen Entflossenheit unseres Geistes: „Gehe hinaus“, in ein ewiges Schauen und Genießen nach Gottes Weise!

Aller Reichtum, der in Gott von Natur ist, den besitzen wir durch die Minne in Gott – und Gott in uns, vermittels der unermeßlichen Minne, die der Heilige Geist ist.

In dieser Minne verkostet man alles, was man verlangen mag. Und darum sind wir vermittels dieser Minne uns selbst gestorben und ausgegangen in minnigliches Entfließen, in Unweise und in

Finsternis. Da ist der Geist umfangen von der heiligen Dreifaltigkeit, ewiglich innebleibend in der überwesentlichen Einheit in Ruhen und Genießen. Und in derselben Einheit ist, nach dem Prinzip der Fruchtbarkeit, der Vater im Sohne und der Sohn im Vater, und alle Kreaturen in ihnen beiden. Das geht hinaus über den Unterschied der Personen. Denn hier versteht man durch die Vernunft Vaterschaft und Sohnschaft als die lebende Fruchtbarkeit des einen göttlichen Wesens.

Hier entspringt und beginnt ein ewiges Hinausgehen und ein ewiges, anfangloses Werk. Denn hier ist ein Anfang ohne Anfang. Denn da der allmächtige Vater im Grunde seiner Fruchtbarkeit sich vollkommen begreift, so ist der Sohn, das ewige Wort des Vaters, ausgegangen als zweite Person in der Gottheit. Und vermittels der ewigen Zeugung sind alle Geschöpfe ewiglich ausgegangen, ehe sie in der Zeit geschaffen waren. Da hat sie Gott angesehen und erkannt in sich selber mit Unterscheidung, in lebendigen Ideen und in Anderheit von sich – doch nicht alle ein anderes in jeder Hinsicht: denn alles, was in Gott ist, das ist Gott.

Dieses ewige Ausgehen und dieses ewige Leben, das wir in Gott von Ewigkeit her ohne uns selbst haben und sind, ist die Ursache unserer geschaffenen Wesenheit in der Zeit. Und unsere geschaffene Wesenheit liegt in der ewigen Wesenheit und ist eins mit ihr nach dem wesentlichen Sein.

Dieses ewige Leben und Wesen, das wir in Gottes ewiger Weisheit haben und sind, ist Gott ähnlich. Denn es hat ein ewiges Innebleiben im göttlichen Wesen, ohne unterschieden zu sein. Und es hat durch die Geburt des Sohnes ein ewiges Ausfließen in einer unterschiedenen Anderheit, gemäß den ewigen Ideen. Und in dieser doppelten Hinsicht ist es Gott so ähnlich, daß er sich ohne Unterlaß in dieser Ähnlichkeit erkennt und spiegelt nach Wesen und Personen. Denn wenn auch unterschieden und anders der Vernunft nach, ist doch diese Ähnlichkeit eins mit dem Bilde der heiligen Dreifaltigkeit; mit der Weisheit Gottes, worin Gott sich und alle Dinge in einem ewigen Jetzt, ohne Vor und Nach, beschaut. In einfachem Sehen sieht er sich selber an und alle Dinge.

In diesem göttlichen Bilde denn haben alle Geschöpfe ein ewiges Leben, ohne sich: weil in dem ewigen Urbild. Und nach diesem ewigen Bilde und nach seiner Ähnlichkeit hat uns die heilige Dreifaltigkeit gemacht.

Darum will Gott, daß wir aus uns hinausgehen in diesem göttlichen Lichte und daß wir dies Bild, das unser eigenes Leben ist, übernatürlicherweise erstreben und mit ihm wirkend und genießend es besitzen in ewiger Seligkeit . . .

Alle die Menschen, die über ihre Geschaffenheit erhoben sind in ein schauendes Leben, sind eins mit dieser göttlichen Klarheit. Und sie sind die Klarheit selbst und fühlen und finden selber, vermittels dieses göttlichen Lichtes, daß sie hinsichtlich ihrer Ungeschaffenheit derselbe einfache Grund sind, aus dem die unbegrenzte Klarheit nach göttlicher Weise ausstrahlt – und doch, seinem einfachen Wesen gemäß, einfach innewohnend bleibt, ewiglich ohne Weise.

Darum sollen die innerlichen, schauenden Menschen ausgehen nach Weise des Schauens, über Vernunft und Unterscheidung und über ihre geschaffene Wesenheit durch ewiges Hinstarren.

Vermittels des ungeborenen Lichtes werden sie umgestaltet und eins mit demselben Lichte, womit sie sehen und welches sie sehen.

Und so folgen die schauenden Menschen ihrem ewigen Bilde, zu dem sie gemacht sind, und schauen Gott und alle Dinge ohne Unterscheidung in einem einfachen Sehen in göttlicher Klarheit.

Und das ist das edelste und nützlichste Schauen, zu dem man in diesem Leben gelangen kann! . . .

Und hier beginnt nun das letzte: nämlich eine minnigliche Begegnung, in der unsere höchste Seligkeit ganz besonders gelegen ist.

Ihr müßt wissen, daß der himmlische Vater als ein lebendiger Grund mit allem, was in ihm lebt, wirkend in seinen Sohn gekehrt ist als in seines Selbstes ewige Weisheit. Und dieselbe Weisheit und alles, was in ihr lebt, ist wirkend zurückgewandt in den Vater, in denselben Grund, daraus sie kommt; in dieser Begegnung aber entspringt die dritte Person neben dem Vater und dem Sohne, der Heilige Geist, die Minne der beiden, die eins mit beiden ist in derselben Natur und die Vater und Sohn und alles, was in ihnen lebt, mit so großer Freude und Reichtum umgibt und wirkend und genießend durchdringt, daß alle Kreatur ewiglich hierüber schweigen muß. Denn das unbegreifliche Wunder, das in dieser Minne liegt, übersteigt ewiglich das Verstehen aller Geschöpfe.

Aber da, wo man dieses Wunder ohne Verwunderung versteht und empfindet, da ist der Geist über sich erhaben und eins mit dem Geiste Gottes und empfindet und sieht maßlos gleich wie Gott den Reichtum, der er selbst in der Einheit des lebendigen Grundes ist, wo er sich besitzt nach der Weise seiner Ungeschaffenheit. . .

Der göttliche Abgrund selber wird niemals begriffen, es sei denn durch die wesentliche Einheit. Vor ihm müssen die Personen weichen, wie alles, was in Gott lebt. Denn hier ist anderes nicht als ein ewiges Ruhen in einem genießenden Umfangensein durch minnigliches Zerschmelzen[4].

3. Englische Mystik

Richard Rolle

(etwa 1300–1349)

Mystisches Selbstzeugnis

Von dem Anfang meiner Lebens- und Geistesumwandlung bis zu dem Augenblick, wo mein Geist des Himmelstores ansichtig wurde, um mit den Augen des Herzens das Himmlische enthüllt zu schauen und zu erkennen, wie ich meinen Geliebten suchen und zu ihm mich durchringen solle, verflossen drei Jahre weniger drei Monate. Dann verging ein Jahr, in dem das Tor des Himmels geöffnet blieb, bis zu dem Zeitpunkt, wo ich die Glut der ewigen Liebe wahrhaft im Herzen empfand. Ich saß nämlich in einer Kapelle, und während ich mich an der Süßigkeit des Gebets oder der Betrachtung gar sehr ergötzte, empfand ich plötzlich in mir eine ungewohnte, wonnigliche Glut. Lange zweifelte ich, woher sie stamme, bis ich merkte, daß sie nicht von einem Geschöpfe, sondern vom Schöpfer ausgehe. Denn ich fand sie in steigendem Maße nur immer brennender und wonniger.

Während der Zeit, wo jene unvergleichlich süße Glut in sinnlich wahrnehmbarer Weise brannte, verging ein halbes Jahr, drei Monate und einige Wochen bis zur Einflößung und Wahrnehmung des himmlischen oder geistlichen Tones, der in dem ewigen Lobgesang erklingt und die Süßigkeit der überirdischen Melodien atmet, da er nicht hervorgebracht noch vernommen werden kann außer von dem, dem er mitgeteilt worden ist – und ein solcher muß gereinigt und von der Erde gelöst sein. Als ich nämlich in derselben Kapelle saß (es war am Abend vor Essenszeit) und nach Kräften sang, da hörte ich über mir wie ein Getön von Zitherspielern oder richtiger von Singenden. Und während ich auch durch Gebet meinen Sinn mit voller Sehnsucht auf das Himmlische richtete, spürte ich alsbald in mir einen wunderbaren Zusammenklang und empfing vom Himmel die wonnereichste Harmonie, die je in meiner Seele weilte. Denn mein Denken verwandelte sich fortwährend in tönenden Gesang und meine Betrachtungen in Hymnen, und im Verfolge brach vor dem Übermaß innerer Süßigkeit das als Gesang hervor, was ich zuvor nur gesagt hatte. Im Verborgenen freilich, nur vor meinem Schöpfer. Nicht wurde dies denen bekannt, bei denen ich weilte. Wenn sie es gewußt hätten, würden sie mich über die Maßen geehrt haben, und ich hätte so den schönsten Teil jener Gnade eingebüßt und wäre in Trostlosigkeit verfallen.

Zuweilen ergriff mich Verwunderung darüber, daß ich also verzückt war und daß Gott mir Gnaden verliehen, um die ich meines Wissens nicht gebeten und von denen ich nicht glaubte, daß sie auch dem Heiligsten in diesem Leben zuteil würden. Daher erachte ich, daß dies keinem seiner Verdienste wegen zuteil werde, sondern daß Christus es aus Gnade verleihe, wem er wolle. Ich glaube jedoch, daß niemand jene Gnade erhalte, wenn er den Namen Jesu nicht auf besondere Weise liebt, so daß er denselben nie (außer im Schlafe) aus seiner Erinnerung schwinden läßt . . .

So verflossen denn vier Jahre und etwa drei Monate von dem Anfang meiner Geistesumwandlung bis zur höchsten Stufe der Liebe Christi, die ich durch Gottes Gnade erreichen mochte, wo ich das Lob Gottes in Jubelgesang erschallen ließ. Dieser Zustand mit den früheren zusammen dauert dann bis zum Ende, und nach dem Tode wird er noch vollkommener, da die Wonne der Liebe, die hienieden beginnt, im Reiche des Himmels zur glorreichsten Vollendung gelangen wird[1].

Die Wolke des Nichtwissens

(etwa 1350)

All dein Leben muß immerdar in Sehnsucht stehen, so du fortschreiten willst in Vollkommenheit, und diese Sehnsucht muß allerwegen gewandelt werden in Wollen durch die Kraft des allmächtigen Gottes und deine Zustimmung[1].

Erhebe dein Herz zu Gott in sanftem Zug der Liebe: Ihn sollst du meinen – nicht eines seiner Güter; auf ihn schauen, so daß du an nichts anders denken magst als nur an ihn, und nichts in deinem Geist oder deinem Willen wirksam sei als nur er selbst. Tue, was an dir ist, um alle Kreatur zu vergessen, die Gott je machte, samt ihren Werken, so daß dein Gedanke oder Begehren durch keines von ihnen gerichtet oder abgelenkt sei, weder im allgemeinen noch im besonderen!

Das ist das Werk der Seele, daran Gott größtes Wohlgefallen hat, und alle Engel und Heiligen haben Freude an diesem Werk[2].

Alle vernünftigen Geschöpfe, Engel und Menschen, haben in sich eine erste schaffende Kraft, die heißt Erkenntniskraft, und eine zweite schaffende Kraft, die heißt Liebeskraft. Der ersten dieser beiden Kräfte, der Erkenntniskraft, ist Gott, der sie gemacht hat, immer unerfaßbar; der zweiten aber, der Liebeskraft, ist er, wenn auch beim einen mehr, beim andern weniger, faßbar in Fülle. Das ist das grenzenlose Wunder der Liebe, deren Werk nie zu Ende geht; denn immer wirkt sie und läßt nie davon ab.

Wer also wieder hergestellt ist durch Gnade, um auf die Regungen seines Willens zu achten, der wird in diesem Leben, wie er niemals ohne Regungen des natürlichen Lebens ist, so auch niemals ohne ein gewisses Erspüren der endlosen Güte sein, noch in der Seligkeit des Himmels ohne ihre Sättigung[3]. Ein Wunder wäre es, die Regungen zu zählen, die da in einer Stunde geschehen in einer Seele, die dieses Werkes empfänglich ist. Schon in einer einzigen dieser Regungen mag einer mit einem Schlage alle Kreaturen vollkommen vergessen. Und wenn er auch, zufolge der menschlichen Verderbnis, nach den himmlischen Regungen immer wieder zu diesem und jenem irdischen Gedanken oder zu diesem und jenem irdischen Tun herabfällt – was bedeutet es, da er sogleich sich wieder so schnell erhebt, wie er zuvor es tat?

So vernimm denn in Kürze, welches die Weise dieses Werkes sei: Du sollst wissen, daß es weitab ist von allen Bildern der Sinne und aller Vorstellung und aller klugen Meinung, die nicht aus der frommen Regung der verborgenen Liebe entspringt, sondern aus stolzer Neugier und sinnesträchtigem Wissen . . . Die Menschen, die nicht das Sinnengemäße abstreifen aus ihrem Denken, werden gröblich getäuscht. Darum, um Gotteswillen, laß solches fahren in diesem Werk und mühe dich nicht in Geschäftigkeit des Verstandes oder der Vorstellung! Ich sage es dir gerade: dorthin gelangt man nicht durch solches Bemühen. Und darum sollst du es lassen und dich nicht mühen in solchem[4].

Und wenn irgendein Gedanke sich erhebt und sich dir allerwegen entgegenstellt zwischen dir und der göttlichen Finsternis und dich fragt: Was suchst du und was begehrst du zu haben?, so sage: Gott ist es, den ich begehre; ihn suche ich und ihn allein! Und wenn er fragt: was ist das, „Gott"?, so sage: Es ist Gott, der mich erschaffen und erlöst hat und durch Gnade berufen zu dieser Stufe! Und mag ein Mensch, ob Mann oder Weib, durch lange Zeit sich geübt haben in Betrachten über die eigene Sündhaftigkeit, über das Leiden, die Erbarmung, Güte und Huld Gottes (so heilig dieses auch ist und so verfehlt es wäre, ohne es die Beschauung anzustreben) – schließlich muß er es lassen und es hinwerfen in die Wolke des großen Vergessens, wenn er je will hindurchdringen durch die Wolke der Unwissenheit zwischen sich und Gott . . .

So du dir also dieses Werk vorgenommen und durch Gnade empfindest, daß du von Gott dazu berufen bist, so erhebe dein Herz zu Gott in sanfter Regung der Liebe! Meine nur Gott, der dich erschaffen und erlöst und in Gnade zu dieser Stufe gebracht, und laß keine anderen Gedanken zu über Gott! So tue, wenn du die Sehnsucht in dir empfunden: denn eine lautere Willensrichtung zu Gott, die keine andere Ursache hat als ihn selber, mag dir genügen[5].

Und laß es dich nicht verdrießen und mühe dich, bis du Genüge findest! Denn in der ersten Zeit, da du daran gehst, findest du nur Finsternis: eben die Wolke des Unwissens. Du weißt nicht was, nur spürst du in deinem Willen die lautere Richtung auf Gott. Und diese Finsternis und diese Wolke, wie du auch immer es halten magst, ist immerdar zwischen dir und Gott, so daß du ihn nimmer deutlich im Lichte des Verstehens schauen kannst in deiner Vernunft, noch in rechtem Fühlen in Süßigkeit der Liebe in deinem Herzen .. Darum mache dich gefaßt, in dieser Finsternis zu sein für lange Zeit, und rufe nur immer nach ihm, den du liebst! Denn wenn je du ihn sehen oder empfinden willst, soweit es hienieden geschehen kann, so kann es nicht anders als eben in dieser Wolke und dieser Finsternis sein[6]. Und das sage ich dir: es ist keine Kreatur, und wäre sie noch so rein in diesem Leben, und wird auch nie eine sein, so hoch entzückt sie auch sei in Beschauung und Liebe der Gottheit, daß da nicht immerfort die erhabene, wundervolle Wolke des Nichtwissens wäre zwischen ihr und ihrem Gott[7].

Alle Sanftmut und Demut, wenn sie in den Bereich dieser dunklen Wolke des Nichtwissens kommt, wo alles andere zu Boden fällt und vergessen wird, ist in erhabener, vollkommener Weise begriffen in jener leisen, heimlichen Liebesregung zu Gott. Und so ist es mit allen anderen Tugenden, insonderheit mit der Liebe. Denn Liebe umfaßt nichts anderes als Gott über alle Kreatur und die Menschen um Gottes willen wie sich selbst. Daß aber in diesem Werk Gott geliebt wird über alle Kreatur, ist klar zu erweisen; denn, wie gesagt, ist jenes Werk nichts anderes als ein lauteres Hingerichtetsein auf Gott um seiner selbst willen. Ein „lauteres Hingerichtetsein" sage ich: denn in diesem Werk verlangt der vollkommene Jünger nicht Nachlaß von Strafen, noch Zuwachs an Lohn, noch irgendsonst etwas außer Gott, wie es ihn auch gleich wenig kümmert, ob er in Not oder Glück sei, wenn nur sein Wille erfüllt wird, den er lieb hat. So ist denn klar, daß Gott vollkommen geliebt wird in diesem Werke . . . Und daß darin auch der zweite Bestandteil der Liebe, die Liebe zum Mitchristen, wahrhaft und vollkommen erfüllt wird, ist ebenso deutlich; denn der vollkommene Jünger in diesem Werke schaut nicht mit besonderm Blick auf irgend jemand um seinetwillen, sei es Verwandter oder Fremder, sei es Freund oder Feind; denn alle Menschen nimmt er als Verwandte und niemand als Fremden, und alle Menschen empfindet er als seine Freunde und niemand als seinen Feind, so sehr, daß er alle, die ihm weh tun in diesem Leben, als seine wahren und besten Freunde ansieht und sich angetrieben fühlt, ihnen Gutes zu wollen, wie er es seinen teuersten Freunden will[8].

Es gibt gewisse Beschäftigungen, denen sich der Jünger des beschaulichen Lebens widmen soll: Lesung, Betrachtung, Gebet. . . . Aber es ist nicht so mit jenen, die zur Stufe emporgestiegen sind, von der wir hier reden. Denn ihre Betrachtungen sind sozusagen nur plötzliche Einsichten und verborgene Empfindungen von der eigenen Unwürdigkeit oder von Gottes Güte, ohne irgendwelche Mittel vorausgehender Lesung oder Predigt, und ohne daß sie irgend etwas in Sonderheit unter Gott betrachteten. Und wie ihre Betrachtungen, so sind auch ihre Gebete plötzlich und ohne Mittel da. Ich meine ihre besonderen Gebete, nicht die von der heiligen Kirche verordneten. Denn die wahren Jünger dieses Werkes verehren kein Gebet so sehr wie das der heiligen Kirche; und darum beten sie auch in der Weise, wie es durch heilige Väter vor uns geordnet ist. Aber ihre besonderen Gebete steigen zu Gott wie von ungefähr, ohne Mittel und Vorbereitung. Und wenn es mündliche Gebete sind (was freilich seltener ist), so bestehen sie in ganz wenig Worten; je weniger, um so besser. Und ist es ein Wörtlein von einer Silbe, so ist es besser als zwei und entspricht mehr dem Werk des Geistes. Denn der Jünger des Geistes sollte immerfort in der höchsten, erhabensten Spitze des Geistes sein[9].

Solch geistiges Rufen lernt man besser von Gott durch Erfahrung als von einem Menschen durch Wortbelehrung. Denn das Beste ist im lauteren Geist, ohne Einzelgedanken oder Aussprache eines Wortes, es sei denn in jenen Fällen, wo die

Überfülle des Geistes in Worte ausbricht. So ist es etwa mit dem einen Wort „Gott“: Erfülle deinen Geist mit seinem geistigen Sinn, ohne Einzelgedanken an eines seiner Werke (es mag ein gutes, besseres oder bestes sein, in leiblicher oder geistlicher Ordnung) und ohne besonderen Gedanken an eine Tugend, die in eines Menschen Seele durch Gnade erblühen mag. Erwäge nicht, ob es Sanftmut oder Liebe sei, ob Geduld oder Entsagung, Hoffnung, Glaube, Mäßigkeit, Keuschheit oder Armut – was bedeutet das alles dem Beschaulichen? Denn alle Tugend findet und empfindet er in Gott, in dem alles ursächlich und wesenhaft ist. Wer Gott hat, hat alles zumal. Und darum begehrt er nichts im besonderen, sondern den guten Gott.

So halte es denn auch du, soweit es Gottes Gnade dir schenkt: meine Gott ganz und gar und den ganzen Gott, so daß nichts in deinem Geist und Willen wirke als Gott allein![10] Und alles andere Wissen oder Fühlen unter Gott versuche wegzuwerfen, weit weg in die Wolke des Vergessens, und begreife es, daß du in diesem Werke vergessen sollst nicht nur alle Kreaturen außer dir mitsamt ihren Werken, sondern du sollst auch vergessen in diesem Werk dich selbst und deine Werke für Gott, so gut wie die anderen Kreaturen und ihre Werke. Denn der vollkommen Liebende liebt nicht nur das Geliebte mehr als sich selbst, sondern er hasset sogar sich selber um dessentwillen, was er liebt[11].

Wenn du mich aber fragst, wie du zu diesem Werke gelangen könnest, so bitte ich den allmächtigen Gott um seine Gnade und große Güte, daß er dich selbst belehre. Denn wahrlich, ich kann es nicht. Und das ist nicht sonderbar. Denn es ist das Werk Gottes allein, in göttlicher Huld gewirkt in solchen, in denen es ihm gefällt, ohne Verdienst von ihrer Seite . . . Ich glaube sogar, daß unser Herr ebenso einzig und ebensooft (wenn nicht öfter und einziger) dieses Werk in solchen zu wirken sich würdigt, die viel gesündigt haben, mehr als in solchen, die ihn im Vergleich zu jenen nie schwer beleidigten. So will er es, weil er als Allbarmherziger und als Allmächtiger sich erweisen und weil er zeigen will, daß er wirkt, wie und wo und wann es ihm gefällt. Und doch gibt er diese Gnade und wirkt dies Werk nicht in einer Seele, die unempfänglich und ohne Bereitung ist[12].

Darum bitte ich dich, neige dich leise der sanften Regung der Liebe in deinem Herzen und folge ihr: sie wird dich führen in deinem Leben und wird dich zur Seligkeit des anderen bringen! Darin liegt der Kern allen guten Lebens, und ohne dies kann ein gutes Werk nicht Anfang noch Ende haben. Es ist dies aber nichts anderes als ein guter, wohlgefügiger Wille zu Gott, eine Art Wohlgefallen oder Fröhlichkeit, die du in deinem Gemüte spürst gegenüber allem, was er tut. Solch guter Wille ist der Kern der Vollkommenheit. Alle Süßigkeit und alles Behagen, leibliches oder geistiges, ist im Verhältnis zu diesem nur Nebensache, und wäre es noch so heilig; es hat Bestand nur im Zusammenhang mit diesem einen, dem guten Willen . . ., und ich bin fest überzeugt, wer diese Vollkommenheit des Willens erlebt, dem kann keine Süßigkeit und kein Behagen in diesem Leben begegnen, ohne daß er ebenso froh und fröhlich wäre, es zu entbehren nach Gottes Willen, wie es zu empfinden und es zu haben[13].

Darum sage ich, neige dich sanft der schönen Liebesregung in deinem Herzen! Ich meine nicht etwa das leibliche „Herz", sondern ich meine das geistige, den Willen, das Gemüt. Hüte dich überhaupt, leiblich zu verstehen, was geistig gesagt ist! Denn ich sage dir, die leiblich sinnliche Vorstellung in religiösen Dingen ist die Ursache vieler Verirrungen[14] . . . Denn ich sage dir, das Werk des Geistes kennt kein Oben noch Unten, noch ein Rechts oder Links, noch ein Vorn und Hinten, wie es im Leiblichen ist[15]. Zeit, Raum und Leib, diese drei müssen vergessen sein in allem geistlichen Werk[16]. Der Himmel ist geistlich ebenso unten wie oben, ebenso vorn und hinten, ebenso zu der Linken wie zu der Rechten. Wer ein rechtes Verlangen hat, im Himmel zu sein, der ist zur Stunde im Himmel, geistlich . . . wie auch St. Paulus sagt: „Mag auch unser Leib hier auf Erden sein, unser Leben ist im Himmel"[17].

Das leibliche „Nirgends" ist das geistige „Überall". Achte darauf, daß dein geistiges Werk nicht irgendwo leiblich sei! Wenn keine bestimmte Stätte mehr hat, was du wirkst im Willen und im Gemüte, so bist du im Geiste, so wahr dein Leben da ist, wo du bist in dem Leibe. Und wenn dein leiblicher Sinn keine Weise mehr hat, weil er als „Nichts" erkennt, was immer du tust, so wirke dies „Nichts" und wirke es recht aus Liebe zu Gott, und laß nicht ab und wirke emsig an diesem „Nichts", mit wachsender Sehnsucht des Willens, Gott zu haben, den niemand erkennen kann[18].

Es ist dies ein Großes, eben dadurch, daß man es nicht erkennen kann mit dem Verstande. Dieses Nichts wird viel mehr empfunden, als es gesehen wird; es ist ein verborgenes Dunkel, wenn man auch nur ein wenig hineinblickt; und doch ist die Seele dabei mehr „blind" durch die Fülle des geistigen Lichtes als durch Mangel an leiblichem Lichte. „Nichts" heißt es vom äußeren Menschen her; aber der innere Mensch nennt es das „Alles". Denn durch dieses erkennt er alles, Geistiges und Leibliches, ohne etwas im einzelnen anzuschauen[19].

Das ist die Lehre vom göttlichen Nichtwissen. Fahre wohl, geistlicher Freund, in Gottes und meinem Segen! Ich bete zu dem allmächtigen Gott, daß wahrer Friede, volle Einsicht und geistliche Stärke in Gott immerdar mit dir sei in Fülle der Gnade, wie auch mit allen Gottesfreunden auf Erden. Amen.[20]

Walter Hilton

(etwa 1330–1396)

Begriff der Beschauung

Du sollst wissen, daß es in der heiligen Kirche zwei Leben gibt, wie St. Gregor sagt, wodurch Christen ihr Heil gewinnen mögen. Das eine heißt das tätige, das andere das beschauliche. Ohne eines von diesen beiden kann niemand selig werden.

Das tätige Leben besteht in der Liebe, die nach außen zutage tritt in guten Werken, Erfüllung der Gebote Gottes und der sieben Werke der Barmherzigkeit, der geistlichen wie der leiblichen, gegenüber den Mitchristen. Das beschauliche Leben besteht in der Liebe, die man innerlich fühlt in geistigen Tugenden, in wahrem Erkennen und Schauen Gottes und geistlicher Dinge[1].

Es gibt viele Menschen, die haben wahre Tugend, Demut, Geduld, Liebe zum Mitmenschen nur im vernünftigen Denken und Wollen und haben nicht geistliche Trostempfindung oder gefühlsmäßige Liebe dabei. Oft fühlen sie Widerwillen, Beschwerde und Bitterkeit, sie zu betätigen, und üben sie doch in der Tat, auf Geheiß der Vernunft und aus Gottesfurcht; kurz, sie haben Tugend in Geist und Willen, ohne daß sie den Genuß gefühlsmäßiger Liebe hätten. Erst wenn durch Jesu Gnade und unter dem Einfluß der Übung in geistigem oder leiblichem Werke ihr Verstand in Licht und ihr Wille in Liebe sich wandelt, haben sie auch die Tugend in ihrem Gemüte[2].

(Um es mit anderen Worten zu sagen): es sind zwei Arten, wodurch sich das Gottesbild in der Seele erneuert. Die eine besteht im Glauben allein, die andere in der Verbindung von Glaube und Liebe. Die erste, das ist die Erneuerung durch den Glauben, genügt zum ewigen Heil; die zweite erwirbt sich besonderen Lohn im Himmel. Die erste ist leicht und schnell zu erlangen, die zweite nicht so, sondern in langer Zeit und mit vieler geistiger Mühe. Die erste bezeichnet die Anfänger und Fortschreitenden, Menschen des tätigen Lebens, die zweite ist die Art der vollkommenen Seelen, der beschaulichen Menschen. Es bedarf großer Fülle von Gnade und großer geistlicher Anstrengung, daß eine Seele dazu gelange. Erst wenn sie geheilt ist von ihrer seelischen Krankheit, wenn alle niederen Leidenschaften und fleischlichen Lüste und alle Empfindungen des alten Menschen ausgebrannt sind aus dem Herzen durch feuriges Verlangen und neue, gnadenvolle Empfindungen an deren Stelle getreten sind in Glut der Liebe und geistlichem Licht: nähert sich die Seele der Vollkommenheit und der Erneuerung des Gemütes[3].

Unser Herr Jesus ist es, der in erbarmungsreicher Güte diese Erneuerung wirkt. Er öffnet die inneren Augen der Seele, indem er die Vernunft durch Belehrung erleuchtet und sein gesegnetes Licht ausstrahlen läßt, daß man ihn sieht und erkennt; nicht auf einmal, sondern nach und nach zu verschiedenen Zeiten, sowie die Seele dessen empfänglich ist. Sie sieht nicht, was er ist (denn dessen ist keine Kreatur imstande im Himmel und auf Erden), noch sieht sie ihn, wie er ist (denn dieses Schauen ist himmlische Seligkeit); aber sie sieht, daß er ist: ein unwandelbares Sein, ein erhabenes Licht, erhabene Wahrheit, seliges Leben, endloses Glück. In dieser inneren Anschauung und Erkenntnis Jesu, mit der heiligen Liebe, die daraus entspringt, besteht die Erneuerung der Seele in Glaube und Liebe, wovon ich rede. Es ist in Glauben, weil dunkel im Vergleich zur vollen Erkenntnis, die einst im Himmel sein wird: denn dann werden wir sehen – nicht nur, daß er ist, sondern auch „wie er ist" (nach St. Johannes). Aber es ist auch in Fühlen, wenn man es neben das blinde Erkennen hält, das eine Seele hat, die nur im Glauben steht[4].

Das beschauliche Leben hat drei Teile. Der erste besteht in der Erkenntnis Gottes und geistlicher Dinge, erzeugt im Verstand durch Belehrung von Menschen und Studium in der Heiligen Schrift, noch ohne geistliche Regung und inneren Wohlgeschmack, der aus besonderer Gabe des Heiligen Geistes kommt. Dies ist der Anteil von manchen Gottesgelehrten, die durch langes Studium in der Erkenntnis der Schrift eine gewisse Fertigkeit erlangt haben. Der zweite Teil der Beschauung besteht vor allem in der Gemütsbewegung, die (als solche) des Lichtes und des Verstehens geistlicher Dinge ermangelt, und solches begegnet gewöhnlich bei einfachen, ungebildeten Seelen, die sich ganz der Frömmigkeit widmen. Der dritte und vollkommene Teil der Beschauung liegt in der Verbindung von Erkenntnis und Liebe Gottes. Und dies ist der Fall, wenn die Seele des Menschen durch Fülle der Tugend erneuert ist zu dem Bilde Jesu, und dann durch göttliche Heimsuchung aller irdischen, sinnlichen Anhänglichkeit, aller eitlen Gedanken und Bilder der leiblichen Kreatur enthoben und gleichsam den leiblichen Sinnen entrückt, durch die Gnade des Heiligen Geistes erleuchtet wird, daß sie die göttliche Wahrheit und geistliche Dinge schauen mag, mit einer sanften, süßen Glut der Liebe, so vollkommen, daß in der Entzückung der Liebe die Seele mit Gott geeint und zum Bild der heiligsten Dreifaltigkeit umgestaltet wird. Die volle Wirklichkeit dieser Gaben kann niemand haben, er sei denn zuvor erneuert in Jesu Bild durch Fülle der Tugenden; und niemand, der noch im sterblichen Fleische lebt, kann es in seiner überströmenden Fülle erleben, es sei denn in Stunden, wo ihm die Heimsuchung wird[5].

Beachte jedoch, daß Gesichte und Offenbarungen allerlei Art, sei es in körperhafter Gestalt oder in innerer Vorstellung, sei es im Schlaf oder im Wachen oder irgendwelcher Sinnesempfindung, so geistlich sie sein mag, sei es in Klang oder Geschmack oder Geruch oder einer Art Wärme, die dir die Brust glühen macht, oder überhaupt etwas, was mit leiblichen Sinnen empfangen wird, mag es auch noch so schön und erwünscht sein – nicht wahre Beschauung ist. So gut das alles sein mag, es ist etwas Nebensächliches im Vergleich zu den geistigen Tugenden: zur geistigen Erkenntnis und Liebe Gottes[6].

Weg zur Beschauung

Drei Mittel sind es vor allem, die den Menschen im allgemeinen zur Beschauung dienlich sind: Lesung der Heiligen Schrift und heiliger Lehre, Betrachtung und eifriges, andächtiges Gebet. Und drei Dinge müssen zuerst vorhanden sein, auf denen du, wie auf sicherem Grunde, dein ganzes Werk gründen mußt: Demut, fester Glaube und unbedingte Richtung auf Gott, ein ganzer Wille, der nichts anderes will als Gott gefallen[7].

Das Gebet ist nützlich, um zur Reinheit des Herzens zu gelangen durch Ausrottung der Sünde und Empfang der Tugenden. Obschon es nicht die Ursache ist, daß Gott deshalb seine Gnade verleiht, so ist es doch ein Weg, auf dem die frei geschenkte Gnade in eine Seele kommt.

Du sollst wissen, daß drei Arten des Betens sind. Das erste ist jenes mündliche, das in besonderem Sinne von Gott ist, das Vaterunser, und was von der heiligen Kirche verordnet ist: die Tagzeiten vom Morgen zum Abend, oder was fromme Menschen sonst an besonderen Formeln zu unserem Herrn, zu Maria, zu den Heiligen eingeführt haben. Die zweite Art des Gebetes ist ebenfalls mündlich, aber nicht nach einer bestimmten Formel, sondern wenn man durch Gottes Gnade die Regung der Andacht verspürt und in seiner Ergriffenheit des Gemütes zu ihm redet wie zu einem, der leibhaft zugegen ist. Die dritte Art ist im Herzen allein ohne Worte, in großer Ruhe und Stille für Leib und Seele. Reinen Herzen vornehmlich ist es gegeben, so zu beten. Denn sie haben durch lange Mühe leiblicher wie auch geistiger Art einen inneren Frieden erlangt, und ihr Gemüt hat solchen geistlichen Sinn bekommen, daß sie immerfort beten können in ihrem Herzen und Gott loben und preisen ohne viel Störung durch Versuchung und irdische Eitelkeiten[8].

Noch kurz etwas von Betrachtung, wie es mir recht scheint. Da sollst du wissen, daß man sich nicht einer festen Regel verschreiben soll, an die man sich bindet. Es handelt sich ja um freie Gaben unseres Herrn nach den mannigfachen Verhältnissen der auserwählten Seelen und nach dem jeweiligen Stande, in dem sich Menschen befinden. Zu Beginn der inneren Umkehr, wo man es noch mit Welt und Sünde zu tun hat, gehen die Gedanken zumeist um die Sünden mit großer Zerknirschung und Betrübnis des Herzens und vielen Tränen, womit man in Demut und Eifer Gnade und Vergebung sucht bei seinem Gott. Es ist Gott, der die Seele so zum Empfang von besonderen Gnaden der Liebe bereiten will, indem er sie reinigt durch solches Feuer der Zerknirschung für alle früheren Sünden. Nach solchen Mühen und oft auch zu gleicher Zeit (auch solchen, die durch Gottes Gnade in Unschuld verharrten) gibt unser Herr eine Betrachtung seiner Menschheit (seiner Geburt, seines Leidens), verbunden mit Mitleiden mit seiner heiligen Mutter. Wem solche Betrachtung gegeben ist durch den Heiligen Geist, dem ist sie überaus heilsam und nützlich. Da fühlst du in deinem Herzen eine solche Bewegung des Mitleids oder der Teilnahme mit deinem Herrn, daß du in tiefer Trauer und vielen Tränen mit aller Kraft der Seele und auch des Leibes von Staunen erfüllt bist über die Güte und Liebe, Geduld und Demut des Herrn, da er für einen so elenden Sünder, wie du bist, so große Pein ausgestanden. Und du fühlst dabei eine solche Innigkeit und Gnade im Herrn, daß dein Herz in Liebe und Freude in ihm erglüht unter süßen Tränen: so groß ist deine Zuversicht, daß dir die Sünden vergeben sind und deine Seele gerettet ist durch die Kraft seines heiligen Leidens. Mag solches eine „fleischliche Liebe“ heißen, um mit St. Bernhard zu reden, sie ist gut und überaus wertvoll, um Sünde in dir zu zerstören, und ein guter Weg, um zu Tugenden zu gelangen, und danach auch zur Betrachtung der Gottheit. Denn man kann nicht zu geistlicher Lust in der Beschauung der Gottheit gelangen, so man nicht erst in seiner inneren Vorstellung durch die Bitterkeit und das Mitleiden und das stete Gedenken an seine Menschheit hindurchgegangen[9].

Doch merke hier eines: Unser Herr gibt mancherlei Gaben, wo und wie es ihm gefällt, nicht einem Menschen alles und nicht allen Menschen eines – außer der Liebe, die allen gemein ist. Wenn deshalb jemand eine Gnade von Gott empfangen, wie es die Andacht im Gebete oder im Mitleiden mit Christus ist oder sonst irgend etwas, und wäre es noch so unscheinbar –: gib es nicht schnell wieder auf für ein anderes, es sei denn, du spürest wirklich ein Besseres! Halte fest, was du hast, und gib dir ernstliche Mühe darin, wenngleich du nach Besserem wohl verlangst, wenn Gott es dir geben will! Wenn es dir aber mählich entzogen wird und du siehst ein Besseres und fühlst dich dazu gezogen, dann ist es wohl auch der Ruf des Herrn, und dann ist es Zeit, daß du ihm nachgehst, um es zu erlangen, so gut du vermagst[10].

Beschauung und Askese

Nichts, was du tust, kann dich Gott ähnlich machen als Demut und Liebe; die zwei sind Gottes eigenes Kleid. „Lernet von mir", sagt er, „denn ich bin sanft und demütig von Herzen!" Lernet nicht, barfuß zu gehen und in die Wüste zu pilgern, noch vierzig Tage zu fasten, noch Jünger um euch zu sammeln, sondern lernt Demut von mir! Und von der Liebe sagt er, daß es „sein" Gebot sei, daß wir einander lieben, wie er uns geliebt; und daran wolle er seine Jünger erkennen, nicht an Wunderwerken und Teufelsaustreibungen, nicht an Predigt und Lehre, sondern allein an der Liebe zum Nächsten. So gibt auch im Himmel unser Herr seinen Auserwählten einen zweifachen Lohn; der eine ist wesentlich und ist das erhabenste: seine Liebe und Erkenntnis – sie wird bemessen nach der Liebe, die eine Seele im sterblichen Leibe trug. Diese Liebe ist das höchste Gut, denn sie ist Gott selber, und ist allen Seelen gemeinsam, die da das Heil haben, in welchem Stand oder Grad auch immer sie in der Kirche gelebt haben mögen; nur die Liebe ist Maß. Da kann es wohl sein, daß manch weltlicher Mann oder Weib, Herr oder Dame, Ritter oder Junker, Kaufmann oder Landmann mehr Lohn haben mag als

Priester oder Mönch, Ordensmann oder Domherr oder eingeschlossener Einsiedler. Warum? Weil er Gott mehr liebt durch Gottes Gabe. Der zweite Lohn aber ist unwesentlich im Vergleich zu diesem; den gibt unser Herr für besondere Werke, die ein Mensch über das Gebot hinaus tut. Dreier solcher Werke tun die Gottesgelehrten besonders Erwähnung: Martertum, Apostolat und Jungfrauschaft. – Du lebst in der Einsamkeit; aber es ist wohl mancher Mann und manches Weib in der Welt, die Gott näher sind als du und ihn einst mehr besitzen werden in Liebe und Erkenntnis als du, bei allem Unterschied des Standes. Willst du also gut fahren, so vergiß deinen Stand, als wäre er gar nichts! Denn es ist Wahrheit: soweit es auf dich ankommt, ist er nichts. Laß all deine Sehnsucht und all dein Bemühen nur auf das eine gehen: Demut und Liebe, geistige Tugend! Denn daran ist alles gelegegen. Soviel als du Gott und deinen Bruder liebst und erkennst, soviel ist deine Seele wert. Liebst du ihn wenig, so ist sie wenig, liebst du ihn gar nicht, so ist sie gar nichts[11].

Die Askese besteht darin, daß an die Stelle des alten Sündenbildes das Bild Gottes in deiner Seele tritt. Dort ist Sinnlichkeit, Lauheit, Unkeuschheit. Diese niederen Begierden machen den Menschen tierhaft und lassen ihn nicht die Liebe Gottes verkosten und versperren ihm die Anschauung geistiger Dinge. Darum sollst du nicht nur die Tat in dieser Beziehung fliehen, die schwere Sünde ist, und auch das freiwillige Verlangen in deinem Herzen (das oft läßliche, gelegentlich aber auch schwere Sünde ist), sondern du sollst auch die Wurzel derselben bekämpfen, die Empfindung und Lust der sinnlichen Regung.

Aber dieser Kampf muß in erster Linie geistig sein, durch Gebet und geistige Tugendübung, nicht leiblich durch äußeres Bußwerk. Wenn ein Mensch mit seinem geistigen Auge erkennt, wie häßlich vor Gott und wie ihm entgegen Stolz und Begierde, so wird er solches vor allem verabscheuen, und wird darum auch sich fürchten und ankämpfen gegen den bösen Willen des Neides oder des Zornes über den Nächsten, mehr als gegen die Regungen der Sinnlichkeit. Freilich denken nicht alle so; die Menschen sind im allgemeinen empfindsamer gegen Regungen des Fleisches und haben über solche Sünden mehr Trauer und Weh als wegen großer Leidenschaften des Stolzes und anderer geistiger Sünden. Aber das ist nicht recht; denn wenn sie die Heilige Schrift verstehen und die Aussprüche der Kirchenlehrer, so werden sie finden, was ich sage. Befleißige dich der Demut und Liebe, und so du dir recht darin Mühe geben willst, so wirst du genug zu tun haben![12]

Christus der Weg

Das beste aber wird immer noch sein und das zweckmäßigste, wenn du dein Herz auf eines zu lenken suchst, was ich dir jetzt sage: Das ist nichts anderes als die Person unseres Herrn Jesus Christus, des Gottmenschen. Ihn sollst du im Sinne haben, ihn vor Augen wie das innere Licht deiner Seele, mit großer, ehrfürchtiger Scheu, ihm zu mißfallen, und mit innigem Verlangen des Herzens, ihm zu gefallen, ihn zu lieben, zu erkennen, zu schauen, ihn durch seine Gnade zu eigen zu haben – hier durch ein bißchen geistlicher Empfindung und drüben durch Fülle des Seins. So du dieses Verlangen, das Jesus Christus zum Grunde hat, im Herzen hast, wird es dich lehren, was Sünde ist und was nicht, was gut und was besser ist. Willst du deshalb gegen die Wurzel der Sünde im allgemeinen oder gegen eine insonderheit aufkommen, so verlege dich recht auf dieses Verlangen in deinem Herzen und habe mehr Jesus im Sinn, nach dem du verlangst, als die Sünde, die dir zuwider! Handelst du so, so wird Jesus für dich kämpfen und Sünde in dir zerstören! Er ist es, der dies Verlangen gibt. Er ist es, der selber in dir verlangt und der zugleich der Verlangte ist. Er ist alles und wirkt alles, wenn du nur auf ihn schauen willst. Du aber „tust" nichts, sondern läßt ihn nur wirken in dir und gibst deine innere Zustimmung mit großer Freude des Herzens, die er dir geschenkt, um solches in dir zu wirken. Du bist nichts anderes als das vernünftige Werkzeug, wodurch er sein Werk vollbringt. Wenn du also in deinem Innern fühlst, daß die Berührung seiner Gnade dich emporträgt zum Verlangen nach ihm, mit mächtiger Sehnsucht, ihm zu gefallen und ihn zu lieben, so denke, daß Jesus es ist, den du hast! Er ist es ja, den du suchst. Schau ihn recht an: Er geht vor dir her, nicht zwar in leiblicher Gestalt, aber unsichtbar durch die verborgene Gegenwart seiner Kraft; und er wird dich führen den rechten Weg nach Jerusalem, zur Schau des Friedens[13].

Es gibt manche Fromme, die benehmen sich so, als stünde die Liebe Gottes in ihrer eigenen Macht: Sie zwingen sich mit großer Gewalt und keuchen so heftig, daß sie in leibliches Glühen geraten, als wollten sie Gott vom Himmel zu sich hernieder ziehen. Sie sprechen in ihrem Herzen und mit dem Munde: „O Herr, ich liebe dich und ich will dich lieben und will für deine Liebe den Tod erleiden!" und sie spüren dabei eine große Eifersglut und starke Gnade. Gewiß, dies Werk ist gut, wie ich glaube – wenn es mit Demut und Maß geübt wird. Aber die Seele, die die rechte Gabe der Liebe hat durch ein gnadenvolles Hinschauen auf Jesus (oder die wenigstens danach verlangt), die quält sich nicht über ihre Kräfte, als käme es auf ihre leibliche Anstrengung an. Sie denkt vielmehr, daß sie gar nichts ist und daß sie gar nichts aus sich vermag, sondern gleichsam ein totes Ding ist, dessen Leben allein von der Gnade Gottes kommen kann. Sie sieht, daß Jesus alles ist und alles wirkt, und darum begehrt sie nichts als die Gabe seiner Liebe. Darum bittet sie und danach verlangt sie, daß die Liebe Gottes ihre Seele berühre mit seinem gesegneten Licht, auf daß sie ein wenig erschaue von ihm durch die Kraft seiner gnadenreichen Gegenwart: dann kann sie ihn lieben. Und so kommt die Gabe der Liebe, das ist Gott, in die Seele.

Da sind manche, die auf dem gewöhnlichen Weg der Liebe voranschreiten und alle Tage sich mühen und gegen die Sünde im Kampfe liegen, um zur Tugend zu gelangen. Oft sind sie oben, oft sind sie unten, wie Ringkämpfer tun. Es ist gut so. Sie haben Tugend im Denken und Willen – aber nicht im inneren Fühlen und nicht in der Liebe; denn sie kämpfen, als sei es an ihrer Kraft gelegen. Und darum können sie nicht zur Ruhe gelangen und nicht völlig siegen. Freilich werden sie großen Lohn erhalten, aber es fehlt ihnen noch an rechter Demut. Sie haben sich noch nicht völlig in Gottes Hand gelegt; denn sie sehen ihn noch nicht. Die Seele aber, die die geistige Anschauung Jesu hat, plagt sich nicht so im Kampf um die Tugenden und richtet nicht darauf in erster Linie ihr Augenmerk. Sie trachtet vielmehr danach, daß sie die innere Anschauung Jesu bewahre, die sie besitzt, und ihn immer vor Augen habe und ihre Liebe recht an ihn binde, daß sie nicht davon abgehe; und alles andere mag sie darüber vergessen, soweit es möglich. Dann ist Jesus der Meister und Herr in der Seele gegen alle Sünde und drängt sie in den Schatten mit seiner gesegneten Gegenwart und bringt alle Tugend zum Wachsen; und die Seele ist so gestärkt und neu geboren durch das süße Gefühl der Liebe, das sie von ihrer inneren Anschauung hat, daß sie äußerlich nicht großen Aufwand macht. Liebe schlägt alle Sünden nieder in einer Seele und macht sie wie neu in neuem Empfinden der Tugend[14].

Die Nacht der Seele

„Wer Gott liebt, weilet im Licht." Wenn ein Mensch die Liebe dieser Welt als trügerisch erkennt und sich deshalb von ihr abwendet und Gottes Liebe sucht, so wird er nicht auf einmal ihre Seligkeit erfahren, sondern muß eine Weile im Dunkeln tasten, da er nicht plötzlich vom einen Licht zum andern, von der Weltliebe zur Gottesliebe übergehen kann. Und wie die Nacht dunkel ist und die körperhafte Kreatur verhüllt und das äußere Schaffen zur Ruhe führt, so verhüllt sich einem Menschen, der Jesus in sein Denken nimmt und ihn allein lieben will, der Anblick der eitlen Dinge und sein Begehren wird stille gegenüber allem Körperhaften. Es ist wie eine Nacht in ihm; denn er lebt in einem Dunkel. Aber wie gut ist diese Nacht und wie lichtvoll dieses Dunkel! Denn sie verscheucht die falsche Liebe dieser Welt und ist ein Anbrechen des wahren Tages. Und wahrlich, je tiefer die Nacht, um so wahrer der Tag der Liebe zu Jesus. Das meint der Prophet, da er sagt: „So ich sitze in Finsternis, ist der Herr mein Licht", wenn meine Seele den Regungen der Sünde entschlummert ist, gleichsam in mystischem Schlafe, dann ist der Herr mein Licht; dann nahet er mir mit seiner Gnade, mir zu zeigen von seinem Lichte. Wohl kostet es Schmerzen, solange der Mensch noch unrein und noch nicht gewohnt ist an diese Dunkelheit der Gnade, die nicht sogleich in Fülle kommt. Doch, wenn du auch solches spürst, nimm es nicht zu schwer und übermüde dich nicht, als wolltest du durch die eigene Leistung die Welt vollends ausräumen aus deinem Sinn! Nicht so; harre der Gnade, sei nur geduldig, brich dich nicht, und halte mit klugem Bedacht deine Sehnsucht und den Blick deiner Seele auf Jesus gerichtet, als hättest du nichts mit jenem andern zu schaffen! Mache es oft so, und nach und nach wird es durch das innere Empfinden der Gnade dir leichter werden, und du wirst zu immer größerer Ruhe gelangen[15].

Dieses Absterben der Welt, diese Nacht der Seele, ist die Pforte der Beschauung und der Neugestaltung des inneren Menschen, und nichts anderes als dieses. Es mögen mancherlei Wege sein und verschiedene Übungen, die den vielen behilflich sind zum Ziel der Beschauung. Aber nach all den verschiedenen Arten, sich zu bereiten, von seiten des Menschen und nach den verschiedenen Ständen in Orden und Welt mit ihren verschiedenen Weisen – schließlich gibt es nur eine Pforte: Sterben der Welt, geistliche Nacht. „Ihr seid gestorben und euer Leben ist verborgen mit Christus in Gott.“ Dann wird unser Herr Jesus Christus deine Seele mit seinem Lichtschein füllen und all ihre Kräfte[16].

So öffnet denn Liebe die geistigen Augen der Seele im Schauen auf Jesus durch seiner Gnade inneren Hauch und macht sie rein und fein und empfänglich für das Werk der Beschauung. Was dieses Auftun der inneren Augen sei: kein Gottesgelehrter auf Erden kann es ausdenken mit seinem Witz und sagen mit seiner Zunge. Es ist jene lichtvolle Finsternis, jenes reiche Nichts, davon ich rede, und möchtest du es umschreiben, so nenne es: Reinheit des Geistes, geistliche Ruhe, innere Stille, Friede des Gemüts, Höhe des Gedankens, Feinheit der Seele, lebendiges Gefühl der Gnade, Bewußtsein des Herzens, wachenden Schlummer der Braut und Kosten himmlischer Süße, Glut der Liebe, Schimmer des Lichts, Eintritt der Beschauung, Neuwerden des Gefühls[17].

Oft hat es den Anschein, daß eine Seele im Anfang des geistlichen Lebens mehr inniges Fühlen der Gottesliebe habe als eine andere, die zur Gabe der vollkommenen Beschauung gelangt ist. Denn ihre Andacht tritt mehr nach außen hervor in bemerkbaren Zeichen infolge des großen Eifers: in Tränen, Gebeten in kniender Haltung, in Worten und anderen leiblichen

Gebärden und Regungen; und manchem mag es scheinen, daß solche in Liebe förmlich verzückt seien. Und doch ist meine Meinung, daß dem nicht so sei. Gewiß, es sind Gaben der Gnade, erwählten Seelen von Gott verliehen, um sie von Weltliebe und Sinneslust abzuziehen, die lange Zeit in ihnen Wurzel geschlagen, und es mag sein, daß sie nicht anders davon befreit werden können als durch solche fühlbaren Regungen des Eifers und glühender Andacht. Und doch sind die starken Bewegungen des Trostes nicht nur von großer Liebesgewalt, die sie haben, sondern auch von der Kleinheit und Schwäche ihrer Seelen, die auch ein leises Berühren Gottes nicht aushalten können. Es ist wie mit einem alten Faß, wenn man neuen, starken Wein hineingießt: es dehnt sich und schwillt, als müßte es bersten, bis allmählich der Wein alles Unreine geläutert und ausgegoren hat. Sobald er klar und fein geworden, ist alles still. So wird auch die Liebe klar und still, wenn die Gärung vorüber. Seele und Leib sind ruhig geworden. Aber die Liebe, obschon sie nach außen sich stiller gebärdet, ist unvergleichlich stärker als zuvor. Sie ist jetzt ganz innen in kraftvoller Ruhe, und nur ein leichtes Glühen schimmert nach außen durch[18].

Juliana von Norwich

(etwa 1342–1413)

Gott allein

Unser Herr zeigte mir ein geistiges Gesicht von seiner trauten Liebe. Ich sah, daß er uns alles ist, was gut ist und uns förderlich. Er ist unser Kleid, das uns wohlig umhüllt und umwickelt und umwallt und umschließt aus zarter Liebe, so daß er nimmer uns verlassen mag. Und ich sah in diesem Schauen, daß er alles ist, was gut ist, soweit ich es verstehen kann.

Und er zeigte mir einen kleinen Gegenstand, so groß wie eine Haselnuß auf meiner flachen Hand, wie es mir vorkam, und rund wie ein Ball. Und ich schaute es mit den Augen meines Geistes und dachte: Was mag es sein? Und es ward mir eine allgemeine Antwort: „Das ist das geschaffene All."

Ich wunderte mich, wie es bestehen könne. Denn für mein Denken mochte es sogleich in nichts vergangen sein, so klein war es.

Und es ward mir geantwortet in meinem Geiste: „Es bleibt und soll immer bleiben. Denn Gott liebt es. Und so hat alles Sein durch Gottes Liebe."

An diesem kleinen Ding sah ich drei Eigenschaften: Zum ersten, daß Gott es geschaffen, zum zweiten, daß Gott es liebt, zum dritten, daß Gott es erhält. Was also sah ich darin? – Wahrhaft den Schöpfer, den Erhalter, den Liebenden ...

Dies kleine Ding, das geschaffen ist – mich dünkte, es müßte zu nichts vergangen sein, weil es so klein ist ... Ach, wir suchen Ruhe in etwas so Kleinem, worin Ruhe nicht ist! Und kennen nicht unseren Gott, den Allmächtigen, Allweisen, Allguten – die wahre Ruhe.

Gott will, daß wir ihn kennen. Er liebt es, daß wir in ihm ruhen. Denn alles, was unter ihm ist, genügt uns nicht[1].

Gott in allem

Danach sah ich Gott in einem Punkt – ich rede nach meinem Verstehen. Und in diesem Gesichte sah ich, daß er in allen Dingen ist. Und ich sah mit Aufmerksamkeit, und ich sah und erkannte in diesem Gesicht, daß er alles wirkt, was da geschieht.

Und ich verwunderte mich in diesem Gesichte mit sanftem Schrecken und dachte bei mir: Was ist dann Sünde? Denn ich sah wahrhaft, daß Gott alles wirkt, es sei noch so klein. Und ich sah wahrlich, daß nichts durch Zufall geschieht oder aufs Geratewohl, sondern alles nach Gottes Weisheit. Und wenn es Zufall ist und aufs Geratewohl in den Augen der Menschen, so ist daran schuld unsere Blindheit und Kurzsichtigkeit ...

Darum kann ich nur sagen: Alles, was da geschieht, ist wohlgetan. Denn Gott unser Herr tut alles. Und in all der Zeit ward mir kein Wirken der Kreatur sichtbar, sondern das Wirken

Gottes des Herrn in den Kreaturen. Denn er ist inmitten von allen Dingen, und alles wirkt er – und er tut gewiß keine Sünde.

So sah ich in Wahrheit, daß Sünde nicht eine Wirklichkeit ist. Denn in all dem war Sünde nicht sichtbar . . . Menschen halten diese Taten für gut und jene für böse. Unser Herr aber sieht es anders. Denn wie alles, was überhaupt Sein hat, aus Gottes Schöpferhand ist, so gehört alles, was geschieht, eigentlich Gottes Tun an.

Es ist leicht zu verstehen, daß das Beste gut getan ist. So wahrlich aber die höchste und beste Tat gut getan ist, so wahrlich ist's auch die mindeste, und alles in der Eigenschaft und Ordnung, die unser Herr ihm zugewiesen hat von anfangloser Ewigkeit. Denn es ist kein Wirkender als er . . .

Darum hat die selige Dreieinigkeit ein stetes, volles Wohlgefallen an allen ihren Werken.

All das hat mir Gott gezeigt auf selige Weise, da er mir offenbarte: „Siehe, ich bin Gott. Siehe, ich bin in allem. Siehe, ich wirke alles. Siehe, ich zog niemals meine Hand zurück von meinen Werken und werde es in Ewigkeit nicht tun. Siehe, ich lenke alles zu dem Ziele, zu dem ich es bestimmt habe von anfangloser Ewigkeit – lenke es mit derselben Macht, Weisheit, Liebe, mit der ich es geschaffen habe. Wie könnte etwas verloren sein?"[2]

Gottes Wort wird recht behalten in allen Dingen. Nun ist ein Punkt unseres Glaubens, daß viele Geschöpfe werden verdammt werden. Wie die Engel, die ihres Stolzes wegen aus dem Himmel stürzten und nun Feinde sind, so noch viele auf der Welt, die außerhalb des Glaubens der heiligen Kirche sterben, die Heiden sind oder die christliche Religion empfangen haben, aber ein unchristliches Leben führen und außerhalb der Liebe sterben. All diese werden zur Hölle verdammt sein ohne Ende, wie die heilige Kirche mich zu glauben lehrt.

Wenn dem so ist, wie kann da alles und jedes gut sein, wie doch der Herr mir gezeigt hat? Darauf hatte ich nur eine Antwort, indem es mir vom Herrn gezeigt ward: „Was unmöglich ist für dich, ist nicht unmöglich für mich! Ich werde mein Wort wahr machen in allem, und ich werde alles gut machen."

So ward ich durch Gottes Huld unterwiesen, daß ich mich fest an den Glauben halten solle, wie ich es früher verstanden, daß ich feststehen und ernstlich glauben solle, daß alles und jedes gut sein werde, wie unser Herr es mir zeigte. Des Herrn Gottes Walten ist es, der es vollbringen wird, und mit diesem seinem Walten wird er wahr machen sein Wort in allem und wird gut machen alles, was nicht gut ist. Welches aber sein Walten sei und wie es werde verwirklicht werden, das weiß keine Kreatur unter Christus, und wird es nicht wissen, bis es geschehen[3].

„Ich will gut machen alles, was es nicht ist" – so hat mich der Herr belehrt. Er gab mir damit zwei Seiten zu verstehen:

Auf der einen ist es unser Heiland und unser ewiges Heil. Diese Seite, die glückliche, gleicht einer offenen lichten Landschaft, schön und rein und üppigen Lebens voll. Alle Menschen, die guten Willens sind und es je sein werden, sind einbegriffen in dieser Seite. Hierzu sind wir bestimmt von Gott und gezogen und beraten und innerlich unterwiesen durch den Heiligen Geist und äußerlich durch die heilige Kirche durch ein und dieselbe Gnade. Und hiermit sollen wir nach dem Willen des Herrn uns befassen und sollen uns freuen in ihm; denn auch er freut sich in uns. Und je mehr wir davon aufnehmen in Ehrfurcht und Demut, desto mehr Wohlgefallen bringt es uns ein bei ihm und Förderung für uns selbst. Und so mögen wir unseren Anteil erkennen im Herrn und uns freuen in ihm.

Die andere Seite ist verborgen und uns in Dunkel gehüllt. Das ist alles, was nicht zu unserem Heile ist. Es ist Geheimnis des Herrn. Es ist Sache seiner königlichen Majestät, seinen eigenen Ratschluß zu haben in göttlicher Ruhe. Seine Diener aber sollen in Gehorsam und Ehrfurcht darauf verzichten, seinen Ratschluß zu wissen . . . Ich bin gewiß, wenn wir wüßten, wie sehr wir ihm wohlgefallen und uns selber erleichtern würden, wenn wir es ihm anheimstellen wollten, wir würden es tun. Die Heiligen im Himmel wollen nichts wissen, als was der Herr ihnen zeigt. Ihre Liebe und Sehnsucht ist geordnet nach dem Willen des Herrn. So sollten auch wir es halten, daß unser Wille dem seinen gleichförmig sei. Dann werden wir nichts wünschen und wollen als nur den Willen des Herrn, wie jene es tun. Denn wir sind allzumal eins in Gott.

So lernte ich, daß ich allein mich freuen soll in unserem göttlichen Erlöser Jesus, und ihm vertrauen für alles[4].

Ich wünschte einmal von einem Menschen, den ich lieb hatte, zu wissen, ob er beharren würde auf dem guten Wege, den er, ich hoffe es, durch Gottes Gnade begonnen hat. In diesem sonderlichen Verlangen ließ ich mich gehen; denn ich wußte es damals nicht besser. Da ward mir, gleichsam auf freundlichem Wege, in meiner Vernunft die Antwort:

„Nimm es im allgemeinen und schaue auf die Güte Gottes des Herrn, wie dir gesagt worden ist. Denn mehr Gottesverehrung ist darin, ihn in allem zu sehen als in irgend etwas Besonderem!"

Dem mußte ich beistimmen, und ich erkannte, daß eine größere Huldigung darin liegt für Gott, sich zu begnügen mit einem allgemeinem Wissen, als auf etwas Besonderes erpicht zu sein. Würde ich weise handeln nach dieser Erkenntnis, so würde ich um nichts im besonderen fröhlich sein, noch sonderlich mißvergnügt über irgendein Ding. Denn „alles wird gut sein".

Fülle der Freude ist es, Gott in allem zu finden. Denn durch dieselbe selige Macht und Weisheit und Liebe, mit der er alles geschaffen, lenkt unser guter Herr auch immerfort alles zum gleichen Ziele und wird es hinführen zu sich und wenn es Zeit ist, werden wir es schauen[5].

Gott und die Seele

Es ist kein geschaffenes Wesen, das zu wissen imstande wäre, wie stark, wie süß, wie zart unser Schöpfer uns liebt. Darum sollen wir mit seiner Gnade und Hilfe in einem immerwährenden Staunen stehen des geistigen Schauens in dieser hohen, unaussprechlichen, grenzenlosen Liebe, die unser Herr zu uns trägt gemäß seiner Güte[6].

Wir sollen wissen, daß das Edelste, was Gott je geschaffen, der Mensch ist. Und das reichste Wesen und der Tugend Hochbild ist die gebenedeite Seele Christi. Alle die Seelen, die gerettet werden im Himmel ewiglich, sind geschlungen in diesen Knoten und geeint in dieser Einheit und geheiligt in dieser Heiligkeit. Bei der großen unendlichen Liebe, die Gott zu allen Menschen hat, soll keine Scheidung sein in Liebe zwischen der hochheiligen

Seele Christi und der letzten Seele, die soll gerettet werden ... Wo die heilige Seele Christi ist, da ist das Wesen aller der Seelen, die sollen gerettet werden durch Christus.

Süßer Schauer der Freude ist es, daß Gott in unseren Seelen wohnt. Süßer noch ist der heilige Schauer, daß unsere Seele wohnt in Gott. Sie ist geschaffen, Gottes Wohnstatt zu sein, und die Wohnstatt unserer Seele hinwieder ist Gott, der Ungeschaffene.

Es ist eine hohe Weisheit, innerlich zu sehen und zu wissen, daß Gott, unser Schöpfer, in unserer Seele wohnt. Höher noch ist die Weisheit und innerlicher, wenn wir wissen und sehen, daß unsere Seele, das geschaffene Wesen, wesenhaft wohnt in Gott. Von diesem Wesen, durch Gott, sind wir auch, was wir sind.

Ich sah keine Scheidung zwischen Gott und unserem Wesen, sondern als wäre alles Gott. Und doch verstand ich wohl, daß unser Wesen in Gott ist, daß Gott Gott ist und unser Wesen Gottes Geschöpf ...

Dies ist die rechte Weisheit und wahrhafter Glaube und sichere Kraft unseres Seins, zu wissen, daß wir in Gott sind und er in uns, der da unsichtbar ist. Und diese Glaubenskraft mit allem andern, was Gott uns schenkt, wirkt große Dinge in uns. Da wirkt Christus in uns voll Gnade und wir sind ihm lieblich geeint durch die Gnadengabe des Heiligen Geistes, und von diesem Wirken Christi ist es, daß wir Kinder Christi sind, Christen in unserem Leben[7].

Gott ist uns näher denn unsere eigene Seele. Er ist der Grund, darin die Seele gründet. Er ist das Bindeglied, das zusammenhält unser Wesen und unser physisches Sein, so daß sie niemals zu trennen sind. In Gott ruht unsere Seele in wahrer Ruhe. In Gott steht unsere Seele in sicherer Kraft. In Gott ist unsere Seele innig verwurzelt in ewiger Liebe[8].

Göttlicher Friede

Gottes Gegenwart in allen Dingen ist es, die eine wunderbare Sicherheit in gläubigem Vertrauen wirkt und eine sichere

Hoffnung angesichts seiner großen Liebe, bei aller Furcht, die süß und wonnig ist. Es ist Gottes Wille, daß ich mich ihm in Liebe so verbunden sehe, als hätte er für mich allein getan, was er getan. Und so soll jede Seele denken von seiner Liebe ...

Nichts sollen wir fürchten als ihn. Wir sollen wissen, daß alle Macht der Feinde eingeschlossen ist in der Hand unserer Freunde. Die Seele, die dies weiß, fürchtet nichts als ihn allein, den sie liebt. Alle andere Furcht sieht sie für ungeregelte Schwäche an und für leibliche Krankheit und Einbildung.

Mögen wir deshalb noch so viel Pein und Weh und Unbehagen haben, daß es uns vorkommt, wir seien keines Gedankens mehr fähig als nur, daß wir mitten darin sind im Leiden und es verkosten – wir können dennoch leicht darüber hinweggehen und es für nichts achten. Warum? Wir sollen Gott erkennen, und wenn wir ihn erkennen und lieben und in Ehrfurcht ihn fürchten, so werden wir Geduld haben und in großem Frieden sein. Und alles, was er tut, wird uns lieb sein aus ganzem Herzen.

Solches offenbarte mir der Herr mit den Worten: „Was könnte dir denn zu tragen peinlich sein für eine Weile, wo du doch siehst, daß es mein Wille ist und meine Verherrlichung?"[9] – Und wiederum: „Klage dich nicht selber an, als ob deine Trübsal und dein Weh ganz deine Schuld sei! Denn ich will nicht, daß du gedrückt und über die Maßen traurig seist. Ich sage dir, du magst es halten wie immer, du wirst immer zu leiden haben. Darum will ich, daß du weise die Buße erkennest, die du in dir selber hast, und daß du dein Leiden in Demut auf dich nehmest zur Buße! Dann wirst du recht einsehen, daß dieses ganze Leben eine Prüfung zum Heil ist!"

Unser Ort ist Gefängnis, unser Leben Buße. Um Heilung zu schaffen nach seinem Willen, sollen wir fröhlich sein. Denn wir haben ein Mittel des Heils: daß unser Herr bei uns ist und uns behütet und heimführt zur Fülle der Freude[10].

Suchen und Finden

Einst wünschte ich mehr Licht, um klarer zu schauen. Und es ward mir geantwortet in meiner Vernunft: „Wenn Gott dir mehr zeigen will, wird es dir Licht sein. Du bedarfst keines Dinges als nur seiner.“

So sah ich ihn denn und suchte ihn. Denn wir sind jetzt so blind und unweise, daß wir Gott nicht suchen können bis zur Stunde, da er in seiner Güte sich uns zu erkennen gibt. Und wenn wir durch seine Gnade etwas von ihm erkennen, so spornt uns die gleiche Gnade, daß wir suchen mit großem Verlangen, um ihn zu schauen zu größerer Seligkeit.

So sah ich ihn denn und suchte ihn. Ich hatte ihn und entbehrte ihn. Das ist und wird immer bleiben, so glaube ich, unser tägliches Werk in diesem Leben[11].

Das allerunmöglichste ist: Gnade suchen und Barmherzigkeit, ohne sie schon zu haben. Denn alles, was unser guter Herr uns suchen läßt, hat er uns zugedacht von Ewigkeit. Daraus mögen wir sehen, daß unser Suchen nicht Ursache ist der Gnade und Huld, die Gott uns erweist, sondern allein seine Güte[12].

Die Klarheit des Findens ist von seiner Gnade, wenn es ihm gefällt. Das Suchen in Glaube, Hoffnung, Liebe gefällt unserem Herrn, wie das Finden der Seele gefällt und sie mit Freude erfüllt.

So erkannte ich zu meiner Belehrung, daß Suchen ebenso gut ist wie Schauen, solange es ihm gefällt, die Seele in Mühen zu lassen. Es ist Gottes Wille, daß wir suchen, um zum Schauen zu gelangen, und er wird sich offenbaren nach seiner Güte, wenn er will.

In dem Maße, wie die Seele zum Schauen gelangt, wird er selbst sie belehren. Und das ist die höchste Verehrung Gottes und der höchste Gewinn für die Seele, ihr größter Fortschritt in Demut und aller Tugend: die Gnade und Führung des Heiligen Geistes.

Eine Seele, die Gott allein sich ergibt mit wahrem Glauben, sei es im Suchen oder im Schauen, die übt die adeligste Gottesverehrung, deren der Mensch fähig ist[13].

Beten und Schauen

Durch Gebet wird die Seele eins mit Gott[14]. Unser Herr sprach zu mir: „Bete von ganzem Herzen, innerlich, auch wenn es nicht recht dir schmecken will! Es ist nützlich genug, auch wenn du es gar nicht fühlst. Bete von ganzem Herzen, innerlich, auch wenn du nichts fühlst und nichts siehst und obschon du meinst, du könntest es nicht! Denn in Trockenheit und Leere, in Krankheit und Schwäche gefällt mir gar wohl dein Gebet, obschon du meinst, du habest gar nichts davon. All dein lebendiges Beten liegt vor meinen Augen“[15].

In der Tat, wenn wir nicht sehen, fühlen wir Not und Ursache, zu Jesus zu beten, weil wir schwach sind und unfähig in uns selber . . . Doch wenn unser liebreicher Herr aus besonderer Gnade sich unserer Seele zeigt, so haben wir, was wir ersehnen. Dann sehen wir gar nicht mehr, was wir weiter erbitten könnten. All unser Geist mit ganzer Kraft ist darauf gerichtet, ihn anzuschauen.

Das ist, wie ich glaube, ein hohes, undurchdringliches Beten. Denn der ganze Grund unseres Betens ist, eins zu werden in Sehen und Schauen mit ihm, uns freuend in ihm ehrfürchtigen Schauerns und großer Süße und Wonne, so daß wir um nichts anderes bitten mögen, als was er uns eingibt zu dieser Zeit.

Solange wir eine Not spüren, wofür wir bitten, folgt uns der Herr, indem er unserer Sehnsucht hilft. Wenn wir aber durch seine besondere Gnade ihn klar schauen dürfen und nichts mehr fühlen von unseren Nöten, dann folgen wir ihm, und er zieht uns an sich in Liebe.

Denn ich sah, daß seine wunderbare, überströmende Güte all unsere Kräfte erfüllt, und ich sah sein beständiges Wirken in allen Dingen, so göttlich, so weise, so mächtig, daß es all unsere Vorstellung überragt und alles, was wir davon meinen oder denken können. Bei solcher Erkenntnis können wir nichts anderes, denn ihn anschauen und uns erfreuen mit hoher, inniger Sehnsucht, daß wir allesamt eins sein möchten in ihm und seine Regung verspüren und uns freuen möchten in seiner Liebe und selig seien in seiner Güte.

So sollen wir denn mit seiner süßen Gnade durch unser demütiges, beharrliches Beten eins mit ihm werden, schon jetzt in diesem Leben durch mancherlei innere Führung seiner geistlichen Schauungen und Empfindungen, die er uns zumißt, je nachdem unsere Einfalt es tragen kann. Und so geschieht es und soll geschehen durch die Gnade des Heiligen Geistes, bis wir sterben werden vor Sehnsucht in seiner Liebe. Dann werden wir alle eingehen zum Herrn, klar erkennend uns selbst und vollkommen Gott besitzend, und werden ewig geborgen sein in Gott, nun endlich wahrhaft ihn schauend und vollkommen erspürend in geistigem Hören und wonnigem Schmecken, werden ihn schauen von Angesicht zu Angesicht, einfältig und vollkommen. Die geschaffene Kreatur wird schauen und endlos betrachten Gott, ihren Schöpfer.

Hienieden kann keiner Gott schauen und hernach leben in diesem sterblichen Leben. Wenn Gott aus besonderer Gnade hienieden sich zeigen will, gibt er dem Geschöpf eine Kraft, sich über sich selbst zu erheben, und bemißt das Schauen nach seinem Willen, und so mag es nützlich sein[16].

Wahrheit sieht Gott, Weisheit betrachtet ihn, und als drittes gesellt sich hinzu die wunderbare Freude in Gott, die Liebe. Wo Wahrheit und Weisheit, da sprießt auch Liebe aus ihnen beiden wahrhaftig – und alles aus Gottes Wirken. Denn Gott ist unendliche, höchste Wahrheit, unendliche, höchste Weisheit, unendliche, höchste, ungeschaffene Liebe. Des Menschen Seele, Geschöpf in Gott, hat die gleichen Eigenschaften geschöpflich. Sie wächst allmählich in ihren wahren Beruf hinein: Gott zu schauen, Gott zu betrachten, Gott zu lieben.

Darum hat Gott Wohlgefallen an seinem Geschöpf und dieses an Gott in endlosen Staunen, und in diesem Staunen erschaut es Gott, seinen Herrn und Schöpfer, so hoch, so groß und so gut im Vergleich zu sich selbst, dem geschaffenen Wesen, daß ihm alles Geschaffene gleich wie ein Nichts erscheint. Aber der liebliche Glanz der Wahrheit und Weisheit läßt uns erkennen und schauen, daß wir aus Liebe geschaffen sind und für Liebe, worin Gott uns ewig bewahrt[17].

Durch das Schauen an sich bin ich nicht gut, sondern wenn ich Gott mehr liebe. Ich sage dies nicht für solche, die weise sind; sie wissen es schon. Ich sage es für euch, die ihr einfältig seid, zur Freude und zur Ermutigung. Denn wir sind eins in Liebe.

Wahrlich, die Dinge wurden mir nicht gezeigt, weil Gott mich mehr liebte als die geringste Seele, die in seiner Gnade ist. Ich bin gewiß, es sind viele, die niemals Gesichte und Offenbarungen haben als nur die gewöhnliche Lehre der heiligen Kirche, und lieben Gott mehr als ich. Wenn ich mich selbst suche, so bin ich nichts. Im allgemeinen aber, so hoffe ich, bin ich in Einheit der

Liebe mit meinen Mitchristen, und in dieser Einheit beruht das Leben aller, die da gerettet werden. Denn Gott, so glaube ich, ist die Allheit des Guten[18].

VI. 16. UND 17. JAHRHUNDERT

1. Spanische Mystik

Ignatius von Loyola

(1491–1556)

Des Menschen Ziel

Der Mensch ist geschaffen, Gott den Herrn zu loben, ihm Ehrfurcht zu erweisen und ihm zu dienen und so sein Heil zu wirken. Alles übrige auf Erden ist für den Menschen da, damit es ihm behilflich sei in der Erreichung seines Lebenszieles. Daraus folgt, daß es der Mensch dafür gebrauchen soll, und zwar insoweit, als es ihn zu seinem Ziele fördert, während er umgekehrt insoweit sich davon enthalten muß, als es ihn hemmt.

Demgemäß müssen wir uns gegenüber aller Kreatur in eine Seelenhaltung innerer Freiheit bringen, im ganzen Bereich, worüber unser freier Wille zu verfügen hat, und was uns nicht verboten ist, so daß wir etwa, soviel an uns liegt, Gesundheit nicht wollen vor Krankheit, Reichtum nicht vor Armut, Ehre nicht vor Unehre, langes Leben nicht vor kurzem Leben bezüglich aller sittlich indifferenten Dinge. Nur eines müssen wir wünschen und wählen: was uns mehr zum letzten Ziele fördert, für das wir geschaffen sind[1].

Je vollständiger ein Mensch sich seiner Eigenliebe begibt und sich an Gott hingibt, je großmütiger er sich gegen Gottes unendliche Majestät erweist: um so mehr wird er auch Gottes

Freigebigkeit an sich erfahren, und um so empfänglicher für neue Gnadengaben wird er täglich werden[2].

Gottes Führung

Für den einzelnen ist jeweils das am besten, bei dem sich ihm der Herr am meisten mitteilt, indem er seine heiligen Gnadengaben fließen läßt. Er sieht und weiß ja, was jeden einzelnen am meisten fördert, und als Allwissender zeigt er jedem seinen Weg und hilft mit seiner Gnade, ihn zu gehen, wenn es auch mancherlei Tasten und Versuchen braucht, bis jeder seinen Weg gefunden hat, der für ihn der klarste und beseligendste ist in diesem Leben: die große Richtung auf das Ewige.

Keiner ist wie der andere. Für einen geistlichen Führer kann es deshalb keinen größeren Irrtum geben, als andere nach sich selber messen zu wollen[3]. (Insbesondere) ist es Pflicht des Leiters bei geistlichen Übungen, an sich zu halten. Er darf sein geistliches Kind nicht beeinflussen, weder in der Richtung der evangelischen Räte noch des Gegenteils, weder für den einen Lebensstand noch für den andern. Mag es außerhalb der Exerzitien erlaubt und selbst verdienstlich sein, alle Welt – soweit sie dessen fähig wäre – zu ehelicher Enthaltung, zu Jungfräulichkeit, Ordensstand und überhaupt zur Vollkommenheit der evangelischen Räte anzuregen: während der geistlichen Übungen ist es zweckmäßiger und viel besser, daß der Schöpfer und Herr, indes der Mensch allein den göttlichen Willen sucht, sich selber einer Seele mitteilt, die ihm dienen will, indem er sie umfängt und an sich zieht zu seiner Liebe und Verherrlichung und sie bereitet für den Weg, auf dem sie ihm am besten dienen mag.

Mit anderen Worten: der Seelenführer darf seinen Einfluß weder in dem einen noch im andern Sinn gebrauchen. Er hat sich gleichsam in der Mitte zu halten wie der Zeiger einer Waage, um den Schöpfer unmittelbar mit seinem Geschöpfe wirken zu lassen und das Geschöpf mit seinem Schöpfer und Herrn[4].

Gebetsstufen

Betrachtung

Am Vorabend nach dem Schlafengehen soll ich kurz vor dem Einschlummern, etwa während der Dauer eines Ave, mich besinnen, zu welcher Stunde ich aufstehen will und wozu, und ich überschaue dabei kurz die Betrachtung.

Wenn ich aufwache, soll ich, ohne irgendwelchen anderen Gedanken Einlaß zu gestatten, mich sogleich besinnen, was ich betrachten will.

Im Begriffe, die Betrachtung zu beginnen, stelle ich mich ein bis zwei Schritte vor den Gebetsort hin und sammle mich, etwa während der Dauer eines Vaterunser das Gemüt zu Gott erhebend, im Gedanken, wie Gott der Herr auf mich herabschaut, und ich erweise ihm das Zeichen meiner demütigen Ehrfurcht.

Sodann beginne ich die Betrachtung, sei es daß ich knie oder mich auf den Boden niederwerfe; auch rücklings liegend mit dem Gesicht nach oben oder sitzend oder stehend läßt sich betrachten. Dieses oder jenes soll dem Zwecke dienen, den man verfolgt. Geht es kniend gut, so soll man diese Haltung beibehalten; ist es der Andacht förderlich, sich auf den Boden hingestreckt zu halten, so bleibe man. Dasselbe gilt von anderen Haltungen.

Innerlich verweile man bei dem Gedanken, der die gewünschte Anregung und geistlichen Nutzen bietet, und zwar in aller Ruhe, ohne sich um den weiteren Betrachtungsstoff zu kümmern, bis man Genüge gefunden hat. Obschon zur Vorbereitung jeder Betrachtung eine bestimmte Anzahl von Gedankengruppen gehört, in der Regel drei bis fünf, so kann doch der Betrachtende mehr oder weniger vornehmen, wie er es für sich am besten findet. Sehr nützlich ist es jedenfalls, daß man vor Beginn der Betrachtung sich die Hauptgedanken in ungefährem Aufriß vergegenwärtigt.

Was das Schlußgebet der Betrachtung angeht, so sollen wir unsere Ansprache und unser Bitten nach den jeweiligen Umständen einrichten. Je nachdem ich mich versucht oder getröstet finde, je nachdem es sich um die eine oder andere

Tugend handelt, je nachdem ob ich diesen oder jenen Entschluß im Auge habe, je nachdem der Gegenstand der Betrachtung auf Freude oder Schmerz angelegt ist – kurz, je nach den Umständen soll ich mein besonderes Anliegen aussprechen. Darum kann auch das Zwiegespräch einfach an Christus unseren Herrn gerichtet sein, oder es kann mit Rücksicht auf den Gegenstand oder den besonderen Antrieb dreifach sein: zu Maria, zum göttlichen Sohne und zum Vater.

Nach Schluß der Betrachtung mag man etwa eine Viertelstunde lang sich ergehen und dabei sich Rechenschaft zu geben suchen, wie die Übung im ganzen verlaufen ist. Ging es nicht gut, so forsche der Ursache nach, und hast du gefunden, wo der Fehler lag, so bereue ihn, um es in Zukunft besser zu machen! Ging es aber gut, so danke Gott dem Herrn und nimm dir ein gleiches vor für das nächste Mal![5]

Gebet der Ruhe

Alles Betrachten, in dem der Verstand die Hauptarbeit zu leisten hat, ermüdet. Es gibt aber eine andere Gebetsweise, die wohlgeordnet und doch mühelos ist. Sie verläuft sanft und angenehm für das Erkenntnisvermögen und ermüdet keineswegs die Seelenkräfte, weil sich diese ohne innere oder äußere Anstrengung betätigen. Ja, weit entfernt zu ermüden, gewährt uns diese Art Erquickung und Ruhe.

Nur in zwei Fällen wäre dies anders: Wenn man sich die nötige Stärkung und Erholung versagen würde, deren die Natur bedarf. Stärkung, sage ich: das wäre dann der Fall, wenn man sein Gebet sehr ausdehnen und darüber die natürliche Kräftezufuhr beschränken würde. Erholung, sage ich ferner – und daran würde es fehlen, wenn man seine Gedanken fortwährend auf einen bestimmten Gegenstand wollte gesammelt halten, ohne sie auch einmal frei sich ergehen zu lassen, wohin sie wollen, wenn es nur nichts Sündhaftes ist. Eine andere Ursache der Ermüdung, die sich bei beschaulichen Seelen geltend machen kann, besteht darin, daß sie am Abend, wenn es Zeit zum Schlafen wäre, sich noch mit ihren geistlichen Gedanken abgeben, etwa mit der Begründung, daß sie doch noch keinen Schlaf finden könnten –

infolge der vorausgegangenen Geistesarbeit sind sie nämlich schon ermüdet. Da weiß der böse Feind gute Geschäfte zu machen. Denn wenn man nicht mehr schlafen kann, leidet die Gesundheit, und dahin sollte man es unter keinen Umständen kommen lassen. Der Grund ist klar: mit gesunden Kräften vermag der Mensch viel, mit geschwächten weiß ich nicht, was du zustande bringst. Gute Gesundheit befähigt den Menschen, entweder viel Übles anzurichten oder viel Gutes zu leisten[6].

Gebet der Vereinigung

Wie ich eines Tages vor dem Dominikanerkloster (zu Manresa) die Tagzeiten Unserer lieben Frau betete, da fing mein Geist an, sich zu erheben, indem er die heiligste Dreifaltigkeit in Gestalt dreier Orgeltasten schaute. Diese Erscheinung war von so vielen Tränen und Seufzern begleitet, daß ich mich nicht mehr zu halten vermochte. Als ich an diesem Morgen an einer Prozession teilnahm, die von der Kirche ausging, konnte ich bis zur Essenszeit mich nicht mehr der Tränen erwehren, und nach dem Essen konnte ich von nichts anderem reden als von der heiligsten Dreifaltigkeit. Dabei brachte ich zahlreiche und mannigfachste Vergleiche und empfand viel Freude und Trost. Der Eindruck dieses Erlebnisses war so stark, daß er mir das ganze Leben hindurch verblieb und ich stets eine große Andacht fühlte, wenn ich zur heiligsten Dreifaltigkeit betete.

Als ich eines Tages in demselben Städtchen in der Kirche des genannten Klosters der heiligen Messe beiwohnte, sah ich in dem Augenblick, da der Leib des Herrn emporgehoben wurde, mit den Augen des Geistes eine Art weißer Strahlen, die von oben herabkamen. Obschon ich nach so langer Zeit diesen Vorgang nicht recht auszudrücken vermag, der Gegenstand, den ich mit dem Geiste klar sah, war die Art und Weise, wie Christus unser Herr im heiligsten Sakramente gegenwärtig ist. Überhaupt sah ich oftmals und lange Zeit hindurch beim Gebete mit den Augen des Geistes die Menschheit Christi. Die Gestalt, die mir erschien, war wie ein weißer Körper, weder sehr groß noch sehr klein. Doch konnte ich keine Glieder unterscheiden.

Diese Erscheinungen bestärkten mich sehr und gaben mir für immer eine solche Festigkeit des Glaubens, daß ich oftmals bei mir dachte: Wenn es keine Schrift gäbe, die uns über jene Glaubensgeheimnisse unterrichtet, so wäre ich dennoch entschlossen, für sie zu sterben, einzig auf die Gesichte hin, die ich schaute.

Seit ich anfing, von Gott so getröstet zu werden, ließ ich von dem bisher geübten Übermaß in den Strengheiten ab.

Wie ich eines Tages außerhalb Manresa . . . dem Flusse entlang ging und in meine frommen Gedanken versunken mich ein wenig gesetzt hatte, das Angesicht dem Flusse zugekehrt, der mir zu Füßen hinfloß, da begannen auf einmal die Augen meines Geistes sich zu öffnen; nicht zwar, daß ich ein Gesicht geschaut hätte, aber so, daß ich über viele Dinge eine ausnehmende Klarheit bekam, sowohl über Fragen, die das geistliche Leben betreffen wie über Gegenstände des Glaubens und der Wissenschaft. Es war damit eine solche Erleuchtung verbunden, daß mir alles wie neu vorkam. Es ist unmöglich, im einzelnen näher anzugeben, was ich damals begriff. Es war jedenfalls sehr viel. Nur dies kann ich sagen: Mein Geist war von einer solchen Klarheit erfüllt, daß mir dünkte, wenn ich alle Gnadenhilfe, die ich in meinem ganzen Leben bis zum verflossenen zweiundsechzigsten Lebensjahr von Gott erhalten habe, zusammenfasse und in eins zusammenlege, es gäbe zusammen nicht so viel, wie ich damals dies einzige Mal empfing. Und infolge dieses Erlebnisses blieb mein Geist so erleuchtet, daß es mir schien, als sei ich ein anderer Mensch geworden und habe einen anderen Verstand erhalten als zuvor.

Als die Erleuchtung eine gute Weile gedauert, ging ich hin und kniete vor einem Kreuze nieder, das dort in der Nähe stand, um Gott zu danken. Da erschien mir wieder ein gewisses Gesicht, das mir schon oftmals vorgeschwebt war und das ich nie hatte deuten können, jenes Etwas, einer schillernden Schlange vergleichbar mit vielen Augen, das mir immer so schön gedünkt hatte. Aber jetzt vor dem Kreuz erkannte ich deutlich, daß es nicht mehr so farbenprächtig wie sonst war, und ich begriff mit einer entschiedenen Zustimmung des Willens, daß es der Böse war. Zwar pflegte es noch oft später wiederzukommen; aber ich vertrieb es jedesmal mit dem Stecken, den ich in der Hand trug, um ihm meine Verachtung zu bezeigen[7].

Donnerstag. Während des Gebetes lange Zeit ganz ununterbrochene innigste Andacht, mit innerer Glut verbundene Klarheit und geistlicher Genuß, die mich zeitweise hinzogen zu einem Gefühl der Erhebung. Wie ich dann den Altar herrichtete und mich zur heiligen Messe ankleidete, gewisse innere geistliche Bewegung, die mir die Tränen in die Augen drängte. Während der Messe selbst Tränen, in größerer Fülle als gestern, und zwar so lange und stark, daß mir die Sprache versagte. Einmal oder öfter kamen mir geistliche Erleuchtungen derart, daß es mir vorkam, nun könne ich bezüglich der heiligen Dreifaltigkeit kaum mehr zu größerer Einsicht kommen. Ich erkannte – nahm wahr oder sah, der Herr weiß es – daß ich bei meinen Gebeten zum Vater ihn als Person der heiligsten Dreifaltigkeit schaute und ganz zu lieben verlangte, um so mehr als auch die beiden anderen Personen ihm auf besondere Weise innewohnten. Dasselbe erlebte ich beim Gebet an den Sohn und so auch beim Heiligen Geist. Dabei freute ich mich an jeder Person . . . und daß ich allen drei angehörte und meine Schwierigkeit sich gelöst hatte. Die Überzeugung war so stark, daß ich unaufhörlich in meinem Innern die Worte wiederholte: Wer bist du denn? Woher, wie verdienst du das?

Freitag. Am Morgen erst beträchtliche Andacht im Gebete, dann Tränen von der Vorbereitung auf die heilige Messe an, und während derselben gleichfalls große Überfülle von Andacht und Tränen, so daß mir die Sprache versagte. Dann gleich nach der Messe wieder Andacht und Tränen . . . Wie ich dem Vater durch die Vermittlung und Fürbitte der Mutter und des Sohnes mein Anliegen anbieten wollte und zunächst mein Gebet an die Mutter richtete, auf daß sie mir bei dem Sohne und dem Vater behilflich sei, und wie ich hernach zum Sohne betete, er möge zusammen mit der Mutter mir beistehen beim Vater, da fühlte ich in meinem Innern, wie ich zum Vater hinzutrat oder zu ihm emporgehoben wurde und wie sich mir bei diesem Hinzutreten die Haare emporrichteten und eine Erregung gleich einer überaus heftigen Glut den ganzen Körper durchdrang. Daraufhin Tränen und tiefste Andacht.

Samstag. Beim gewöhnlichen Gebet fand ich anfangs keine Anregung, von der Mitte an aber große Andacht und Zufriedenheit der Seele, wobei mir eine Art lichter Klarheit zuteil ward.

Beim Herrichten des Altars trat Jesus mir in den Sinn und ich fühlte mich angetrieben, ihm zu folgen. Dabei schien mir vom Innern die Tatsache, daß er das Haupt der Gesellschaft sei, ein gewichtiger Beweggrund, gänzliche Armut zu wählen . . . Es schien mir einigermaßen, als sei dieses Sich-Kundtun oder Sich-Mitteilen von seiten Jesu das Werk der heiligen Dreifaltigkeit. Denn ich erinnerte mich der Stunde, da der Vater mich dem Sohne zugesellte. Als ich die heiligen Gewänder angelegt hatte und mich sehr gestärkt fühlte bei dem Verlangen, es möchte der Name Jesu sich tief meinem Herzen einprägen, da brachen die Tränen und das Schluchzen mit neuer Kraft aus.

Sonntag. Während des gewöhnlichen Gebetes von Anfang bis Ende verspürte ich die Einwirkung sehr tiefgehender und süßer Gnade, voll glühender und überaus wonniger Andacht. Beim Herrichten des Altars und beim Anlegen der Gewänder trat mir der Name Jesus vor Augen und ich ward beseelt von großer Liebe, dem Gefühl der Bestärkung und dem steten Willen, ihm zu folgen. Dabei viel Tränen und Schluchzen. Während der ganzen Messe langandauernde, sehr innige Andacht und viele Tränen, wobei ich mehrmals die Sprache verlor und alle Empfindungen und Gedanken der Andacht auf Jesus gerichtet waren, ohne daß ich sie auf die übrigen Personen hinlenken konnte, außer ein wenig auf die erste Person, die ja der Vater eines solchen Sohnes ist . . .

Nachher am Kaminfeuer neues Sich-Offenbaren von seiten Jesu, verbunden mit großer Andacht und Andrang von Tränen. Und als ich später über die Straße ging, offenbarte sich Jesus von neuem, unter vielen Tränen und Anregungen. Gleichfalls bei meiner Unterhaltung mit Kardinal Carpi wurde mir derselbe Trost zuteil und verspürte ich reichliche Andacht. Nach dem Mittagessen, besonders nachdem ich die Schwelle des Generalvikars überschritten und mich in das Haus Trani begeben hatte, nahm ich Jesus wahr oder sah ihn unter großer innerer Rührung und unter vielen Tränen. Und ich bat ihn und flehte ihn an, er möge mir von der heiligsten Dreifaltigkeit Verzeihung erlangen, und es verblieb mir davon eine große Zuversicht. Während dieser ganzen Zeit genoß ich eine so große Liebeswonne beim Wahrnehmen oder Schauen Jesu, daß mir schien, in Zukunft könne nichts eintreffen, was imstande wäre, mich von ihm zu trennen oder mich an seinen Gnaden zweifeln zu lassen[8].

Gebet und Arbeit

Wenn Menschen sozusagen aus sich selbst ausgehen, um ganz in ihren Schöpfer und Herrn einzugehen, so werden sie in heiligem Trost und steter Sammlung inne, wie unser ewiges, höchstes Gut in allem wohnt, was da geschaffen ist, durch sein unendliches Sein und Wirken allem Dasein und Erhaltung spendend. Ein solcher wird in vielen Dingen geistliche Erhebung finden. Wer Gott aus ganzer Seele liebt, den fördert alles in der Andacht, so daß er immer mehr gewinnt und zu stets innigerer Liebeseinigung mit seinem Schöpfer und Herrn emporsteigt. Dabei ist allerdings richtig, daß das Geschöpfliche in uns nicht selten dem Wirken Gottes in der Seele hinderlich entgegentritt. Nicht nur, daß es manchmal den Gnadengaben und den Anregungen Gottes den Zugang verschließt, sondern auch, nachdem wir diese schon aufgenommen haben, kann es geschehen, daß wir uns durch eitle Gedanken wieder ablenken lassen und des Himmels schöne Gabe nicht zu bewahren wissen. Und das kann derselben Seele begegnen, die eben noch erfüllt war von Gottes tröstlicher Heimsuchung . . .

In der Zeit der Studien etwa, die im allgemeinen nicht wenig geistige Anstrengung erfordern, ist es naheliegend, daß die göttliche Weisheit derartige fühlbare Tröstungen öfters unterbricht. Denn obschon der innere Mensch sie gern verkostet, wird dabei nicht selten das Leibliche allzusehr in Anspruch genommen. Da ist zu bedenken, daß manche Arbeit, wie die verstandesmäßige Beschäftigung mit dem Studium, naturgemäß eine gewisse Ernüchterung des Gemütslebens zur Folge hat. Und doch, wenn es in seiner Absicht auf den Dienst Gottes gelenkt wird, ist es eine ausgezeichnete Betätigung der Frömmigkeit. Manchmal aber werden in uns Gedanken rege, die vom verderbten Ich oder vom bösen Feinde kommen und unseren Sinn auf Störendes und Schlechtes bringen wollen. Da soll der Wille sich dagegen stemmen und seine Zustimmung verweigern. Doch soll man sich nach dem Gegenstand der betreffenden

Versuchung richten, um sich, je nachdem, so oder anders zu verhalten, um der Sache Herr zu werden. Wenn dann allmählich solche verkehrten Regungen schwächer werden oder absterben, um guten und heiligen Gedanken Platz zu machen, so heißt es weit die Tore seiner Seele öffnen, und dann ist nicht mehr jener Aufwand nötig wie früher, da es sich um Vernichtung des bösen Feindes handelte.

Im allgemeinen, wenn nicht infolge der genannten Versuchungen besondere Notwendigkeiten vorliegen, halte ich es für besser, daß man in allen Dingen Gott zu finden trachte, als daß man viel zusammenhängende Zeit auf das Gebet verwende. Man soll soweit als möglich nicht weniger Andacht in jedem beliebigen Werk der Liebe und des Gehorsams zu finden sich bemühen, als in Gebet und Betrachtung, indem man alles aus Liebe tut zu Gott und für seinen heiligen Dienst. Man soll sich also darin üben, Gottes Gegenwart in allen Dingen zu suchen, etwa im Verkehr, im Gehen, Sehen, Schmecken, Hören, Denken, überhaupt in allem, was man tut. Ist doch Gottes Sein in allen Dingen, durch Gegenwart, Wirken und Wesen. Und diese Art zu „betrachten", bei der man Gott in allem findet, ist leichter, als wenn wir uns zu geistlichen Stoffen mehr abstrakter Art erheben wollten, in die wir uns doch nur mit Mühe versenken können. Auch bereitet uns diese vortreffliche Übung auf vortreffliche Heimsuchungen Gottes vor, auch wenn man nur kurz zu beten pflegt. Ich halte das viertelstündige Gebet eines Menschen, der sich in der Gewalt hat, für mehr als das zweistündige eines Unabgetöteten. Suchen wir nur immer die Seele in innerem Frieden und in ruhiger Bereitschaft zu halten für die Zeit, da unser Herr in uns wirken will. Denn ohne Zweifel ist mehr Tugend und Gnade darin, sich seines Gottes in verschiedenen Geschäften und an verschiedenen Orten erfreuen zu können als eben nur am Betstuhl. Denn die äußeren Geschäfte, die man für Gottes größeren Dienst in Übereinstimmung mit seinem Willen auf sich nimmt, können nicht nur der ständigen Einigung des Beschaulichen gleichwertig, sondern Gott noch wohlgefälliger sein, sofern sie aus einer noch feurigeren und stärkeren Liebe kommen.

Nichts, was von einiger Bedeutung ist, soll man beginnen, ohne sich in die rechte Stimmung der Liebe zu versetzen. Dann darf man sich vertrauensvoll dem Zuge des Geistes überlassen. Im apostolischen Berufe sollten wir eigentlich wie die Engel sein, die mit sich selber nichts mehr zu tun haben und ganz in der Sorge für das Heil der Seelen aufgehen. Durch keinen Mißerfolg entmutigt, fahren sie immer fort, für das Wohl ihrer Schützlinge tätig zu sein, immer heiter und zufrieden. Sie schauen immerfort das Angesicht des Vaters, der im Himmel ist . . .

Man hört gelegentlich Äußerungen über den übernatürlichen Zustand und über die ständige Vergegenwärtigung Gottes, die uns phantastisch und falsch erscheinen. Derartiges liest man nicht einmal von großen Heiligen, obschon die einen mehr, die anderen weniger begnadet waren und die einen sich öfter und länger mit Gott vereinigen konnten als die anderen. Eine stete aktuelle Vergegenwärtigung Gottes verlangte eine ununterbrochen gebundene, ja unbewegliche Aufmerksamkeit, und solches verträgt sich nicht wohl mit unserem irdischen Zustand. Beklagen sich doch auch die frömmsten Diener Gottes über Zerstreuungen und über die Unbeständigkeit des Geistes[9].

Tröstungen Gottes

Es gibt zwei Erziehungsmittel, die der Herr im geistlichen Leben anwendet oder zuläßt – denn nur die eine wendet er eigentlich selber an, die andere geschieht mehr mit seiner Zulassung: Trost und Mißtrost.

Die erste Methode also der göttlichen Seelenführung, die aus seinem positiven Willen erfließt, besteht in innerem Trost. Der vertreibt aus der Seele alle Verwirrung und zieht sie mit sanfter Gewalt zur Liebe Gottes hin, indem er sie erleuchtet und gleichsam in die himmlischen Geheimnisse schauen läßt. In dieser süßen Stimmung sind alle Mühen ein Vergnügen, alle Beschwerden eine Labung. Wer in dieser heiligen Glut und Tröstung wandelt, für den gibt es keine noch so große Last, die ihm nicht leicht erschiene, keine Buße und keine noch so große Beschwerde, die ihm nicht gar süß vorkäme.

Der Zweck solcher Erfahrungen aber ist, uns die Richtung zu zeigen und zugleich den Weg zu eröffnen, dem wir folgen sollen. Allerdings sind diese trostreichen Erlebnisse nicht stets in unserer Macht, sondern haben ihre Zeiten, die uns nach Gottes Heilsbeschluß zu unserem geistlichen Nutzen zugemessen sind.

Das Gegenstück zu dieser Lektion besteht im Mangel jeglichen Trostes von seiten Gottes. In diesem Zustand bereitet uns der Erbfeind alle möglichen Schwierigkeiten, um uns von dem betretenen Weg abzubringen. Alles erscheint uns wie umgekehrt in dieser Prüfung. Wir fühlen uns traurig, ohne zu wissen weshalb. Wir können nicht mehr andächtig beten, ja nicht einmal mit innerem Genuß reden oder reden hören von geistlichen Dingen. Und nicht genug: jetzt gerade kommt auch der Versucher – denn er hat uns diese Stimmung eingeflößt, um sie für seine Zwecke auszunützen – und macht uns vor, wir seien von Gott ganz verlassen. Wir stehen unter dem Gefühl, als seien wir von Gott getrennt, all unser Tun und Wollen sei im Grunde umsonst. Diese Stimmung ist der Nährboden des Zweifels, des Kleinmuts, der Verzagtheit, der übergroßen Furcht. Wir schauen allzusehr auf unsere Armseligkeit und fühlen uns wie geschlagen infolge jener trügerischen Vorstellungen.

Demnach heißt es also zusehen, womit wir es zu tun haben. Ist es Trost, so sollen wir uns demütigen, erniedrigen und denken, daß nachher wieder die Probe der Versuchung kommt. Und ist diese wirklich da und fühlen wir jene Verfinsterung und Traurigkeit in uns aufsteigen, so müssen wir gleichsam gegen den Wind angehen, ohne davon etwas einzuatmen, und mit Geduld den Trost des Herrn abwarten, der alle Störung und Verdunklung wieder von uns nehmen wird[10].

Auch wird man sich in dieser Zeit mit Nutzen zu Gemüte führen, daß man vom Herrn einmal zur Probe seinen natürlichen Kräften überlassen sei, um in dem Auf und Ab der feindlichen Versuchungen fest zu bleiben. Es wird schon gehen; die göttliche Hilfe, wenn auch unvermerkt, ist immer noch im Spiele. Nur die besondere Inbrunst des Eifers, die Heftigkeit der Liebe und des Gnadenantriebes fehlt uns. Hingegen bleibt genügend Gnade, um unser ewiges Heil zu wirken[11].

Zuweilen kommt es vor, daß uns der Herr innerlich berührt und gleichsam sich unsere Seele aufschließt, so daß wir uns zu diesem oder jenem mit einer Art Gewalt getrieben sehen: Gott spricht zur Seele ohne jedes Wortgeräusch. Er erhebt sie ganz zu seiner göttlichen Liebe und läßt seine Nähe spüren, so daß wir gar nicht widerstehen könnten, selbst wenn wir wollten. Das ist Gottes Wirken[12]. Denn Gott unserem Herrn ist eigen, ohne eine vermittelnde Ursache die Seele mit Trost zu erfüllen. Nur der Schöpfer geht ohne weiteres in ihr aus und ein und regt sie an und teilt ihr jenen mächtigen Zug der Gottesliebe mit. Ich sage: ohne eine vermittelnde Ursache; das soll heißen: ohne daß die Empfindung oder Anschauung eines bestimmten Objekts vorausgegangen wäre, woraus sich gemäß der Verknüpfung unserer seelischen Akte die Tröstung herleiten ließe. Mittels einer vorausgehenden Ursache hingegen kann sowohl der gute wie der böse Engel in uns eine Regung des Trostes hervorrufen – zum entgegengesetzten Zwecke natürlich: der gute Engel für den Nutzen der Seele, damit sie im Guten fortschreite und zum Besseren aufsteige, der böse, um sie zu irgend etwas Bösem zu verlocken.

Die Eigentümlichkeit des bösen Engels ist es, daß er sich gern als Engel des Lichtes verkleidet. Mit der frommen Seele schleicht er sich ein, um sie mit sich herauszunehmen, mit andern Worten, er führt sich mit heiligen Gedanken ein, ganz der frommen Stimmung der Seele angepaßt; allmählich aber sucht er unvermerkt seinem Ausgang näher zu kommen, indem er die Seele mit seinen listigen Täuschungen gängelt, bis er sie in der Schlinge des Verderbens hat[13].

Also können wir uns täuschen? Allerdings! Die kritische Stelle liegt beim Ausgang einer solchen Heimsuchung. Da kann es nämlich sein, daß die Seele noch in ihrer freudigen Stimmung ist, indes sich unvermerkt in einer harmlosen, gleichfalls freundlichen Maske der böse Feind einschleicht, um das, was wir von Gott erlebten, mit dem eigenen zu durchsetzen und uns womöglich zu verwirren oder völlig durcheinander zu bringen. Ein anderes Mal verkürzt er wenigstens den Erfolg, indem er uns Schwierigkeiten ohne Ende vorhält, damit wir möglichst alles unterlassen, wozu wir uns vorher unter dem Einfluß der Gnade angeregt fühlten.

Man muß deshalb auf die Vorgänge in seinem Innern recht achtsam sein[14] und gut auf den Ablauf der Gedanken acht geben. Ist alles daran gut, Anfang, Mitte und Ende, und bleibt als Ergebnis die Bereitwilligkeit zu allem Guten, so ist es das Zeichen des guten Engels. Wendet sich aber der Verlauf der Gedanken einem Punkte zu, der etwas Schlechtes oder doch weniger Gutes oder die Ablenkung von der früheren Richtung bedeutet und wird infolgedessen die Seele matt, verwirrt, aufgeregt, des inneren Friedens bar, in dem sie sich vorher befand, so hat man es offenbar mit dem bösen Geist zu tun, der unsern Fortschritt und unser ewiges Glück zu hintertreiben sucht[15].

Kostbar sind jene Gnadengaben, deren Erwerb freilich nicht ohne weiteres in unserem Belieben steht, sondern die eine freie Gabe dessen sind, der alles Gute spendet und vermag: lebendiger Glaube, Hoffnung, Liebe, Freude, geistlicher Friede, Tränen, innige Tröstung, Erhebung des Geistes, göttliche Berührung und Erleuchtung und was es sonst an inneren Erfahrungen und Erleuchtungen gibt, die mit solchen Gnaden zusammenhängen – immer jedoch vorausgesetzt, daß die Demut und Ehrfurcht gewahrt bleibt gegen unsere heilige Mutter, die Kirche, und gegen die in ihr aufgestellten Lenker und Lehrer. Dann verdient jede von diesen heiligsten Gnaden den Vorzug vor äußerer Werkaskese. Denn nur insofern sind unsere äußeren Werke gut, als sie ein Mittel sind, um jene inneren Gaben ganz oder teilweise zu erlangen. Allerdings sollen wir sie nicht um der Befriedigung willen suchen, die wir dabei empfinden; anderseits aber kennen wir uns genug, um zu wissen, daß ohne solche Gnadengaben all unser Denken, Reden und Tun geteilt, zerstreut und kalt ist, mit ihnen aber warm und klar und fähig für den größeren Dienst Gottes. Darum richten wir insoweit unser Verlangen auf diese himmlischen Gaben, als sie uns zu größerer Hingabe an den Dienst Gottes befähigen[16].

Man soll nicht vorbehaltlos um die fühlbaren Tröstungen, um die Gabe der Tränen bitten. Einige haben es, weil ihr Naturell es so mit sich bringt; bei ihnen strömt die höhere Wallung leicht in den niederen Teil der Seele über. Gott der Herr findet es bei ihnen gut, daß ihnen leicht die Tränen kommen. Aber deshalb haben sie nicht eine größere Liebe und sind nicht tatkräftiger als die anderen, die auf die gefühlsmäßige Ergriffenheit verzichten müssen, dabei aber keine geringere Hingabe im höheren Teil ihrer Seele haben (ein starkes und tatkräftiges Wollen zum Dienste Gottes und zur Liebe des Nächsten), nicht weniger als jene, die vor Tränen überfließen – und im Wollen liegt doch die eigentliche Betätigung der Liebe. Ich kann ihnen sogar verraten, wenn es in meiner Macht stünde, einigen die Tränengabe zu verleihen, ich würde es nicht tun, weil sie damit keinen Zuwachs an Liebe, wohl aber Nachteil für Kopf und Gesundheit hätten und folglich in diesem und jenem Liebeswerk gehindert würden[17].

Petrus von Alcantara

(1499–1562)

Über Betrachtung und Beschauung

Wenn man nach einem Buche betrachtet, so soll man sich doch nicht so an die ausgeführten Betrachtungen halten, als ob man nicht zu anderem übergehen dürfe, woran das Gemüt mehr Andacht und Frucht findet. Denn da aller dieser Übungen Sinn und Ziel die Andacht ist, so muß das für das beste gelten, was am besten zu diesem Ziele fördert . . .

Man soll es vermeiden, zuviel mit dem Verstand zu forschen, und sich eher auf wirksame Bewegung des Gemütes und Willens als auf wissenschaftliches Nachdenken verlegen . . .

Anderseits müssen auch dem Affekte gewisse Schranken gezogen werden, damit er nicht in allzu flammende Bewegung gerate. Daher ist wohl zu beachten, daß die Andacht nicht mit Gewalt herausgepreßt werden darf, wie einige etwa bei der Betrachtung des Leidens Christi sich in eine künstliche Erregung des Mitleids und der Tränen hineinarbeiten . . . Es ist genug, sich dem leidenden Heiland im Geiste zu nähern und ihn ruhig und einfältigen Gemütes anzuschauen, freilich mit zartem und mitleidigem Herzen, aber mehr in Bereitschaft, sich empfänglich zu halten für die Anmutungen der göttlichen Gnade, als in dem Bestreben, sie mit Gewalt hervorzurufen[1].

Wenn man im Gebet nicht sogleich die erwünschte Süßigkeit der Andacht empfindet, so soll man doch nicht den Mut fallen lassen und nicht abstehen von der begonnenen Übung, sondern langmütig und standhaft die Andacht des Herrn abwarten ... Wenn nach einigem Warten der Herr kommt, so danke ihm für seine gnädige und gütige Ankunft! Bleibt er aus, so demütige dich vor ihm und bekenne dich auch seiner Heimsuchung unwürdig ... und laß es dir genug sein, ihn im Geist und in der Wahrheit angebetet zu haben! Denn solches fordert er ...

Der Diener Gottes soll sich nicht begnügen, einen fühlbaren Geschmack aus der Betrachtung gezogen zu haben, wie etliche meinen, wenn sie etliche Tränen erpreßt oder eine gewisse Weichheit in ihrem Herzen empfunden haben, nun sei das Ziel und Ende ihrer Betrachtung erreicht. Solche Rührung reicht aber noch lange nicht hin zum Ziel der Betrachtung. So wenig zur Befeuchtung der Erde ein dünner Regen genügt, der nur den Staub anfeuchtet und die Oberfläche netzt. Vielmehr ein nachhaltiger Regen ist nötig, der in die Eingeweide der Erde eindringt und sie durch und durch tränkt, um die Fruchtkeime zu gedeihlichem Wachstum zu treiben. So wird auch ein Überfluß himmlischer Wasser erfordert, um die Früchte guter Werke hervorzubringen. Darum ermahnen mit Recht die erfahrenen Lehrer des geistlichen Lebens, ein jeder solle auf diese heilige Übung der Betrachtung so viel Zeit verwenden, als er nur kann. Sicher ist es viel nützlicher, einmal eine lange Zeit darauf zu verwenden, als öfter nur eine kurze ... Mir scheint, daß nicht weniger als eineinhalb bis zwei Stunden dazu genommen werden müssen. Denn nicht selten bedarf es einer ganzen Stunde zur Stimmung der Saiten unserer Harfe, zur Abscheidung der Phantasie von allerlei unnützen Vorstellungen und zur Erhebung des Herzens über das sinnliche Gefühlsleben hinaus. Wir müssen auch noch einige Zeit übrig haben, um die Früchte der Betrachtung einzuheimsen ...

Wenn die Seele, innerhalb oder außerhalb des Gebetes, mit besonderen göttlichen Tröstungen begnadet wird, so soll sie diese Gelegenheit ergreifen und so kostbare Zeit nicht unbenützt verstreichen lassen. Denn bei guter Brise legt man mehr in einer Stunde zurück als sonst in vielen Tagen ...[2]

Bei der Übung des inneren Gebetes muß die Betrachtung mit der Beschauung verbunden werden.

Man bemerke wohl den Unterschied der beiden Dinge: Das Geschäft der Betrachtung ist es, die göttlichen und himmlischen Dinge fleißig zu überdenken, um im Herzen fromme Anmutungen zu erwecken, wie wenn einer mit dem Stahle Feuer aus dem Stein zu schlagen sucht. Die Beschauung aber, die auf die Betrachtung folgt, erfreut sich an dem schon brennenden Feuer, mit andern Worten, sie genießt in der Stille die erlangte göttliche Heimsuchung und heilige Liebe, nicht mit vielen Begriffen, Urteilen und Verstandesschlüssen, sondern in einer reinen und einfältigen Anschauung der Wahrheit. Darum sagt ein heiliger Lehrer: „Die Betrachtung geht mit viel Mühe voran und mit geringerer Frucht, die Beschauung aber gewährt ohne alle Mühe den reichlichsten Nutzen.“ Jene sucht, diese hat gefunden. Jene bereitet die Speisen, diese verkostet sie. Jene denkt nach und überlegt, diese schaut und genießt. Kurz, jene ist das Mittel, diese der Zweck; jene der Weg und die Bewegung, diese das Ziel und die Ruhe.

Daraus ergibt sich ein Grundsatz, der von allen Lehrern des geistlichen Lebens angenommen, aber von wenigen Lesern verstanden wird: Wenn der Zweck erreicht ist, fallen die Mittel. Der Schiffer ruht, nachdem er im Hafen gelandet. So muß auch der Betrachtende, sobald er durch die Mühe und Arbeit der Betrachtung angelangt in dem ruhigen Genuß der Beschauung, den beschwerlichen Weg des Nachdenkens und des Forschens verlassen, um sich zu begnügen, als stünde Gott vor ihm, einfachen Blickes ihn anzuschauen und die geschenkte Anmutung der Liebe, der Bewunderung, der Freude zu genießen. Denn der Zweck alles Betrachtens besteht ja nicht in erkenntnismäßiger Erforschung, sondern in der Erhebung des Gemütes und Willens durch die göttliche Liebe . . . Deshalb gibt man denen, die sich von der göttlichen Liebe entflammt fühlen, den Rat, alles Denken fahren zu lassen, und wäre es noch so erhaben – nicht weil es böse wäre, sondern weil es ein größeres Gut verhindern würde . . .

Und ich sage noch mehr: Auch dich selbst sollst du vergessen und all dein Tun! Denn es sagt einer der heiligen Väter: „Das Gebet ist vollkommen erst dann, wenn der Betende sein Gebet nicht merkt.“ Und das gilt nicht nur vom Ende der Betrachtung, sondern auch von der Mitte und allen einzelnen Teilen. Sooft dich dieser geistliche Schlummer befällt und deinen Verstand einschläfert, sollst du die süße Labung genießen, solange sie vorhält.

Was aber die Seele in diesem geistlichen Schlafe für Wirkungen empfindet von dem Lichte, das sie durchdringt, welche Sättigung und Liebe, welchen Frieden und Trost sie dann genießt: das kann keine Zunge aussprechen. Es übersteigt allen Sinn, und solche Glückseligkeit übertrifft alle Freude der Welt.

Manche sind vom Feuer der Liebe so entzündet, daß sie beim bloßen Namen Gottes, ohne alle vorige Betrachtung, aufhüpfen vor Freude. Sie bedürfen, um Gott zu lieben, ebensowenig des Nachdenkens oder der Überlegung, als eine Mutter oder Gattin dessen bedarf, um ihr Kind oder den Gemahl zu lieben. Andere sind so in Gott versunken, nicht allein im Gebet, sondern auch bei ihrem äußeren Tun, daß sie alles Geschaffene und sich selbst völlig vergessen.

Kein Wunder, daß die göttliche Liebe solche Wirkung hervorbringt, wenn schon die irdische Liebe so stark werden kann, daß sie den Menschen wahnsinnig macht. Oder sollen wir der Gnade weniger Kraft zuschreiben als der Natur und der Sünde?

Wenn also die Seele die Wirkung der göttlichen Liebe in sich verspürt, so soll sie nicht davon abkehren, und wenn sie auch die ganze Zeit ihres Betens dabei zubrächte[3].

Da nun der Umgang mit Gott an sich sehr süß und wohlig ist und aller bitteren Mischung frei (wie der Weise sagt), so geschieht es, daß viele dem geistlichen Leben in all seinen Übungen – Lesen, mündlich Beten, Betrachten, Empfang der Sakramente – aus dem geheimen Trieb heraus sich widmen, der auf solche Befriedigung aus ist. Ihr erster Antrieb zu einem frommen Leben beruht im Verlangen nach jener wunderbaren Süße. Das ist ein schlimmer Irrtum, und viele sind es, die ihm anheimfallen.

Der Hauptzweck in all unserem Tun soll sein, Gott zu lieben und ihn aus ganzen Herzen zu suchen. Jene aber lieben und suchen mehr sich selbst als Gott. Denn ihre Befriedigung und ihr Genuß ist es, was sie suchen, genau wie es bei der alten, heidnischen Weisheit war.

Diese Art von Egoismus ist nach den Worten eines geistlichen Lehrers eine Habsucht, eine Wollust und Unmäßigkeit, nicht minder schlimm als die fleischliche.

Dazu kommt, daß Menschen, die einmal von diesem Übel befallen sind, sowohl sich selbst wie andere nach ihren Tröstungen beurteilen. Jeder sei vollkommen oder unvollkommen, meinen sie, je nachdem er mehr oder weniger Geschmack und Empfindung an göttlichen Dingen habe. Aber das ist weit gefehlt! ...

Und wenn es ungeordnet ist, geistliche Tröstungen und Genüsse zu suchen, um darin zu schwelgen – wenn man sie nur lieben soll, sofern sie zum Fortschritt im sittlichen Wollen spornen: so wird es noch viel weniger statthaft sein, nach Erscheinungen, Offenbarungen und dergleichen Dingen zu verlangen. Denn daraus erwächst den Menschen, die noch nicht in tiefer Demut gründen, eine große Gefahr ...

Der Mensch soll sich befleißen, daß er immer in Demut und Ehrfurcht mit Gott verkehre ... wie St. Augustin tat, von dem man liest, daß er „nur mit Furcht und Zittern zu frohlocken wagte“[4].

Theresia von Avila

(1515–1582)

Tröstungen

Das hat die Liebe Gottes, um von allem anderen zu schweigen, vor jeder irdischen Liebe voraus, daß wir in unserer Liebe zu Gott auch seiner Liebe zu uns versichert sind[1].

Nach meinem Dafürhalten ist es bei der Beschaffenheit unserer Natur unmöglich, mutig große Dinge zu unternehmen, wenn man nicht erkennt, daß man bei Gott in Gnaden steht. Denn wir sind so elend und so sehr zu den Dingen dieser Welt geneigt, daß jemand nicht wohl alles Irdische tatsächlich verachten und sich vollkommen davon losschälen kann, wenn er nicht ein Unterpfand vom Himmlischen in sich erkennt . . . Er muß nebst einem lebendigen Glauben auch noch ein Unterpfand der Liebe haben, die Gott zu ihm trägt. Denn unsere Natur ist so stumpf, daß wir gerne nur dem nachgehen, was wir vor uns gegenwärtig sehen. Darum sind es gerade die fühlbaren Gnadengaben, die den Glauben in uns erwecken und stärken[2].

Freilich müßt ihr, wenn ich von Sicherheit rede, dies immer bedingungsweise verstehen: für den Fall nämlich, daß man von dem begonnenen Wege nicht mehr zurückweicht[3].

Und es hieße sich täuschen, wenn man seine Sicherheit auf geistliche Tröstungen gründet. Die wahre Sicherheit ist das Zeugnis eines guten Gewissens[4].

Hier ist wohl zu beachten, was ich jetzt sagen will, und zwar deshalb sagen will, weil ich es aus Erfahrung weiß. Wenn eine Seele, die den Weg des innerlichen Betens entschieden zu wandeln beginnt, so viel über sich gewinnen kann, daß sie sich weder allzusehr darüber freut, wenn ihr der Herr süße Tröstungen und zärtliches Andachtsgefühl verleiht, noch auch übermäßig darüber trauert, wenn dieses nicht der Fall ist – wenn sie sich also aus beiden nur wenig macht, so hat sie bereits eine große Strecke des Weges zurückgelegt. Sie braucht dann nicht zu fürchten, daß sie wieder umkehren werde, und sollte sie auch noch so oft straucheln. Denn das Gebäude strebt dann auf einem festen Grund empor. Ja, nicht in Vergießung von Tränen, nicht in jenen Süßigkeiten und zärtlichen Andachtsgefühlen, die uns so lieb sind und so erfreuen, – nicht darin besteht die Liebe zu Gott, sondern darin, daß wir ihm dienen in Gerechtigkeit, mit Seelenstärke und in Demut[5].

Ebensowenig sollen die Seelen sich auf besondere Erscheinungen und Offenbarungen verlassen und sollen nicht in dem Empfang derselben die Vollkommenheit sehen. Denn sind auch einige von ihnen echt, so gibt es doch viele trügliche und falsche. Und je mehr man danach trachtet und je höher man sie schätzt, desto mehr weicht man vom Glauben, von der Liebe, Geduld, Demut und Beobachtung der Gebote ab, worin der sicherste Weg besteht, den Gott bestimmt hat zur Rechtfertigung der Seelen[6].

Stufen des inneren Gebetes

Betrachtung

Soll ich erklären, was innerliches Gebet sei, so wisset, meine Töchter, daß das Wesen dieses Gebetes nicht darin besteht, daß man den Mund nicht öffnet. Wenn ich beim Aussprechen der Worte mit ganzem Gemüte aufmerke und bedenke, daß ich mit Gott rede, und wenn ich darauf mehr acht habe als auf die Worte selbst, die ich spreche, so bete ich mündlich und innerlich zugleich[7].

Sprecht ihr das Vaterunser oder Ave Maria oder irgendein beliebiges Gebet, so ist das ein mündliches Gebet. Beachtet aber, daß dies einer schlechten Musik gleich wäre, wenn es nicht in Verbindung mit dem innerlichen Gebete verrichtet wird. Nicht einmal die Worte würden immer den rechten Sinn haben[8].

Wenn wir aber auch nur erwägen, wer der sei, mit dem wir sprechen, und wer wir, die Sprechenden, seien, um uns bewußt zu werden, wie wir uns gegen ihn zu verhalten haben, – wenn ihr, meine Schwestern, alles gehörig erwäget, was in diesen zwei Punkten liegt, so seid ihr bereits zu Anfang des mündlichen Gebetes, das ihr verrichten wollt, eine geraume Zeit mit innerlichem Gebet beschäftigt[9].

Leider gibt es viele, und auch ich gehörte einst dazu, . . . die eine Menge mündlicher Gebete, die sie sich täglich vorgenommen haben, in großer Eile herzusagen pflegen, gleich einem, der sein Tagewerk fertig bringen möchte. Der Herr legt ihnen sein Reich gleichsam in die Hände, aber sie nehmen es nicht an. Sie glauben besser zu tun, wenn sie ihre mündlichen Gebete sprechen, und wenden sich deshalb von der dargebotenen Gnade ab.

Tut das nicht, meine Schwestern, sondern merket auf, wenn der Herr euch diese Gnade erweisen will! Bedenket, daß ihr sonst einen großen Schatz verlieren würdet, und daß ihr viel mehr ausrichtet, wenn ihr gelegentlich ein Wort des Vaterunser sprechet, als wenn ihr dieses Gebet so und so oft billig hersagt.

Derjenige, zu dem ihr sprechet, ist ganz nahe bei euch. Er wird euch gewiß hören. Ja, glaubt es mir, dies ist die wahre Art, seinen Namen zu loben und zu heiligen[10].

Der gewöhnlichen Ordnung gemäß muß unser Denken einen Stützpunkt haben, obwohl manchmal die Seele auch aus sich selbst hinausgeht oder oftmals so von Gott erfüllt ist, daß sie keines Geschöpfes bedarf, um sich zu sammeln. Doch ist dies nicht das Gewöhnliche. Wir müssen den Geschäften obliegen; es bestürmen uns Versuchungen und Leiden, es treten Trockenheiten ein – lauter Umstände, in denen wir eine so vollkommene Ruhe nicht genießen können.

Da ist nun Christus ein guter Freund für uns. Denn wir sehen ihn als Menschen, wir sehen ihn in Schwachheiten und Leiden, wir haben ihn also zum Genossen. Es ist leicht, sich ihn zu vergegenwärtigen, wenn man nur einmal daran gewöhnt ist[11].

Doch gibt es viele Seelen, die mehr Nutzen aus anderen Betrachtungen ziehen. Denn, wie es im Himmel viele Wohnungen gibt, so gibt es auch viele Wege dahin. Einigen ist es nützlich, wenn sie über die Hölle betrachten, anderen, denen der Gedanke an die Hölle zu betrübend ist, wenn sie über den Himmel und wieder andern, wenn sie über den Tod Betrachtungen anstellen. Einige sind so empfindsam, daß es ihnen schwer wird, über das Leiden Christi nachzudenken, dagegen betrachten sie mit Freude und Nutzen die Macht und Größe Gottes in den Geschöpfen, sowie in der Liebe, die er zu uns getragen und die aus allem hervorleuchtet[12].

Jene Gebetsweise ist für den einzelnen am vortrefflichsten und Gott am angenehmsten, die die besten Früchte hervorbringt. Ich meine damit nicht jene Gebetsweise, die sogleich eine Menge guter Begierden zeitigt. Solche sind gewiß schätzenswert, doch oft sind sie derart, wie unsere Eigenliebe sie uns eingibt. Ich meine hier solche Früchte, die sich durch nachfolgende gute Werke bewähren. Denn darin wird sich das Verlangen nach Gottes Verherrlichung kundtun, daß die Seele diese Verherrlichung des Herrn in Wahrheit allzeit im Auge hat und ihr Gedächtnis und ihren Verstand nur damit beschäftigt, wie sie Gott wohlgefallen und ihre Liebe zu ihm an den Tag legen könne[13].

Auf Werke, meine Schwestern, auf Werke kommt es Gott an. Darum mache dir, wenn du siehst, daß du einem Kranken irgendwie Linderung verschaffen kannst, nichts daraus, deine Andacht aufzugeben, um ihm diese Linderung zu bringen[14].

Ich versichere euch, es ist etwas Großes um ein werktätiges Leben und um ein gutes Gewissen[15].

Es liegt, wie ich schon bemerkt habe, viel daran, zu wissen, daß Gott nicht alle denselben Weg führt. Und vielleicht steht gerade derjenige, der meint, er wandle ganz in der Tiefe, sehr hoch in den Augen Gottes.

Also müssen auch nicht alle von euch, weil sie alle das innerliche Gebet üben, deshalb auch beschaulich sein. Das ist unmöglich. Und wüßte da eine, die nicht beschaulich ist, diese Wahrheit nicht, so würde sie wohl sehr niedergeschlagen sein. Die Beschauung ist ein Geschenk Gottes. Aber weil sie zum Heile nicht notwendig ist und Gott sie nicht als Bedingung unserer einstigen Belohnung fordert, so denke niemand, sie werde von ihm verlangt.

Denn ist eine auch nicht beschaulich, so kann sie doch sehr vollkommen sein. Ja, sie kann sogar weit mehr Verdienste haben, weil sie mehr Mühe hat, da der Herr sie als eine starke Seele führt und ihr alle Genüsse aufbewahrt, die sie hienieden nicht gekostet.

Ich konnte über vierzehn Jahre lang nicht einmal die Betrachtung halten ohne Lesung. Und solche wird es viele geben, und noch andere, die nicht einmal dann eine Betrachtung machen können, wenn sie ein Buch zur Hand nehmen und lesen. Sie können nur mündlich beten und bleiben dabei am meisten gesammelt . . . Wenn sie demütig sind, so glaube ich, daß sie am Ende denen, die viele Tröstungen haben, nicht nachstehen, sondern ihnen ganz gleich sein werden. In gewisser Beziehung wandeln sie sogar sicherer. Denn wir wissen nicht, ob die Tröstungen, die uns zuteil werden, von Gott sind, oder ob der böse Feind ihr Urheber ist[16].

Die biblische Martha war eine Heilige. Aber man erzählt von ihr nicht, daß sie beschaulich gewesen sei. Was könntet ihr mehr verlangen, als dieser Glücklichen zu gleichen, die Christus unsern Herrn so oft in ihrem Hause beherbergen, ihm aufwarten, ihn bedienen und mit ihm an einem Tische essen durfte? Wäre sie immer in Beschauung vertieft gewesen wie Magdalena, so hätte niemand diesem göttlichen Gaste zu essen gegeben ...

Mögen wir der Beschauung uns hingeben oder der Betrachtung oder dem mündlichen Gebete obliegen oder die Kranken pflegen oder die Haushaltung mit allen gewöhnlichsten Diensten besorgen – wir dienen durch all das dem Gaste, der zu uns kommt, um bei uns zu wohnen, bei uns zu essen und sich zu erquicken. Was liegt uns dann daran, ob wir ihm in der einen Weise dienen oder in der anderen?

Ich sage nicht, daß ihr es auf eurer Seite fehlen lassen sollt. Vielmehr sollt ihr euch für alles bereiten. Aber die Wahl steht nicht bei euch, sondern bei dem Herrn ...

Und es ist sehr gut, daß die Wahl nicht uns überlassen ist. Denn in der Meinung, das beschauliche Leben gewähre uns mehr Ruhe, würden wir uns alle sogleich tiefer Beschauung ergeben[17].

Gebet der Ruhe

Es ist, wie wenn der gute Hirte seine Schäflein durch ein sanftes Pfeifen, daß sie selbst es kaum vernehmen, mahnt, nicht mehr draußen in der Irre zu bleiben, sondern in ihre Wohnung zurückzukehren. Und dies Pfeifen des Hirten hat eine solche Kraft, daß sie die äußeren Dinge, in die sie sich verirrt hatten, verlassen und sich in die innere Burg begeben.

Wenn Gott diese Gnade gewährt, ist er in besonderer Weise behilflich, daß ihn die Seele in ihrem eigenen Innern sucht. Da findet sie ihn weit besser und mit mehr Nutzen als in den Geschöpfen außer sich. So bekennt auch St. Augustinus, er habe Gott in seinem Innern gefunden, nachdem er ihn an vielen Orten gesucht ...

In einigen Büchern wird der Rat gegeben, man solle, um Gottes Stimme zu hören, sich dadurch bereiten, daß man sich bemühe, mit dem Verstande nicht nachzusinnen, sondern nur aufmerksam auf das zu achten, was der Herr in der Seele wirkt. Ich kann das nicht begreifen ... Meines Erachtens soll man das Nachdenken mit dem Verstande erst einstellen, wenn die Liebe entflammt ist ... Erst dann, wenn wir auf den geheimen Wegen

Gottes zu empfinden glauben, daß er uns erhört, ist es gut, zu schweigen. Denn jetzt hat er uns erlaubt, uns in seiner Gegenwart aufzuhalten, und da mag es erlaubt sein, in seiner Gegenwart zu rasten[18].

Man ist sich bewußt, man stehe vor Gott, und man denkt daran, wer er ist. Wenn die Empfindung sich vertieft, mag man es zulassen. Man soll aber nicht zu begreifen suchen, was es ist. Denn es ist Sache des Gemütes, und man lasse es genießen, ohne etwas mehr zu tun, als ihm einige Worte der Liebe beizubringen[19].

Die Ruhe und die Sammlung selbst ist etwas, was sich in der Seele durch das Genügen, das sie empfindet, durch den Frieden, der sich über sie ergießt, durch die vollkommenste Befriedigung und Ruhe ihrer Kräfte und durch die überaus süße Wonne, mit der sie erfüllt wird, zu erkennen gibt[20].

Die Seele hat hier schon etwas Außergewöhnliches berührt. Denn durch sich selbst kann sie es in keiner Weise erreichen, soviel sie sich auch anstrengen mag . . .

Das Gemüt also ist hier allein eingenommen, so daß es, ohne zu wissen wie, gefangen gehalten wird. Nur gibt es seine Zustimmung dazu, daß Gott es gefangen halte, indem es sich als Gefangenen dessen weiß, den es liebt. O Jesus, mein Herr, was vermag doch deine Liebe über uns! Sie hält die unsere so gebunden, daß sie in diesem Zustand keine Freiheit mehr habe, etwas anderes zu lieben als dich![21]

Wenn so der Geist Gottes in der Seele wirkt, braucht man nicht erst nach Beweggründen zu suchen, um sich vor Gott zu demütigen und sich selbst zu beschämen . . . Die Erkenntnis, die uns Gott gibt, daß wir aus uns nichts haben, ist eine sehr klare. Und je größer die Gnaden sind, die der Herr der Seele mitteilt, desto klarer ist diese Erkenntnis . . . Auch eine mit Demut und Furcht gepaarte Sicherheit ihres Heils verleiht er der Seele. Er vertreibt sofort die knechtische Furcht aus ihr und wirkt in ihr eine große Zunahme der kindlichen Furcht. Die Seele nimmt wahr, daß ihre Liebe zu Gott uneigennützig zu werden anfängt, und sie verlangt nach der Einsamkeit, um das ihr gewordene Gut desto besser genießen zu können. Kurz (um mich nicht durch weitere Aufzählung zu ermüden), die Gnade, die Gott der Seele in diesem Gebete erweist, ist für sie eine Quelle aller Güter. Die

Blumen sind ihrer Entfaltung nahe, und es fehlt fast nichts mehr, als daß sie ihre Knospen erschließen.

Das alles wird die Seele ganz deutlich wahrnehmen. Sie wird auch nicht im geringsten zweifeln können, daß Gott es ist, der in ihr wirkt, bis sie sich wieder mit Fehlern und Unvollkommenheiten bedeckt sieht. Dann freilich fürchtet sie alles; und es ist gut, daß sie fürchtet.

Gleichwohl gibt es Seelen, die aus der sicheren Überzeugung, Gott habe in ihnen gewirkt, größeren Nutzen ziehen als aus aller Furcht, die man ihnen einjagen könnte. Denn ist eine Seele von Natur aus zu Liebe und Dankbarkeit geneigt, so ist die Erinnerung an die gottgeschenkten Gnaden wirksamer, sie wieder zu ihm zurückzuführen, als wenn man ihr alle Strafen der Hölle vorhielte. Wenigstens war dies bei mir der Fall, so böse ich auch bin[22].

Geistliche Trunkenheit

Diese dritte Art ist eine Steigerung der vorigen. Die Seelenkräfte befinden sich in einem Zustande des Schlafes, wobei sie zwar nicht ganz sich verlieren, aber auch nicht begreifen, wie sie wirken. Die Wonne, Süßigkeit und Beseligung ist hier noch unvergleichlich größer als bei der vorigen Stufe. Es ist, als ob der Seele das Wasser der Gnade bis an die Kehle reiche, daß sie weder vor- noch rückwärts gehen kann und nicht weiß, wie sie es imstande wäre . . .

Es ist eine Art mystischer Todesnot. Ein gänzliches Absterben für alle Dinge dieser Welt und ein gleichzeitiger Genuß Gottes. Die Seele weiß gar nicht, was sie tun soll, sie weiß nicht, soll sie sprechen oder schweigen, lachen oder weinen. Es ist eine glorreiche Verrücktheit, eine himmlische Torheit, in der man wahre Weisheit lernt. Ein überaus wertvoller Genuß für die Seele[23].

O mein König! Durch deine Güte und Barmherzigkeit bin ich, während ich dies schreibe, nicht ohne jene heilige und himmlische Torheit. Da du mir also ohne jedes Verdienst von meiner Seite solche Gnade erweisest, so wolle auch, ich bitte dich, daß alle, mit denen ich umgehe, gleichfalls Toren der Liebe seien, oder laß mich mit niemand mehr verkehren! Oder ordne es so, daß ich mich um kein Ding der Welt mehr zu kümmern habe – oder nimm mich hinweg von hier!

O mein Gott, deine Magd kann so großes Leiden, wie es aus der Trennung von dir entsteht, nicht mehr ertragen. Muß sie aber noch leben, so verlangt sie keine Ruhe in diesem Leben, und gib du ihr auch keine! Sie möchte sich schon in Freiheit sehen. Das Essen ist ihr eine Marter, der Schlaf eine Qual. Sie sieht, daß ihr die Lebenszeit unter Behaglichkeit dahinschwindet, und doch kann sie an nichts sich ergötzen, es sei denn an dir. Es scheint, sie lebe wider die Natur, da sie nicht mehr in sich, sondern in dir zu leben verlangt. O mein wahrer Herr und meine Glorie, welch ein leichtes und zugleich schweres Kreuz hast du denen bereitet, die dahin gelangen! Leicht ist dies Kreuz, weil süß. Schwer aber ist es, weil Zeiten kommen, wo keine Geduld es zu tragen vermag. Und doch möchte deine Magd niemals frei davon sein, es sei denn, um sich schon bei dir zu sehen. Wenn sie sich erinnert, daß sie bisher noch nichts getan hat, bei längerem Leben aber dir noch dienen könnte, so wünschte sie sich eine noch weit schwerere Bürde und möchte bis zum Ende der Welt nicht sterben. Um dir auch nur einen geringen Dienst zu erweisen, achtet sie nicht ihrer eigenen Ruhe. Sie weiß nicht, was sie verlangen soll. Das aber sieht sie wohl ein, daß sie nichts anderes verlangt als dich[24].

Diese Art des Betens scheint dasselbe zu sein wie das Gebet der Ruhe, aber es ist doch teilweise verschieden. Dort nämlich gibt sich die Seele, die sich weder rühren noch bewegen möchte, mit Maria in heiliger Muße nur dem Genusse hin. Bei diesem Gebet aber kann sie zugleich auch Martha sein. Sie verbindet gewissermaßen das tätige Leben mit dem beschaulichen und kann, während das Gemüt vereinigt ist mit Gott, auch mit den Werken der Liebe, mit ihren Berufsgeschäften oder mit Lesen sich befassen. Gleichwohl sind Verstand und Gedächtnis ihrer nicht ganz mächtig und fühlen es wohl, daß der höhere Teil der Seele anderswo ist[25].

Was bei der Vereinigung der Seele vorgeht, ist so dunkel, daß es nicht klar gesagt werden kann ...

Hier schwinden alle Seelenkräfte und werden derart aufgehoben, daß man sie durch keine Tätigkeit derselben wahrnimmt. Hatte die Seele vorher über irgendein Geheimnis nachgedacht, so verliert sie es jetzt aus dem Gedächtnis, und es ist, als hätte sie gar nie daran gedacht ... Der kleine Schmetterling, das Gedächtnis, verbrennt sich hier die Flügel und kann nicht mehr unruhig umherflattern. Der Wille ist ohne allen Zweifel ganz in Liebe getaucht, versteht aber nicht, wie er liebt. Wenn der Verstand erkennt, so versteht er doch nicht, wie er erkennt. Wenigstens kann er von dem, was er erkennt, nichts begreifen. Mir scheint aber, daß er nicht erkennt; denn wie gesagt, man merkt nichts davon. Ich kann mir über diesen Punkt nicht ganz klar werden.

Anfangs war ich in einer gewissen Unwissenheit befangen. Ich wußte nämlich nicht, daß Gott in allen Dingen ist, und es schien mir unmöglich, daß er mir so innig gegenwärtig sei, wie es mir vorkam. Doch konnte ich mich des Glaubens nicht entschlagen, daß Gott mir wirklich gegenwärtig sei, da ich meinte, seine wirkliche Gegenwart fast klar erkannt zu haben. Ungelernte sagten mir, Gott sei mir bloß durch die Gnade gegenwärtig, aber ich konnte es nicht glauben, weil mir, wie gesagt, schien, er selbst sei in mir gegenwärtig. Die Ungewißheit war mir peinlich. Da half mir ein gelehrter Mann aus dem Orden des heiligen Patriarchen Dominikus aus dem Zweifel, indem er mir bestätigte, Gott sei in allen Dingen gegenwärtig, und mir zugleich mitteilte, in welcher Weise sich Gott uns mitteile. Dadurch ward ich ungemein getröstet[26].

War es in der früheren Stufe wie in einem Traum – die Seele gleichsam eingeschlummert, weder recht schlafend noch im Gefühl des Wachens – so ist hier die Seele ganz wach für Gott, aber für diese Welt und für sich selbst ganz eingeschlafen. Es dauert nur kurze Zeit, aber in dieser kurzen Vereinigung ist sie wie von Sinnen, so daß sie, wenn sie auch wollte, an nichts denken kann ... Sie liebt nur, weiß aber nicht einmal, wie sie liebt, noch was sie liebt, noch was sie möchte. Sie ist der Welt ganz gestorben, um desto mehr in Gott zu leben. Ein süßer Tod fürwahr! . . . Dabei weiß sie nicht einmal, ob dem Leibe so viel Leben bleibt, daß er noch atme. Wie ich eben darüber nachdenke, scheint mir, der Leib atme nicht. Sollte er aber doch atmen, so merkt man nichts davon. Der Verstand möchte etwas von dem, was die Seele empfindet, begreifen, weil er es aber nicht vermag, ist er von Staunen so hingerissen, daß er sich entweder ganz verliert oder doch wenigstens weder Hand noch Fuß bewegt, wie wir von einem Menschen sagen, der von einer schweren Ohnmacht befallen ist, wir möchten meinen, er sei tot[27].

Gott drückt sich dem Inneren der Seele dabei in einer Weise ein, daß sie, wieder zu sich gekommen, durchaus nicht daran zweifeln kann, sie sei in Gott und Gott in ihr gewesen. Diese Wahrheit bleibt ihr mit einer solchen Festigkeit, daß sie es nicht vergessen und nie daran zweifeln kann[28].

Ich war manchmal nach diesem Gebete so außer mir, daß ich nicht wußte, ob die Seligkeit, die ich empfunden, nur ein Traum gewesen oder ob sie mir wirklich zuteil worden sei . . . Und so mutvoll und beherzt ist hernach die Seele, daß man sie in diesem Augenblicke in Stücke zerhauen könnte, und es wäre ihr ein großer Trost. Da macht sie heldenmütige Vorsätze und Versprechungen. Da hegt sie flammende Begierden. Da erkennt sie ganz klar die Eitelkeit der Welt und fängt an, sie zu verabscheuen . . . Da hat auch ihre Demut zugenommen; denn sie sieht klar, daß ihr eine so überschwenglich hohe Gnade nicht durch eigenes Bemühen zuteil geworden ist und daß sie weder zur Erlangung noch zur Bewahrung derselben etwas beigetragen hat . . . Sie befindet sich da ganz allein mit ihrem Herrn – was anders wollte sie also tun als ihn lieben? Sieht sie ja nicht und hört sie nicht, es sei denn, sie strengt sich mit Gewalt dazu an[29].

Und doch, sieht sich die Seele so nahe bei Gott, . . . so gibt sie leicht in einem Wahne, sie hätte nichts mehr zu fürchten, sich Gefahren preis, indem sie anfängt, in gutgemeintem Eifer zwar, doch ohne Maß, von ihren Früchten auszuteilen. Sie tut es nicht gerade aus Hochmut; denn sie erkennt gar wohl, daß sie aus sich nichts vermag – sie tut es nur aus übergroßem Vertrauen auf Gott und aus Mangel an Klugheit, nicht beachtend, daß sie noch schwach befiedert ist. Sie kann wohl aus ihrem Neste hüpfen (und

Gott selbst hebt sie heraus), aber zum Fliegen ist sie noch ungeschickt[30].

Ekstatische Vereinigung

Bei der einfachen Vereinigung stehen wir immer noch auf unserem eigenen Boden ... So ist uns auch jederzeit die Möglichkeit gegeben, dieser Gnade, wenn auch nur mit Gewalt und Schmerz, zu widerstehen.

Dies ist bei der Verzückung nicht mehr der Fall. Da sind wir zumeist gar keines Widerstandes fähig. Da wirst du oftmals, ohne daran gedacht zu haben oder irgendwie selber mitzuwirken, von einem so plötzlichen und starken Ungestüm erfaßt, daß du siehst und fühlst, wie jene Wolke sich erhebt oder wie jener gewaltige Adler emporschwebt und dich auf seinen Flügeln dahinträgt.

Ich sagte, du merkst und siehst, wie du erhoben wirst. Aber du weißt nicht, wohin. Daher wirst du, wenngleich mit Wonne erfüllt, ob der Schwachheit unserer Natur anfangs von Furcht ergriffen ...

Aber du magst wollen oder nicht, du wirst doch erhoben. Mir selbst sind diese Erhebungen oft äußerst unlieb, so daß ich alle meine Kräfte aufbiete, um zu widerstehen, besonders wenn solche Verzückungen, wie es wiederholt mir begegnete, öffentlich eintreten. Aber auch wenn ich allein bin, sträube ich mich oft dagegen aus Furcht, ich möchte getäuscht werden. Zuweilen konnte ich etwas ausrichten, aber ich war danach so abgemattet und erschöpft, als hätte ich mit einem starken Riesen gerungen. Andere Male war alles umsonst. Die Seele wurde mir erhoben, und fast immer folgte ihr, ohne daß ich es hätte hindern können, das Haupt, manchmal auch der ganze Körper nach und schwebte frei über der Erde. Doch war letzteres bei mir nur selten der Fall. Einmal geschah es, als ich mich eben mit den übrigen Nonnen im Chor befand und daselbst kniend mich auf den Empfang der heiligen Kommunion vorbereitete ... Ein anderes Mal, es war am Feste unseres Kirchenpatrons, widerfuhr mir unter der Predigt das gleiche, als noch mehrere vornehme Damen anwesend waren. Ich warf mich, sobald ich gewahrte, daß der

Herr mich erheben wollte, der Länge nach auf den Boden. Aber trotzdem – und obschon die herbeigeeilten Nonnen mich zu halten versuchten, wurde die Verzückung bemerkt[31].

Die Sehnsucht nach Gott ist so stark, daß nach meinem Dafürhalten die Heftigkeit der daraus entspringenden Pein es ist, die, wenn auch nur auf kurze Zeit, zur Beraubung der Sinne führt. Solche Zustände kommen mir wie Todesnöte vor. Nur bringt hier das Leiden eine solche Wonne mit sich, daß ich nicht weiß, womit sie vergleichen. Es ist ein bitteres und zugleich süßes Martyrium ... Das Herannahen desselben versetzt die Seele in Furcht, weil sie doch nicht vom Leibe scheiden kann. Ist sie aber einmal darein versenkt, so möchte sie ihr ganzes Leben darin zubringen, obschon das Leiden so heftig ist, daß die Natur es kaum zu ertragen vermag. Öfter schlägt darum kein Puls mehr in mir, wie dies jene Schwestern, die sich mir zuweilen nähern und denen die Sache schon mehr bekannt ist, sagen. Die Handgelenke sind ganz auseinander und die Hände so starr, daß ich sie bisweilen nicht auseinander bringen kann. Noch am folgenden Tage spüre ich den Schmerz an den Pulsen und im ganzen Körper, so daß es mir vorkommt, als wären alle meine Glieder verrenkt. Manchmal denke ich, es werde dem Herrn, wenn es so fortdauern sollte wie jetzt, noch gefallen, daß ich an diesem Zustand sterbe[32].

Wenn die Verzückung ihren Höhepunkt erreicht hat – ich verstehe darunter das gänzliche Verlorensein der Seelenkräfte infolge ihrer vollständigen Vereinigung mit Gott – so hört oder vernimmt oder fühlt man gar nichts mehr, wie ich wenigstens meine. Doch dauert diese gänzliche Umgestaltung der Seele in Gott nur kurze Zeit. Solange sie aber dauert, ist sich kein Vermögen seiner bewußt und keines weiß, was hier vorgeht. Es muß dies etwas sein, was wir, solange wir auf Erden leben, wohl nicht verstehen sollen. Gott will es offenbar nicht, und wahrscheinlich sind wir auch nicht fähig dazu. Dies habe ich an mir selbst erfahren[33].

Anfangs war ich unsicher, wie dies fast bei jeder Gnade der Fall ist, die der Herr mir erweist. Erst im weiteren Verlauf derselben erhalte ich Sicherheit von der göttlichen Majestät. Denn er sprach zu mir, ich solle mich nicht mehr fürchten und diese Gnade höher schätzen als alle anderen ... Zwar hatte ich schon vorher erkannt, daß dieser Zustand eine große Gnade sei. Ich fürchtete mich bloß, weil ich so böse bin. Aber trotzdem konnte ich nie glauben, daß etwas Schlimmes im Spiele sei. Nur die Überschwenglichkeit eines solchen Gutes flößte mir Bedenken ein, wenn ich an meine Unwürdigkeit dachte. Gepriesen sei der Herr, der so gütig ist![34]

Vermählung

Wenn es unserem Herrn gefällt, der Seele, die er geistigerweise schon zu seiner Braut genommen, voll Mitleid über ihr großes Sehnsuchtsleiden sich zu erbarmen, so führt er sie zur geistigen Vermählung in seine eigene Wohnung ein. Denn wie er im Himmel eine Wohnung hat, so muß wohl auch in der Seele eine Stätte oder, sagen wir, ein anderer Himmel sein, wo er allein seine Wohnung hat[35].

Wohl glaube ich, daß seine Majestät auch in imaginären Visionen und im Gebet der Vereinigung die Seele mit sich einte. . . . Allein, er machte sie, wie es dem heiligen Paulus bei seiner Bekehrung geschah, blind und stumm und unfähig zu erkennen, von welcher Art die Gnade ist, deren sie genießt . . . Hier aber will unser guter Gott der Seele die Schuppen von den Augen nehmen, damit sie auf außergewöhnliche Weise von der empfangenen Gnade etwas sehe und verstehe.

Indem er sie nämlich durch eine geistige Schauung in diese Wohnung einführt, zeigen sich ihr durch eine gewisse Darstellung der Wahrheit die drei Personen der heiligsten Dreifaltigkeit in einem glühenden Lichte, das sich zuerst wie eine überhelle Lichtwolke zugleich mit diesen unterschiedenen Personen zu ihrem Geiste niedersenkt. Durch eine wunderbare Erkenntnis, die ihr gegeben wird, sieht die Seele alsdann mit größter Gewißheit, wie alle drei Personen nur eine Wesenheit, ein Können, ein Wissen und ein Gott sind. Und zwar sieht sie dies in einer Weise, daß man sagen kann, sie erkenne das, was wir sonst durch den Glauben festhalten, durch Anschauung, obwohl sie weder mit den Augen des Leibes noch auch – da die Schauung keine imaginäre ist – mit den Augen der Seele etwas sieht.

Alle drei Personen teilen sich ihr da mit, sprechen zu ihr und erschließen ihr das Verständnis jener Worte des Evangeliums, die der Herr gesprochen: daß nämlich er und der Vater und der Heilige Geist kommen und Wohnung nehmen wollen in der Seele, die ihn liebt und seine Gebote hält[36].

Erzeigt Gott der Seele zum ersten Male diese Gnade, so offenbart ihr seine Majestät in einer einbildlichen Vision seine heiligste Menschheit, damit sie es klar erkenne und nicht in Unwissenheit über den Empfang eines so himmlischen Geschenkes bleibe. Andern Personen offenbart sich vielleicht der Herr in einer anderen Gestalt. Derjenigen, von der ich rede, zeigte er sich nach der Kommunion in einer hellglänzenden Gestalt von wunderbarer Schönheit und Majestät, wie er nach seiner Auferstehung war. Damals sprach er zu ihr, nun sei es Zeit, daß sie fortan seine Angelegenheiten als die ihrigen ansehe, wie er die ihrigen als die seinen[37].

Diese geheimnisvolle Vereinigung geht im innersten Mittelpunkt der Seele vor sich, an dem Orte, wo Gott selber wohnen muß. Meines Erachtens bedarf er auch keiner Türe, um da einzugehen.

Ich sage, er bedürfe keiner Türe. Denn bei allem früher Erlebten schien er sich der Sinne und Vermögen zu bedienen, und auch die letzterwähnte Erscheinung der Menschheit des Herrn muß wohl in dieser Weise geschehen sein.

Die Vereinigung bei der geistlichen Vermählung selbst aber ist ganz anderer Art. Hier zeigt sich der Herr der Seele in ihrem Mittelpunkt, nicht in einer imaginären, sondern in einer geistigen Vision, die feiner ist als die früheren, so wie er, ohne durch die Türe einzugehen, den Aposteln erschien, da er zu ihnen sprach: „Der Friede sei mit euch!“

Was Gott hier der Seele in einem Augenblick mitteilt, ist ein so großes Geheimnis, eine so hohe Gnade, und erfüllt sie mit so außerordentlicher Wonne, daß ich es mit nichts anderem vergleichen kann als mit der himmlischen Glorie, die der Herr ihr für jenen Augenblick offenbaren will . . . Man kann darüber nicht mehr sagen, als daß die Seele oder vielmehr der Geist der Seele, soweit man es erkennen kann, eins mit Gott geworden ist[38].

Es war am Tag nach Christi Himmelfahrt. Ich hatte nach der heiligen Kommunion ziemlich lange mühsam beim Gebete zugebracht, weil ich so zerstreut war, daß ich bei keinem Gedanken verweilen konnte. Und ich beklagte mich beim Herrn über die Armseligkeit unserer Natur. Da ward allmählich meine Seele entflammt, und ich glaubte in einer Verstandesvision ganz deutlich die Gegenwart der ganzen heiligsten Dreifaltigkeit wahrzunehmen. Auf daß meine Seele es besser fassen könne, sah ich, wie in einer bildlichen Darstellung der Wirklichkeit, auf welche Weise Gott dreifaltig und eins sei. Es schien mir auch, als ob alle drei Personen, die sich mir im Innern der Seele unterscheidbar zeigten, mich anredeten und mir sagten, ich würde in meiner Seele von dem Tage an einen Fortschritt in dreifacher Hinsicht wahrnehmen: in der Liebe, in der Freude und im Leiden, nebst der Empfindung dieser Liebe durch die Glut der Seele. Zugleich gewann ich auch Verständnis jener Worte des Herrn im Evangelium, wonach die drei göttlichen Personen in der begnadeten Seele ihre Wohnung haben[39].

Diese Gegenwart der drei göttlichen Personen hat in mir beständig angedauert bis heute, dem Gedächtnistag des heiligen Apostels Paulus. Da ich früher die Gegenwart Jesu Christi allein gewohnt war, so fühlte ich mich anfangs durch den Anblick der drei göttlichen Personen in etwa gehindert, obschon ich weiß, daß sie nur ein Gott sind. Heute beruhigte mich der Herr . . . Und darauf kam es mir vor, als ob die Seele, gleich einem ins Wasser getauchten Schwamm, von der Gottheit ganz durchdrungen sei und sich in gewissem Sinne wirklich der Gegenwart der drei göttlichen Personen erfreue in wahrem Besitz. Und ich hörte die Worte: „Suche nicht mich einzuschließen in dich, sondern schließe dich ein in mich!“ Die drei göttlichen Personen waren, wie wir schien, in meinem Innern, und ich sah, wie sie sich allen Geschöpfen ohne Ausnahme mitteilen und doch in mir bleiben[40].

Am Tage nach dem Feste des heiligen Matthias befand ich mich in der gewöhnlichen Verfassung, die mir seit jener Vision der heiligsten Dreifaltigkeit zuteil geworden ist. Und ich schaute die Art, wie sie in einer Seele wohnt, die sich im Stande der Gnade befindet. Und zwar stellte sich mir die anbetungswürdige Dreifaltigkeit in einer Weise dar, daß ich sie sowohl in der Wirklichkeit wie durch bestimmte Vergleiche in imaginärer Vision deutlich schaute. Öfters hatte sich schon bisher die heiligste Dreifaltigkeit auch in einer Verstandesvision gezeigt, aber nach Verlauf von einigen Tagen konnte mein Geist sich nicht mehr wie jetzt mit dieser Wahrheit befassen und auch keinen Trost mehr daran finden. Heute erkannte ich auch, daß die Vision dem entspricht, was ich von den Theologen darüber vernommen hatte[41].

Es wird gut sein, meine Schwestern, daß ich euch sage, zu welchem Zweck der Herr so große Gnaden in dieser Welt verleiht . . . Meinet ja nicht, es geschehe nur zur Ergötzung der Seelen! Das wäre ein großer Irrtum. Denn Gott kann uns keine größere Gnade verleihen, als daß er uns ein Leben gibt, das dem Leben seines vielgeliebten Sohnes gleichförmig ist. Und darum halte ich für gewiß, daß solche Gnaden zur Stärkung unserer Schwachheit dienen, damit wir dem Herrn durch Ertragung vieler Leiden nachfolgen[42].

O meine Schwestern, wie sehr wird die Seele, in der der Herr in so besonderer Weise wohnt, ihrer eigenen Ruhe vergessen! Wie wenig wird sie die Ehren achten, und wie fern wird sie allem Verlangen sein, etwas zu gelten! Denn ist sie, wie billig, viel mit Gott beschäftigt, so wird sie nur wenig an sich selber denken. All ihr Denken geht vielmehr dahin, wie sie ihm mehr gefallen und wodurch sie ihm ihre Liebe bezeigen könne.

Dahin, meine Töchter, zielt überhaupt das innere Gebet und dazu dient auch die geistige Vermählung, daß unaufhörlich Werke, lauter Werke daraus hervorgehen. Denn dies ist zugleich, wie schon einmal gesagt, das Kennzeichen, daß solche Gnade von Gott kommt[43].

Einige Visionen

Während des ganzen gestrigen Tages fühlte ich mich recht vereinsamt, selbst in dem Augenblick, da ich die heilige Kommunion empfing. Das Osterfest machte keinen besonderen Eindruck auf mich. Am Abend waren alle Schwestern versammelt um mich, und man sang ein Lied über die Pein, die das Leben ohne Gott verursacht. Da ich ohnehin schon betrübt war, so wurde ich davon so ergriffen, daß mir trotz meines Widerstrebens die Hände erstarrten, und gleichzeitig, während meine Seele durch eine Entzückung der Freude entrückt wurde, fühlte ich einen außerordentlichen Schmerz und war wie außer mir . . . Wenn schon früher der Schmerz gelegentlich so heftig war, daß ich laut aufschreien mußte, ohne mich dagegen wehren zu können, so hatte er jetzt noch zugenommen, und ich war wie durchbohrt von demselben. Nun kann ich besser verstehen, wie der Mutter Gottes zumute war bei ihrem schmerzdurchbohrten Herzen . . . Mein Körper ist so gebrochen, daß ich selbst diese Zeilen nur mit größter Anstrengung schreiben kann. Meine Hände sind wie verrenkt und schmerzen aufs höchste.

Wenn Sie (der Beichtvater) zu mir kommen, werden Sie mir sagen, ob eine so schmerzvolle Ekstase möglich ist und ob ich sie so empfinde, wie sie wirklich ist, oder ob ich mich täusche.

Diese innere Pein hat fortgedauert bis heute morgen. Da fiel ich in Entzückung. Mir war, unser Herr habe mich zu seinem Vater erhoben und sage zu ihm: „Siehe diese, die du mir gegeben hast, gebe ich dir wieder." Und es schien mir, der Vater ziehe mich an sich.

Es war keine imaginäre Vision, sondern eine wirkliche, vollkommene Gunstbezeugung geistiger Art, so erhaben, daß ich sie nicht auszudrücken vermag. Der himmlische Vater richtete noch einige Worte an mich, deren ich mich nicht mehr erinnern kann. Einige bezogen sich auf die Gnaden, womit er meine Seele noch erfüllen wolle. Und er behielt mich eine Zeitlang bei sich.

Es fiel mir auf, daß eine solche geistige Vision länger dauere als die andern. Aber der Herr sprach zu mir: „Es ist ein Unterschied zwischen einer solchen Gnade und einer imaginären Vision, und es läßt sich bei meinen Heimsuchungen keine bestimmte Regel aufstellen!" Das eine Mal sei diese, das andere Mal jene Gnadenerweisung besser[44].

Ein anderes Mal, nach der heiligen Kommunion, kam es mir vor, als stelle sich der Herr ganz wahrnehmbar neben mich hin und fange an, mich mit großer Zärtlichkeit zu trösten. Unter anderem sagte er: „Siehst du, meine Tochter, daß ich es bin: reiche mir deine Hand!" Und es schien mir, als nehme er meine Hand und drücke sie an seine Seite mit den Worten: „Sieh an diese meine Wunde: du bist nicht ohne mich. Leide diese kurze Zeit!" Aus einigem, was er mir sagte, erkannte ich, daß er seit seiner Himmelfahrt nie mehr auf Erden herabgestiegen sei, um sich jemand vertraulich mitzuteilen, es sei denn im heiligsten

Sakrament. Außerdem offenbarte er mir, er habe nach seiner Auferstehung Unsere liebe Frau besucht, weil sie dessen sehr bedurfte[45].

Bevor ich diese Gnade empfing, hatte ich, wenn ich mich nicht täusche, drei Tage hindurch jene große Pein der Trennung von Gott empfunden, die ich auch sonst an manchen Tagen recht schmerzlich empfand. Diesmal war es besonders heftig gewesen, so daß ich glaubte, es nicht mehr aushalten zu können. Nachdem ich so viel gelitten, sah ich, daß es zu spät war, mein Abendessen zu mir zu nehmen, und ich hatte doch gar keine Kraft. Denn infolge des Erbrechens, das mich recht schwächte, hatte ich es nicht früher zu mir nehmen können. Darum zwang ich mich jetzt dazu und legte das Brot vor mich hin, im Begriffe zu essen. Da sah ich plötzlich Christus, der, wie mir schien, ein Stück vom Brote nahm, um es mir in den Mund zu legen. „Iß, meine Tochter," sprach er, „und laß es geschen, wie du kannst! Es schmerzt mich sehr, was du leidest, aber es ist jetzt gut für dich!" Da verschwand mein Schmerz, und ich ward getröstet. Denn der Herr war, wie ich glaube, in der Tat bei mir und auch noch am folgenden Tage.

Mit dieser Gnade war mein Verlangen für diesmal befriedigt. Ich erwähnte den Ausdruck: „Es schmerzt mich" – nach meiner Ansicht aber kann der Herr über nichts Schmerz empfinden[46].

Im Kloster zu Veas sagte unser Herr eines Tages zu mir, daß ich seine Braut sei und ihm eine Bitte vortragen dürfe. Er verspreche mir, alles zu gewähren, was ich von ihm erbitten werde. Zum Zeichen dessen gab er mir einen wunderschönen Ring mit einem Steine, aber von weit strahlenderem Glanze, als er hienieden zu schauen ist. Und er selbst steckte mir diesen Ring an den Finger.

Während ich dies schreibe, bin ich ganz verwirrt. Denn wenn ich auf der einen Seite die Güte Gottes sehe, so erkenne ich anderseits mein böses Leben, durch das ich die Hölle verdient hätte. Ach, mögen meine Töchter mich Gott empfehlen und dem heiligen Joseph, der so viel vermag, mit Andacht ergeben sein![47]

Johannes vom Kreuz

(1542–1591)

Die Nacht der Sinne

Um zum Stande der Vollkommenheit zu gelangen, muß die Seele gewöhnlich zwei verschiedene Nächte durchwandeln, die bei den Geisteslehrern Reinigungen oder Läuterungen heißen. Ich nenne sie Nächte, weil die Seele sowohl in der einen wie in der anderen wie zur Nachtzeit im Finstern wandelt. Die erste Läuterung ist die Nacht des sinnlichen Teiles, die zweite des geistigen Teiles der Seele[1].

In den ersten Anfängen, da die Seele sich mit Entschiedenheit zum Dienste Gottes wendet, pflegt Gott sie geistigerweise so zu hegen und zu liebkosen wie eine liebende Mutter ihr zartes Kindlein. Sie wärmt es an ihrer Mutterbrust, nährt es mit süßer Milch und weicher, wohlschmeckender Speise, nimmt es in ihre Arme und pflegt es. Je mehr es aber heranwächst, um so mehr entzieht ihm die Mutter solche Pflege, indem sie ihre Zartheit verbirgt und ihre süße Brust mit etwas Bitterem bestreicht. Sie nimmt es nicht mehr auf ihre Arme, sondern läßt es auf eigenen Füßen stehen, damit es die Eigenheiten des Säuglings ablegt und sich größeren, wesentlicheren Dingen zuwendet.

So macht es auch die Gnade Gottes, diese zärtlich liebende Mutter, wenn sie eine Seele zu neuem Leben und zum Eifer im Dienst Gottes wiedergeboren hat. Sie läßt sie, ohne alle Mühe ihrerseits, in allen geistlichen Dingen eine süße und wohlschmekkende Milch und große Freude an den geistlichen Übungen finden. Die Seele findet ihre Wonne daran, lange Zeit, ja ganze Nächte dem Gebete zu widmen. Bußübungen sind ihr ein Vergnügen, Fasten eine Freude, der Empfang der Sakramente und geistliche Gespräche ihr Trost. Und doch äußern sich dabei nicht selten bedeutende Schwächen und Unvollkommenheiten. Man läßt sich zu diesen geistlichen Übungen und Beschäftigungen durch den Trost und die Ergötzung bestimmen, die man darin findet. Und da man in hartem Kampfe noch nicht erprobt und in der Tugend noch nicht befestigt ist, so sind die geistlichen Übungen meist mit vielen Fehlern und Unvollkommenheiten durchsetzt[2].

Immerhin übt sich die Seele eine Zeitlang auf diese Weise auf dem Wege der Tugend, und wenn sie in der Betrachtung und im Gebete sich treu erweist und durch die Süßigkeit und den Genuß, den sie empfindet, sich freimacht von der Anhänglichkeit und Liebe zu den Dingen dieser Welt, so gewinnt sie doch endlich einige geistige Kraft in Gott, um das Gelüste nach dem Geschöpflichen zu bezähmen und um Gottes willen einige Beschwerden und geistige Trockenheiten ertragen zu können.

Zu dieser Zeit beginnt Gott, ihnen all dieses Licht zu verdunkeln. Er verschließt ihnen die Türe und verstopft ihnen die Quelle des süßen Wassers des Geistes, aus der sie bisher immer, sooft es ihnen beliebte, getrunken hatten. Sie können nun in keiner Weise mehr betrachten, wie sie es vorher gewohnt waren. Denn die inneren Sinne sind schon in Nacht versenkt und in solche Trockenheit versetzt, daß ihnen die geistlichen Dinge und frommen Übungen, an denen sie ehedem ihre Freude und Wonne fanden, saftlos und geschmacklos erscheinen, ja sogar Widerwillen und Verdrießlichkeit verursachen[3].

Es gibt gewisse Zeichen, an denen man erkennen kann, ob diese geistliche Trockenheit tatsächlich mit der genannten Läuterung zusammenhängt oder andere, fehlerhafte Ursachen hat. Das erste Zeichen besteht darin, daß die Seele ebensowenig an Geschöpflichem Geschmack und Trost gewinnt wie an göttlichen Dingen; zweitens, daß sie für gewöhnlich mit peinlicher Angst und Sorge an Gott denkt und ihm nicht zu dienen, sondern rückwärts zu gehen fürchtet, weil sie eben keine Freude an göttlichen Dingen in sich wahrnimmt; drittens, daß die Seele nicht mehr betrachten und nachsinnen kann und trotz aller Anstrengung mit der Einbildungskraft nichts mehr zuwege bringt, um sie für die Betrachtung zu gebrauchen[4].

Diese Nacht oder Läuterung der Gelüste ist überaus wertvoll für die Seele, wenn es ihr auch scheint, sie verliere dadurch große Güter und Vorteile. Der erste Nutzen ist die Erkenntnis seiner selbst und seines Elends; sodann eine weit größere Ehrfurcht und Bescheidenheit im Verkehr mit Gott, wie es sich dem Allerhöchsten gegenüber immer geziemt. Auch nimmt die Seele in der Trockenheit und Leere dieser Sinnennacht an innerer Demut zu, wird unterwürfig und gehorsam. Denn wenn man sich so elend sieht, hört man nicht bloß gerne die Belehrungen anderer an, sondern wünscht sogar, es möchte uns jeder Wegweiser sein und sagen, was wir zu tun hätten. Und so sind noch mancherlei andere Vorteile, die diese Nacht der Sinne in der Seele hervorbringt[5].

Die Nacht des Geistes

So geht eine Zeitlang vorüber, es fließen Jahre dahin, und die Seele, den Stand der Anfänger hinter sich, wandelt auf den Wegen der Fortschreitenden. Wie einem dunklen Kerker entflohen, kann sie sich in dieser Zeit mit viel größerer Befriedigung und Freiheit göttlichen Dingen hingeben und findet darin eine weit reichere und tiefere Wonne als ehedem, vor ihrem Eintritt in die dunkle Nacht. Ihre Vorstellungskraft und ihre Seelenkräfte überhaupt sind auch nicht mehr an das nachforschende Betrachten und an gewisse Vorschriften des geistlichen Lebens gebunden. Ohne sich mit Nachdenken Mühe zu geben, wird ihrem Geist sogleich eine beruhigende und liebende Beschauung und geistige Wonne zuteil. Denn da die Sinne schon mehr geläutert sind, so besitzen sie eine größere Fähigkeit, die Süßigkeiten des Geistes zu kosten, wenigstens nach ihrer Art. Freilich, da der sinnliche Teil der Seele zu schwach ist, um die starke Kraft des Geistes in sich aufzunehmen, so erleiden solche Fortschreitenden, zufolge dieser Verbindung des Geistes mit dem sinnlichen Teil, gar manche Schwächen und Störungen leiblicher Art, erleiden Entrückungen, Herzkrämpfe, Verrenkungen der Glieder – Dinge, die immer eintreten, wenn die Heimsuchungen Gottes nicht rein geistiger Art sind, also nicht dem Geiste allein widerfahren, wie es bei Vollkommenen der Fall ist, nachdem sie bereits durch die zweite Nacht, des Geistes nämlich, gereinigt sind[6]. Gar vielen begegnen in diesem Läuterungsstande gewisse Erscheinungen sinnlicher und geistiger Art, und zwar in Verbindung mit süßen Wonnegefühlen, wobei der böse Feind und die eigene Phantasie in den meisten Fällen allerlei Blendwerk in der Seele hervorrufen, wenn man nicht alle Vorsicht anwendet und all diese Gesichte und Wahrnehmungen ruhig über sich ergehen läßt und stark im Glauben sich dagegen wehrt.

So wacker sich auch fortschreitende Seelen halten mögen, es findet sich keine einzige, die nicht manche dieser natürlichen Unvollkommenheiten an sich trüge, die erst verschwinden müssen, wenn man zur göttlichen Vereinigung gelangen will. Deshalb muß die Seele die zweite Nacht des Geistes durchmachen, Sinne und Geist von allen sinnlichen Vorstellungen und Gefühlen entblößt werden. Die Seele muß im dunklen, reinen Glauben wandeln, dem geeignetsten und passendsten Mittel zur Vereinigung mit Gott, wie es bei Oseas heißt: „Ich will dich mir verloben im Glauben"[7].

Diese dunkle Nacht des Geistes ist eine Einwirkung Gottes auf die Seele, die bei den Gottesgelehrten „eingegossene Beschauung" oder „mystische Gottesweisheit" heißt. In ihr belehrt Gott die Seele in geheimnisvoller Weise in der vollkommenen Liebe, ohne daß diese selber etwas tut noch auch versteht, wie diese eingegossene Beschauung vor sich geht.

Warum aber rede ich von „dunkler Nacht", da es doch ein göttliches Licht ist, das die Seele erleuchtet und von ihrem Unwissen reinigt? Ich antworte: Aus zwei Ursachen ist die göttliche Weisheit nicht nur Nacht und Finsternis für die Seele, sondern geradezu eine Pein und Qual. Die erste Ursache liegt in der Erhabenheit der göttlichen Weisheit, die die Fassungskraft der Seele übersteigt und insofern eine Finsternis ist für sie; die zweite liegt in der Niedrigkeit und Unreinheit der Seele selbst, und darum ist dies Licht für die Seele etwas Peinliches, Schmerzliches und Dunkles. Darum nennen auch St. Dionysius und andere mystische Theologen diese eingegossene Beschauung einen „Strahl der Finsternis". Das Licht und die Weisheit dieser Beschauung an sich ist überaus hell und rein; aber die Seele, in die es fällt, ist finster und unrein.

Wenn also dieses reine Licht in die Seele strömt, um deren Unreinheit zu vertreiben, fühlt sie sich so unsauber und elend, daß es ihr scheint, als sei sie Gottes Feind und Gott der ihre. Sie hält sich Gottes und aller Geschöpfe für vollkommen unwürdig. Und was ihr am schmerzlichsten fällt, das ist die Furcht, daß sie nie Gottes würdig werde und alle ihre Gnadenschätze eingebüßt habe. Die Ursache davon ist die tiefe Versenkung des Geistes in die Erkenntnis und das Gefühl ihrer Sünden und ihres Elends. Denn das göttliche Lichtdunkel offenbart gar deutlich das ganze Sündenelend, und die Seele sieht klar, daß sie aus sich nichts anderes haben könne[8]. Am empfindlichsten ist der Gedanke, Gott habe sie offenbar verstoßen und als verabscheuungswürdiges Geschöpf in die Finsternis gestürzt; und dieser Glaube, von Gott verlassen zu sein, ist eine überaus schwere, erbarmungswürdige Pein. Manchmal nimmt die Seele ihre Verwerflichkeit so lebendig wahr, daß es ihr vorkommt, sie sehe die Hölle und ihr Verderben offen vor sich[9].

Dazu kommt noch, daß die Seele infolge der Einsamkeit und Verlassenheit, die diese dunkle Nacht in ihr verursacht, weder an einer Belehrung noch an einem geistlichen Führer Trost und Stütze finden kann. Mag man ihr auch die mannigfachen Trostgründe vor Augen führen, wodurch sie sich aufrichten könnte (im Hinblick auf die Güter, die ihr aus diesem Leiden erwachsen), sie kann es doch nimmer glauben. Sie ist so tief durchdrungen und eingenommen vom Gefühl dieser Übel, die ihr das eigene Elend aufs grellste offenbaren, daß sie meint, andere sehen nicht, was sie sehe, und fühlten oder redeten nur so, ohne davon Kenntnis zu haben. Und statt des Trostes wird sie mit neuem Schmerz erfüllt, da es nach ihrer Ansicht keine Abhilfe gibt gegen ihren üblen Zustand. Und es ist auch in der Tat so. Denn solange der Herr die Reinigung nicht auf eine Weise vollzogen hat, wie es ihm gefällt, findet sich weder Mittel noch Arznei, ihren Schmerz zu lindern.

Soll diese Reinigung irgendwie eine ernstliche sein, so dauert sie, wie streng sie auch immer sein mag, mehrere Jahre, obschon sich in dieser Zeit manche Ruhepausen und Erleichterungen einstellen, in denen die dunkle Beschauung nach Gottes Ratschluß nicht so sehr in reinigender als in erleuchtender und wohltuender Weise auf die Seele wirkt[10].

Noch etwas gibt es, was in diesem Zustand die Seele überaus quält und trostlos macht. Da nämlich diese geistige Nacht die Kräfte und Neigungen der Seele so sehr unterbindet, so vermag sie nicht, wie früher ihr Herz und Gemüt zu Gott zu erheben noch auch im Gebete um etwas zu bitten. Es scheint ihr, wie einst dem Jeremias, Gott habe eine Wolke vor sich gestellt, durch die ihr Gebet nicht hindurchdringen könne. Sie kann weder beten noch den gottesdienstlichen Verrichtungen mit Aufmerksamkeit beiwohnen, noch viel weniger auf andere, zeitliche Dinge ihr Augenmerk richten. Sie leidet an solcher Geistesabwesenheit und Gedächtnisschwäche, daß viele Stunden vorübergehen, ohne daß sie weiß, was sie gedacht oder getan hat oder was sie tut und tun will[11].

Und doch, es ist eine selige Nacht, da sie mit dieser Verfinsterung des Geistes keinen anderen Zweck hat, als die Seele in jeder Hinsicht zu erleuchten; und nur darum macht sie niedrig und elend, um zu erheben und aufzurichten; und nur darum macht sie arm und jedes Besitzes und jeder natürlichen Neigung bar, damit sich die Seele auf göttliche Weise erheben kann zum beseligenden Genuß aller irdischen und himmlischen Dinge. Eine einzige Neigung, die zurückbliebe, eine einzelne Anhänglichkeit des Geistes an etwas Besonderes, sei es vorübergehend oder bleibend, reicht hin, daß man in seinem Gefühl und Genusse nicht teilhaft werden kann der Lieblichkeit und seligen Lust des Geistes der Liebe, der alle Süßigkeit in erhabener Weise in sich begreift[12].

Um so mehr beginnt die Seele von Liebe zu erglühen, je mehr sie durch dieses Feuer gereinigt und geläutert wird, wie ein Holzstück, das nach und nach vom Feuer um so lebhafter erfaßt wird, je besser es dafür bereitet ist[13]. Es ist ein Entbrennen der Liebe im Geiste, wovon sich die Seele inmitten dieser finsteren Bedrängnisse mit einer gewissen Empfindung und Ahnung Gottes durchdrungen sieht, lebendig und innig erfaßt von göttlicher Liebesmacht – ohne daß sie jedoch etwas im einzelnen erkennte, da sich der Verstand noch im Finsteren befindet[14].

Es ist also so, daß diese Nacht des dunklen Liebesfeuers, ebenso wie sie die Seele im Dunkeln reinigt, sie auch im Dunkeln entzündet. Da nämlich diese dunkle Nacht der Beschauung göttliches Licht und göttliche Liebe in sich begreift, wie das Feuer Licht und Wärme, so liegt darin kein Widerspruch, daß dies göttliche Licht bei seinem Einströmen mehr den Willen trifft und ihn mit Liebe entflammt, während es den Verstand im Dunkel läßt, ohne ihn mit seinem Licht zu berühren. Umgekehrt kann es auch den Verstand mit Licht und Erkenntnis erfüllen, während es den Willen in Trockenheit läßt. Gerade so wie man die Wärme des Feuers fühlen kann, ohne das Licht zu sehen, oder

Licht sehen kann, ohne die Wärme zu empfinden. Es ist das Wirken des Herrn, der sich mitteilt, wie er will[15].

Aufs ganze gesehen, wirkt also diese Nacht ein doppeltes: Einerseits ist sie nichts anderes als die Erleuchtung des Verstandes mit übernatürlichem Lichte, so daß der menschliche Verstand, mit Gott vereint, ein göttlicher wird. Anderseits entbrennt auch der Wille von göttlicher Liebe, und zwar so, daß er nunmehr nichts Geringeres wird als ein göttlicher Wille, nur göttlich liebend, vereinigt und eins mit dem göttlichen Willen und mit der göttlichen Liebe. Ähnlich ist es auch mit dem Gedächtnis und dem übrigen, den Neigungen und Strebungen der Seele; sie werden gottgemäß, in göttlicher Weise umgewandelt und verändert. So wird die Seele schon jetzt himmlischer Art, himmlisch und mehr göttlich als menschlich. All dies vollbringt und bewirkt Gott mittels dieser geistigen Nacht in der Seele, indem er sie in göttlicher Weise erleuchtet, so daß sie nur mehr von Sehnsucht nach Gott und nach keinem anderen Ding außer ihm entbrennt![16]

In dem Maße, wie die Beschauung einfacher wird und ein Nachdenken nicht mehr stattfindet, weiß man bloß zu sagen, daß die Seele ihre Sättigung, Ruhe und Befriedigung finde, daß sie Gott wahrnehme und daß es gut gehe nach ihrem Empfinden, aber man vermag nicht mit Worten zu erklären, was die Seele besitze, außer nur in allgemeinen Ausdrücken. Anders ist es, wenn die der Seele zuteil gewordenen Gunstbezeugungen von besonderer Art sind, etwa bei Gesichten, Erfahrungen, die man gewöhnlich unter einer bestimmten Gestalt empfängt, an der das sinnliche Erkenntnisvermögen beteiligt ist. Solchen Erscheinungen oder Bildern kann man auch Ausdruck geben. Aber dann liegt auch keine reine Beschauung vor. Denn für diese fehlt es, wie gesagt, an Ausdrücken, weshalb ich von einer „verborgenen" Leiter rede, auf der die Seele zur süßen, wonnevollen Liebesvereinigung mit Gott hinansteigt. Denn solche Dinge sind menschlich nicht zu begreifen. Man muß zu ihnen durch menschliches Nicht-Erkennen oder, was dasselbe ist, durch ein göttliches Nicht-Wissen gelangen. Denn mystisch gesprochen, wie ich es hier tue, werden diese hohen Dinge nicht erkannt und verstanden, wie sie sind, so lange man in ihrer Erforschung und

Übung begriffen ist, sondern erst, wenn man sie gefunden und geübt hat[17].

Von einer „Leiter" redete ich, und zehn Sprossen der Liebe sind, auf denen die Seele stufenweise zu Gott emporsteigt. Die erste Sprosse macht die Seele zu ihrem Heile krank – krank vor Liebe, und an keinem Ding kann sie eine Stütze, einen Geschmack, Trost und Ruhe finden. – Die zweite Sprosse läßt die Seele ohne Unterlaß Gott suchen. So liebestrunken fühlt sie sich, daß sie in allen Dingen den Geliebten sucht und bei allem, was sie denkt, ihre Gedanken gleich auf den Geliebten richtet und bei allem, was sie spricht, und bei allen Geschäften, die sich ihr aufdrängen, vom Geliebten spricht und handelt. – Die dritte Sprosse der Liebesleiter setzt die Seele in Tätigkeit und erfüllt sie mit Eifer, der nicht ermüden will; und dabei liegt ihr nichts ferner als eitle Ehrsucht, Anmaßung oder Verurteilung gegen andere. – Die vierte Sprosse der Leiter der Liebe verursacht in der Seele ein anhaltendes Leiden um des Geliebten willen, wobei ihre ganze Sorgfalt dahin geht, Gott zu gefallen und ihm wenigstens in etwa zu dienen, wie er es würdig ist und wie sie es ihm schuldet für das, was sie von ihm empfangen hat. – Die fünfte Sprosse der Liebesleiter erregt in der Seele ein ungeduldiges Streben und Verlangen nach Gott. Da muß die liebende Seele entweder in den Besitz des Geliebten gelangen oder sterben, wie Rachel in übergroßer Sehnsucht nach Kindern zu ihrem Gemahl Jakob sprach: „Gib mir Kinder oder ich sterbe!" – Die sechste Sprosse bewirkt, daß die Seele schnell Gott entgegeneilt und dessen Nähe oft fühlbar wahrnimmt. Die unermüdliche Hoffnung, von der Liebe gekräftigt, fliegt ihm entgegen in schnellem Fluge. – Die siebente Sprosse macht die Seele überaus beherzt. Da läßt sich die Liebe nicht mehr von einer Meinung leiten, um abzuwarten; sie nimmt auch keinen Rat mehr an, um sich zurückhalten zu lassen, noch vermag Beschämung sie zu hemmen. Da faßt sich die Braut ein Herz und sagt: „Er küsse mich mit seines Mundes Kusse!" – Aus dieser Kühnheit und Freiheit, die Gott der Seele auf dieser Stufe verleiht, so daß sie mit ganzer Liebeskraft ohne Furcht mit ihm verkehrt, folgt die achte Stufe, wo die Seele in den Besitz des Geliebten gelangt und ihn festhält, ohne von ihm zu lassen. Da wird die Sehnsucht der Seele gestillt, wenn auch noch Unterbrechungen eintreten. – Die neunte Stufe der Liebe läßt die Seele vor Entzücken gar brennen. Es ist die Stufe der Vollkommenen, die glühen in süßer Liebe zu Gott. Die göttlichen Gnadenschätze und Reichtümer aber, zu deren Genuß die Seele da erhoben wird, können mit Worten nicht ausgedrückt werden. – Die zehnte und letzte Sprosse der heimlichen Leiter der Liebe macht die Seele Gott vollkommen ähnlich durch die klare Anschauung Gottes, in deren Besitz sie sogleich und unmittelbar übergeht, wenn sie den Leib verläßt, nachdem sie in diesem Leben bis zur neunten Stufe gekommen war[18].

2. Französische Mystik

Franz von Sales

(1567–1622)

Vom Weg der göttlichen Liebe

Sowie der Mensch mit einiger Aufmerksamkeit der Gottheit gedenkt, fühlt er sein Herz von einer gewissen süßen Rührung bewegt, die Zeugnis davon gibt, daß Gott der Gott des menschlichen Herzens ist. Nirgends fühlt unser Erkennen so innige Freude, wie in dem Gedanken an Gott, vor dem nach Aristoteles, dem Fürsten der Philosophen, die geringste Erkenntnis mehr wert ist als sonst die größte auf allen anderen Gebieten.

Diese Freude, die das menschliche Herz naturgemäß an der Gottheit empfindet, und das Vertrauen, das es zu ihr hegt, kann gewiß nichts anderem entspringen als einem gewissen Verwandtschaftsverhältnis, das zwischen der göttlichen Güte und unserer Seele besteht. Erhaben ist dieses Verhältnis, aber geheim. Jeder erkennt es, aber wenige werden es inne. Es läßt sich nicht leugnen, doch auch nicht wohl ergründen. Wir sind erschaffen nach Gottes „Bild und Gleichnis“ – was heißt dies anderes, als daß wir innig verwandt sind der göttlichen Majestät?[1]

Freilich steht nun unsere menschliche Natur nicht mehr in jener ursprünglichen Unschuld und Lauterkeit, die der erste Mensch bei seiner Erschaffung hatte; wir sind vielmehr in eine starke Verderbnis geraten durch die Sünde. Gleichwohl aber ist uns geblieben jene heilige Neigung, Gott über alles zu lieben, wie auch jenes natürliche Licht, durch das wir erkennen, daß seine höchste Güte liebenswürdig ist über alles[2] – wobei die erkenntnismäßige Klarheit zu erkennen, wie liebwert er ist, viel stärker ist als die Kraft des Willens zur Liebe. Denn noch mehr schwächte die Sünde den menschlichen Willen, als sie den Verstand verdunkelte ... Diese geringe und unentwickelte Liebe, von der die Natur einen gewissen Antrieb in sich wahrnimmt, ist eine Art Wollen ohne Wollen, ein Wollen, das gerne möchte, aber nicht will, ein unfruchtbares Wollen, das keine rechten Wirkungen zeitigt, ein wahrhaft gichtbrüchiges Wollen, das zwar den heilkräftigen Teich der heiligen Liebe sieht, aber nicht die Kraft hat hineinzusteigen, oder wie der Apostel spricht: „Das Wollen liegt mir zwar nahe, aber das Vollbringen finde ich nicht“[3].

Darum hat Gottes eingeborener Sohn den Schatz seiner unendlichen Güte uns offenbart in einer Erlösung gar reichlich und überströmend, herrlich und ohne Maß, in einer Erlösung, die uns erworben, wiedererworben hat alle notwendigen Mittel, um heimzugelangen zu der Verklärung, und keiner wird nun je klagen können, als gebreche es ihm an der Barmherzigkeit Gottes[4].

So hat denn die höchste Güte eine Fülle von Gnaden und Segnungen ausgegossen über das ganze Menschengeschlecht, und wie von einem Strahlenregen wurden alle davon berührt, den er „regnen läßt über Gute und Böse“. Alle werden bestrahlt wie durch ein Licht, das jeden Menschen erleuchtet, der in diese Welt kommt. Dabei ist es nicht minder wahr, daß die Mannigfaltigkeit dieser Gaben so groß ist, daß man nicht sagen kann, was wunderbarer sei: die Größe der Gaben bei so großer Verschiedenheit oder ihre Verschiedenheit bei solcher Größe. So wie nicht zwei Menschen zu treffen sind, die sich an natürlichen Gaben vollkommen gleichen, so wird man auch niemals zwei Menschen antreffen, die einander an übernatürlichen Gaben vollkommen gleich sind[5].

Auf so vielfache Weise denn wird uns die Erlösung des Heilands zugewendet, als es Seelen gibt. Und doch ist ein allgemeines, allen gebotenes Mittel des Heiles: Liebe. Liebe muß allem beigemischt sein, und nichts hat Wert für das ewige Heil ohne sie. Darum verlangt der liebreiche Herr, der uns mit seinem Blute erkauft hat, mit unendlicher Sehnsucht dies eine, daß wir ihn lieben, auf daß wir ewig gerettet seien . . . Und er begnügte sich nicht damit, daß er dieses sein großes Verlangen nach unserer Liebe öffentlich und allgemein offenbart hat, damit jeder Sterbliche einbegriffen sei in seine freundliche, liebreiche Einladung, sondern von Tür zu Tür geht er umher und pocht und beteuert: „So jemand mir auftut, will ich bei ihm einkehren und das Abendmahl mit ihm halten", jede Art Gnade und Huld ihm erzeigen[6].

Und welches sind denn die gewöhnlichen Bande, durch die die göttliche Vorsehung unsere Herzen zur Liebe zu ziehen pflegt? Er bezeichnet sie selbst, da er die Mittel anführt, wodurch er die Kinder Israels aus Ägypten und aus der Wüste in das Land der Verheißung zog. „Ich zog sie", spricht er bei Oseas, „an Banden der Menschlichkeit, an Banden der Liebe und Güte". Wahrhaftig, Gott zieht uns nicht mit eisernen Banden gleich wilden Tieren, sondern durch Lockungen, süß und lieblich, durch heilige Einsprechungen. Das sind die „Adamsbande", die Bande der „Menschlichkeit", von denen er spricht. Denn nur diese entsprechen der Anlage des menschlichen Herzens, dem die Freiheit natürlich ist. Das Band des menschlichen Willens ist Lust und Freude. „Nüsse zeigt man dem Kind", spricht Augustinus; „es wird gezogen durch Liebe, gezogen durch Bande nicht körperlich, sondern des Herzens". Sieh denn, wie der ewige Vater uns zieht: uns belehrend erfreut er uns und legt uns keinerlei Zwang auf. In unsere Herzen legt er geistliche Freuden und Tröstungen gleich heiligen Lockspeisen, wodurch er uns lieblich zieht, die Süßigkeit seines Wortes zu kosten und aufzunehmen[7].

Und welches sind diese Bande im einzelnen? Das erste, wodurch er uns zuvorkommt und uns vom Schlummer erweckt, schlingt er allein – in unserem Herzen zwar, doch ohne uns. Die folgenden werden mit unserem Zutun geschlungen, durch ihn in unserem Innern[8].

Wenn Gott uns den Glauben verleiht, so kehrt er in unsere Seele ein und spricht zu unserem Herzen, nicht mit Worten, sondern durch innere Einsprechung. Er stellt unserer Einsicht so annehmlich dar, was zu glauben ist, daß unser Wille davon eingenommen wird und die Erkenntnis bewegt, einzuwilligen und der Wahrheit beizustimmen ohne Zweifel oder Mißtrauen. Das Wunderbare dabei ist, daß Gott unserer Seele die Geheimnisse des Glaubens nur unter Schleiern und Finsternis vorstellen muß, so daß wir die Wahrheit nicht eigentlich sehen, sondern nur ahnen. Und doch, kehrt dieses Helldunkel des Glaubens – nicht durch der Rede Gewalt, noch auch durch das Licht der Beweise, sondern allein durch die liebliche Kraft seiner Gegenwart – in unser Gemüt, so zwingt es unseren Verstand mit solcher Kraft zu Glauben und zu Gehorsam, daß diese Gewißheit die stärkste ist[9].

Wie wir, den Strahlen der mittäglichen Sonne ausgesetzt, kaum ihre Klarheit schauen und auch alsbald ihre Glut empfinden, so hat auch das Licht des Glaubens mit seinem Glanze noch kaum den Verstand bestrahlt, und schon regt sich in unserem Willen die heimliche Glut der Liebe. Der Glaube zeigt uns durch untrügliche Gewißheit, daß Gott Gott ist und unendlich an Güte, daß er sich uns mitteilen kann, ja nicht nur kann, sondern auch will, und zwar so sehr, daß er in unaussprechlicher Milde uns alle nötigen Mittel bereitet hat, zur unsterblichen Herrlichkeit einzugehen. Hat so der heilige Glaube einmal unserem Geiste die Schönheit der Güter entfaltet, nach denen seine natürliche Neigung zielt, o wie groß ist dann seine Freude, sein Jubel! Wie erbebt unsere ganze Seele in freudigem Staunen angesichts einer so herrlichen Schönheit! „Wie schön bist du“, ruft sie aus, „wie schön bist du, mein Vielgeliebter!“[10]

Das ist Liebe und Hoffnung zugleich. Denn was ist Hoffnung anders als ein liebendes Wohlgefallen, das wir in Erwartung und Sehnsucht nach unserem höchsten Gut haben? Und doch ist alles hier Liebe[11].

Die Liebe aus Hoffnung also zielt schon auf Gott – doch kehrt sie noch auf sich selbst zurück. Sie wendet den Blick zu Gott, zugleich aber sieht sie auch auf den eigenen Vorteil. Sie zielt nach dem höchsten Gut, aber sie trachtet, es zu genießen. Sie führt also nicht so sehr deshalb zu Gott, weil er unendlich gut in sich selbst ist, sondern weil er unendlich gütig ist gegen uns. Solche Liebe freilich ist eine Liebe, doch eine begehrliche Liebe. Noch ist der Grund, aus dem wir lieben, mit unserem Herzen haften an dem ersehnten Gut, kein anderer, als weil es unser Gut ist. Denn warum lieben wir Gott mit dieser Liebe der Begierlichkeit? Weil er unser Gut ist! Und warum lieben wir ihn über alles? Weil er unser höchstes Gut ist! [12]

Aber siehe, Gott führt in einer Stufenfolge unaussprechlicher Lieblichkeit die Seele, nachdem er sie einmal aus dem Lande Ägypten, der Sünde, geführt hat, von Liebe zu Liebe, von einer Stufe zur andern, bis er sie einführt in das Land der Verheißung, in das eigentliche Heiligtum der Liebe, in die wahrhafte Freundschaft mit ihm, wo wir ihn lieben um seiner selbst willen und wegen seiner unendlichen Gutheit, die liebenswürdig ist über alles.

Eine wahrhafte Freundschaft ist diese Liebe. Denn gegenseitig ist sie, da Gott jede Seele von Ewigkeit liebt, die ihn liebt in der Zeit. Und eine erklärte und gegenseitig anerkannte Liebe ist es; denn weder kann unsere Liebe zu Gott ihm unbewußt sein, da er sie selbst uns verlieh, noch kann seine Liebe zu uns uns verborgen sein, da er so deutlich sie uns offenbarte und wir alles, was wir Gutes haben, als Wirkung seiner Liebe erkennen. Und endlich ist es auch eine ständig unterhaltene Liebe, da er nimmermehr aufhört, zu unserem Herzen zu sprechen durch allerlei Einsprechungen und Erleuchtungen; nimmermehr aufhört, uns Gutes zu tun, und uns zahllose Beweise gibt seiner innigsten Zartheit, all seine Geheimnisse uns offenbarend wie vertrautesten Freunden[13].

Unsere Liebe freilich ist nicht imstande, ihn zu lieben nach seiner ganzen Würdigkeit, so wenig als unser endlicher Geist vermögend ist, ihn zu schauen in seiner ganzen Unendlichkeit. Unsere Liebe kann immer vollkommener werden, doch unendlich kann sie nicht werden. Es ist schon eine außergewöhnliche Gnade und Wohltat Gottes gegen unsere Seelen, daß wir in diesem sterblichen Leibe wandelnd doch immer mehr zunehmen können an heiliger Liebe[14].

Gott ist es, der dieses Wachstum der Liebe in uns wirkt, je nachdem wir seine Gnade verwenden, gemäß jenem Ausspruch der Schrift: „Wer hat, dem wird mehr gegeben, und er wird Überfluß haben“[15]. Die vollkommene Vereinigung Gottes aber mit unseren Seelen wird erst im Himmel vollendet, wo nach der Geheimen Offenbarung die festliche Vermählung des Lammes gefeiert wird. Hienieden, in diesem vergänglichen Leben, heißt die Seele die Braut und Verlobte des Lammes. Erst wenn wir zum Himmel eingegangen sind, ist die Feier jener göttlichen Vereinigung. Erst dann ist das Band, das unsere Seele mit ihrem ersten Ursprung vereint, ein ewiges, unzertrennliches[16].

Wohl sucht uns der göttliche Bräutigam heim; durch das Tor der Liebe des Wohlgefallens geht er in unsere Seelen ein und hält mit uns Gastmahl und wir mit ihm. Wir laben uns an seiner Freundlichkeit, durch die Freude, die wir darob empfinden. Wir ersättigen unser Herz an den göttlichen Vollkommenheiten, durch die Lust, die wir daran haben. So kommt er, „der Geliebte, in seinen Garten“. Denn da es seine Freude ist, unter den Menschenkindern zu wohnen, wo könnte er lieber sein als in jenem Plätzchen der Seele, die er nach seinem Bild und Gleichnis geschaffen? In diesem Garten pflanzt er selber das liebende Wohlgefallen, das wir an seiner Güte haben, wie auch hinwiederum seine Güte sich freut an unserem Wohlgefallen[17].

Durch diese heilige Liebe des Wohlgefallens genießen wir selber die Güter, die in der Gottheit sind, als wären es die unseren[18]. „Mein Geliebter ist mein“, ruft da die Seele, „und ich bin sein!“ In dieser heiligen Stimmung, da vermögen dich keine Geschöpfe zu stören, so hoch sie auch sein mögen, und wären es Engel[19]. Denn in je höherem Grade die Seele Gottes unendliche Güte erschaut und seine Lieblichkeit kostet, um so mächtiger wird ihre Glut, durch immer größeres Lob ihn zu preisen[20]. Da tritt es sogar zuweilen aus sich selbst heraus, um alle Geschöpfe einzuladen, daß sie mitwirken in seiner Absicht – ein Gefühl, das den heiligen Sänger, den König David, so mächtig durchströmte, daß er viele seiner Psalmen überschrieb: „Lobet Gott!“ So sang auch der seraphische heilige Franz von Assisi den Sonnengesang und andere schöne Lieder, worin er die Geschöpfe einlädt, seinem liebeverwundeten Herzen zu Hilfe zu kommen, da er allein es nicht vermöchte, den geliebten Erlöser seiner Seele zu preisen nach seinem Willen[21].

Solch heilige Liebe, die stärker ist als der Tod, schmilzt die Herzen weit eigentlicher als jede andere Leidenschaft, wie die Geliebte im Hohen Liede singt: „Meine Seele ist zerschmolzen in mir, da mein Trauter geredet hat.“ Was anders ist dies Zerschmelzen, als daß sie sich nicht mehr zu fassen vermag in sich selber, sondern zerfließt in ihren Geliebten? Solche Entzückung – denn nichts anderes ist dies Ergießen der Seele in ihren Gott – läßt die Seele ganz außerhalb ihrer natürlichen Grenzen treten, läßt sie in Gott zerrinnen und versinken ... woher es auch kommt, daß die glückseligen Menschen, die bis zu diesem Übermaß göttlicher Liebe gelangen, wenn sie nach solcher Entzückung wieder zu sich kommen, nichts mehr auf Erden sehen, das sie irgend befriedigen könnte. In gänzlicher Selbstvernichtung sind sie beinahe ohne Empfindung für das, was die Sinne berührt, und führen beständig das Wort der heiligen Theresia im Munde: „Was nicht Gott ist, ist mir nichts!“ Dies war gewiß auch die Liebesstimmung jenes großen Freundes des göttlichen Meisters, der da sprach: „Ich lebe, doch nicht mehr ich, sondern Christus lebt in mir“, und „Unser Leben ist verborgen mit Christus in Gott.“

Nicht daß die Seele stürbe, die sich in Gott ergießt. Wie sollte sie auch sterben, da sie in den Abgrund des Lebens einströmt? Doch lebt sie, ohne in sich selbst zu leben. Wie die Sterne nicht mehr leuchten, wenn die Sonne zugegen ist, und doch ihr Licht nicht verlieren, sondern im Lichte der Sonne verborgen sind, so lebt auch, ohne ihr Leben zu verlieren, die so in Gott zerronnene Seele nicht mehr in sich, sondern Gott lebt in ihr[22].

Pierre de Bérulle

(1575–1629)

Gott im Menschen

Durch die Menschwerdung hat Gottes Name, Größe, Kraft, Würde, Majestät, soweit sie dem Geschöpflichen sich mitteilen kann, ihren Sitz und ihre Wohnung aufgeschlagen in der menschlichen Natur. Gott verbindet sie mit sich und gibt ihr Leben und persönliche Einigung mit seiner Gottheit. Wird die menschliche Natur angebetet, so wird Gott in ihr angebetet; wenn sie spricht und sich bewegt, so spricht und bewegt sich Gott. Man schuldet Ehrfurcht den Spuren seiner Füße, man schuldet Gehör seinen Worten, denn es sind Spuren und Worte eines Gottes. Wenn diese Menschheit handelt oder leidet, so ist Gott in ihr handelnd und leidend, es sind göttliche Handlungen und göttliche Leiden und als solche von unendlichem Wert ... So läßt denn Gott, der Unfaßliche, sich fassen in dieser Menschlichkeit. Gott, der Unaussprechliche, läßt sich vernehmen in der Stimme seines fleischgewordenen Wortes. Gott, der Unsichtbare, läßt sich sehen im Fleische, das er geeint hat mit der ewigen Natur. Gott, der Erschreckende im Glanze seiner Majestät, läßt sich verkosten in seiner freundlichen Güte und Menschlichkeit. ... O Wunder! O Größe![1]

Das Wort nennt sich „Anfang" bei den Propheten. Denn eine Sonne ist es gleichwie der Vater; eine Sonne, entflutend einer Sonne ... ein ewiger Aufgang, der immer in seinem Mittag ist durch seines Lichtes Fülle und immer in seinem Aufgang durch die Eigenschaft seiner Zeugung, die immerfort währet und nimmer endet, wie sie niemals beginnt; durch die er immer geboren ist, wie er immer geboren wird in der Ewigkeit. – Und wir haben zugleich einen Kind-Gott, einen sterblichen Gott, einen leidenden, zitternden, weinenden in einer Krippe, einen Gott, der lebt und wandelt auf Erden, in Ägypten, im Judenlande ... einen Gott, der leidet und stirbt am Kreuze ... Denn er, der unsere Natur angenommen durch das Geheimnis seiner Menschwerdung, hat auch annehmen wollen alle Zustände und Eigenschaften unserer Natur und sie ehren durch die persönliche Einigung mit der Gottheit ... Alle diese Zustände und Geheimnisse seines Lebens sind göttlichen Charakters und haben deshalb göttliche Würde und höchste Kraft und heilige Wirkung ... und wir sollen nach Gottes Ratschluß sie ehren und uns zu eigen machen für unsere Seelen[2].

Er wird geboren von seinem Vater als Licht und will auch geboren werden zur Welt in Licht, als Gott vom Licht. Das Licht aber steigt hernieder vom höchsten Himmel bis zu den Tiefen der Erde, ohne doch niedrig zu werden; es dringt durch alles, doch ohne befleckt zu werden; es eint sich allem und macht sich innerlich allem, doch ohne sich zu vermischen ... So behält auch das göttliche Wort mitten in der Eigenschaft unserer Kindheit seine Größe und Vollkommenheiten ... Indem es sich erniedrigt, ohne niedrig zu werden, erhebt es uns; indem es sich einigt, läutert es uns; indem es uns innerlich wird, vergöttlicht es uns[3].

Denn die Menschwerdung ist ein bleibender Zustand und bleibend in Ewigkeit. Ohne Unterlaß beschenkt uns Gott mit seinem Sohn. Ohne Unterlaß gibt dieser Sohn, der Gottes Geschenk ist, sich selbst unserer Menschheit. Der göttliche Geist, in dem dieses Geheimnis vollbracht wurde, die innere, bleibende Seite des äußeren Geheimnisses, jene Tätigkeit und Kraft, die dies Geheimnis in uns lebendig und wirksam werden läßt, jene heilige Verfassung und jenes Verdienst, wodurch er uns seinem Vater erworben hat, ... ja, die Seelenstimmung und lebendige Bereitschaft, in der Jesus dieses Geheimnis wirkte, ist ihm immer lebendig und gegenwärtig. Sein Herz ist ewig offen, ewig verwundet; seine Herrlichkeit entfernt nicht diese Wunde, denn es ist Wunde der Liebe. Die äußere Wunde von der Lanze ist nur ein Zeichen der wahren und inneren Wunde seines Herzens ... Dank dem himmlischen Vater, der ihm diese Wunde zugedacht hat am Kreuze, um uns für ewig eine Wohnung zu geben in seinem Herzen![4]

Nicht als erloschene Vergangenheit also sollen wir die Geheimnisse Jesu behandeln, sondern als lebendige Gegenwart, selbst Ewigkeit, von der wir eine immer gegenwärtige, ewige Frucht ernten sollen ... Laßt uns Leben schöpfen in diesem Geheimnis des Lebens! Laßt uns ewiges, unwandelbares Leben schöpfen in diesem Geheimnis ewigen, unwandelbaren Lebens!

. . . Unter den Wechselfällen dieses elenden Lebens auf Erden laßt uns bleibendes, wechselloses Leben schöpfen, da wechsellos beharrt dieses hochheilige Geheimnis im Wechsel der Zeiten, Orte, Umstände, unter denen der Sohn Gottes auf Erden erfunden ward! . . . Laßt uns anbeten das bleibende Wesen dieses göttlichen Geheimnisses! Und wie es selber wandellos, so laßt uns den Sohn Gottes bitten um einen Geist, der wandellos in ihm verharrt. Wir schöpfen Leben aus diesem Geheimnis des Lebens. Laßt uns darum auch schöpfen von seinem wandellosen, bleibenden Sein einen wandellosen Stand von Gnade und Leben in Gott![5]

Der Mensch in Gott

Jesus Christus ist ein göttlich Behältnis der Seelen und ist ihnen Quell eines Lebens, dadurch sie leben in ihm. Das Geheimnis der Menschwerdung ist von lebendiger Wirksamkeit, und man muß davon Früchte tragen und Wirkungen, tragen und empfangen.

Es ist ein Geheimnis, das Gott mit dem Menschen und den Menschen mit Gott verbindet, und man muß sich in Verbindung bringen mit diesem Geheimnis. Es ist ein Geheimnis, das den Menschen von der Sünde trennt durch die Gnade, und von sich selbst durch eine verborgene, erhabene und diesem Geheimnis eigene Gnade. Man muß sich trennen von sich selbst und allem, was uns auf uns selber stellt, auf Adam statt auf Jesus, der unser Adam und unser alles ist . . . Ein jeder muß in sich selbst entblößt und zunichte werden, um Jesus zu eigen zu sein, in Jesus seinen Grund zu haben, in Jesus sein Wesen, in Jesus sein Leben, in Jesus sein Wirken, in Jesus seine Frucht[6].

Jesus ist die Ergänzung unseres Seins, das nicht Bestand hat als nur in ihm, und nicht Vollendung als nur in ihm, wahrhaftiger als der Leib sein Leben und seine Wesensergänzung hat in der Seele und das Glied im Leibe und der Zweig im Rebstock und der Teil im Ganzen. Denn wir haben Teil an Jesus, und er ist unsere Ganzheit. Und unser Gut ist, in ihm zu sein und ihm zu gehören: zu sein, zu leben, zu handeln durch ihn, wie der Rebzweig Sein und Leben und Frucht hat vom Rebstock . . .

Darum sollen wir Jesus ansehen als unseres Wesens Ergänzung. Denn er ist es und will es sein, wie das Wort die Ergänzung ist der menschlichen Natur, die in ihm ihren Bestand hat. Darum müssen wir Jesus uns verbinden als dem, der unseres Wesens Grund ist durch seine Gottheit und das Band unseres Wesens mit Gott durch seine Menschheit, der Geist unseres Geistes, das Leben unseres Lebens, die Fülle unserer wartenden Leere. Unsere erste Kenntnis muß sein, daß wir Stückwerk sind und unvollendet, und unsere erste Bewegung muß sein zu Jesus hin, der unser Wesen erfülle. Und dieses Suchen und dieses Anhangen an Jesus und dieses tiefe und stete Abhängigsein von Jesus ist unser Leben und unsere Ruhe und unsere Kraft und all unser Vermögen. Nie sollen wir handeln, es sei denn mit ihm geeint, vom ihm geführt, von ihm belebt, . . . in der Gewißheit, daß wir ohne ihn weder sein noch handeln können, daß es zu unserem Heile ist[7].

Denn es gibt drei verschiedene Arten von Leben: die erste, das Leben von sich und in sich selber zu haben, und dies kommt unter allen Lebendigen nur dem ewigen Vater zu . . . die zweite, das Leben in sich selber zu haben, und das ist des Sohnes Eigenschaft . . . die dritte, es weder von sich noch in sich selber zu haben, sondern in und von Jesus Christus, und dies gilt von unseren Seelen, die leben müssen in Jesus und nicht in sich selber . . . All sein Tun in Jesus und durch Jesus vollbringen, dies ist das wahre Leben, und dies heißt Früchte des ewigen Lebens bringen[8].

Indem uns Gott Jesus als unser Leben gibt, gibt er uns auch uns selber zurück. Denn wir waren verloren ohne dies Leben – und gibt uns eine neue Welt obendrein: sich selbst[9].

Darum öffnet eure Seelen den Wirkungen des Wortes und lasset sie ganz seinen Absichten! . . . Da ihr euer eigenes Tun als zu gering erkennt, um es zu achten, so gebet euch hin der Kraft und Wirkung seines Geistes, damit er nach seiner Güte euch bereite, ihn zu ehren, durch seine Einflüsse, seine Wirkungen in euch! . . . Denn er liebt es, in den Seelen einzuprägen sein eigenes inneres Sein und dessen Wirkungen, seine Geheimnisse und seine Leiden . . . Laßt uns darbieten unser Herz seiner Demut, seiner Liebe, seiner Güte! Laßt uns diesen es öffnen, auf daß sie sich einprägen darin! . . .

Die göttlichen Tugenden sind Wirkkräfte. Sie alle wollen wirken und eine Ähnlichkeit schaffen außer sich mit sich selber in Wesen, die dafür bereit sind und darinnen sie wohnen möchten. Das ungeschaffene Licht wirkt ein geschaffenes Licht, die ungeschaffene Liebe wirkt eine geschaffene Liebe. So ist es auch mit den Eigenschaften und Kräften des menschgewordenen Gottes. Seine Demut, so göttlich-menschlich, will sich einprägen in unseren Seelen. Seine Milde möchte uns milde machen. Das ist der Sinn jener schönen Worte: „Lernet von mir, denn ich bin sanft und demütig von Herzen“[10].

Die Übung

Man muß fürs erste auf Gott schauen und nicht auf sich selber, und darf nicht wirken, sich selbst in Denken und Suchen, sondern im lauteren Hinblick auf Gott[11].

Anbetung, das ist die wesentlichste Betätigung der Religion[12]. Anbeten, einen erhabenen Gedanken haben von dem, was wir anbeten, und einen Willen, der hingegeben, unterworfen und selbsterniedrigt ist vor der Hoheit und Würde, die wir in ihm glauben oder wissen. Dieser hohe Begriff im Geiste und dieser Einklang des Willens, der sich ganz hingibt an jene erhabene Würde, das ist das Wesen der Anbetung. Denn sie verlangt nicht nur den Geist, sondern auch das Herz und unterwirft, in gleichmäßiger Anwendung beider Seelenkräfte, Verstand und Willen, die ganze Person demjenigen, dem wir huldigen wollen[13].

Laßt uns anbeten Gott, der immer schafft und immerfort die Welt zu sich als ihrem Endziel lenkt und sie regiert, sie schaffend im ewigen Akte, so daß das Sein der Kreatur von Gott fließt ohne Unterlaß und nicht eigenen Bestand hat als allein in diesem steten, ewigen Fließen . . . Daraus entnehmen wir die immerwährende Abhängigkeit des kreatürlichen vom ungeschaffenen Sein. Schauen wir hin auf diese Wesensbeziehung und machen wir uns eine Aufgabe daraus, indem wir in neuer und besonderer Weise Welt und eigenes Ich auf Gott beziehen: indem wir unseren freien Willen entsprechend diesem wesentlichen Urbestande unseres Seins einstellen – unseres Seins, das nur ein Schatten ist und eine Abhängigkeit und ein Behältnis jenes ungeschaffenen Wesens ... O, wie sehr muß das geschaffene Wesen jenem Ungeschaffenen anhangen! ... Das muß unser Streben sein: unsere eigene persönliche Bewegung zu verbinden jener allgemeinen der Natur, die ihr von Gott gegeben – Gott zu unserem Ziel zu machen, unser Eigenwesen nach dem Willen dessen zu gebrauchen, der es uns gegeben: ihm gehörend, ihm lebend, an ihn denkend, ihm zu weihen unser ganzes Leben, Kraft, Pläne, Beruf, Wirken[14].

Gib deine Seele, o Mensch, dem göttlichen Wesen und der heiligen Dreifaltigkeit! Tu es mehr in Ehrfurcht deines Gemütes als in verstandesmäßiger Überlegung, mehr in lauterer Einfalt als in kunstvoller Berechnung! Denn jenes ungeschaffene Wesen ist so fern und erhaben über allem geschaffenen Wesen, daß sich verlieren in seinem Abgrund uns besser steht als ihn kennen, und ihm angehören durch sein verborgenes Wirken besser als durch eigenes Denken und Vorstellen. Diesem göttlichen Wesen, so innerlich, so gegenwärtig, so wirksam, verlange zu sein und anzugehören auf jene Weisen, die er deiner Seele nach seinem Ermessen zuteilen mag ohne dein Wissen; sei nicht zufrieden in der Beschränkung mit denen, die dein eigener Sinn dir ausdenken mag![15]

Maria war lauter Behältnis für Jesus, von Jesus erfüllt durch eine völlige Hingabe an ihn ... Mit ihr biete dich Jesus an, gib dich ganz seinem Geiste! ... Laß dich dem Sohne Gottes![16]

Blaise Pascal

(1623–1662)

Gotteserfahrung

Im Jahre des Heils 1654. Montag, den 23. November, Tag des heiligen Papstes und Märtyrers Clemens und anderer im Martyrologium. Vorabend von St. Chrysogonus und anderer Märtyrer, von etwa zehneinhalb Uhr abends bis etwa eine halbe Stunde nach Mitternacht.

Feuer. Der Gott Abrahams, Isaaks und Jakobs, – nicht der Philosophen und Weisen. Gewißheit. Gewißheit. Gefühl, Freude, Friede. Der Gott Jesu Christi. „Meinen Gott und euren Gott." Dein Gott wird mein Gott sein. Vergessen der Welt und alles außer Gott. Er ist nur auf den Wegen zu finden, die das Evangelium lehrt. Adel der menschlichen Seele. Heiliger Vater, die Welt hat dich nicht gekannt, aber ich habe dich gekannt. Freude, Freude, Freude, Tränen der Freude. Ich habe mich von ihm getrennt. „Sie haben mich, die Quelle lebendigen Wassers, verlassen." Mein Gott, willst du mich verlassen? Daß ich von ihm nicht getrennt sein werde ewiglich. Das ist das ewige Leben, daß sie erkennen dich, den allein wahren Gott, und den du gesandt hast, Jesus Christus. Jesus Christus, Jesus Christus. Ich habe mich von ihm getrennt. Ich bin vor ihm geflohen, habe ihn verleugnet, gekreuzigt. Daß ich nie von ihm getrennt werde. Er ist nur zu bewahren auf den Wegen, die das Evangelium lehrt. Gänzliche, süße Hingabe meiner selbst. Gänzliche Unterwerfung unter Jesus Christus und meinen Seelenführer. Ewig in Freude für einen Tag Mühe auf Erden. „Ich will deine Worte nicht vergessen." Amen[1].

NACHWORT

Die Neubearbeitung hat Karrers dreibändige Anthologie um mehr als die Hälfte des Umfangs gekürzt. Diese Straffung ergab sich zunächst durch den Wegfall aller Einleitungen und Kommentare Karrers, sodann durch das Ausscheiden von über 50 Autoren, die nicht dem engeren Bereich des Themas zuzurechnen waren. Auch wurden alle poetischen Beiträge ausgeschieden, deren Übersetzung stets problematisch ist und die in der Anthologie leicht als Fremdkörper wirken können. Ferner wurden die Beiträge von 15 der insgesamt rund 40 beibehaltenen Autoren gekürzt. Diese Kürzungen betrafen ganze Abschnitte: wiederum dichterische Texte oder Textpartien, die für das angestrebte Gesamtbild eine bloße Wiederholung oder eine unnötige Abschweifung bedeutet hätten.

Karrers Übersetzungen wurden, bis auf gelegentliche minimale Glättungen, nicht verändert. Ebenso sind seine Quellennachweise ganz übernommen worden. Er geht in der Regel auf primäre Quellen zurück; nur für die Texte aus Meister Eckhart legt er seine eigene größere Auswahl von 1926 zugrunde. Eine Überarbeitung der Eckhart-Nachweise war vorerst nicht möglich, weil Karrers Anthologie für die lateinischen Werke noch nach den Handschriften zitiert.

Die biographischen und bibliographischen Bemerkungen im Anhang dagegen sind ganz neu. Hier erwies sich Karrers Material vor allem in der Darbietung als zu zeitgebunden, wie auch seine übrigen Arbeiten zur Mystik – großenteils zusammengestellt in der Biographie von Liselotte Höfer, Freiburg 1985 – heute vor allem historische Bedeutung haben. Die biographischen Daten sind rein sachlich und verzichten bewußt auf Deutung. Die Auswahlbibliographie verzeichnet soweit möglich kritische oder maßgebende Originalausgaben, ferner Übersetzungen und neue Auswahleditionen, schließlich wichtigere monographische Sekundärliteratur, wobei vor allem aktuelle Publikationen berücksichtigt wurden.

QUELLENVERZEICHNIS

Paulus
Novum Testamentum Graece. Ed. Nestle, Aland[26]. Stuttgart 1981. Übers. v. Otto Karrer, München 1967. [1)]Röm. 8,14–17. [2)]Röm. 8,31–39. [3)]1 Kor. 2,9–15. [4)]1 Kor. 12,4–13,13. [5)]Phil. 1,21– 24. [6)]2 Kor. 4,8–10. 16–18. [7)]2 Kor. 12,2–4. 7–9. [8)]Eph. 3,14– 21.

Johannes
Novum Testamentum Graece. Ed. Nestle, Aland[26]. Stuttgart 1981. Übers. v. Otto Karrer, München 1967. [1)]Joh. 1,1–5. 9–14. [2)]Joh. 15,1–2. 4–5. 9. [3)]Joh. 3,1–3. [4)]1 Joh. 4,7–13. 16.

Irenäus
Bibl. d. Kirchenväter[2], Kempten 1912. [1)]Adv. haeres. 4,20.

Clemens von Alexandrien
Stählin, Berliner Kirchenväter-Komm., Leipzig 1909. [1)]Strom. VII 1,2–4. [2)]VII 3,16. [3)]Paedag. I 9,83. [4)]Paedag. I 9,85. [5)]Strom. VII 3,16. [6)]Paedag. I 9,84. [7)]VII 7,35–36. [8)]VII 7,38. [9)]VII 7,44. [10)]VII 7,49. [11)]VII 7,39. [12)]VII 7,40. [13)]VII 10,55–57. [14)]VII 11,60. [15)]VII 11,65. [16)]VII 11,67. [17)]VII 13,82. [18)]VII 7,46 f. [19)]VII 11,62. [20)]VII 12,70–72. [21)]VII 11,61 f. [22)]VI 9,71. [23)]VI 9,76 f. [24)]VI 12, 104. [25)]VII 14,88. [26)]VI 14, 108. [27)]Paedag. III 12 (Schluß).

Isaak von Ninive
Asketisch-mystische Abhandlungen: 1. Griechisch von Nicephorus Theotokius, Leipzig 1770 (das Umfangreichste). 2. Lat. bei Migne Gr. 86[a], 801–888 (die Hälfte von 1) [M]. 3. Deutsch von G. Bickell, Syr. Kirchenväter[1], Kempten 1874, 273 ff. (mit Ergänzungen aus dem syrischen Original) [B]. [1)]B 396–398. [2)]B 354. [3)]B 373. [4)]B 318. [5)]B 320. [6)]B 360. [7)]B 383 f. [8)]B 354. [9)]M 851. [10)]M 849. [11)]B 360. [12)]B 324 f. [13)]B 345. [14)]B 348. [15)]B 361. [16)]M 875. [17)]B 292 und 308. [18)]B 294. [19)]B 292. [20)]M 880. [21)]B 294 f. [22)]B 345 f. [23)]B 393. [24)]B 333. [25)]B 304. [26)]B 305 f. [27)]B 391. [28)]B 306. [29)]B 302. [30)]B 337. [31)]M 849. [32)]M 845. [33)]M 845. [34)]B 338. [35)]B 341 f. [36)]B 345. [37)]B 296 f. [38)]B 383. [39)]B 320 f. [40)]B 385.

[41]M 853 f. [42]M 847 f. [43]M 852 f. [44]B 387. [45]B 307. [46]B 323. [47]M 846. [48]B 346. [49]B 339. [50]B 298. [51]B 357 f. [52]M 887 f.

Johannes Climacus

Leiter zum Paradies, Migne Gr. 88; Übers.: Regensburg 1874. [1]27. Stufe (gekürzt). [2]7. Stufe (gekürzt). [3]28. Stufe (gekürzt). [4]29. Stufe (gekürzt). [5]27. Stufe.

Makarius

Migne Gr. 34; Bibl. d. Kirchenväter[2], Kempten 1913. [1]Hom. 4,9. [2]4,10. [3]4,11. [4]4,12 f. [5]33,4. [6]1,10. [7]2,5. [8]12,11 f. [9]2,5. [10]18,7 f. [11]8,6. [12]18,8 f. [13]8,2 f. [14]8,1. [15]18,10 f. [16]8,5. [17]8,4. [18]12,18 mit 7,3. [19]1,9. [20]9,9. [21]9,10. [22]6,1 f. [23]10,1. [24]10,4 f. [25]9,12. [26]Ep. 2 (KV, S. 13). [27]1,12.

Gregor von Nyssa

Migne Gr. 44. [1]Vita Moysis 333 B. [2]373 B/C. [3]Cant. Cant. 888– 895. [4]Beatit. 1269 f. [5]l. c.

Dionysius vom Areopag

Migne Gr. 3; Bibliothek der Kirchenväter[2], Kempten 1911. [1]Myst. Theol. 2. [2]l. c. 1,1. [3]l. c. 12. [4]l. c. 5. [5]Div. Nom. 1,1. [6]l. c. 1,2. [7]l. c. 1,4. [8]Coel. Hier. 1,1. [9]Div. Nom. 4,5. [10]l. c. 4,7. [11]l. c. 4,10. [12] l. c. 4,11. 12 ff. [13]l. c. 5,4. [14]l. c. 5,10. [15]l. c. 6,1. [16]l. c. 6,3. [17]l. c. 11,1. [18]l. c. 11,4. [19]l. c. 11,5.

Augustinus

Opera, ed. Mauriner, Migne lat. 32–47; Corp. Vindob. 1891 ff. Deutsche Auswahl von Otto Karrer, München 1954. [1]Ep. 147, (De videndo Deo) 42. 43. 44. 53. [2]Doctr. Christ. 2,7; Conf. 9,10; Joh. Ev. 17,11; Serm. 341,1; De Mag. 2; Joh. Ev. 54,8; De vera rel. 39,72; Serm. 47,23; De quant. an. 76; Serm. 179,6; Conf. 9,10; 10,40; 3,6; 9,10; Serm. 107,5; Doctr. Christ. 2,7; De util. jejun. 2; In Ps. 136,5; Serm. 23,10. [3]Civ. Dei 19,19; C. Faust. Man. 22,52; Serm. 104,4; C. Faust. 22,52–54; Serm. 104,2 f.; Civ. Dei 19,19; De op. mon. 13,14; De gen. ad lit. 8,15; Ep. 15,2; In Ps. 114,6; De util. cred. 36; Serm. 126,8; Ps. 114,6. [4]Ep. 130,18; Serm. 53; Ep. 130,20; Serm. 80,6; 56,4; In Ps. 76,2; Serm. 80,6; In Ps. 53,5; In Joh. 32,9. [5]Ep. 147,20. 31; Gen. ad lit. 12,16. 29. 52. 54. (55. 56). [6]Ps. 126,3; 90,2; Pecc. mer. et rem. 1,60; Ep. 140,4; Civ. Dei 11,2; 9,5; 10,20; 5,18; Ep. 179,6. [7]Ps. 36, III 4; Joh. Ev. 45,9. [8]Civ. Dei 20,9; Ep. 208,1; Civ. Dei 19,17; Enchir. 14,53; (Tonna 328); Ep. 155,4; Joh. Ev. 84,1; Serm. 144,6. [9]Civ. Dei 10,3. 6; Ep. 55,13; Doctr. christ. 3,9. [10]Civ. Dei 10,20; Morin, Tract. ined. 2,11; Serm.

272; Joh. Ev. 21,8; Ps. 85,1. [11]Ep. 208, 1; Serm. 271; Trin. 8,8. [12]Joh. Ev. 17,8; Fid. et opp. 16; Mor. Eccl. 1,49; Joh. Ep. 8,4; Serm. 91,9; Ep. 192,1. [13]Serm. 47,30. [14]Joh. Ev. 22,8; Conf. 10,43; Joh. Ev. 21,9; Conf. 4,12; Joh. Ev. 22,9; 26,10; Ps. 52.1. [15]Serm. 334.2; Ep. 140,28. (Die Texte [14] und [15] sind von der dritten in die zweite Person umgesetzt.)

Gregor der Große

Opera, ed. J. B. Gallicciolli (nach den Maurinern), Venetiis 1768 ff. Dialoge u. Pastoralregel auch in der Bibl. d. Kirchenväter[1], 1873. [1]Moralia VI 5,57. [2]In Ezech. II 5,18. [3]Mor. VIII 7,45. [4]Mor. VI 5,59. [5]l. c. 60. [6]l. c. 61. [7]l. c. 56. [8]l. c. IV 3,58. [9]VIII 7,41. [10]l. c. V 4,50. [11]l. c. 66. [12]l. c. 57. [13]l. c. IX 9,20. [14]l. c. XXVII 36, 2. [15]l. c. IX 9,20. [16]l. c. X 11,31. [17]l. c. XXVIII 38, 33. [18]l. c. XVIII 28,70. [19]Dial. 1, Einl. [20]Reg. past. 1,5; 2,5. [21]Mor. XVIII 28, 70. [22]l. c. XXIII 33,37 f. [23]l. c. XIX 29,45. [24] In Ezech. I 8,30. [25]Mor. XVIII 28,88. [26]l. c. 93. [27]l. c. IV 3,45. [28]l. c. X 11,13. [29]l. c. XXVII 36,8. [30]l. c. XVI 22,12. [31]l. c. XXVII 35,26.

Anselm von Canterbury

Opera, ed. G. Gerberon (Mauriner), Paris 1721; Migne 158/9. [1]Proslog. 1. [2]l. c. 16. [3]l. c. 22 f. [4]l. c. 24 f. [5]Medit. 10. [6]Medit. 14. V f. [7] Proslog. 25. [8]Proslog. 26.

Bernhard von Clairvaux

H. Hurter, S. Patrum opuscula selecta, ser. II, tom. 5: S. B. Sermones in Cant., Oeniponte 1888. [1] 15,6. [2]23,11. [3]23,12. [4]23,15. [5]45,1. [6]67,3. [7]31,6–8. [8]67,5. [9]74,5–7. [10]75,4.

Hugo von St. Victor

Migne lat. 175, 176. [1]Alleg. in Nov. Test. 5 (tom. 175, col. 857 f.). [2]De modo dic. et or. 9 (tom. 176, col. 876). [3]Hier. 3 (tom. 175, col. 976). [4]Solil. de arrha animae (tom. 176, col. 963 f.). [5]l. c. col. 970.

Bonaventura

Itinerarium mentis, Quaracchi 1896. [1]I 2. [2]I 13,15. [3]III 1. [4]III 2. [5]III 3. [6]III 4. [7]IV 7 f. [8]V 1. 2. [9]VII 1. [10]VII 4. [11]VII 5 f.

Franz von Assisi

Opuscula, Quaracchi 1904 (vgl. auch die deutsche Ausgabe von S. Rederstorff, Regensburg 1910). [1]Admon. 5. [2]l. c. 12. [3]l. c. 20. [4]l. c. 14. [5]l. c. 15. [6]l. c. 16. [7]l. c. 21. [8]l. c. 28. [9]l. c. 18. [10]Reg. I 4. 5. [11]Admon. 9. [12]Reg. I 23. [13]Laudes 119 ff.

Angela von Foligno

Liber Visionum et Instructionum: a) Acta SS., Januar I. 186–234; vgl. Lammertz, Coloniae 1851. b) Baccolinus J. B.,1714. Das italienische Original ist verloren. a) und b) wurden hier verbunden, etwa wie bei J. Arend, Mainz 1924. [1)]Arend S. 50–59 (gekürzt). [2)]S. 62–68 (gekürzt). [3)]S. 72–73. [4)]S. 80–82. [5)]S. 73–77. [6)]S. 77 f. [7)]S. 28. [8)]S. 118 f. [9)]S. 99. [10)]S. 100 ff. [11)]S. 114–116. [12)]S. 88. [13)]S. 91. [14)]S. 93 f. [15)]S. 17.

Katharina von Siena

Briefe, hg. v. P. Misciattelli, Siena 1913; und A. Kolb, Berlin 1919. [1)]Ep. 19 (an R. von Capua). [2)]Ep. 42 (an R. von Capua). [3)]Ep. 31 (an R. Canigiani). [4)]Ep. 6 (an D. Guglielmo). [5)]Ep. 31 (an R. Canigiani). [6)]Ep. 18 (an Schwester Daniela). [7)]l. c. [8)]Ep. 2 (an Schwester Eugenia).

Hildegard von Bingen

Migne lat. 197; Pitra, Analecta sacra VIII, Monte Cassino 1882; [1)]Migne l. c. 189 f.

Mechthild von Magdeburg

Gall Morel, Offenbarungen, Regensburg 1869 (im Urtext und in Übertragung; vgl. weitere Ausgaben von Oehl, S. Simon, M. Escherich). [1)]IV 2. [2)]IV 13.

Mechthild von Hackeborn

Liber specialis gratiae, ed. P. P. Solesmes, Paris 1895; deutsch von A. Müller, Regensburg 1880. (Umsetzung von der dritten Person in die erste.) [1)]IV 58. [2)]II 3. [3)]III 5. [4)]IV 7. [5)]I 21. [6)]II 19. [7)]I 1. [8)]II 3. [9)]II 4. [10)]II 18. [11)]I 4. [12)]I 4. [13)]I 12.

Gertrud von Helfta

Legatus Divinae pietatis, Paris 1875 (ed. P.P. Solesmes);deutsch von Weißbrodt 1876; 7. Aufl. 1920. [1)]II 3. [2)]II 4. [3)]III 24 (nach dem Diktat Gertruds; umgesetzt in die erste Person). [4)]III 28. [5)]II 15. [6)]II 16.

Meister Eckhart

Otto Karrer: System Meister Eckeharts, München 1926. Dort die Belegstellen im einzelnen. [1)]S. 61–70. [2)]S. 70–84. [3)]S. 113, 120, 92, 120. [4)]S. 121–128. [5)]S. 133–135, 138, 137, 172–175, 178.

Heinrich Seuse

Deutsche Schriften, hg. v. K. Bihlmeyer, Stuttgart 1907. Vgl. H. Denifle, München 1880; M. Diepenbrock, Regensburg 1884; N. Heller,

Regensburg 1926. [1)]Bihlm. 192 f. (Leben 53). [2)]Bihlm. 288 f. (Weish. 22). [3)]Bihlm. 54 (Leben 19). [4)]Bihlm. 34 (Leben 13). [5)]Bihlm. 205 (Weish. 2). [6)]Bihlm. 26 (Weish. 15). [7)]Bihlm. 93 (Leben 32). [8)]Bihlm. 184 ff. (Leben 52). [9)]Denifle 18 f., 24 f., 29 f., 258, 71 f.

Johannes Tauler
Predigten: Frankfurt 1864; Lehmann, Jena 1913; Vetter, Berlin 1919. [1)]Septuages. [2)]1. Ostertag. [3)]Sonntag nach Weihnachten. [4)]1. Ostertag. [5)]2. Sonntag nach Ostern. [6)]6. Sonntag n. Trin. [7)]Palmsonnrag 2. [8)]Laetare 2. [9)]Iudica 1. [10)]5. Sonntag n. Trin. 1. [11)]Vig. Epiph. 2. [12)]1. Ostertag.

Johann van Ruysbroek
Zierde der Geistlichen Hochzeit, hg. von F. H. Lambert, Leipzig 1911, und W. Verkade, Mainz 1922. [1)]Lambert, S. 9–10. [2)]54–59. [3)]136–138. [4)]154–157. 158–159. 160.

Richard Rolle
M. M. Comper und Evelyn Underhill, The Fire of Love (Incendium amoris), London 1920. [1)]70 ff.

Die Wolke des Nichtwissens
The Cloud of Unknowing. Ed. by Dom Justin Mc Cann, London 1924. [1)]p. 10. [2)]11. [3)]15. [4)]19 f. [5)]24 ff. [6)]12. [7)]54. [8)]68 ff. [9)]87. 90. [10)]99. [11)]103. [12)]83. [13)]118. [14)]121. [15)]137. [16)]143. [17)]145. [18)]159. [19)]160. [20)]175.

Walter Hilton
Scale of Perfection, ed. Evelyn Underhill, London 1923. [1)]p. 3. 5. [2)]28 f. [3)]241 f. 287. [4)]370 f. [5)]6. 9. 14. 17. [6)]19. [7)]30. 32. [8)]55. 61. 65. 71. [9)]76 f. 79f. [10)]92 f. [11)]123 f. 146 f. 150 f. 211 f. [12)]177. 180. 183 f. 189. [13)]218 f. 318. [14)]387. 395 f. [15)]321 f. [16)]341. 345. [17)]416 f. [18)]352 f.

Juliana von Norwich
Revelations of Divine Love, ed. G. Tyrell, London 1912. [1)]p. 12 ff. [2)]33 f. [3)]79. [4)]73 f. [5)]83 f. [6)]18. [7)]145 ff. [8)]150. [9)]116. [10)]204. [11)]27 f. [12)]99. [13)]31. [14)]105. [15)]100. [16)]105. [17)]107 f. [18)]25.

Ignatius von Loyola
Mon. Hist. S. J., Madrid 1903 ff. Deutsche Einzelausgaben: A. Feder, Geistl. Übungen, Regensburg 1922; Lebenserinnerungen (1922) und Geistl. Tagebuch (1922). Otto Karrer: Briefe (Freiburg 1922) und Exerzitien (Paderborn 1926). [1)]Exerz., Fund. [2)]Briefe 290. [3)]Briefe 126,

292. [4]Exerz., Einl. Bemerkungen. [5]Exerz., Bemerkungen u. Zusätze (1. Woche, 2.–4. Addit.; 4. Woche, 3. Not.; 3. Woche, 1. Betrachtung, Not.; 1. Woche, 5. Addit.). [6]Briefe 48 f. [7]Lebenserinnerungen 46–49. [8]Tagebuch 60 f., 38 f., 62 f., 64 ff. [9]Briefe 82 f., 244 f., 123 f., 169 f., 291, 124, 178, 295, 294, 151 f. [10]Briefe 43 ff. [11]Exerz., Untersch. der Geister für die 1. Woche. [12]Briefe 45. [13]Exerz., Untersch. der Geister für die 2. Woche. [14]Briefe 45 f. [15]Exerz., l. c. [16]Briefe 126 f. [17]Briefe 226 f. [18]Briefe 144–148 (zusammengezogen).

Petrus von Alcantara
Von der Betrachtung und vom Gebete, deutsch von J. T. L., Aachen 1860. [1]4,1–3. [2]4,5–7. [3]4,8. [4]9,1. 2. 4.

Theresia von Avila
Nach der Karmeliter-Ausgabe sämtl. Schriften, Regensburg 1912–22. [1]III 285 (Anmerkung). [2]I 112. [3]IV_1 44. [4]IV_2 77. [5]I 128. [6]IV_2 102. [7]III 154. [8]IV_2 172. [9]III 157. [10]III 218. [11]I 283. [12]I 151. [13]V_1 437 f. [14]IV_1 130. [15]V_1 439. [16]III 116. [17]III 118 ff. [18]IV_1 85. 87 f. [19]IV_1 90. [20]I 170. [21]I 160 f. [22]I 185–187. [23]I 188 f. [24]I 193 f. [25]I 200. [26]I 219 f. [27]IV_1 100 f. [28]IV_1 105 f. [29]I 221 f. [30]I 235. [31]I 239–241. [32]I 247/8. [33]I 252 f. [34]I 251. [35]IV_1 264. [36]IV_1 266 f. [37]IV_1 272. [38]IV_1 273 f. [39]IV_2 84 f. [40]V_3 376 f. [41]V_3 383. [42]I 296. [43]I 297. [44]V_3 377 ff. zu vergleichen mit IV_2 82 f. [45]IV_2 81 f. [46]V_3 380. [47]IV_2 50 f. und (obschon identisch, in anderer Übersetzung wiederholt) V_3 387.

Johannes vom Kreuz
Werke, hg. von Karmeliten, München 1923 ff. [1]Aufstieg I 1. [2]Dunkle Nacht I 1. [3]I 8. [4]I 9. [5]I 12. [6]II 1. [7]II 2. [8]II 5. [9]II 6. [10]II 7. [11]II 8. [12]II 9. [13]II 10. [14]II 11. [15]II 12. [16]II 13. [17]II 17. [18]II 19. 20.

Franz von Sales
Theotimus (Traité de l'amour de Dieu), Annecy 1894; Übers. von Silbert, München 1822. [1]I 15. [2]I 16. [3]I 17. [4]II 4. [5]II 7. [6]II 8. [7]II 12. [8]II 13. [9]II 14. [10]II 15. [11]II 16. [12]II 17. [13]II 22. [14]III 1. [15]III 2. [16]III 7. [17]V 2. [18]V 3. [19]V 7. [20]V 8. [21]V 9. [22]VI 12.

Pierre de Bérulle
Oeuvres, ed. Bourgoing; H. Bremond, Hist. du sentiment religieux en France III, Paris 1921; (nach Bremond zitiert). [1]p. 53 f. [2]54. 55 f. [3]61. [4]69–72. [5]70. 73. [6]81. 130 f. [7]84 f. [8]82. [9]83 f. [10]142 f. [11]29. [12]120. [13]118. [14]128 f. [15]130. [16]131 f.

Blaise Pascal

Pensées, texte critique par G. Michaut, Fribourg 1896. [1)]1 f.

BIOGRAPHISCHE UND BIBLIOGRAPHISCHE ANGABEN

Paulus

Mit jüdischem Namen Saul. Um 10 n. Chr. in Tarsos in Kilikien geboren, von streng jüdischen Eltern in der Diaspora. Römischer Reichsbürger, mit dem römischen Namen Paulus. Griechische Bildung. Ging als angehender Pharisäer mit 18–20 Jahren nach Jerusalem zum Tora-Studium. Erbitterter Verfolger der jungen Christengemeinde. Bekehrung vor den Toren von Damaskus; Taufe. Um 44 von Barnabas nach Antiochien geholt. Von dort erste Missionsreise. 49/50 auf dem Apostelkonzil in Jerusalem; Eintreten für die Freiheit der Heidenchristen vom jüdischen Gesetz. Zweite Missionsreise 50–53 in die kleinasiatischen Gemeinden und nach Griechenland. Dritte Missionsreise nach Ephesos; dann nochmals nach Griechenland. Danach in Jerusalem Zusammenstöße mit den Juden; Verhaftung durch die römischen Behörden. 58–60 Haft in Caesarea. Deportation nach Rom. Prozeß; erneute Haft. Nach der Tradition Martertod während der Verfolgung unter Nero (64–68) in Rom.
Die Briefe des Heidenapostels gehören zu den wichtigsten Dokumenten der urchristlichen Literatur. Ihre Kraft der Verkündigung wirkt durch die ganze Geschichte der Kirche.

Novum Testamentum Graece. Ed. Eberhard Nestle, Erwin Nestle; Kurt Aland u. a. Stuttgart ^{26}1981.
Neue Jerusalemer Bibel. Herausg. v. Alfons Deissler, Anton Vögtle. Freiburg 1985.

Deissner, Kurt: Paulus und die Mystik seiner Zeit. Leipzig ^{2}1921.
Schweitzer, Albert: Die Mystik des Apostels Paulus. Herausg. v. Werner G. Kümmel. München 1981.
Wikenhauser, Alfred: Die Christusmystik des Apostels Paulus. Freiburg ^{2}1956.

Johannes

Wie sein Bruder Jakobus d. Ä. Sohn des Zebedäus und der Salome. Fischer vom See Genezareth. Von Jesus zum Jünger berufen. Als Apostel Vorzugsstellung zusammen mit Petrus. Nach altkirchlicher Tradition später in Ephesos; dort nach langem Wirken unter Trajan gestorben.
Die Entstehung des Johannesevangeliums, das nach der Tradition seit etwa 180 dem Apostel zugeschrieben wird, ist um das Ende des 1. Jahrhunderts anzusetzen. Das letzte, „pneumatische" Evangelium vermittelt ein unverwechselbares Christusbild, das von der Urkirche an durch die Jahrhunderte seine eigene Ausstrahlung hat.

Novum Testamentum Graece. Ed. Eberhard Nestle, Erwin Nestle; Kurt Aland u. a. Stuttgart ^{26}1981.
Neue Jerusalemer Bibel. Herausg. v. Alfons Deissler, Anton Vögtle. Freiburg 1985.

Fulco, William J.: Maranatha. Reflections on the mystical theology of John the Evangelist. New York 1973.
Huby, Joseph: Mystiques paulienne et johannique. Brügge 1946.
Omodeo, Adolfo: La mistica Giovannea. Bari 1930.

Irenäus

Stammte aus Kleinasien. Unter Mark Aurel Priester der Kirche von Lyon; 177/78 dort Nachfolger des Märtyrerbischofs Pothinus. Er bekämpfte den Gnostizismus. Tätig in der Missionierung großer Teile Ostgalliens. Nach der Tradition um 202 als Märtyrer gestorben.
Der wichtigste der altkatholischen Väter, zugleich noch Zeuge der apostolischen Tradition.

Ausgewählte Schriften. Übers. v. Ernst Klebba u. a. (Bibliothek der Kirchenväter.) Kempten 1912.
Gott in Fleisch und Blut. Ausgew. v. Hans Urs v. Balthasar. Einsiedeln 1982.

Jaschke, Hans J.: Der Heilige Geist im Bekenntnis der Kirche. Eine Studie zur Pneumatologie bei Irenäus von Lyon im Ausgang vom altchristlichen Glaubensbekenntnis. Münster 1976.
Tremblay, Réal: La manifestation et la vision de Dieu selon St. Irénée de Lyon. Münster 1978.

Clemens von Alexandrien

Titus Flavius. Geboren zwischen 140 und 150, wahrscheinlich in Athen. Nach seiner Bekehrung hörte er verschiedene Lehrer in mehreren Ländern. Ließ sich in Alexandrien nieder. Um 200 Leiter einer privaten Schule. Während der Verfolgung unter Septimius Severus flüchtete er nach Kappadokien. Gestorben um 215.
Ein Begründer der theologischen Methode und zugleich einer der ersten Lehrer der christlichen Mystik (Stufen der Vollkommenheit, Notwendigkeit der Läuterung, Erleuchtung und Erfahrung, Vereinigung mit Gott).

Werke. Ed. Otto Stählin. Leipzig 1936.
Ausgewählte Schriften. Übers. v. Otto Stählin. (Bibliothek der Kirchenväter.) München 1934–36.

Faye, Eugene de: Clement d'Alexandrie. Etude sur les rapports du christianisme et de la philosophie grecque au IIe siècle. 1906. Nachdr. Frankfurt 1967.
Osborn, Eric Francis: The philosophy of Clemens of Alexandria. London 1957.
Wyrwa, Dietmar: Die christliche Platonaneignung in den Stromateis des Clemens von Alexandrien. Berlin 1983.

Isaak von Ninive

Syrischer Mönch der 2. Hälfte des 7. Jahrhunderts. Nestorianischer Bischof von Ninive. Legte nach 5 Monaten sein Amt nieder und lebte als Einsiedler in der Susiana, später im Kloster Rabban Sabor.

Einer der frühen Theoretiker der christlichen Mystik, teilweise von Evagrios Pontikos abhängig; im Osten und im Westen von großem Einfluß. Heute sind nur Bruchstücke seines Werkes erhalten.

Mystic treatises. Ed. Arend Jan Wensinck. 1923. Nachdr. Wiesbaden 1969.
Kleine Philokalie. Ausgew. v. Matthias Dietz. Zürich 1976.

Baumstark, Anton: Geschichte der syrischen Literatur. Bonn 1922.

Johannes Climacus

Griechischer asketischer Schriftsteller des 7. Jahrhunderts (wahrscheinlich 579–649), unbekannter Herkunft. Mit 16 Jahren Mönch auf dem Sinai; dort 40 Jahre Eremit, dann Abt.
Sein Beiname von seinem Hauptwerk, „Himmelsleiter" (nach Jakobs Traumgesicht). Es gibt in 30 Stufen Anweisungen für Mönche zur Läuterung und fußt dabei auf dem System des Evagrios Pontikos. Im Osten wie im Westen viel kommentiert und übersetzt.

The ladder of divine ascent. Übers. v. Lazarus Moore. London 1959.

Ball, Hugo: Byzantinisches Christentum. Einsiedeln ^{2}1958.
Beck, Hans-Georg: Kirche und theologische Literatur im byzantinischen Reich. München 1959.
Sumner, M. Oswald: St. John Climacus. The psychology of the desert fathers. London 1950.
Völker, Walther: Scala Paradisi. Eine Studie zu Johannes Climacus und zugleich eine Vorstudie zu Symeon dem Neuen Theologen. Wiesbaden 1968.

Makarius

Makarius der Ägypter. Mönch in der sketischen Wüste (etwa 300–390). Stammte aus Oberägypten. Ging mit 30 Jahren in die Wüste und wurde nach 10 Jahren Priester.

Die ihm später zugeschriebenen Homilien, Briefe und Gebete sind unecht. Die Homilien stammen vielmehr aus den Kreisen der häretischen Messalianer. Sie genossen als mystisch-asketisches Erbauungsbuch einen großen Ruf und waren sehr verbreitet. Sie wirkten vor allem durch ihre Gebetslehre und die Lichtmetaphorik.

Die syrische Überlieferung der Schriften des Makarios. Herausg. u. übers. v. Werner Strothmann. Wiesbaden 1981.
Das arabische Sondergut. Übers. v. Werner Strothmann. Wiesbaden 1975.
Schriften des Makarios/Symeon unter dem Namen des Ephraem. Herausg. v. Werner Strothmann. Wiesbaden 1981.
Die fünfzig geistlichen Homilien. Herausg. v. Hermann Dörries u. a. Berlin 1964.

Dörries, Hermann: Die Theologie des Makarios/Symeon. Göttingen 1978.
Stoffels, Joseph: Die mystische Theologie Makarius des Ägypters und die ältesten Ansätze christlicher Mystik. Bonn 1908.
Strothmann, Werner: Textkritische Anmerkungen zu den Geistlichen Homilien des Makarios/Symeon. Wiesbaden 1981.

Gregor von Nyssa

Geboren um 334. Wandte sich zunächst der Rhetorenlaufbahn zu. Unter dem Einfluß seines Bruders, des Basilius von Caesarea, zog er sich in ein Kloster zurück. 371 zum Bischof von Nyssa in Kappadokien geweiht. 376 von einer arianisch eingestellten Synode abgesetzt, 378 Rückkehr aus dem Exil. Nach dem Tod des Basilius einer der Hauptverteidiger der Orthodoxie, etwa gegen den Arianismus. Gestorben 394.
Zugleich ein großer mystischer Theologe, besonders in seinen Abhandlungen „Über die Jungfräulichkeit", „Über das Leben des Mose" und in den „Homilien zum Hohen Liede".

Opera. Ed. Werner Jaeger u. a. Berlin 1921 ff.
Ausgewählte Schriften. Übers. v. Karl Weiss. (Bibliothek der Kirchenväter.) München 1927.

Der versiegelte Quell. Auslegung des Hohen Liedes. Übers. v. Hans Urs v. Balthasar. Einsiedeln ²1954.
Über das Wesen des christlichen Bekenntnisses. Über die Vollkommenheit. Über die Jungfräulichkeit. Übers. v. Wilhelm Blum. Stuttgart 1977.
Die große katechetische Rede. Übers. v. Joseph Barbel. Stuttgart 1971.

Danielou, Jean: Platonisme et théologie mystique. Paris 1954.
Danielou, Jean: L'être et le temps chez Grégoire de Nysse. Leiden 1970.
Mühlenberg, Ekkehard: Die Unendlichkeit Gottes bei Gregor von Nyssa. Göttingen 1966.
Völker, Walther: Gregor von Nyssa als Mystiker. Wiesbaden 1955.

Dionysius vom Areopag

Unter dem Namen des von Paulus bekehrten Dionysius Areopagita, der nach kirchlicher Tradition erster Bischof von Athen war, gewann seit dem 6. Jahrhundert eine Sammlung mystischer Schriften eines unbekannten Verfassers große Autorität im Osten wie im Westen. Die Zuschreibung wurde bereits im Humanismus bezweifelt, dann um 1900 durch Nachweis der Abhängigkeit von dem Neuplatoniker Proklos endgültig widerlegt. Die heute erhaltene Sammlung besteht aus 4 Abhandlungen und 11 Briefen. Sie lehrt die bereits von Gregor von Nyssa betonte Unerkennbarkeit Gottes (theologia negativa) und die hierarchische Ordnung alles Seins, dazu den stufenweisen Aufstieg des einzelnen zur Vereinigung mit Gott.

Die negative Theologie der Schriften, die im Westen in der Übersetzung des Johannes Scotus Eriugena verbreitet waren, beeinflußte ungewöhnlich stark die mystische Tradition: u. a. Hugo von St. Victor, Meister Eckhart, Johannes Tauler, Johann van Ruysbroek, Johannes vom Kreuz.

Schriften. Übers. v. Josef Stiglmayr. (Bibliothek der Kirchenväter.) Kempten 1911–33.
Mystische Theologie und andere Schriften. Übers. v. Walther Tritsch. München 1956.
Von den Namen zum Unnennbaren. Übers. v. Endre von Ivánka. Einsiedeln 1956.

Louth, Andrew: The origins of the Christian mystical tradition. From Plato to Denys. Oxford 1981.
Semmelroth, Otto: Das ausstrahlende und emporziehende Licht. Die Theologie des Pseudo–Dionysius Areopagita in systematischer Darstellung. Diss. Bonn 1947.
Stein, Edith: Wege der Gotteserkenntnis. Dionysius der Areopagit und seine symbolische Theologie. München 1979.
Völker, Walther: Kontemplation und Ekstase bei Pseudo-Dionysius Areopagita. Wiesbaden 1958.

Augustinus

Aurelius Augustinus. Geboren 354 in Tagaste (Numidien). Ausbildung in Madaura und Karthago. Lehrte später in Tagaste und Karthago; 383/384 in Rom, 384 Professor der Rhetorik in Mailand. Religiöse Lebensumwandlung 386. Taufe 387 in Mailand durch Ambrosius. Rückkehr nach Afrika und Gründung einer klösterlichen Gemeinschaft. 391 gegen seinen Wunsch Priesterweihe in Hippo. 396 Bischof von Hippo. In fast 35 Jahren Wirksamkeit weit über die Grenzen seiner Diözese hinaus (Verbreitung der monastischen Bewegung). Entwicklung bis zum Führer der afrikanischen und schließlich der abendländischen Kirche (Kampf gegen Manichäismus, Pelagianismus, Donatismus, Arianismus). Gestorben 430 in Hippo.
Seine Bedeutung als Theologe und Philosoph für die gesamte Kirchengeschichte kann kaum überschätzt werden. Durch seine religiöse Glut der größte Anreger der christlichen Mystik.

Opera. Corpus scriptorum ecclesiasticorum latinorum; Wien 1866 ff.
Corpus Christianorum, series latina; Turhout 1954 ff.
Ausgewählte Schriften. (Bibliothek der Kirchenväter.) Kempten 1911–1935.
Werke in deutscher Sprache. Paderborn 1940 ff.
Bekenntnisse. Übers. v. Joseph Bernhart. München ^{3}1966.
Vom Gottesstaat. Übers. v. Wilhelm Timme. München 1977–78.
Psychologie und Mystik. Übers. v. Matthias E. Korger u. Hans Urs v. Balthasar. Einsiedeln 1960.
Über die Psalmen. Übers. v. Hans Urs v. Balthasar. Einsiedeln 1983.

Brown, Peter: Augustinus von Hippo. Eine Biographie. Frankfurt 1973.
Cayré, Fulbert: La divine contemplation d'après St. Augustin. Paris 1933.
Flasch, Kurt: Augustin. Einführung in sein Denken. Stuttgart 1980.
Hendrikx, Ephraem: Augustins Verhältnis zur Mystik. Diss. Würzburg 1936.
Marrou, Henri J.: Augustinus und das Ende der antiken Bildung. Paderborn ²1981.
Meer, Frederik van der: Augustinus der Seelsorger. Köln ³1965.
Wittmann, Leopold: Ascensus. Der Aufstieg zur Transzendenz in der Metaphysik Augustins. München 1980.

Gregor der Große

Geboren um 540 in Rom, aus senatorischem Adel. 572/75 Praefectus urbi. Etwa 575 Mönch in einem der 7 von ihm gestifteten Klöster. Folgte dem Ruf der Päpste als Regionardiakon und Apokrisiar in Byzanz. Trotz Widerstrebens 590 zum Papst gewählt. Vorbildliche Verwaltung des Patrimonium Petri. Ausgewogene weiträumige Kirchenpolitik (Christianisierung der Angelsachsen, Bekehrung der Westgoten, Übertritt der Langobarden). Gestorben 604 in Rom.
Seine Werke, die stark von Augustinus abhängig sind, prägt eine Neigung zu kontemplativer Frömmigkeit. Für das Mittelalter eine asketisch-mystische Autorität; u. a. von Wirkung auf Bonaventura, die deutsche und die spanische Mystik, vor allem durch die „Moralia in Job" und die Homilien.

Homilien zu Ezechiel. Übers. v. Georg Bürke. Einsiedeln 1983.

Carluccio, Gerard: The seven steps to spiritual perfection according to St. Gregory the Great. Ottawa 1949.
Lieblang, Franz: Grundfragen der mystischen Theologie nach Gregors des Großen Moralia und Ezechiel–Homilien. Freiburg 1934.
Richards, Jeffrey: Gregor der Große. Sein Leben, seine Zeit. Graz 1983.

Anselm von Canterbury

Geboren 1033/34 zu Aosta in Piemont. 1060 Mönch. 1063 Prior. 1078 Abt des Benediktinerklosters Bec in der Normandie. Über sein Kloster hinaus wirksam in der geistigen Vertiefung des Mönchtums. 1093 Erzbischof von Canterbury. Gegen die englischen Könige Kampf für die Freiheit der Kirche. Gestorben 1109 in Canterbury.
Gab mit seinen systematischen Werken, die auf Augustinus zurückgehen, durch ungewöhnliche spekulative Begabung der traditionsgebundenen Theologie einen neuen Impuls.

Opera omnia. Ed. Franciscus S. Schmitt. Stuttgart ^{2}1984.
Proslogion. Untersuchungen. Übers. v. Franciscus S. Schmitt. Stuttgart ^{2}1984.
Wahrheit und Freiheit. Vier Traktate. Übers. v. Hansjürgen Verweyen. Einsiedeln 1982.

Hopkins, Jasper: A companion to the study of St. Anselm. Minneapolis 1972.
Kienzler, Klaus: Glauben und Denken bei Anselm von Canterbury. Freiburg 1981.

Bernhard von Clairvaux

Geboren um 1090 in Fontaines bei Dijon, aus burgundischem Adel. Trat 1112 in das Reformkloster Cîteaux ein und gründete 1115 die Abtei Clairvaux, die nach Anfangsschwierigkeiten zum Zentrum der stürmischen Ausbreitung des Zisterzienserordens wurde. Geistige Beziehungen zu Hugo von St. Victor u. a. Polemik gegen die Dialektik von Abaelard und Gilbert von Poitiers. Kirchenpolitischer Berater und Helfer der Päpste und der Fürsten seiner Zeit. Reisen nach Deutschland und Italien. Im Auftrag Eugens III predigte er den 2. Kreuzzug in Frankreich, Flandern und am Rhein. Obwohl weltpolitische Autorität, blieb er zutiefst Mönch und verzichtete auf alle Ehrenämter. Gestorben 1153 in Clairvaux.

In seinen Schriften ein geistiger Vater der Christusmystik, vor allem der Brautmystik; von gewaltiger Nachwirkung (u. a. Meister Eckhart, Ignatius von Loyola, Theresia von Avila, Franz von Sales).

Opera. Ed. Jean Leclercq, H. M. Rochais. Rom 1957–77.
Schriften. Übers. v. Agnes Wolters. Wittlich 1934–38.
Auswahl v. Bernardin Schellenberger. (Gotteserfahrung und Weg in die Welt.) Olten 1982.

Bredero, Adriaan H.: Bernhard von Clairvaux im Widerstreit der Historie. Wiesbaden 1966.
Gilson, Étienne: Die Mystik des heiligen Bernhard von Clairvaux. Wittlich 1936.
Leclercq, Jean: Nouveau visage de Bernard de Clairvaux. Approches psycho-historiques. Paris 1976.
Linhardt, Robert: Die Mystik des heiligen Bernhard von Clairvaux. München 1924.

Hugo von St. Victor

Geboren Ende des 11. Jahrhunderts, vielleicht flämischer Herkunft. Kam um 1120 aus Sachsen nach Paris und trat dort in das Chorherrenstift St. Victor ein. Obwohl ohne Klosteramt, bedeutender Lehrer an der Klosterschule; einflußreiches Schulhaupt der „Victoriner", vielseitiger philosophischer und theologischer Schriftsteller. Gestorben 1141 in Paris.
Geprägt von Augustinus und Dionysius vom Areopag. Nachhaltige Wirkung, teils über seinen Nachfolger Richard von St. Victor, auf die mittelalterliche Mystik.

Six opuscules spirituels. Ed. Roger Baron. (Sources chrétiennes.) Paris 1969.
Mystische Schriften. Übers. v. Paul Wolff. Trier 1961.
Die Viktoriner. Mystische Schriften. Übers. v. Paul Wolff. Leipzig 1936.

Ehlers, Joachim: Hugo von St. Viktor. Frankfurt 1973.
Schuetz, Christian: Deus absconditus, Deus manifestus. Die Lehre Hugos von St. Viktor über die Offenbarung Gottes. Rom 1967.

Bonaventura

Johannes Fidanza. Geboren um 1217 in Bagnoreggio bei Viterbo. Studierte 1236–42 in Paris und trat dort 1243 in den Franziskanerorden ein. Seit 1257 Ordensgeneral; Vollender und Verteidiger der Organisation des Ordens. Arbeitete für das Konzil von Lyon. 1274 in Lyon gestorben.
In den mystischen Schriften auf Augustinus und Hugo von St. Victor fußend. Am meisten verbreitet „Itinerarium mentis in Deum"; ferner „Incendium amoris", ein christozentrischer Aufriß der mystischen Theologie. Der Einfluß der asketisch-mystischen Schriften ist überragend, etwa auf Seuse, aber auch weiterwirkend bis zu Franz von Sales.

Alleingespräch. Über die vier geistlichen Übungen. Übers. v. Josef Hosse. München 1958.
Pilgerbuch der Seele zu Gott. Die Zurückführung der Künste auf die Theologie. Übers. v. Julian Kaup. München 1961.

Gilson, Étienne: Der heilige Bonaventura. Hellerau 1929.
Gilson, Étienne: Die Philosophie des heiligen Bonaventura. Köln 1960.
Grünewald, Stanislaus: Franziskanische Mystik. München 1932.
Hemmerle, Klaus: Theologie als Nachfolge. Bonaventura, ein Weg für heute. Freiburg 1975.
Hülsbusch, Werner: Elemente einer Kreuzestheologie in den Spätschriften Bonaventuras. Düsseldorf 1968.

Franz von Assisi

Giovanni Bernardone. Geboren 1181/82 in Assisi als Sohn eines reichen Tuchhändlers. Durch Gefangenschaft und Krankheit im Städtekrieg zwischen Assisi und Perugia (1202) auf dem Weg der Bekehrung. 1206 Trennung vom Vater. Seit 1209 in Gemeinschaft mit den ersten Gefährten. 1210 erste Bestätigung der „Minderen Brüder" (Minoriten) durch den Papst. 1212 Erweiterung durch eine Schwesterngemeinschaft unter Klara von Assisi. 1219 Teilnahme am 5. Kreuzzug. 1220 Rücktritt von der

Leitung des Ordens und Rückzug in die Einsamkeit. Stigmatisation seit 1224. Gestorben 1226 in Assisi.
Außer den Ordensregeln sind selbständig erhalten: Gebete, Briefe, Worte der Mahnung, ein Passionsoffizium und das „Testament". Die lebendige Ausstrahlung der Gestalt durch die Jahrhunderte geht weit über die Texte hinaus.

Legenden und Laude. Übers. v. Otto Karrer. Zürich ^{6}1975.
Sonnengesang u. a. Übers. v. Wolfram v. d. Steinen, Max Kirschstein. Zürich 1979.
Die Demut Gottes. Ausgew. v. Anton Rotzetter, Elisabeth Hug. Zürich ^{3}1980.

Felder, Hilarin: Die Ideale des heiligen Franz von Assisi. Paderborn ^{4}1951.
Goudge, Elizabeth: Franz von Assisi. Freiburg 1982.
Tilemann, Heinrich: Studien zur Individualität des Franziskus von Assisi. 1914. Nachdr. Hildesheim 1973.
Wendelborn, Gert: Franziskus von Assisi. Eine historische Darstellung. Wien ^{2}1982.

Angela von Foligno

Lebte von etwa 1249 bis 1309. Früh vermählt, führte sie in Foligno bis zu ihrer Bekehrung ein weltliches Leben. Nach dem Tod ihrer Angehörigen trat sie 1291 in den Dritten Orden ein. Ihr Beichtvater schrieb 1297 nach ihrem Diktat das Memorial, einen Bericht über die ihr zuteil gewordenen Offenbarungen. Ihre theologischen Anschauungen sind von Bonaventura beeinflußt.

Le livre de la bienheureuse Angèle de Foligno. Ed. Paul Doncoeur. Paris 1925–26.
Gesichte und Tröstungen. Übers. v. Jan van den Arend. Stein a. Rh. 1975.
Zwischen den Abgründen. Ausgew. v. Berthe Widmer. Einsiedeln 1955.

Blasucci, Antonio: Il cristocentrismo nella vita spirituale secondo la beata Angela da Foligno. Rom 1940.

Leclève, Louis: Sainte Angela de Foligno. Sa vie, ses oeuvres. Paris 1936.

Katharina von Siena

Katharina Benincasa. Geboren 1347 in Siena. Trat 1365 den Bußschwestern vom heiligen Dominikus bei. Verband asketisches Leben, mystische und visionäre Erfahrungen mit karitativer und missionarischer Arbeit. Raimund von Capua wurde ihr geistlicher Vater. Durch Gespräche und Briefe Mahnerin und Vermittlerin in den kirchlichen und politischen Konflikten der Zeit, bei Fürsten und Päpsten. Auf Wunsch Urbans VI 1378 nach Rom übersiedelt; dort 1380 gestorben.
Ihr Werk umfaßt 381 Briefe, den „Libro della divina provvidenza" und Gebete.

Engagiert aus Glauben. Politische Briefe. Übers. v. Ferdinand Strobel. Zürich 1979.
Ausgewählte Texte. Herausg. v. Adolf Hoffmann. Düsseldorf 1981.
Auswahl von Louise Gnädinger. (Gotteserfahrung und Weg in die Welt.) Freiburg 1980.

Delaruelle, Étienne: Sainte Catherine de Sienne et la chrétienté de son temps. Tournai 1948.
Fawtier, Robert: La double expérience de Catherine Benincasa. Paris 1948.
Levasti, Arrigo: Katharina von Siena. Regensburg 1952.
Valli, Francesco: Scrittori religiosi de Trecento. Urbino 1947.

Hildegard von Bingen

Geboren 1098 in Bermersheim bei Alzey, eine Edle von Bermersheim. Mit 9 Jahren Reklusin auf Disibodenberg, 1136 dort Meisterin. Gründete um 1148 das Kloster Rupertsberg bei Bingen, um 1165 das Kloster in Eibingen bei Rüdesheim. Von Kindheit an wiederholt in visionären Zuständen. Zahlreiche Reisen als Bußpredigerin; mit vielen Briefen Eingreifen in die Kirchenpolitik der Zeit. Gestorben 1179 auf dem Rupertsberg.

Die bekannteste der mystischen Schriften, im Stil von Offenbarungen, ist der „Liber Scivias".

Scivias. Ed. Adelgundis Führkötter. (Corpus Christianorum.) Turnhout 1978.
Wisse die Wege. Übers. v. Maura Böckeler. Salzburg [7]1980.
Briefwechsel. Übers. v. Adelgundis Führkötter. Salzburg 1965.
Mystische Texte der Gotteserfahrung. Ausgew. v. Heinrich Schipperges. Olten 1978.

Brück, Anton Ph. (Herausg.): Hildegard von Bingen 1179–1979. Festschrift zum 800. Todestag der Heiligen. Mainz 1979.
Führkötter, Adelgundis: Hildegard von Bingen. Salzburg [2]1979.

Mechthild von Magdeburg

Geboren um 1208/10 im Erzbistum Magdeburg, von wohlhabenden, wahrscheinlich adeligen Eltern. Hatte mit 12 Jahren die erste mystische Erfahrung. Etwa mit 20 Jahren zog sie nach Magdeburg und lebte dort unter der geistlichen Leitung von Dominikanern unbekannt als Begine. 1250–65 Aufzeichnung ihrer Visionen und Betrachtungen in deutschen Versen und Sprüchen, redigiert von ihrem Beichtvater Heinrich von Halle, in der Sammlung „Das fließende Licht der Gottheit". Die letzten 12 Jahre ihres Lebens verbrachte sie bei den geistesverwandten Nonnen im Kloster Helfta im Bistum Halberstadt; dort gestorben 1299.
Ihr Werk erweist sich als beeinflußt von Bernhard von Clairvaux, Hugo von St. Victor, Hildegard von Bingen und Gregor dem Großen.

Offenbarungen oder das fließende Licht der Gottheit. Herausg. v. Gall Morel. 1869. Nachdr. Darmstadt 1980.
Das fließende Licht der Gottheit. Übers. v. Margot Schmidt. Einsiedeln 1955.

Ancelet-Hustache, Jeanne: Mechtilde de Magdebourg. Etude de psychologie religieuse. Paris 1926.

Haas, Alois M.: Sermo mysticus. Studien zu Theologie und Sprache der deutschen Mystik. Freiburg 1979.
Lüers, Grete: Die Sprache der deutschen Mystik des Mittelalters im Werke der Mechthild von Magdeburg. 1926. Nachdr. Darmstadt 1966.
Rotter, Friedrich; Weier, Reinhold: Nähe Gottes und Gottesfreude. Mystische Erfahrungen der Mechthild von Magdeburg. Aschaffenburg 1980.

Mechthild von Hackeborn

Geboren 1241, aus dem Geschlecht der Edlen von Hackeborn. Kam mit 7 Jahren in das Kloster Rodersdorf im Bistum Halberstadt, wo ihre Schwester Gertrud von Hackeborn bereits Nonne war; übersiedelte mit dem Konvent 1258 nach Helfta. Dort Leiterin der Klosterschule und Vorsängerin im Chor. Aufzeichnung ihrer Berichte durch Gertrud von Helfta 1292–99, als Sammlung „Liber specialis gratiae", wahrscheinlich von Gertrud redigiert. Gestorben 1299 in Helfta.
Rasche und weite Verbreitung ihrer Schrift seit dem 14. Jahrhundert.

Revelationes Gertrudianae et Mechtildianae. Bd. 2. Poitiers 1877.
Das Buch vom strömenden Lob. Ausgew. v. Hans Urs v. Balthasar. Einsiedeln 1955.

Dinzelbacher, Peter: Visionen und Visionsliteratur im Mittelalter. Stuttgart 1981.
Dinzelbacher, Peter; Bauer, Dieter R. (Herausg.): Frauenmystik im Mittelalter. Ostfildern 1985.

Gertrud von Helfta

Geboren 1256 in Thüringen. Kam mit 5 Jahren ins Kloster Helfta bei Eisleben; dort von Gertrud von Hackeborn erzogen. Entschloß sich seit 1280 zu einem kontemplativen Leben in der Nachfolge Bernhards von Clairvaux. Seitdem wiederholte Christusvisionen. Aufzeichnung ihrer mystischen Erfahrungen seit 1289. Gestorben 1302.

Großer Einfluß auf das mystische Schrifttum und die Erbauungsliteratur des Mittelalters und des 16. Jahrhunderts.

Revelationes Gertrudianae et Mechtildianae. Bd. 1. Poitiers 1875.
Gesandter der göttlichen Liebe. Übers. v. Johannes Weissbrodt. Stein a. Rh.[11] 1979.

Heiler, Anne Marie: Mystik deutscher Frauen im Mittelalter. Berlin 1929.
Müller-Reif, Willy: Zur Psychologie der mystischen Persönlichkeit. Berlin 1921.

Meister Eckhart

Geboren um 1260, wohl in Hochheim bei Gotha. Trat vermutlich in Erfurt in den Dominikanerorden ein. Theologische und philosophische Ausbildung in Köln. Prior in Erfurt und Vikar von Thüringen. 1302 Magister der Theologie in Paris. Dann Ordensprovinzial von Norddeutschland (Saxonia), 1307 dazu Generalvikar von Böhmen. 1311–13 wieder in Paris. Dann in Straßburg, im Auftrag des Ordensgenerals seelsorgerischer Betreuer der Frauenklöster im Elsaß und in der Schweiz; seit 1323 in Köln als Professor am Studium generale. 1326 Prozeß wegen Verbreitung häretischer Lehren. Rechtfertigungsschrift. 1329, etwa ein Jahr nach dem Tod Eckharts, Verurteilung von 26 Sätzen durch eine Bulle Johannes' XXII.
Trotz der Verurteilung starker Einfluß des gesamten Werkes auf das geistliche Leben des ausgehenden Mittelalters, vor allem durch die Kreise um Heinrich Seuse und Johannes Tauler. Umfangreiches lateinisches Gesamtwerk, nach einem umfassenden Plan („Opus tripartitum"), und kleinere lateinische Schriften. Von den deutschen Werken sind erhalten: „Reden der Unterscheidung", „Buch der göttlichen Tröstung" und zahlreiche Predigten.

Die deutschen Werke. Herausg. v. Josef Quint. Stuttgart 1958 ff.
Die lateinischen Werke. Herausg. v. Josef Koch u. a. Stuttgart 1936 ff.

Deutsche Predigten und Traktate. Übers. v. Josef Quint. München [5]1979.
Auswahl v. Dietmar Mieth. (Gotteserfahrung und Weg in die Welt.) Freiburg [2]1984.

Degenhardt, Ingeborg: Studien zum Wandel des Eckhartbildes. Leiden 1967.
Fischer, Heribert: Meister Eckhart. Einführung in sein philosophisches Denken. Freiburg 1974.
Haas, Alois M.:Nim din selbes war. Studien zur Lehre von der Selbsterkenntnis bei Meister Eckhart, Johannes Tauler und Heinrich Seuse. Freiburg 1971.
Haas, Alois M.: Meister Eckhart als normative Gestalt geistlichen Lebens. Einsiedeln 1979.
Kern, Udo (Herausg.): Freiheit und Gelassenheit. Meister Eckhart heute. München 1980
Lossky, Vladimir: Théologie négative et connaissance de Dieu chez Maître Eckhart. Paris 1960.
Mieth, Dietmar: Die Einheit von Vita activa und Vita contemplativa in den deutschen Predigten und Traktaten Meister Eckharts und bei Johannes Tauler. Regensburg 1969.
Ruh, Kurt: Meister Eckhart. Theologe, Prediger, Mystiker. München 1985.
Ueda, Shizuteru: Die Gottesgeburt in der Seele und der Durchbruch zur Gottheit. Gütersloh 1965.
Welte, Bernhard: Meister Eckhart. Gedanken zu seinen Gedanken. Freiburg 1979.

Heinrich Seuse

Geboren um 1295, wahrscheinlich in Konstanz. Trat mit 13 Jahren in das Dominikanerkloster in Konstanz ein. Nach 5 Jahren dort eine Gotteserfahrung, dann eine Ekstase; darauf strenges asketisches Leben. Um 1322 zum Studium generale seines Ordens nach Köln, dort begeisterter Schüler Eckharts. Dann Lektor am Konstanzer Konvent; um 1330 wegen des Vorwurfs häretischer Lehren abgesetzt. Dann ausgedehnte Predigt- und Seelsorgereisen bis in die Niederlande, besonders zu Frauenklöstern des Ordens. In Verbindung mit Johannes Tauler

u. a. Als Prior 1343 in Dießenhofen; wiederholt angegriffen; seit 1348 in Ulm. 1366 in Ulm gestorben.
Seine Werke wurden großenteils durch seine geistliche Tochter Elsbeth Stagel redigiert; u. a. Großes und Kleines Briefbuch, „Büchlein der Wahrheit“, „Horologium Sapientiae“ und das „Büchlein der Ewigen Weisheit“, das zu den beliebtesten mittelalterlichen Andachtsbüchern gehörte.

Deutsche Schriften. Herausg. v. Karl Bihlmeyer. 1907. Nachdr. Frankfurt 1961.
Deutsche mystische Schriften. Übers. v. Georg Hofmann. Düsseldorf 1986.

Gröber, Konrad: Der Mystiker Heinrich Seuse. Freiburg 1941.
Heieck, Ludwig: Das Verhältnis des Ästhetischen zum Mystischen, dargestellt an Heinrich Seuse. Erlangen 1936.
Joeressen, Uta: Die Terminologie der Innerlichkeit in den deutschen Werken Heinrich Seuses. Frankfurt 1983.
Misch, Georg: Heinrich Seuse. Frankfurt 1967.

Johannes Tauler

Geboren um 1300 in Straßburg. Trat um 1315 dort in den Dominikanerorden ein. Studium in Straßburg und Köln; indirekter Schüler Eckharts. Prediger und Seelsorger, vor allem in Frauenklöstern, in Köln, Straßburg und Basel; 1350 vorübergehend in Paris. Enge Kontakte mit mystischen Kreisen; Beziehung zu Heinrich Seuse u. a. Als Prediger mehr der praktischen Seelsorge als der philosophischen Spekulation zugewandt. Gestorben 1361 in Straßburg.
Starker Einfluß auf die deutsche Erbauungsliteratur des Mittelalters und der Neuzeit.

Predigten. Herausg. v. Ferdinand Vetter. Berlin 1910.
Sämtliche Predigten. Übers. v. Georg Hofmann. Einsiedeln 1979.
Auswahl v. Louise Gnädinger. (Gotteserfahrung und Weg in die Welt.) Freiburg 1983.

Bizet, J. A.: Jean Tauler de Strasbourg. Paris 1968.
Filthaut, Ephrem (Herausg.): Johannes Tauler. Ein deutscher Mystiker. Gedenkschrift zum 600. Todestag. Essen 1961.
Grunewald, Käte: Studien zu Johannes Taulers Frömmigkeit. 1930. Nachdr. Hildesheim 1972.
Haas, Alois M.: Nim din selbes war. Studien zur Lehre von der Selbsterkenntnis bei Meister Eckhart, Johannes Tauler und Heinrich Seuse. Freiburg 1971.
Haas, Alois M.: Sermo mysticus. Studien zu Theologie und Sprache der deutschen Mystik. Freiburg 1979.
Kirmsse, Kurt: Die Terminologie des Mystikers Johannes Tauler. Diss. Leipzig 1930.
Mieth, Dietmar: Die Einheit von Vita activa und Vita contemplativa in den deutschen Predigten und Traktaten Meister Eckharts und bei Johannes Tauler. Regensburg 1969.
Weilner, Ignaz: Johannes Taulers Bekehrungsweg. Die Erfahrungsgrundlage seiner Mystik. Regensburg. 1961.
Wentzlaff-Eggebert, Friedrich-Wilhelm: Studien zur Lebenslehre Taulers. Berlin 1940.
Wrede, Gösta: Unio mystica. Probleme der Erfahrung bei Johannes Tauler. Uppsala 1974.

Johann van Ruysbroek

Jan van Ruusbroec. Bedeutendster flämischer Mystiker, in der Tradition der rheinischen deutschen Mystik. Geboren 1293 in Ruisbroek bei Brüssel. Nach dem Besuch der Kapitelschule in Brüssel 1317 Priester; Chorvikar, später Kaplan an der Domkirche in Brüssel. Seit 1353 Prior des neuen Augustinerchorherrenklosters Groenendael bei Brüssel. Beeinflußt von Meister Eckhart; wahrscheinlich persönliche Beziehung zu Johannes Tauler. Gestorben 1381 in Groenendael.
Verfasser von 12 mystischen Traktaten; am einflußreichsten das Hauptwerk „Zierde der geistlichen Hochzeit".

Werken. Ed. Ruusbroec-Genootschap. Tielt ^{2}1944–48.
Auswahl v. Josef Kuckhoff. München 1938.

Fraling, Bernhard: Der Mensch vor dem Geheimnis Gottes. Untersuchungen zur geistlichen Lehre des Jan van Ruusbroec. Würzburg 1967.
Fraling, Bernhard: Mystik und Geschichte. Das „ghemeyne leven" in der Lehre des Jan van Ruusbroec. Regensburg 1974.
Hermans, Francis: Ruusbroec, l'Admirable et son école. Paris 1958.

Richard Rolle

Richard von Hampole. Geboren um 1300 in Thornton (Yorkshire). Studierte in Oxford; verließ aber mit 19 Jahren die Universität und lebte seitdem an verschiedenen Orten als Einsiedler. Gestorben 1349 in Hampole.
Seine Schriften, die Glaubenserfahrung und Reformeifer bezeugen, standen im 14. und 15. Jahrhundert in England in hohem Ansehen.

English writings. Ed. Hope E. Allen. Oxford 1931.
The Fire of Love. Übers. v. Clifton Wolters. Harmondsworth 1981.

Comper, Frances M. M.: The life of Richard Rolle. London ^{2}1933.
Knowles, David: Englische Mystik. Düsseldorf 1967.
Lehmann, Max: Untersuchungen zur mystischen Terminologie Richard Rolles. Diss. Jena 1936.

Die Wolke des Nichtwissens

„The Cloud of Unknowing". Anonymer englischer Traktat aus der 2. Hälfte des 14. Jahrhunderts, vermutlich von einem Weltpriester verfaßt. Stark von Dionysius vom Areopag beeinflußt; lehrt vor allem eine der Unerkennbarkeit Gottes entsprechende Gebetsweise.

The Cloud of Unknowing and related treatises. Ed. Phyllis Hodgson. (Analecta Cartusiana.) Salzburg 1982.
Die Wolke des Nichtwissens. Übers. v. Wolfgang Riehle. Einsiedeln 1980.

Coleman, Thomas William: English mystics of the fourteenth century. London 1938.
Colledge, Eric: The mediaeval mystics of England. London 1962.
Hodgson, Phyllis: Three fourteenth-century English mystics. London 1967.
Knowles, David: Englische Mystik. Düsseldorf 1967.
Riehle, Wolfgang: Studien zur englischen Mystik des Mittelalters. Heidelberg 1977.

Walter Hilton

Lebte etwa 1330 bis 1396. Studierte Theologie, vielleicht auch kanonisches Recht. Zunächst Einsiedler, dann Augustinerchorherr im Priorat Thurgarton (Nottinghamshire).
Sein Hauptwerk, „The Scale of Perfection", ist eine umfassende Anleitung zur Kontemplation. Er schöpft besonders aus Richard von St. Victor, Richard Rolle und dem „Cloud of Unknowing". Das Werk war das klassische englische Erbauungsbuch des 15. Jahrhunderts.

The Scale of Perfection. Ed. Gerard Sitwell. London 1953.
Glaube und Erfahrung. Ausgew. v. Elisabeth Strakosch. Einsiedeln 1966.

Colemann, Thomas William: English mystics of the fourteenth century. London 1938.
Milosh, Joseph E.: The Scale of Perfection and the English mystical tradition. Madison 1966.
Renaudin, Paul: Quatre mystiques anglais. Paris 1945.

Juliana von Norwich

Lebte etwa 1342 bis nach 1413. Wurde vor 1404 Rekluse an der St. Julianskirche in Conisford (Norwich). Eine schwere Krankheit fand 1373 ihren Höhepunkt in einigen von ihr beschriebenen Visionen („The Sixteen Revelations of Divine Love"). Sie steht in der Tradition des „Cloud of Unknowing" und Walter Hiltons. Ihre Schriften wurden bis zur Reformation viel gelesen.

Revelations of Divine Love. Herausg. v. Frances Beer. Heidelberg 1978.
Offenbarungen von göttlicher Liebe. Übers. v. Elisabeth Strakosch. Einsiedeln 1960.
Eine Offenbarung göttlicher Liebe. Übers. v. Anna Maria Reynolds. Freiburg 1960.

Chambers, Percy Franklin: Juliana of Norwich. London 1955.
Molinari, Paulo: Julian of Norwich. London 1958.

Ignatius von Loyola

Iñigo Lopez de Loyola. Geboren 1491 auf Schloß Loyola (Guipuzcoa), aus baskischem Adel. 1506–17 höfische Erziehung, dann Offizier des spanischen Vizekönigs von Navarra. 1521 bei der Verteidigung der Feste Pamplona verwundet. 1522 mystische Erfahrung in Manresa. Grundzüge der „Exerzitien". Wallfahrt nach Palästina. 1528–35 Studium der Theologie und Philosophie in Paris, dann in Venedig. 1537 Priester. Seit 1537 in Rom; fortan Arbeit für den neuen Orden, den er seit 1541 als Praepositus Generalis leitete. Gestorben 1556 in Rom.
Sein beeindruckendes Werk steht ganz im Dienst der Ordensarbeit: „Exerzitien", Konstitutionen, Mystisches Tagebuch, Briefe, Autobiographie. Diese Dokumente seelsorgerlichen Wirkens haben wie wenig anderes die Gestalt der Kirche umgeprägt.

Opera. Monumenta Historiae Societatis Iesu. Madrid 1903–18, Rom 1943–65.
Obras completas. Ed. Ignacio Iparraguirre. Autobiografia, ed. Candido de Dalmases. (Biblioteca de autores cristianos.) Madrid ^{2}1963.
Der Bericht des Pilgers. Übers. v. Burkhart Schneider. Freiburg ^{4}1977.
Das geistliche Tagebuch. Übers. v. Alois Haas u. Peter Knauer. Freiburg 1961.
Geistliche Übungen. Übers. v. Alois Haas. Freiburg ^{3}1977.

Bakker, Leo: Freiheit und Erfahrung. Redaktionsgeschichtliche Untersuchungen über die Unterscheidung der Geister bei Ignatius von Loyola. Würzburg 1970.
Lies, Lothar: Ignatius von Loyola. Theologie, Struktur, Dynamik der Exerzitien. Innsbruck 1983.

Marxer, Fridolin: Die inneren geistlichen Sinne. Ein Beitrag zur Deutung ignatianischer Mystik. Freiburg 1963.
Rahner, Hugo: Ignatius von Loyola als Mensch und Theologe. Freiburg 1964.
Rahner, Karl: Betrachtungen zum ignatianischen Exerzitienbuch. München 1965.
Rahner, Karl u. a.: Ignatius von Loyola. Freiburg ²1978.
Wulf, Friedrich (Herausg.): Ignatius von Loyola. Seine geistliche Gestalt und sein Vermächtnis. Würzburg 1956.

Petrus von Alcantara

Geboren 1499 in Alcántara (Estremadura), aus adeligem Geschlecht. Nach dem Studium in Salamanca wurde er 1515 Minorit. 1524 Priester; später Ordensoberer, einflußreicher Prediger und geschätzter geistlicher Berater, etwa der Theresia von Avila. Seine franziskanische Reformkongregation, die „Alcantariner", war gekennzeichnet durch tiefen Gebetsgeist und strenge Askese. Gestorben 1562 in Arenas (Diözese Avila).
Seine wirksamste Schrift, die „Abhandlung vom Gebet und von der Meditation", war überaus verbreitet.

Tratado de la oración y meditación. Ed. Santiago P. Simón. Madrid ²1977.
Das Goldene Büchlein. Übers. v. Philibert Seeböck. Würzburg 1900.

Barrado Manzano, Arcángel: San Pedro de Alcántara. Estudio documentado y crítico de su vida. Madrid 1965.
Behn, Irene: Spanische Mystik. Düsseldorf 1957.
Un hombre de ayer y de hoy. San Pedro de Alcántara. Madrid 1976.

Theresia von Avila

Teresa de Cepeda y Ahumada. Geboren 1515 in Avila, teils jüdischer, teils adeliger Herkunft. Trat 1535 in das Karmelitenkloster in Avila ein. Frühe mystische Erfahrungen. Bedeutende

Seelenführer und geistliche Ratgeber, darunter Petrus von Alcantara. Gegen heftigen Widerstand Gründung eines Reformklosters 1562 in Avila. Nach der Bestätigung durch den Ordensgeneral seit 1567 zahlreiche Neugründungen von Frauenklöstern strenger Observanz über ganz Spanien, in 3 Phasen bis 1582; in ständiger Auseinandersetzung mit dem nichtreformierten Ordenszweig, unterstützt von ihrem Beichtvater Johannes vom Kreuz. Gestorben 1582 in Alba de Tormes.
Außer den mystischen Lehrschriften „Weg der Vollkommenheit“ und „Seelenburg“, denen eine – teilweise von Johannes vom Kreuz abhängige – schematisierte Stufenlehre zugrunde liegt, fanden weite Verbreitung die Selbstbiographie und der Bericht über die Klostergründungen.

Obras completas. Ed. Efrén de la Madre de Dios, Otger Steggink. (Biblioteca de autores cristianos.) Madrid 1979.
Sämtliche Schriften. Übers. v. Aloysius Alkofer. München 1931–41.
Die innere Burg. Übers. v. Fritz Vogelgsang. Zürich 1979.
Auswahl v. Ulrich Dobhan. (Gotteserfahrung und Weg in die Welt.) Olten 1979.
Wege zum Gebet. Ausgew. v. Irene Behn. Zürich ³1982.

Dobhan, Ulrich: Gott, Mensch, Welt in der Sicht Teresas von Avila. Frankfurt 1978.
Herbstrith, Waltraud: Teresa von Avila. Die erste Kirchenlehrerin. München ⁴1981.
Herbstrith, Waltraud (Herausg.): Gott allein. Teresa von Avila heute. Freiburg 1982.
Kotschner, Josef (Herausg.): Der Weg zum Quell. Teresa von Avila 1582–1982. Düsseldorf 1982.
Lapauw, Camillus: Teresa von Avila. Kommentar zur „Inneren Burg“. Innsbruck 1981.
Steggink, Otger: Erfahrung und Realismus bei Teresa von Avila und Johannes vom Kreuz. Düsseldorf 1976.

Johannes vom Kreuz

Juan de Yepes. Geboren 1542 in Fontivera bei Avila, aus verarmtem Adel. Trat 1563 in das Karmelitenkloster von Medina ein. Studium der Philosophie und Theologie im Ordenskloster in Salamanca. Von Theresia von Avila für ihren Plan zur Reform des Karmelitenordens gewonnen. Er begann 1568 in der Neugründung von Durvelo mit der Reform. 1572–77 Spiritual am Kloster in Avila, in dem Theresia Priorin war. Trotz der Angriffe der nichtreformierten Karmeliten unbeirrt auf der Seite Theresias; 1577/78 Haft in Toledo. Nach der Teilung des Ordens Rektor des Kollegs in Baëza. Seit 1588 Prior des Hauptklosters in Segovia; in der Auseinandersetzung um die Zukunft des Ordens wiederholt angefeindet. Gestorben 1591 in Ubeda.

Die Hauptwerke bilden ein innerlich zusammenhängendes System im Sinne des inneren Aufstiegs: „Aufstieg zum Berge Karmel", „Dunkle Nacht der Seele", „Geistlicher Gesang" und „Lebendige Liebesflamme". Die Grundgedanken sind vorgebildet bei Augustinus, der neuplatonischen Tradition und der deutschen und flämischen Mystik des Mittelalters.

Obras. Ed. Silverio de Santa Teresa. Burgos 1929 ff.
Vida y obras. Ed. Luciano Ruano. (Biblioteca de autores cristianos.) Madrid ^{6}1972.
Sämtliche Werke. Übers. v. Aloysius ab Immaculata Conceptione (Aloysius Alkofer), Ambrosius a Sancta Theresia. München ^{7}1979–83.
Auswahl v. Johannes Boldt. (Gotteserfahrung und Weg in die Welt.) Freiburg 1980.
Im Dunkel das Licht. Ausgew. v. Irene Behn. Zürich 1978.

Baruzi, Jean: Saint Jean de la Croix et le problème de l'expérience mystique. Paris 1931.
Behn, Irene: Spanische Mystik. Düsseldorf 1957.
Meier, Erhard: Struktur und Wesen der Negation in den mystischen Schriften des Johannes vom Kreuz. Altenberge 1982.
Steggink, Otger: Erfahrung und Realismus bei Teresa von Avila und Johannes vom Kreuz. Düsseldorf 1976.
Stein, Edith: Kreuzeswissenschaft. Freiburg ^{2}1954.

Franz von Sales

Geboren 1567 auf Schloß Sales bei Thorens (Savoyen). Studium des Rechts und der Theologie in Paris und Padua. 1594 Priester. Missionsarbeit im calvinistischen Chablais am Genfer See. Bekanntschaft mit Pierre de Bérulle. 1602 Bischof von Genf. Seit 1604 Seelenführer der Jeanne-Françoise de Chantal, mit der er 1610 den beschaulichen Orden von der Heimsuchung Mariae gründete. Nach unermüdlicher seelsorgerischer Arbeit 1622 in Lyon gestorben. Die beiden, weit verbreiteten Hauptwerke sind: „Introduction à la vie devote" („Philothea") von 1608 und „Traité de l'amour de Dieu" („Theotimus") von 1616.

Oeuvres. Ed. complète. Annecy 1892–1932,
Oeuvres. Ed. André Ravier. (Bibliothèque de la Pléiade.) Paris 1969.
Deutsche Ausgabe der Werke. Herausg. v. Franz Reisinger u. a. Eichstätt 1959–83.
Über die Gottesliebe. Übers. v. Elisabeth Nikrin. Zürich 1978.

Beck, Irene: Liebe und Werk in der Theologie des heiligen Franz von Sales. Eichstätt 1964.
Hornstein, Xaver u. a.: Franz von Sales. Gnade und Maß. Einsiedeln 1962.
Lajeunie, Étienne-Jean: Franz von Sales. Leben, Lehre, Werk. Eichstätt ^{2}1980.
Leidenmühler, Josef: Die Stellung der theologischen Tugend der Liebe im übernatürlichen Organismus der Seele. Eichstätt 1963.
Pauels, Hubert: Die Mystik des heiligen Franz von Sales in ihrer Grundhaltung und Zielsetzung. Eichstätt 1963.

Pierre de Bérulle

Geboren 1575 auf Schloß Cerilly (Aube). Nach dem Studium an der Sorbonne und im Jesuitenkolleg zu Clermont 1599 Priester. Entscheidender Anstoß der ignatianischen Exerzitien für seine christozentrisch geprägte Frömmigkeit. Vielseitige religiöse und kirchenpolitische Aktivität. Begründer der École Française, einer

französischen spirituellen Schule des 17. Jahrhunderts. 1627 Kardinal. Gestorben 1629 in Paris.
Wichtigstes Werk ist der „Discours de l'état et des grandeurs de Jésus".

Opuscules de piété. Ed. Gaston Rotureau. Paris 1944.
Leben im Mysterium Jesu. Ausgew. v. Hans Urs v. Balthasar. Einsiedeln 1984.

Bremond, Henri: La conquête mystique. L'École Française. Paris 1957.
Cognet, Louis: La spiritualité française au 17e siècle. Paris 1949.
Dupuy, Michel: Bérulle. Une spiritualité de l'adoration. Tournai 1964.
Taveau, Claude: Le cardenal de Bérulle. Maître de vie spirituelle. Paris 1933.

Blaise Pascal

Geboren 1623 in Clermont (Auvergne). Frühe universale Begabung auf dem Gebiet der Naturwissenschaften und der Mathematik. Um 1650 Eintritt in die mondäne Welt der Pariser Gesellschaft. Gotteserfahrung von 1654, festgehalten auf einem Erinnerungsblatt („Mémorial"). Darauf Rückzug in die Gemeinschaft der „solitaires" am Kloster Port-Royal bei Versailles. Polemik im Sinne des Jansenismus gegen die Jesuiten. Seit 1656 Arbeit an einer geplanten Apologie der christlichen Religion, die Fragment blieb („Pensées"). Gestorben 1662 in Paris.

Oeuvres complètes. Ed. Jacques Chevalier. (Bibliothèque de la Pléiade.) Paris 1964.
Werke. Übers. v. Ewald Wasmuth u. a. Heidelberg 1978 ff.
Schriften zur Religion. Übers. v. Hans Urs v. Balthasar. Einsiedeln 1982.

Blaise Pascal. L'homme et l'oeuvre. Paris 1956.
Fletcher, Frank Thomas Herbert: Pascal and the mystical tradition. Oxford 1954.
Gouhier, Henri: Blaise Pascal. Commentaires. Paris ^{2}1971.
Guardini, Romano: Christliches Bewußtsein. Versuche über Pascal. München ^{3}1956.

Kummer, Irène E.: Das Heil im Widerspruch. Studien zu den Pensées im Aspekt philosophisch-theologischer Anschauungen, sprachlicher Gestaltung und Reflexion. Berlin 1978.
Pascal. Textes du tricentenaire. Paris 1963.
Russier, Jeanne: La foi selon Pascal. Paris 1949.